사랑과 유랑의 시인
조지 고든 바이런

사랑과 유랑의 시인
조지 고든 바이런 2

인　　쇄 | 2024년 10월 7일
발　　행 | 2024년 10월 10일

글 쓴 이 | 박재열
펴 낸 이 | 장호병
펴 낸 곳 | **북랜드**
　　　　　04556 서울 중구 퇴계로41가길 11-6, JHS빌딩 501호
　　　　　41965 대구 중구 명륜로12길 64(남산동)
　　　　　전화 (02) 732-4574 | (053) 252-9114
　　　　　팩스 (02) 734-4574 | (053) 252-9334
　　　　　등 록 일 | 2000년 11월 13일
　　　　　등록번호 | 제2014-000015호
　　　　　홈페이지 | www.bookland.co.kr
　　　　　이 - 메일 | bookland@hanmail.net

책임편집 | 김인옥
기　　획 | 전은경
교　　열 | 서정랑

ⓒ 박재열, 2024, Printed in Korea
저자와의 협의하에 인지를 생략합니다.

세트 ISBN 979-11-7155-085-2 04840
개별 ISBN 979-11-7155-087-6 04840
　　　ISBN 979-11-7155-089-0 05840 (e-book)

값 40,000원

사랑과 유랑의 시인
조지 고든 바이런 2

글·박재열

북랜드

| 차례 |

책머리에 _ 4

제 1 장 탄생과 아버지 어머니 • 10
제 2 장 스코틀랜드의 절름발이 소년 • 17
제 3 장 뉴스테드 애비의 귀족 소년 • 28
제 4 장 해로와 매리 차워스 • 44
제 5 장 캠브리지 대학생의 첫 시집 • 64
제 6 장 시집 『영국 시인과 스코틀랜드 평론가』 • 89
제 7 장 포르투갈·스페인과 알리 파샤 • 116
제 8 장 그리스를 거닐다 • 157
제 9 장 콘스탄티노플과 술탄 • 181
제 10 장 에들스톤과 『차일드 해롤드의 순례』 • 221
제 11 장 귀부인들의 질투 • 252
제 12 장 오거스터와 애너벨러 사이 • 293
제 13 장 불안한 결혼 • 320

제14장 불행한 신접살림 · *352*

제15장 애너벨러 친정으로 돌아가다 · *379*

제16장 유랑길에 오르다 · *414*

제17장 셸리와 제네바호를 노 젓다 · *428*

제18장 베네치아의 망명자 · *467*

제19장 라미라의 별장 · *502*

제20장 대운하의 방탕아 · *520*

제21장 테레사 귀치올리 백작부인 · *551*

제22장 라벤나의 카발리에레 세르벤테 · *591*

제23장 카르보나리 · *609*

제24장 위험한 혁명당원 · *621*

제25장 셸리와 피사의 친구들 · *654*

제26장 셸리의 익사 · *682*

제27장 제노바의 지친 삶 · *703*

제28장 케팔로니아에서 전황을 살피다 · *735*

제29장 노엘 바이런 장군 · *760*

제30장 그리스를 위한 죽음 · *777*

제31장 애도 · *793*

글을 마치며 _ 806

색인 _ 811

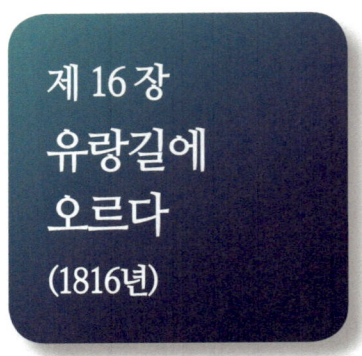

제 16 장
유랑길에 오르다
(1816년)

    이튿날 4월 25일 바람이 바뀌었고 선장은 출발하려고 했지만 바이런이 일찍 일어나지 못했다. 홉하우스의 기록이다. "그[바이런]는 아홉 시 조금 넘어 승선했다…. 부산한 분위기가 바이런의 기분을 띄웠다—그러나 배가 미끄러져 나갈 때 그의 기분은 달라졌다. 나는 목조 부두 끝까지 달려갔고 거친 바다의 역풍에 배가 우리들로부터 튕긴 것처럼 달려 나갈 때 그 친구는 모자를 벗어 내게 흔들어 주었다—더 이상 그를 식별할 수 없을 때까지 그를 응시했다—호쾌한 친구, 친절한 친구, 신의 가호가 있길. 나는 운이 되면 두세 달 뒤에 그에게 가리라. 그는 이따금 1, 2년 뒤에 올 것이라고 말했고, 어떤 때에는 더 길어질 것이라고 했으나…. 다시 신의 가호가 있기를."

    바이런은 조국, 아내, 딸, 누나와 모든 친구를 버리고 스스로 유랑 길에 올랐다. 영국은 더 이상 그가 견딜 수 없는 땅이었다. 그는 사랑, 가족, 빚의 굴레에서도 해방되었다. 그는 이제 정처 없는 유랑자가 되었다. 그가 기댈 곳은 몇 명의 하인과 마차, 그리고 바다와 산과 호수와 도시뿐이었다. 그가 8년 후 싸늘한 시체로 다시 그곳으로 돌아올 줄 누가 알았겠는가. 생전에는 다시 보지 못할 고국산천이 시야에서 조금씩 멀어져 갔다. 배가 벨기에의 오스텐트(Ostend)로 향해 망망대해에 들어서자 바이런은 날듯이 마음이 가벼웠지만, 한편으로는 버리고 온 많은 것이 무거운 슬픔이 되어 가슴을 눌렀다.

예쁜 딸의 영상이 다가왔다. 딸을 불렀다. "에이다!" 그는 『차일드 해롤드의 순례』 제3편의 첫 세 연을 이 배에서 썼다. 그 시편을 다시 시작한 것이었다. 『차일드 해롤드의 순례』 제1편은 전통적인 방법으로 뮤즈와 그리스를 불러냈으나, 다시 쓰려는 제3편은 잃어버린 것에서 시작하였기에 앞의 시편과 달랐다. 제3, 4편은 앞서 나온 첫 두 편의 속편이지만 여기서 뮤즈는 자신의 딸 에이다였고, 소재는 도버해협에서 워털루를 거치고 라인(Rhein) 강을 따라 스위스까지 가는 여정이었다. 시에서 딸을 불러내는 것은 딸과 가족에 맺힌 한과 울분 때문이었으리라.

> 네 얼굴이 엄마를 닮았지? 내 예쁜 아가야!
> 에이다! 우리 집 내 가슴의 유일한 딸!
> 마지막으로 네 어린 파란 눈을 보았을 때 눈은 방글방글 웃었고
> 그리고 우리는 헤어졌지―지금처럼은 아니고
> 희망을 가지고서―
>   놀라서 깨어나니
> 사방에 물이 차올라 있구나. 높은 곳의
> 바람이 목소리를 키우는데 나는 떠나간다네.
> 어디로 가는지 모르지만 시간이 흐르매
> 점점 작아지는 영국 해안을 보니 슬프고도 기쁘다네.

거친 영불 해협을 열여섯 시간 만에 뱃멀미를 하면서 건넜다. 7년 전에 그가 시작한 차일드 해롤드의 주제를 다시 시작할 수 있을 만큼 마음이 밝아졌다. 그러나 새 시편에서는 깊은 회오가 감정의 저류(低流)를 이루었다.

바이런은 자신에게 지워진 관습과 제약과 비난과 멸시의 굴레를 벗어버리고 자유로운 삶과 글 속으로 빠져듦이 한없이 기뻤다. 따뜻한 남쪽지방으로 내려가면 자유가 생명체처럼 숨 쉬리라. 목적지는 자유의 땅, "가

장 푸른 녹색의 땅", 상상의 베네치아였다. 그 다음엔 동지중해로 가리라.

오스텐트에 도착하였다. 인근 브뤼허(Bruges)의 쿠르임페리알레(Cour Imperiale) 여관은 플랜더스 지방의 깔끔한 분위기가 배어 있었다. 26일 오후 세 시에 다시 헨트(Ghent)로 출발하여 그 이튿날 새벽 세 시에 그곳 페베(Pays Bays) 호텔에 도착하였다. 그곳 교회에서 유명한 그림들을 감상하였고 "높고 가파른 450계단을 올라가 이 저지대 나라[네덜란드]를 잘 살펴보고 또 잘 인식하였다."고 홉하우스에게 편지를 썼다.

29일 저녁에 그의 나폴레옹 마차로 안트베르펜(Antwerpen)에 도착하였다. 그 이튿날 일행은 그곳의 교회와 박물관을 둘러보고, 그림들보다는 나폴레옹이 해군을 위해 지은 유명한 계선지(繫船池)를 보고 더 감탄했다. 그곳의 세인트제임스 교회(Saint James's Church)에서 루벤스(Peter Paul Rubens)의 무덤을 보았다. 그는 플랜더스 화파 중에서도 대표적인 그 화가에 대해서는 이렇게 혹평을 했다. "루벤스에 관해서… 그는 인간의 감각을 우롱한 가장 야하고－호화찬란하고－현란하고－속악한 사기꾼으로 보인단 말야." 그는 루벤스가 여성을 관능적으로 보는 시각이 역겨웠던 것이다.

점심을 먹은 후 메헬렌(Mechelen)까지 갔으나 그 호화 마차가 고장이 나버려 곧장 라인(Rhein) 강으로 가지 못하고 브뤼셀(Brussel)에 가서 수리를 해야 했다. 그 마차에는 소파 외에도 찬장, 각종 주방용구, 서적, 침구류 등을 과도하게 실어 고장을 냈다. 그 큰 마차도 하인과 화물을 다 싣기엔 공간이 충분치 않아 그는 브뤼셀에서 하인용 사륜마차를 한 대 더 사야만 했다.

브뤼셀에서 바이런은 어머니 친구였던 고든 소령을 만났다. 고든은 바이런이 해로에 다닐 때 하이드 파크에서 말을 태워 준 적이 있었다. 그는 평생 외국생활을 하면서 여러 가지 책을 쓴 저술가이기도 했다.

5월 4일 바이런은 고든의 안내로 불과 8개월 전에 있었던 워털루 전쟁의 현장에 가 보았다. 그와 폴리도리는 말을 타고 들판 위를 누볐는데, 아마 스스로 기병의 돌격을 실감해 보기 위해서였을 것이다. 상상으로만 그려보았던 학살의 현장과, 눈앞에 펼쳐진 평화로운 들판이 묘한 아이러

워털루 전쟁

니를 일으켰다. "대지(大地)는 과거의 모습 그대로 놔두라ー/ 빨간 비가 어떻게 곡식이 알을 맺게 했던가!" 그는 "침묵, 수심, 명상"에 잠겼다고 고든이 전했다. 바이런에게 특별한 애국심이나 박애정신은 없었다. 폴리도리에 따르면 그는 이때 "튀르키예나 알바니아 승마곡"을 부르며 돌아다녔다고 한다.

거기서 그들은 기념품으로 병사들의 단추, 칼, 훈장, 모표 등을 수습해서 런던의 머리에게 부쳤다. 그 이튿날 그들은 그 전쟁터의 한 곳을 다시 찾았는데 바로 러시아 기병이 버리고 간 카자크(Cossac) 말이 있던 곳이었다. 바이런은, 왕고모의 손자이고 칼라일 백작의 셋째 아들인 하워드(Frederick Howard) 소령이 전사한 장소도 찾아보았다. 그는 바이런보다 세 살 위였으나, 경기병 제10연대 소속으로 이 전쟁에 참전하여 1815년 6월 18일 마지막 공격 때 전사하였다. 시신을 그 자리에 그대로 묻어 뒀다가 그해 8월에 영국으로 이장했다. 하워드 소령이 묻혔던 곳은 그때까지도 움푹 패어 있었지만 쟁기가 지나간 흔적이 있었고 곡식이 자라 있었다. 안내인이 말했다. "이 자리에 하워드 소령이 누웠는데 부상을 당할 때 나도 가까이 있었습죠."

그 이튿날 바이런은 시 두 연을 더 얻었다. 여기서 쓴 "멈춰라ー왜냐면 그대 밟은 곳이 제국의 땅이니까."라는 구절은 나중에 『차일드 해롤드의 순례』에 들게 된다. 그는 떠오를 때마다 시상을 종이 위에 적기 시작하였다. 그런 작업이라도 해야만 정신적 고통에서 다소나마 해방될 수 있었다.
　그에게 위안을 주는 것은 시만이 아니었다. 잔잔한 주변의 경치가 새로운 자연의 의미를 일깨워 주었다. 지평선은 자유로움을 주었고 하늘은 어릴 때의 아련한 동경심을 다시 불러다 주었다.

> *산이 솟아 있는 곳에 그의 친구가 있었고*
> *바다가 밀려오는 곳에 그의 가정이 있었고*
> *하늘이 푸르고 땅이 빛으로 펼쳐진 곳에*
> *열정이 있었고 방랑의 힘이 있었네.*
> *사막, 숲, 동굴, 파도의 거품이*
> *그에겐 다 친구였네.*

　바이런은 전쟁 전날 밤에 있었던 브뤼셀 리치몬드(Richmond) 공작부인의 무도회를 소환하여 그 환락의 순간을 긴장감이 넘치는 운율로 살려냈다. 무도회가 무르익고 있을 때 대포 소리가 들렸다. 떠들썩한 파티의 환락과 그 뒤에 닥친 적의 기습과 혼란이 생생한 대조를 이루었다. 이것이 『차일드 해롤드의 순례』 워털루 편의 서두가 된다. "자넨 듣지 않았나?—아니, 바람 소리일 뿐이야./ 아니면 돌 많은 길 위로 마차 달그락거리는 소리./ 춤을 계속해! 이 재미를 끊지 말라."
　그러나 우레같이 둔중한 대포 소리가 들렸다. "전보다 더 가까이, 더 분명히, 더 죽음의 소리로!/ 전투준비! 전투준비! 이것이—이것이—시작을 알리는 우렁찬 대포 소리!// 소집된 기병, 그리고 달그락거리는 마차가…/ 맹렬한 속도로 쏟아져 나와/ 재빨리 전쟁의 대형(隊形)을 이루었네." "공포로 아연해진 사람들은 무리를 이루어/ 하얀 입술로 속삭였네.—'적군이 쳐들어온다! 적군이 쳐들어와!'"
　런던 교외에서 바이런과 하룻밤을 보냈던 클레어도 5월 3일에 셸리 부부와 함께 도버를 출발하였다. 그녀가 바이런에게 첫 소식을 전한 것은 파리에서였다. "저는 당신이 클레어라는 이름을 좋아하신 까닭으로 [마담] 클레어빌이라는 이름을 쓰기로 했습니다…. 저는… 기혼녀가 되기로 했습니다. [이 대목에서 그녀는 이미 바이런의 아이를 가졌음을 암시했을까?] 부인들은 해외에서는 완전한 자유가 있습니다…. 제가 당신을 어떻게 불러야 할지 모르겠어요. 저는 사랑을 하지만 당신은 관심조차 보이지 않으므로 친구라고는 부를 수는 없겠죠." 클레어는 자기가 성(性)의 덫을 놓고 있다고 걱정한다면 그 걱정은 부디 내려놓으라고 안심을 시켰다. 자기를 책임지는 사람은 바이런이 아니라 셸리라고 말하면서.

　5월 6일 바이런과 그 일행은 나폴레옹 마차로 라인강의 길목인 루벤(Leuven)으로 향했다. 프러시아 왕국에 들어서니 플랜더스 평원과는 달리 라인강 양안에는 가파른 산이 솟아 있었다. 5월 8일에 쾰른(Köln)에 도착하여 프라하 호텔(Hotel de Prague)에 들었다. 쾰른에서 대성당을 구경하고, 성 우르술라 교회(St Ursula's Church)도 구경했는데 전설에 따르면 그곳에는 11,000명의 아가씨의 뼈가 매장되어 있다고 했다. 전설은 언제나 그에겐 대단한 호기심을 불러일으켜 나중에 그는 『돈 주앙』에서 이 이야기를 한다.

쾰른 대성당

　라인강을 따라 상류로 올라갔다. 강 주변에는 하얀 성벽의 도시들이 포도원과 번갈아 나왔다 뒤로 사라졌다. 바위산이 나오고 그 위에는 중세 때의 탑루가 보였다. 여러 번 강을 건너기도 했다.

　5월 9일 캐롤라인이 드디어 자전적 소설 『글레나본』(Glenarvon)을 출판했다. 그것의 스토리는 바이런의 이야기를 살짝 가려 놓은 것에 불과

제16장 유랑길에 오르다　**419**

했다. 여주인공 칼란타(Calantha)는 주인공 글레나본이라는 악마 같은 귀족의 유혹에 빠졌다가 버려진다. 다름 아닌 캐롤라인 자신의 초상이었다. 바이런 작품을 모방한 데도 많고, 홀랜드가와 데번셔가의 모임에 등장하는 사람들을 노골적으로 풍자하면서, 낭만적 고딕 이야기를 어설프게 섞어놓았다. 홉하우스는 이렇게 기록했다. "『글레나본』—그 주인공은 괴물이며 바이런이라고 설정되어 있다…. 내가 그 암캐를 찾아갔더니 자기 책으로 손해 본 사람 누가 있느냐고 물었다…. 그녀는 자기가 그린 그림 중에서 바이런을 음란하게 묘사한 작품도 한 점 보여줬다." 그녀는 독자들이 그 주인공이 바이런이라는 사실을 놓치지 않도록 바이런의 편지 한 통도 약간 수정하여 끼워 넣었다. 그것은 에이우드에서 옥스퍼드 귀부인이 보는 가운데 쓴, 캐롤라인에게는 가장 가슴 아픈 편지였다. 홉하우스가 걱정되어 그녀의 편지도 모두 그런 식으로 공개해 버리겠다고 넌지시 겁을 줘 보니까, 그렇게 나온다면 바이런의 모든 편지와 그의 이야기를 담은 자신의 일기를 몽땅 세상에 폭로해 버리겠다고 맞받아쳤다.

　이후에도 캐롤라인은 바이런에 대해, 또 바이런의 문제로 글을 쓰는 일을 계속했다. 심지어는 『돈 주앙』을 모방하는 작품까지 시도했다. 이처럼 그녀는 바이런의 연인 중에는 유일하게 바이런에 관해 글을 쓸 수 있는 인물이었다.

　커크비맬로리에 있던 애너벨러에게 우울증이 찾아왔다. 그녀도 남편, 가정, 사회적 지위를 잃은 소박당한 여편네가 된 것은 분명하였다. 식사도 거르고 불면증과 두통을 호소했다. 에이다에게도 관심이 없었다. 그녀의 부모도 바이런에 대한 분노와 원망으로 똑같이 고통을 받았으며, 그 부모 때문에 애너벨러의 우울증은 더 깊어갔다.

　애너벨러는 오거스터와의 서신 왕래를 다시 텄다. 그녀는 오거스터가 결백을 주장하지만 근친상간은 확실한 것이니, 그녀의 타락한 영혼을 속죄시켜 구원받도록 하는 것을 그녀의 목표로 삼았다. 그러기 위해서 오거스터로 하여금 모든 죄상을 낱낱이 고백게 하고, 다시는 그런 관계를 못 만들도록 벌칙을 만들고, 단단히 겁도 주어야 한다고 생각했다. 애너벨러는 오거스터의 죄악을 가려냄으로 고통을 주려는 사디스트 같은 데가 있었다. 그녀의 편지에는 오거스터에 대한 사랑과 정신적 건강에 관한 우려가 들어 있지만, 그녀는 한편으로는 오거스터의 충동적인 행동을 얕잡아보고 그것을 공격하기 위해 칼을 더 날카롭게 갈았다.

6월 8일 애너벨러는 아기와 하인 세 명을 데리고 서퍽(Suffolk) 해안에 있는 로이스토프트(Lowestoft)라는 곳으로 거처를 옮겼다. 거기에는 바닷바람이 시원했을 뿐만 아니라 종교서적을 집필하여 베스트셀러 작가가 된 커닝엄(John William Cunningham) 신부가 살고 있었기 때문이었다. 애너벨러는 그 신부를 자주 찾아가면서부터 종교적 관심도 조금씩 바뀌었다. 지금까지 그녀는 신학에 관심이 많았지만, 이때부터는 선교에 상당한 관심을 보이며 복음주의자의 말에 귀를 기울였다. 이때부터 바이런을 정통종교로 인도하려는 꿈이 생겨났고, 오거스터를 바이런의 사악한 영향권에서부터 빼내야 하는 것이 일차적인 책무 같았다.

이 과업은 친구 빌리어즈 부인과 같이 추진하기로 하였다. 오거스터는 어리석게도 자신의 영혼을 구제해 주겠다는 이 두 여인에게 많은 것을 고백했다. 빌리어즈 부인은 오거스터에게 바이런이 그녀를 접하기 전에 이미 캐롤라인 고부(姑婦)와도 접촉이 있었음을 귀띔해 주었다. 바이런이 얼마나 가증스런 인간인가를 알리려는 의도에서였다. 오거스터는 그들 강요에 의해 다시는 바이런에게 편지를 쓰지 않겠다고 건다짐을 하고 나니, 왠지 참 억울하다는 느낌이 들었다. 물론 바이런이 보낸 편지도 다 보여주기로 약속했다. 오거스터는 그의 편지 속에 애너벨러에겐 독이 될 구절이 들어있음을 잘 알았지만 그렇게 하는 것이 옳을 것 같았다. 애너벨러는 일차적으로 서신을 통한 사랑 놀음부터 근절해야 한다고 생각했다.

오거스터는 바이런에게 편지는 했지만 지금 두 여인에게 모든 것을 '고백'해야 하는 입장에 와 있다는 사실은 전혀 내색하지 않았다. 바이런은 오거스터의 편지에서 이상한 감이 들었지만, 자신에게 과오가 있어서 그런 줄 알았다. 그는 누나를 위로해 주고, 그들 남매는 서로에 대한 사랑을 절대 멈춰서는 안 된다고 적었다. 오거스터는 그 편지를 받자마자 곧바로 두 검열자의 검열을 받았다.

오거스터는 그런 요구가 응징이고 모욕임을 거의 의식지 못했다. 그

라인강과 드라헨펠스 폐성

녀는 또 아들을 출산한 후 애너벨러와 다시 모든 관계를 끊어버렸다. 한 없는 외로움만 밀려왔다. 곧 바이런과 합류하여 그의 소식을 전해 줄 홉하우스의 편지만 매일 기다렸다.

바이런은 본(Bonn)을 지나면서 라인강이 펼치는 그림 같은 경치에 매료되었다. "드라헨펠스(Drachenfels) 성"을 보니 오거스터가 함께 왔더라면 "즐거움이 두 곱"이었을 것이라는 생각이 들었다. 참으로 안타까웠다. 코블렌츠(Koblenz)에 도착하여 일행은 그 도시 맞은편의 에렌브라이트슈타인(Ehrenbreitstein) 성(城)에 올랐다. 지브롤터와 몰타를 보아선지 이 성은 큰 인상을 남기지는 않았다. 그러나 전망은 일품이었다. 바이런은 오슈(Louis Lazare Hoche)와 마르소(François Séverin Marceau) 장군의 기념비가 세월 속에 풍화되는 것을 보았다. 그는 나폴레옹 전쟁 때 마르소 장군이 프랑스의 권리를 주장하다가 코블렌츠 근방에서 살해당했다는 이야기를 듣고 애석한 마음이 들었다. 바이런은 그 요새에서 일박하면서 그 영웅을 기리는 시를 썼다.

만하임과 카를스루에(Karlsruhe)에서 폴리도리가 병이 나 얼마간 지체하였다. 폴리도리는 이탈리아인 아버지와 영국인 어머니 사이에서 태어나서 이탈리아어를 잘했다. 그는 나름대로 신동으로 불렸고 2년 전에 열아홉의 나이로 에든버러 의학교를 최연소자로 졸업하였지만, 어린애처럼 시기심 많고 허영심도 있는 데다 성도 말랐다. 그는 의사지만 스스로가 몸이 허약해 자주 아팠다. 그는 언젠가는 좋은 작품을 쓰겠다는 문학적 야심이 만만치 않았다.

바이런은 그 젊은이 때문에 마음이 편치 않자 또 오거스터가 그리웠다. 아름다운 경치에는 꼭 그녀의 영상이 어리었다. 그녀 없이는 이 지상 낙원은 완벽하지 못하다고 그는 시에 적었다. 바이런은 누군가로부터 백합을 선물 받고 또 울컥 오거스터 생각이 났다. 시를 써서 그 백합과 함께 오거스터에게 보냈다. "이 백합이…/ 내 마음으로부터 그대에서 보내졌다는 것을 [그대가] 알 때/ 백합은 그대의 눈길에 닿아/ 그대의 영혼을 여기로 안내해 오겠죠."

신기하게도 라인강을 따라오면서 바이런의 마음은 평화로워졌다. 18일엔 스위스 바젤(Basel)로 들어가서 유숙하고, 졸로투른(Solothurn)을 거쳐 무르텐(Murten)으로 갔다. 무르텐에서 바이런은, 스위스가 1476년 6월 22일에 치렀던 모라트(Morat) 전쟁에서 승리하였으며 그 승리가 스위스의 독립을 가져다준 계기가 되었다고 했다. 이 전투에서 죽은 부르건디인(Burgundian)들의 뼈로 만든 피라미드를 구경하였다. 이때 그 장소에 교회도 세웠지만 그 교회는 허물어지고 없었다. 여러 세대 동안 부르건디인들은 그곳을 지나갈 때마다 유해를 수습하여 고국으로 가져갔기 때문에 그 피라미드도 작아졌다고 했다. 그러나 바이런이 갔을 때만 해도 곳곳에 해골이 남아 있었다. 스위스 마부들은 해골을 주워다가 칼자루용으로 팔았더니 해골의 수요가 상당하다고 했다. 뼈는 수년간 햇빛에 바래져서 하얀 빛을 띠었다. 바이런도 뼈를 몇 개 줍고는 "주인공 사분의 일은 [충분히] 만들 분량"이라며 쓴웃음을 지었다. 이 무르텐 평야는 『차일드 해롤드의 순례』 몇 연의 좋은 소재가 되었다.

무르텐(Murtensee) 호숫가에 있는 아방슈(Avenches) 마을에서 바이런은 1세기 때 여사제인 줄리아 알피눌라(Julia Alpinula)를 떠올렸다. 그녀는 로마 정복자에 의해 처형당하는 아버지를 아무리 해도 구할 수 없

제네바호(레만호)
'Lake Geneva with Vineyards in Lavaux' by Severin.stalder via Wikimedia Commons under CC BY-SA 3.0.

게 되자, 결국 아버지의 시체 위에서 죽었다. 줄리아의 순교도 바이런의 누나의 자기희생적인 사랑을 상기시켜 주었다.

일행은 클래런스(Clarens)을 거쳐 로잔(Lausanne)에 닿으니 맑고 조용한 제네바(Geneva) 호가 맞이했다. 바이런은 그 경치에 매료당해 "레만[제네바] 호가 수정 얼굴로 내게 구애하네."라고 적었다. 5월 23일 한밤에 제네바에서 1.6km 되는 큰길가에 있는 오텔당글레테레(Hôtel d'Angleterre) 호텔에 도착하자 땅거미가 내렸다. 바이런은 너무 지쳐서 숙박부에 나이를 아무렇게나 100세라고 적었더니 얼마 후 호텔 직원이 나이를 고쳐 달라고 그를 찾아왔다.

열흘 전인 5월 13일에 이 호텔의 가장 값싼 꼭대기 층에 클레어와 셸리 일행이 도착하여 여장을 풀었다. 클레어는 혹시 바이런이 자신을 빼돌리고 다른 데로 가버리지는 않았을까 애타게 기다렸다. 그녀는 폴리도리 앞으로 편지가 그 호텔로 오는 것을 보고 나서야 안심을 했다.

클레어가 숙박부를 보니 바이런이 100세라고 적혀 있었다. 그녀는 이렇게 주석을 달았다. "당신이 그렇게 늙어 안타깝군요. 사실 저도 당신이 여행을 그렇게 느리게 하는 걸 보고 200살은 되었을 것이라 생각했죠…. 천국이 당신에게 달콤한 잠을 내려주시길—전 너무 기쁘답니다."

셸리 일행과 바이런 일행이 그 호텔에 머무는 동안 주변 사람들이 모두 수군거렸다. 영국에서 온갖 오명을 뒤집어 쓴 셸리가 두 연인을 데리고 나타나자 사람들은 의혹과 호기심을 보였고, 거기다가 범국민적 추문을 감고 다니던 바이런이, 으리으리한 마차에다 하인을 주렁주렁 달고 나타나니 일거수일투족 하나도 놓치려 하지 않았다. 이 두 시인 일행은 그런 사람들을 피하기 위해 한적한 곳에 집을 얻어 나가야 했다. 그러나 호텔 주인은 그들이 나간 후에도 망원경을 설치하여 투숙객들이 호수 건너에 있는 바이런과 셸리 일행을 관찰하도록 배려했다.

클레어는 감상적인 편지를 두 통이나 써서 하소연하였지만 바이런은 분명 답하지 않았으리라. 클레어는 바이런이 자신에게 너무 무정하다고 느꼈다. 그러나 그녀는 사랑은 아니더라도 동정만이라도 원했다. 런던을 떠나기 전에 "부디 편지 주세요. 주지 않으면 죽을 거예요."라고 써 보냈었다. 다행히 셸리도 바이런만큼이나 빨리 영국을 떠나고 싶어 안달했었다. 셸리의 장인 고드윈이 셸리에게 약속한 돈을 끊임없이 내어놓으라고 하여 셸리가 죄의식에 사로잡혔었다. 그것도 서둘러 영국을 떠난 한 가지 이유였으리라. 영국에서 바이런은 클레어에게 해외로 나오려거든 꼭 보호자와 함께 오라고 했었는데 그녀는 정말 그녀를 책임지는 셸리와 함께 나와 있지 않는가. 그녀는 자신의 보호자는 성(性)의 공유에 대한 철학이 있기 때문에, 그가 자신이 원하는 사람과 자유롭게 사랑할 수 있다는, 참으로 듣기에 아리송한 말을 바이런에게 하였었다. 실제로 그녀는 셸리와도 사랑을 나누었기에 그들 세 사람은 알 수 없는 미묘한 관계였다.

클레어

제16장 유랑길에 오르다

클레어는 현재 배 속에 영국의 가장 유명한 시인의 아이를 가졌다고 생각했다. 그녀는 바이런을 유혹할 때마다 그의 아이를 가졌음을 암시하였다. 결국 바이런은 자기가 좋아 자기에게 올 것이고, 만약 그렇게 되지 않는다면 매리 언니를 미끼로 쓰면 충분히 될 것 같았다. "감히 말씀 드리는데 당신은 매리에게 꼭 사랑에 빠질 거예요."라고 클레어는 미리 귀띔을 해두었다. 만약 언니가 바이런에게 간

퍼시 비시 셸리

다면 언니는 셸리를 차지할 다음 순번은 자기라고 약속한 터였다. 매리가 클레어와 셸리 사이의 사랑을 어느 정도 파악했는지는 분명하지 않으나, 이 두 여성이 셸리를 공유하는 것만은 사실이었다. 만약 셸리를 순번에 따라 클레어가 차지한다 하더라도, 그녀는 절대 언니의 지위를 깎아내리지 않고 언니시키는 대로 할 것이라고 맹세를 해 두었다. 그러면서 그녀는 바이런까지 자신의 영토에 끌어넣을 계책을 세웠던 것이었다. 바이런은 그런 요상한 내용을 담은 클레어의 편지를 읽고 "악마 새끼"가 따로 없다고 혀를 찼다.

바이런이 호텔에 도착했을 때 클레어는 환영을 표하는 쪽지를 남겼다. 꼭 답장을 하되 셸리 모르게 해 달라고 했다. 왜냐하면 자기와 바이런과의 관계가 셸리에게는 비밀이 되어야 하기 때문이라고 했다. 이 대목은 클레어가 셸리와도 관계있음을 뜻하지 않는가. 바이런의 답장은 없었

다. 그녀는 1,300km를 달려왔는데 어떻게 그렇게 잔인하냐고 볼멘소리를 또 날렸다. 그녀는 그날 저녁 7시 반에 바이런이 호텔 꼭대기에 올라가 있으면, 자기가 선착장에서 방을 알려줄 테니 방을 찾아올 때에는 하인은 꼭 떼고 은밀히 오라고 했다. 그 무렵 바이런은 십중팔구 그녀가 셸리의 애인이기도 하다는 것, 특히 셸리와 매리의 관계도 참 묘하다는 것을 파악했으리라.

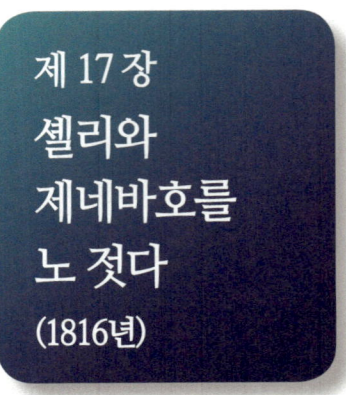

제 17 장
셸리와 제네바호를 노 젓다
(1816년)

　바이런과 폴리도리가 집 보러 갔다 돌아오는 보트에서 내리면서 클레어와 매리와 셸리를 만났다. 셸리가 호텔 밑의 호숫가에 아침 산책을 나오면, 바이런의 보트가 그 호숫가에 도착하도록 클레어가 사전에 시간 조정을 해 놓았었다. 바이런은 곧 그 젊은 시인을 저녁 만찬에 초대했다. 제네바호 가에서 두 시인이 '우연히' 만남으로써 영국문학사의 가장 유명한 두 낭만파 시인의 우정과 교류가 싹트게 되었다. 1816년 5월 27일이었다.
　바이런이 셸리를 보니 갈갛갈갛한 앳된 얼굴이었고 자기보다 몇 살 아래였다. 그는 티모시 셸리 경(Sir Timothy Shelley)의 장남으로 태어나 13세에 이튼(Eton)에 입학하였지만, 다른 남학생들과의 평범한 놀이에는 어울리지 못했다. 그는 수줍어하는 내성적인 성격에다 혼자 있기를 좋아하니 친구가 없었다. 그의 재주는 훌륭했으나 기벽이 심했고, 그 기벽은 자주 그의 재주에 독이 되었다. 열여섯 나이에 옥스퍼드 대학에 입학하였지만 「무신론의 필요성」(The Necessity of Atheism)이라는 불경스러운 반정서적 소책자를 출판하자 대학에서 그에게 퇴학 처분을 내렸다.

이 사건은 그의 전도에 짙은 암운을 드리웠다. 그는 런던으로 가서 해리어트(Harriet Westbrook)라는 아가씨와 사랑에 빠져 그렛나그린(Gretna Green)으로 사랑의 도피를 했다. 이때 두 사람의 나이를 합해도 서른둘밖에 되지 않았다. 그의 아버지는 이런 철부지들의 결혼은 제 눈을 제가 찌르는 못난 행위라고 몹시 화를 냈다. 그는 아들과의 모든 접촉을 끊어 버렸다. 결혼 후 어린 부부는 에든버러에서 얼마간 살다가 아일랜드로 건너가서 살았지만, 그의 성급한 결혼생활이 어떻게 행복할 리 있었겠나. 아이 둘을 낳은 후 쌍방 동의로 별거에 들어갔다.

셸리는 고드윈의 딸 매리와 다시 결혼해서 버킹엄셔(Buckinghamshire)의 그렛말로(Great Marlow)에 정착하여 자선활동을 펼쳤다. 그의 무교적(無敎的) 견해는 많은 사람들의 시선을 모았지만, 신에 대한 부정적인 입장 때문에 아버지가 그의 자녀마저 그에게 맡겨놓을 수 없다고 하여 데려가고 말았다. 재정적으로 궁핍한데 자녀마저 잃자 그는 다시 돌아오지 않을 각오로 영국을 떠나고 말았다. 그가 스위스에 오니 바이런 역시 가정적인 불화로 온갖 오명을 뒤집어쓰고 그리로 온 것이 아닌가. 두 천재 시인이 우연히 만나 각자 모국에서 받은 멸시와 설움을 이야기하면서 서로의 아픔을 동정하고 위로하였다.

바이런은 클레어로부터 셸리의 이야기를 듣고 그의 『맵 여왕』을 읽은 적이 있었다. 낯선 사람 앞에서 셸리는 수줍음을 탔고 바이런도 마찬가지였다. 두 시인은 시라는 공동화제가 있었기에 수줍음을 떨치고 곧 깊은 대화에 빠져들었다. 이때 이후로 바이런은 점점 더 많은 시간을 셸리와 그의 두 여성과 함께 보냈다. 셸리 부부는 클레어와 바이런의 관계를 알지 못했고, 바이런은 바이런대로 꼭 알릴 필요도 없었다. 그들은 저녁식사를 함께하고 함께 보트로 뱃놀이를 했다. 다들 그 시간이 가장 향기나는 시간이라고 느꼈고, 모든 것을 이야기에, 또 잔잔한 파도에 맡기다 보면 10시 이전에 돌아오는 예가 없었다.

바이런이 사회적 전통에 얽매이지 않고 독서를 많이 한 독서가였다면, 셸리는 사물을 감성적으로 받아들이면서도 어떤 주제라도 깊은 명상으로 소화하는 사색가였다. 바이런이 그런 사람을 만나 보니 너무나 신기하였다. 그는 셸리와의 토론에 자극 받아 『차일드 해롤드의 순례』에 새로운 연(聯)을 보탤 수 있었다.

윌리엄 워즈워스

바이런이 워즈워스의 범신론을 얼마만큼 수용하게 된 것은 셸리의 덕택이었다. 누구도 셸리만큼 바이런에게 워즈워스의 철학을 설득력 있게 이야기할 수는 없었으리라. 바이런은 그를 통해 범신론적인 황홀경을 경험하였다. 그가 워즈워스의 「영원에 대한 암시」(Intimation of Immortality)를 읽고, 자신에게서도 '영원에 대한 암시'를 발견한 것은 큰 소득이었다. 가시적인 것 너머로 솟아오르는 "형체 없는 생각"을 마음속에 생생히 키워볼 수 있었다. 그는 메드윈에게 나중에 이렇게 말했다. "내가 스위스에 있었을 때 셸리는 구역질 날 정도로 워즈워스 약을 복용시켰어요. 그리고 난 즐겁게 그 워즈워스의 시 얼마를 읽었던 기억이 나요. 그는 일단 자연에 대한 어떤 감정을 가지면 그것이 거의 신격화되도록 몰고 갔지요. 그 점이 셸리가 그의 시를 좋아하는 이유였지요." 바이런은 모든 것을 상실한 후라 과거의 어느 때보다도 워즈워스의 치유력에 대해 마음이 열려 있었으리라.

셸리 가족은 호텔에서 2주간 바이런과 함께 보낸 후 6월 1일 몽블랑(Mont Blanc) 쪽의 작은 집 벨리브(Belle Rive) 장(莊)을 구해 이사를 갔다. 그의 가족은 매리, 클레어, 셸리와 매리의 여섯 살 먹은 아들 윌리엄, 그리고 스위스인 유모 등 다섯이었다.

그들이 이사를 나간 뒤에도 바이런은 열흘을 더 호텔에 머물면서, 매일 저녁 궂은 날씨에도 불구하고 폴리도리와 호수 건너 셸리의 집에 놀러 갔다. 그러고는 티롤의 자유의 노래(Tyrol's Song of Liberty)를 부르면서 어두운 호수를 노 저어 왔다.

바이런은 6월 6일 호텔 맞은편 남쪽 호반, 콜로니(Cologny) 마을의 디오다티 별장(Villa Diodati)을 6개월간 125루이로 세를 얻었다. 폴리도리와 하인 러쉬턴과 플레처를 데리고 그리로 이사를 간 것은 6월 10일이었다. 그 별장은 제네바에서 3.2km 떨어졌으며 호수로부터 200야드쯤 떨어진 언덕 위에 있었는데, 호수의 확 트인 파란 물, 왼편으로는 시가지, 호수 뒤의 쥐라(Jura) 산맥이 병풍처럼 에워싸고 있어 앞뒤 전망이 아주 멋졌다. 그러나 집세가 비쌌고 집은 작았지만 셸리의 집에서 10분 거리였다. 멀리 뱃놀이 갈 목적으로 바이런과 셸리는 작은 돛단배를 25루이에 샀다. 그 배는 셸리 집 밑의 작은 포구에 매어두었다.

바이런이 거처해 보니 그 집이 마음에 들었다. 이 작은 별장은 지하에서 두 층을 회색 돌과 벽돌로 네모반듯하게 빼 올렸는데, 1층의 세 면에는 발코니를 베풀고 연철 난간을 세워 뒀다. 응접실은 넓고 근사했으며,

디오다티 별장

'The Villa Diodati' by Robertgrassi via Wikipedia Commons under Public Domain.

앞과 옆의 발코니로는 창이 트여 있었다. 비 오는 날 밤을 위해서 커다란 벽난로가 분위기를 돋우도록 입을 벌리고 있었다.

폴리도리는 바이런이 셸리와 가까워지는 것을 시기하였다. 그는 그 정도로 정신적으로는 어렸다. 그는 이 두 시인이 제네바호를 자기를 빼고 여행할 계획을 짜는 것을 보고 화가 났다. 항의를 하니 바이런도 화가 나서 그런 일을 걸고 들면 해고시켜버리겠다고 했다. 폴리도리는 하도 억울해서 자기 방으로 가서 약장에서 독약을 꺼낸 뒤 유서라도 한 장 쓰려고 하였다. 이런 사정을 전혀 몰랐던 바이런은 그 방에 우연히 들어가서야 그 사실을 알고는 미

폴리도리

안하다고 달랠 수밖에 없었다. 폴리도리는 펑펑 눈물을 쏟았다. 그 후 바이런은 그가 괴덕스럽기는 해도 특별히 제네바 사교계에 출입하도록 주선해 주었다. 바이런은 매우 검소하게 생활했는데 유독 폴리도리만 마차를 불러 시내까지 내왕케 했다. 또 주인 허락도 없이 제네바의 신사들을 저녁 식사에 초대하는 바람에, 예상외의 돈이 나갔다.

바이런과 셸리는 오전과 더운 한낮에는 각자 집에서 시간을 보내고, 늦은 저녁에는 모여서 함께 뱃놀이를 즐겼다. 런던에서 처음 만났을 때부터 바이런에게 매료되었던 매리는, 달빛 비낀 호수에서 뱃놀이하던 낭만적인 순간을 평생 잊지 못했다. 바이런은 한껏 기분이 고조되면 꼭 알바니아 군가를 불렀다. 매리의 기록이다. "파도는 높아 기분을 돋웠으며… 바이런은 '알바니아 노래를 불러 볼까.' 하고 소리쳤죠. '자 감상에 젖으시고, 모두 관심을 제게 돌려주십시오.' 그가 내뱉은 소리는 이상한, 야성적인 포효였죠." 바이런은 수영도 즐겼으나 셸리와 두 여인은 한 걸음도 배를 못 떠났다. 그는 육상에서 발을 저는 모습과는 달리 물속에서

는 힘이 넘쳐서 사람들이 모두 부러워할 정도였다.

사람들은 'Lord Byron'의 이니셜로 '엘비'(L.B.)로 부르다가 나중에는 '알베'(Albé)라고 고쳐 불렀다. 폭풍이 불면 모두 디오다티장의 벽난로 앞에 둘러앉아 이야기꽃을 피웠다. 화제는 시에서 귀신까지 다양했다.

호수에서 뱃놀이를 하다가 가끔 호반에 내려 산책을 즐길 때도 있었다. 바이런은 느릿느릿 칼이 든 지팡이를 끌면서 일행 뒤에 처져서 걸었다. 셸리는 주로 자신의 시와 관련된 이야기를 했다. 독서한 내용과 그의 철학체계에 관한 것이어서, 바이런은 이상하고도 신비로운 사색의 나라로 빠져들었다. 셸리가 그의 관념과 이상의 세계를 이야기하면, 바이런에게 그곳은 전인미답의 영토여서 그의 마음은 그의 이야기에 완전히 사로잡혔다.

폴리도리는 경박하고 허영심이 많은 기질을 드러냈다. 한번은 자기와 바이런을 이간질한다고 셸리를 걸고 들어 결투까지 신청하지 않는가. 셸리는 웃고 치웠고 바이런도 웃으면서 이런 말을 했다. '물에 빠진 사람은 지푸라기라도 잡는다.'는 속담이 있는데, 만약 저 의사 친구가 물에 빠져 허우적거릴 때 그 말이 맞는지 지푸라기를 내밀어 볼, 저 인간은 바로 그런 인간이 아니겠느냐고 했다. 사람들은 속으로 박장대소를 했다.

바이런은 자기는 언제나 가장 가까운 홰를 찾아 앉는 새와 같다고 했다. 누구든 가까운 여성에게 깃든다는 뜻이었다. 그렇지만 그는 모두가 호텔에 묵었을 때 의식적으로 클레어를 멀리했다. 그러나 디오다티 별장에 입주하자 그녀만큼 가까운 홰가 어디 있었나. 그는 흘러넘치는 시상을 그대로 휘갈겨놓은 『차일드 해롤드의 순례』의 원고를 정서하라고 클레어와 매리에게 맡겼다. 바이런은 클레어를 볼 때마다 캐롤라인을 볼 때처럼, 강한 욕망과 동시에 그것에 비례하여 심한 혐오감도 일어났다.

그는 오거스터에게 보낸 편지에 자신은 "외롭고 사랑에 굶주린 남자"라고 했다. 그리고 클레어 이야기를 죄다 하고 클레어를 품을 수밖에 없었다고 고백했다. "나를 따라온, 아니 나보다 앞서 온, 왜냐하면 내가 여기서 그녀를 발견했으니까…. 1,300km를 달려온 [그런] 여자를 데리고, 내가 어떻게 금욕주의자가 되겠어요…(특히 밀고 들어오면) 작은 사랑이지만 신기한 맛에 기꺼이 받아들일 수밖에 없잖아요." 그들의 관계는 복원

되었고, 그 복원은 그녀에게 얼마나 큰 희망이 되었겠나. 그러나 그녀가 아기를 가졌다는 것을 알자 바이런의 혐오는 곧 공포로 바뀌었다. 이제 당당한 요구를 해 올 거야.

이 두 사람은 극도로 조심하였지만 바이런의 추문이 돌기 시작하는 데는 오랜 시간이 걸리지 않았다. 나중에 바이런은 메드윈에게 이렇게 말했다. "호수 건너편에서 쌍안경으로 나를 관찰했는데, 틀림없이 영상을 왜곡하는 쌍안경이었을 거예요. 저녁에 마차를 타고 돌아오면 사람들이 매복해 있었어요. 사람들이 나를 인간 괴물로 여겼다고 믿어요." 바이런이 셸리 가족 외에 아무도 만나지 않으니 별의별 이야기가 다 돌았다. 제네바 단체관광객들은 그 유명한 바이런이 산장의 커피하우스 사장 부인 셸리 부인과 동거 중이라는, 희한한 거짓 소문을 내고 또 영국에까지 퍼다 날랐다.

이 기간 동안 바이런은 정서적으로 안정되어 다이어트를 할 수 있었다. 무어는 이렇게 이야기했다. "그의 다이어트는 거의 불가능할 정도의 절제였다. 아침은 얇은 빵 한 조각과 홍차―정찬은 방드그라브(vin de Grave)의 맛을 낸 셀처(Seltzer) 탄산수 한두 병을 곁들인 가벼운 채식, 저녁은 우유나 설탕도 넣지 않은 녹차 한 잔이 하루의 식사였다. 배고픈 고통을 그는 담배를 씹거나 궐련을 피움으로써 달랬다."

6월 14일인가 15일에 디오다티 별장에 모여 놀 때 화제가 유령, 초자연적 존재, 생명의 원리 등으로 흘러갔다. 그때 바이런이 그들 모두가 유령 이야기를 한번 써보면 어떻겠냐고 제안했다. 다들 동의하였지만 그 약속을 지켜 작품을 완성시킨 사람은 매리와 폴리도리뿐이었다. 매리가 들려 준 이야기가 이 디오다티 모임의 가장 큰 성과가 되었고, 그래서 그들은 이 몇 달을 '프랑켄슈타인(Frankenstein) 여름'이라고 불렀다.

6월 17일 저녁 양 가족은 디오다티에서 식사를 했다. 밖에는 비가 양동이로 퍼붓듯이 와서 셸리네 가족은 돌아갈 수가 없었다. 그들의 이야기는 찰스 다윈의 할아버지 이라스머스 다윈(Erasmus Darwin) 박사가 한 실험 이야기로 흘러갔다. 인간을 실험실에서 만들 수 있을까에 대해 이야기하다가, 자연스럽게 과학문제에서 초자연적 문제로 넘어갔다. 바이런은 독일 공포 이야기를 모아놓은 『판타스마고리아나』(Fantasmagoriana) 라는 책을 소개하여 다들 그 책을 돌려가면서 큰 소리로 읽었다. 자정을 넘겨 바이런도 유령 이야기를 한 뒤에 콜리지의 시 작품 「크리스터벨」 (Christabel)을 읽어주었다. 모두들 공포감으로 온몸에 소름이 돋았다. 그 시를 다 들은 셸리가 공포에 질려 비명을 지르고 방 밖으로 뛰쳐나갔고, 다른 참석자들도 일종의 마비상태를 보였다. 다행히 폴리도리가 겁을 먹지 않아 응급조치로 셸리의 얼굴에 물을 붓고 에테르를 줬다.

셸리는 갑자기 한 번 들어본 적이 있는, 젖꼭지 자리에 눈이 박힌 여자가 떠올랐다고 했다. 이때 셸리가 본 환상은 무서운 예감이었다. 6개월 뒤 셸리가 버린, 두 아이의 어머니인 해리어트가 하이드 파크(Hyde Park) 서펀타인 폰드(Serpentine Pond)에서 시체로 떠올랐기 때문이었다.

바이런은 약속에 따라 초자연적인 요소를 넣어 한 이야기를 산문으로 쓰긴 했지만 작품을 완성시키지 않았다. 폴리도리는 그 내용을 기억해 뒀다가 그것에 '피'와 '고딕'의 요소를 더해 3년 후 바이런의 작품임을 적절하게 암시하면서 익명으로 『흡혈귀』(The Vampyre)라는 작품을 냈다. 바이런을 그것을 읽고는 머리에게 "나는 그 자가 자기 작품을 내 것이라고 하는 짓은 안 하면 좋겠다고 생각했어요…. 그러나 나를 아는 사람이면 누구라도… 그 작품이 비록 내 자신의 상형문자로 되어 있다 할지라도, 내가 썼다고는 믿을 사람은 드물 거예요."라고 말했다.

이때 폴리도리가 훔쳐갔던 바이런의 이야기는, 「단편」이라는 제목으로 『마제파』라는 작품과 함께 훗날 발표되었다. 모두(冒頭)에 1816년 6월 17일에 썼다고 명시했지만 1819년에 쓴 듯하고 미완성이다. 바이런은 발표를 원치 않았지만, 머리가 묻지도 않고 1819년 6월에 발표를 해버리자 바이런은 거칠게 항의했다.

이 「단편」의 화자는 그의 친구 다블(Augustus Darvell)에 관한 이야기를 해준다. 그 친구는 재산이나 가문이나 능력에서 보통사람은 접근할 수 없을 만큼 훌륭하였지만, 의뭉스럽고 신비로운 데가 있었다. 그들은 스미르나에서 에페수스로 여행을 떠났다. 다블은 여행 중에 이상하게도 몸이 수척해져 갔고, 길은 귀기(鬼氣)가 서려 있었다. 다블의 병세가 악화되어서 일행은 한 튀르키예인 묘지에서 휴식을 취했다. 다블은 그곳은 자기가 삶을 내려놓을 곳이라고 말하였는데, 그때 황새 한 마리가 뱀을 물고 한 묘비 위에 앉아있었다. 다블은 그 황새가 앉은 곳에 묻어달라고 부탁을 하고 그날 저녁에 눈을 감았다. 그러나 곧 그의 얼굴은 새까맣게 변했고 신체도 시시각각 색깔이 변했다. 지정해 준 장소를 파니 이미 더 깊은 곳에 시체를 묻었기에 흙은 쉽게 파였다. 그를 묻고 떼를 심었다. 이야기는 여기서 끝이 났다. 폴리도리에 따르면 바이런은 애초에 다블이 흡혈귀로 환생하는 것을 구상했다고 했다.

『프랑켄슈타인』을 쓴 매리 셸리

앞에서 이야기했듯이 매리의 프랑켄슈타인의 이야기가 이 디오다티 모임의 가장 큰 성과였다. 그녀만 자기 이야기를 소설의 형식으로 발전시켰다. 매리가 처음으로 그 스토리를 이야기했을 때 폭풍에 창이 덜컥거려 제대로 들을 수 없었다. 그때 프랑켄슈타인과 그가 만든 괴물의 환상이 그녀에게 다가왔다. 그녀는 회상했다. "나는 신성하지 않은 학문을 하는 한 창백한 학생이, 자신이 조합한 물건 옆에 꿇어앉아 있는 모습을 환상으로 보았죠." 배경은 제네바호 주변이고, 얽히고설킨 모티프들은 바이런이 관심을 갖고 있던 주제였다. 초기의 『프랑켄슈타인』은 근친상간의 문제를 가볍게 다루기도 했다. 그가 만든 괴물은 버림받은 한 남자의 좌절된 성(性), 혈친 관계에서 비롯되는 죄악, 소외와 유랑 등으로 특징 지을 수 있었다. 그 점에서 그 괴물은 바이런의 내면을 드러내 보이지 않는가.

6월 22일 바이런과 셸리는 작은 돛단배로 제네바호를 둘러보러 집을 나섰다. 그 후 8일 동안 두 시인은 각자의 시와 사상과 체험을 느긋하게 이야기하고 교환하였다. 그들은 배 위에서 자신들의 유년기를 비교해 보니, 그들의 문법학교 시절과 대학 시절은 다 같이 반항의 기간이었다. 영국은 사회적 정의가 말살되었는데, 또 다른 나라의 왕정을 지원하는 점에서, 둘은 모국에 대한 심한 실망과 배신감을 느꼈다. 사람들이 그들의 사생활을 비난하여 그들이 결국 유랑의 길로 내몰린 것에 대해서도 둘은 공분을 느꼈고 서로를 동정했다.

셸리가 바이런과 마음을 나누다 보니 바이런이 성, 여성, 종교에 대해 보수적인 견해를 가지고 있어 놀라웠다. 그가 결혼제도나 교회 등 기존 제도를 개혁할 의욕을 별로 보이지 않으니 꼭 18세기 난봉꾼 같아 보였다. 독재를 타도하는 것은 자유인의 의무이고, 새로운 세계질서를 세워야 하는 것은 모든 지식인들의 시대적 사명이었는데도 말이다.

그러나 이 두 시인은 닮은 점도 많았다. 둘 다 루소(Jean-Jacques Rousseau)를 우상처럼 신봉하였기에 이 날의 기행이 가능했던 것이었다. 이틀 뒤에 그들은 메이어리(Meillerie)에 도착하여 루소로 유명해진 장소를 탐사하였다. 바이런은 그의 소설 『신 엘로이즈』(La Nouvelle Héloïse)를 잘 알고 있었으므로 그 장소 하나하나가 신기했고, 그의 마음속에는 생생한 기억으로 아로새겨졌다. "쥘리의 뜰"(bosquet de Julie)이 었던 포도밭을 말없이 걸으면서 바이런은 갑자기 소리쳤다. "폴리도리가 여기 안 와서, 하느님 감사합니다." 또 클레어도 안 와서 마음이 가벼웠다. 그 소설의 주인공 생프뢰(St. Preux)가 망명했던 멋진 장소에서, 야생화의 꿀을 곁들인 맛있는 식사도 했다.

그들이 보트를 탔을 때 갑자기 스콜을 만나서 배가 뒤집힐 뻔했다. 바람이 세게 불고 파도가 무서울 정도로 커져서 호수는 거대한 물의 골짜기를 이루었다. 키는 부러져서 말을 듣지 않았고, 파도가 배 안으로 계속 넘어 들어왔다. 바이런은 언제든 수영을 할 수 있었지만 셸리는 수영을 못 하므로 어떻게 해서라도 그를 구해야 했다. 그러나 셸리는 자신을 구하겠다는 제의를 강하게 거절하고, 자기 칸의 고리 하나를 꼭 움켜쥐고 조용히 앉아서 그대로 물에 빠질 각오를 했다. 셸리는 나중에 이렇게 고백했다. "나는 동료가 나를 구하려고 노력한다는 것을 알았고, 내 생명을 구하면 그의 생명이 위태로워진다고 생각하니 수치감이 엄습했어요."

  6월 26일 바이런과 셸리는 시용성(Château de Chillon)을 둘러보았다. 시용성은 클래런스와 제네바 호수의 끝자락인 빌르뇌브(Villeneuve) 사이에 있어, 왼쪽은 론(Rhône) 강의 입구가 되고 그 반대쪽은 메이어리 고원이 솟아 있었다. 보비네(Bovinet)와 생장고(St. Gingo) 위로는 알프스 산맥이 높이 뻗어 있었다. 언덕 아래에 일련의 지하 감방이 있었는데 그곳은 초기엔 종교개혁자들을, 나중에는 국사범들을 감금했다고 했다. 그 감방 안에는 세월의 때가 덕지덕지 묻은 대들보가 있었으며, 사형수는 거기 매달려 처형당했다고 했다. 사람을 물에 빠뜨려 죽일 때 이용한 수문도 남아 있었다. 감방에는 일여덟 개의 기둥이 있었으며, 하나는 반쯤

시용성

'Château de Chillon (Switzerland) and Dents du Midi at nightfall' by Giles Laurent via Wikimedia Commons under CC BY-SA 4.0.

벽 속에 박혀 있었다. 이들 중 몇 개에는 족쇄와, 족쇄를 채운 사람을 묶는 데 쓰는 고리가 붙어 있었으며, 포석(鋪石) 위에는 보니바르(François Bonivard)의 발자국이 남아 있었다.

시용성을 돌아본 뒤 다시 악천후로 해서 두 시인은 로잔 근처 우시(Ouchy)의 오텔드랑크르(Hôtel de l'Ancre)라는 여관에서 이틀간 묵었다. 이때 바이런은 이 여관방에서 「시용성에 부친 소네트」(Sonnet on Chillon)와 장시『시용성의 죄수』(The Prisoner of Chillon)를 쓰기 시작하여 7월 10일에 탈고했다. 이 원고는 클레어의 손을 거쳐 그해 12월 5일에 발표된다.

바이런이 시용성에서 그곳 경치보다 더 감명을 받은 것은 '보니바르'라는 역사적 인물이었다. 그는 종교개혁의 선봉에 섰으며, 제네바 애국자들과 같이 사보이 공작(Duke of Savoy)에 저항하면서 장차 제네바를 공화국으로 만들 꿈을 키웠다. 그러나 체포되어 사보이공에게 넘겨져 2년간 옥살이를 했다. 친구들 도움으로 출옥했으나 다시 체포되어 시용성에 1530년부터 1536년까지 감금당했고, 마지막 4년은 지하에서만 보냈다. 「시용성에 부친 소네트」의 일부이다.

> 시용! 그대의 감옥은 성스런 곳,
> 그대의 슬픈 바닥은 곧 제단(祭壇)—그곳은
> 보니바르가 밟아 발자국이 남았고
> 마치 잔디인 양 그대의 찬 포석(鋪石)이
> 닳고 닳았기에!—아무도 이 흔적을 지우지 마시라!
> 그 발자국은 폭군에게서 신에게 올리는 호소이려니.

『시용성의 죄수』는 392행의 장시로 보니바르가 직접 말하는 형식으로 되어 있다. 그 내용에 따르면 이 보니바르의 가족은 모두 순국 혹은 순교하였다. 아버지는 화형을 받았고, 형제 중 두 명은 전사했고, 또 한 명도 화형당했다. 나머지 셋은 시용성에 감금되었지만 두 명은 시름시름 앓다가 거기서 죽고 화자만 살아서 나가게 된다. 처음엔 그 형제들은 세

기둥에 각각 따로 쇠사슬로 묶였다. 한 동생이 죽자

> 나는 그의 머리를 보았으나 안을 수 없었고,
> 죽어가는 손─죽은─손은 잡을 수도 없었네.
> 아무리 애를 써도 내 쇠사슬을 부수거나
> 갈아 끊지 못하니 헛수고만 쌓여갔네.

라고 읊었다. 그들은 그 동생을, 묶여 있던 바로 그 자리에 흙을 얕게 파고 묻었다. 또 한 동생도 "불평의 말도 없이", "신음도 하지 않고" 죽어갔다. 그 뒤 그 화자는 감옥 안에서지만 쇠사슬은 벗겨주는 혜택을 입는다. 이때 창가에 가 보면 새가 날아와서 그것이 동생의 영혼이라고 생각하게 된다.

바이런이 이 시를 쓸 때에는 보니바르에 대한 충분한 정보가 없어 단지 그의 용기와 미덕만을 예찬하였다. 그래서 이 시에 나타난 내용과 실제 보니바르의 생애에는 얼마간의 차이가 있다.

에드워드 기번이 로잔 여름 별장에서 그의 『로마제국쇠망사』(The History of the Decline and Fall of the Roman Empire)의 마지막 행을 쓴 날(1787년 6월 27일)을 기념하여, 두 시인은 그의 별장을 찾았다. 바이런은 이 18세기 거장에 관한 것을 『차일드 해롤드의 순례』에 몇 연을 써 넣었다.

두 시인은 6월 30일에 각자의 집으로 돌아왔다. 바이런은 며칠간 종잇조각에 써놓았던 많은 시들을 재정리하였다. 7월 4일엔 드디어 『차일드 해롤드의 순례』 3편을 완성하여 클레어에게 맡겼다. 클레어는 그 일에 열의가 충천했는데 그 작업 할 때가 그녀가 디오다티 별장에서 바이런과 단둘이 있을 수 있는 유일한 시간이었기 때문이었다. 그러나 바이런은 그녀가 계속 관심을 가져달라고 매달리는 것을 내치고, 보호자 셸리에게 그녀의 디오다티 별장 출입을 삼가도록 해 달라고 부탁을 넣었다.

7월 7일 런던에서는 술에 곯아 지내던 셰리던이 빈곤과 빚으로 고생하다 타계했다. 키네어드가 드루리레인의 경영진을 대표하여 무대에서 낭송할 조시(弔詩)의 원고를 써달라고 청탁했다. 공적인 청탁이라 마음 내키지 않았으나 그의 불쌍한 최후가 너무 가슴 아파서 마지못해 수락했다.

셰리던은 당시 영국의 가장 위대한 희극작가였으며 그의 『경쟁자』(The Rivals), 『스캔들 학교』(The School for Scandal)는 끊임없이 상연되었다. 그는 또 중요한 휘그계 정치인, 웅변가, 가극단의 감독이기도 했고 여성편력으로도 이름이 높았다. 바이런은 해로에 다닐 때 이미 그를 잘 알고 있었으며, 학교 벽에 "R. B. Sheridan, 1765"가 쓰여 있는 것을 보고 그 벽을 자랑스럽게 생각하였다. 나이 차이가 있었으나 바이런은 그와 죽이 맞아 친하게 지냈으며 자주 같이 대취했다.

바이런은 7월 17일에 조시를 완성하였고 그 이튿날 클레어의 손을 거쳤다. 2행연구의 「존귀한 R. B. 셰리던의 죽음에 부친 추도시」(Monody on the Death of the Right Hon. R. B. Sheridan)는 셰리던의 성격적 결함을 살짝 지적하면서, 웅변가요 극작가로서의 그의 삶을 유감없이 그려냈다. 이 시의 마지막 부분은 이렇게 되어 있다. "하늘이 …/ 틀로 셰리던을 꼭 한번 찍어내고는 그 틀을 부쉬버려/ [내가] 한숨짓나니." 이 시는 1816년 9월 7일 드루리레인 극장에서 『스캔들 학교』 연극공연에 앞서, 데이

R. B. 셰리던

빗슨(Davidson) 부인이 낭송하였고 9월 9일엔 출판되었다. 이 시와 낭송은 둘 다 성공이었다.

7월 21일 셸리 가족은 샤모니(Chamounix)와 몽블랑으로 여행을 떠났다. 클레어는 떠나기 전에 바이런을 꼭 한 번 보고 싶어 안달이었다. "제가 당신을 한 번만 더 볼 수 없나요? 한 번만 다시?" 바이런은 직접 대답하지 않았다. 셸리 부부는 호수 위에서 나누던 이야기가 즐거웠기 때

제17장 셸리와 제네바호를 노 젓다 *441*

문에 닷새나 여행을 연기하며 바이런에게 같이 가자고 졸랐으나 바이런은 결국 클레어와 부닥치기 싫어서 사절했다.

혼자 디오다티에 남으니 고독과 온갖 추억이 밀려왔다. 다시 글을 쓸 충동이 일어났다. 자정 넘은 시간에 머리를 비우고 시상을 끌어내어 종이에 앉히는 일이 일과가 되었다. 이즈음 쓴 시가 「꿈」(The Dream)이었다. 이 시는 아홉 연으로 된 서정시로서 2, 3연에서는 메리 차워스와의 추억을 환기시켜 다시 가슴 쓰려 한다. 7연에서는 자신의 광증 때문에 결국 아내의 심성이 바뀌고, 자신의 정신도 황폐해졌다고 서글픈 후회를 한다.

우리나라에도 조선 순조 16년에 흉년이 들었다는 기록이 보이는데 그것은 그 전해 인도네시아의 탐보라 화산이 폭발하여 화산재가 지구를 뒤덮었기 때문이었다. 지구는 어두웠고 기온은 내려갔다. 엎친 데 덮친 격으로 유럽은 나폴레옹 전쟁으로 피폐해져 기아와 사회불안이 심각했다. 바이런 자신도 아내, 딸, 누나, 재산, 명예를 다 잃어 앞이 막막하고 캄캄했다. 이때 나온 시가 「암흑」(Darkness)이었다. 이 시에서 화자는 궁궐이든 오막살이집이든 집을 뜯어 모닥불을 피워 암흑과 절망을 물리치려고 한다. 암흑 속에서 사람들은 이를 갈고, 새들은 비명을 지르고, 야수들은 전율하고, 독사들이 떼를 지어 기어 다니며 서로 엉킨다. 아무 데도 사랑이 남아있지 않다. 사람들도 죽고 뼈마저 사라져 세상은 공허하다. 죽음의 덩어리가 다시 단단한 흙의 카오스를 이룰 뿐이다.

셸리 가족이 샤모니와 몽블랑으로 떠나기 전에 고전학자나 다름없는 셸리가 아이스킬로스(Aeschylus)의 『결박된 프로메테우스』(Prometheus Bound)를 번역해서 큰 소리로 바이런에게 읽어 준 적이 있었다. 바이런은 그 내용에 자전적인 요소를 넣어 시 「프로메테우스」(Prometheus)를 썼다. '증오의 신'은 재미로 몇 가지를 창조하는데 이때 피조물들은 죽을 권리마저 뺏긴 채 고통만 떠안는다. 그렇지만 인간은 프로메테우스처럼 어떤 고난도 이기고 죽음을 극복하는 강인한 의지가 있음을 보인다.

바이런에게는 이런 프로메테우스적인 의지를 가진 여인이 오거스터였다. 7월 24일에 쓴 「오거스터에게 주는 시」(Stanzas to Augusta, 같은 제목의 두 편의 시가 있으나 "Though the day of my Destiny's over"로 시작하는 시)에서 자신이 수많은 고통을 이겨낸 것은 누나의 프로메테우스적 노력이 없었으면 불가능했음을 시사한다. "인간이지만 그대는 나를 속이지 않았고,/ 여자이지만 그대는 나를 버리지 않았고/ 사랑을 받았지만 그대는 나를 슬프게 하지 않았고/ 중상모략을 당했지만 그대는 결코 흔들리지 않았고/ 믿음을 받았지만 그대는 나를 배신하지 않았고/ 헤어졌지만 도망가지 않았고…"

그 다음 주 바이런은 주변 경치가 너무 아름답지만 누나가 없으니 쓸쓸하고 안타깝다는 내용으로 128행의 긴 시 「오거스터에게 부치는 서한」(Epistle to Augusta)을 쓴다. 1연에서 "이제 내 운명에 두 가지가 있으니/ 세계를 돌아다니는 것과 그대와 한 가정을 이루는 것이라오."라고 하였다. 바이런은 아름다운 알프스의 고봉과 제네바 호수를 볼 때마다 오거스터의 얼굴이 어른거렸다. 제네바호의 맑은 물은 오거스터와 함께 보냈던 뉴스테드의 맑은 호수 물이 되어 밤이든 낮이든 마음속에서 철썩거렸다. 그는 "오 그대가 나와 함께 있다면!" 하고 한숨을 내쉰다. "레만[제네바호]도 아름답지만 더 정든 그 호반/ 그 아름다운 추억을 나는 잊지 못한다오." 마지막 연은 이렇게 끝낸다. "삶의 출발점에서 삶이 천천히 기우는 곳까지/ 우리는 얽혀 있고—죽음이 일찍 오든 늦게 오든/ 처음 우리를 동여맨 밧줄은 끝까지 튼튼하다오."

오거스터는 이 시가 든 편지를 받자, 바이런에게 알리지 않고 곧바로 달려가 두 서신검열관의 검열을 받았다. 그때 이 시는 「******에게 주는 시」(Stanzas to ******)라는 제목이 붙어 있었다. 두 검열관은 엄정한 심사를 마친 뒤 불순한 데가 있어 '발표불가'라는 판정을 내렸다. 문제의 구절은 "이제 내 운명에 두 가지가 있으니/ 세계를 돌아다니는 것과 그대와 한 가정을 이루는 것이라오."였다. 남매가 한 가정을 이루는 것에 불순한 동기가 있었다. 바이런은 발표 여부를 오거스터에게 일임해 둔 상태였는데, 오거스터는 그 시를 꼭 발표하고 싶었다. 그녀도 오기가 있었을까. 이 문제만은 절대 밀리면 안 된다고 생각해서, 애너벨러와 여러 번 밀고 당긴 끝에 겨우 출판 허가를 받아냈다.

마담 드 스타엘

바이런이 글 쓰는 일 외에 하는 일이란 호수 건너 코페(Coppet) 성(城)에 살고 있는 마담 드 스타엘을 방문하는 일이었다. 그 논쟁 좋아하던 부인은 그 지방에서는 최고의 호스티스였고 또 바이런에게는 늘 어머니 같았다. 그녀를 집에서 보니 런던에 왔을 때보다 훨씬 푸근했다. 바이런은 그녀를 세계에서 최고의 인물이라고 추켜주었다.

바이런은 그녀의 저택에 모인 사람들과 즐거운 시간을 보냈다. 서로의 발언에 가끔은 촉을 잡아 언쟁을 벌였지만 대륙의 지식인들은, 제네바의 응접실에 복작거리는 영국 사람보다 몇 배나 마음에 들었다. 그는 일주일에 몇 번씩 오후에 직접 배를 몰고 호수를 건너가 코페의 저녁 시간에 맞추었다. 바이런은 스타엘 부인의 서른 살 연하의 "극비" 미남 남편을 보고 그에게도 상당히 매료되었다. 또 그녀의 아름다운 딸 브로글리 공작부인(Duchess de Broglie)을 보고도 칭찬을 아끼지 않았고, 아이들의 전 가정교사였던 독일인 비평가, 언어학자, 시인인 슐레겔(A. W. Schlegel)도 만났다. 슐레겔은 모든 사람을 거침없이 반박하였지만 우스꽝스러울 정도로 허풍도 셌다.

스타엘은 바이런의 결혼생활에 관해 이야기를 자세히 듣고는, 그를 나

슐레겔

무라더니 꼭 자기 말을 들으라고 했다. "그녀[스타엘]는 나의 애너벨러와의 싸움에… 최대한 관심을 가졌고… 장모님을 제외하고는 누구 못지않게 그녀[애너벨러]에게 많은 영향을 주었다. 나는 마담 드 스타엘이 우리를 화해시키려고 최대한 노력했다고 생각한다. 그녀는 세상에서 최고의 인물이다." 바이런은 그 귀부인의 권유로 백 보를 양보해서 애너벨러에게 몇 번 사랑한다는 편지까지 썼다.

오거스터가 두 여인으로부터 굴욕을 겪고 있을 때도, 바이런은 그녀의 정신적인 압박을 전혀 눈치채지 못했다. 빌리어즈 부인은 오거스터가 바이런의 부정한 짓을 일단 인정만 하면, 그녀로부터 많은 비밀을 캐낼 수 있다고 생각하였다. 애너벨러는 빌리어즈 부인에게 "그녀[오거스터]가 자기 눈을 자기가 찌른 일은… 내 결혼 전의 일이었던 것 같아…. 나는 [오거스터가] 깨끗이 재출발을 하겠다는 말도 의심이 들어."라고 했다. 이 두 여성은 어떻게 해서라도 오거스터로 하여금 눈물이 펑펑 쏟아지는 죄의 고백부터 하게 한 뒤 단죄를 하든 무엇을 하든 해야 한다고 생각했다.

오거스터는 자신이 궁지에 몰린 것을 알고 애너벨러에게 동정을 구하는 편지를 썼다. "나는 과거와 현재의 모든 생각을 터놓을 수 있기를 바랄 뿐이네─그러면 자네는 지금보다 나를 더 나쁘게는 생각지 않을 것이고…. 나는 자네를 해친 적이 없네. 나는 자네의 관대한 마음을 악용한 적도 없네." 빌리어즈 부인은 오거스터와도 친한 친구였지만, 철저하게 애너벨러의 편이 되어 오거스터의 속내를 애너벨러에게 낱낱이 보고했다. 애너벨러는 빌리어즈 부인에게 편지를 썼다. "나는 지금 그녀가 다시는 편지로 은밀한 관계…를 절대 복원시키지 않겠다는 약속을 받아내려고 유도하는 중이야…. 그녀는 쉽게 자기 양심과 적당히 타협해 버리는 그런 인물이거든."

7월 30일 애너벨러는 오거스터에게 엄포를 놓았다. "바이런에게, 형님이 가장 못난 인간"이라는 느낌이 [확실히] 들 때까지, 그를 "올바로 생각해도─용서해도─그의 안녕을 빌어도 [절대 안 되며]─더욱이 그의 가까운 친구가 되겠다는 불순한 생각도 버리세요." 오거스터가 그에게 편지를 쓸 때, 늘 해온 것처럼 "그의 감정을 달래어 [그를] 만족시키는 일도 금물이며, 꼭 그를 바로잡아주는 [내용만] 써야" 한다고 어린애 족치듯이 말했다. "따라서 그의 마음에 나쁜 생각이 들 어떤 말이나 표시"도 절대 하지 말아야 한다고 다시 강조했다.

이 인격 모독에 가까운 편지를 보고 오거스터는 얼마나 부끄럽고 참담해했겠는가. 명색이 손위 시누이를 어린애 다루듯이 하지 않는가. 오직 물 흐르듯이 자연스럽게 살아왔던 그녀가 당한 고통을 짐작할 만하다. 교리문답 때 어깨너머로 들었던 기본적인 윤리가 어슴푸레 고개를 든 것은 이즈음이었다.

스타엘은 어느 날 바이런에게 캐롤라인이 쓴 소설 『글레나본』을 주면서 읽어보라고 하였다. 그는 그 책에 묘사해 놓은 자기의 모습을 차분하게 받아들였다. 그러나 이 소설이 발칵 뒤집어 놓은 곳은 따로 있었다. 바로 멜번가였다. 그때가 캐롤라인의 남편이 40년을 기다리다 이제 막 정계에 입문하려는 때였다. 캐롤라인의 시부모는 『글레나본』을 읽어보고 며느리가 이제 제대로 걸렸다고 생각했다. 캐롤라인과 이혼시킬 충분한 이유가 되었다. 캐롤라인이 외도를 한 것을 스스로 보여주었음으로, 그들은 캐롤라인이 제 정신이 아님을 인정받을 수 있어 결국 그녀를 이혼시킬 수 있었다. 그 이혼 서류에 서명하는 날에도 그 반편 같은 남편은 캐롤라인을 무릎에 앉히고는 빵에 버터를 발라 한 조각씩 그녀의 입에 쏙쏙 밀어 넣는 게 아닌가.

셸리 가족은 7월 27일 샤모니 여행에서 돌아왔다. 바이런은 마음이 다소 풀어져 클레어가 디오다티에서 다른 사람과 어울릴 수 있도록 출입을 허락하였다. 그 후 2주 동안 디오다티 별장에서 뱃놀이와 저녁 환담이 복구되었다. 만약 셸리와 매리가 클레어의 임신을 그 전에는 몰랐다 하더라도 그때쯤은 다 알게 되었으리라. 셸리는 그녀에게 최대로 잘해주고 싶었다. 그러나 자기도 해리어트를 버린 전력도 있었으니, 바이런이 클레어를 내친다고 해도 그를 비난할 수만은 없지 않았는가.

8월 2일 바이런은 셸리와 클레어만 디오다티에 불러 중요한 이야기를 했다. 매리를 뺀 것은 클레어가 배 속에 가진 아이에 대해서는 세 사람만 논의해야 할 성질이었기 때문이었으리라. 바이런은 아이가 일곱 살 될 때까지는 어느 한쪽 부모와 같이 살아야 하는데, 만약 자신이 그 한쪽 어버이로서 아이를 맡으면 제일 낫겠고, 그럴 경우 클레어를 아기의 아주머니라고 하여 자주 아기를 보도록 허락하겠다고 했다. 그러나 클레어를 가족으로 받아들이는 일을 절대 없을 것이라고 못을 박았다.

그러나 그 전에 아기의 아버지가 누구이냐는 꼭 짚고 넘어가야 할 중요한 문제였다. 바이런은 클레어가 셸리와 바이런 사이에 양다리를 걸치고 있었음을 알았고, 셸리도 그 점을 인정했을 것이다. 바이런은 날 수를 계산하고 클레어의 말을 믿어서, 아기는 자기 것임을 인정했다. 바이런이 클레어를 빈번히 만났을 때에 클레어는 셸리와는 같이 살지 않았었다. 나중에 아이를 보면 친탁을 한 것도 충분히 확인되었다.

8월 14일 '수사'(修士) 매슈가 알록달록한 옷을 입은 자메이카 하인들을 여러 명 데리고 찾아왔다. '수사'는 바이런 집에 꽤 오래 파먹고 가지 않았다. 훗날 바이런의 회상이다. "루이스는 제네바에서 꽤 오랜 시간 나와 함께 지냈다. 우리는 함께 여러 번 마담 드 스타엘이 사는 코페로 갔다. 그러나 루이스는 나보다 더 자주 그곳에 갔다. 마담 드 스타엘과 그는 노예무역에 대하여 격렬하게 논쟁을 벌이곤 했다. 그는 노예무역을 강력하게 지지했는데, 그의 재산의 대부분이 노

매슈 루이스, 수사 매슈

예와 노예농장에 투자되어 있었기 때문이었다. 그는 일 년에 3,000명의 노예에도 만족하지 않고 숫자를 5,000명으로 늘리고 싶어 했다. 그는 서인도제도에 가고 싶어 했다. 그는 [훗날] 그곳으로 가는 길에 뱃멀미로, 또 구토제 장기 복용으로 세상을 떠나고 말았다."

그해 8월에 '수사'는 바이런에게 괴테의 『파우스트』(Faust)를 "말로 번역해 주었다". 바이런은 이때 들은 『파우스트』에서 영감을 얻어 『맨프레드』(Manfred)를 썼다고 해도 과언이 아니리라. 그 '수사'는 바이런, 셸리, 폴리도리가 입회한 가운데 자신의 유언서에 추가 조항을 적어 넣었는데, 그것은 자신의 자메이카 대농장에서 일하는 흑인노동자들을 인간적으로 처우하고 대우하라는 내용이었다. 8월 16일에 바이런은 '수사'와 함께 볼테르의 성(Château de Voltaire)을 보러 페르네(Ferney)에 다녀왔다.

코페를 방문하니 스타엘 부인은 애너벨러가 아프다는 신문 기사를 바이런에게 보여줬다. 바이런은 가슴이 찡하게 아파왔다. 그 부인은 바이런이 고통스러워하는 것을 보고 아직 아내를 사랑하고 있다고 보았다. 그녀가 자신의 소식통을 통해 알아본즉, 애너벨러의 병은 별거에 따른 고통에서 온 것이라고 했다. 그래서 바이런 부부의 중재를 자청하고 나섰다. 스타엘 부인에게 보낸 바이런의 답장이다. "별거는 '제' 과오지만 선택은 '그녀'가 했어요. 나는 그것을 막으려고 백방으로 뛰어다녔고 [애너벨러는] 아직 내게 애정이 남아 있다고 생각하느냐고 물었습니다. 그것에 대해 [지금] 제가 할 수 있는 말은 나는 [여전히] 그녀를 사랑하고 있다는 말입니다." 스타엘 부인은 중간에 사람을 넣어 노력한 결과 애너벨러의 편지 한 통을 받을 수 있었다. 거기엔 "바이런 경은 제 결심이 바뀔 수 없다는 것을 잘 아실 것입니다."라고 적혀 있었다. 그녀는 디오다티에서 오거스터에게 보낸 편지를 몇 번 검열하면서, 바이런의 진심을 손바닥 보듯 다 파악하고 있었기에 그런 답장을 보냈으리라.

바이런은 애너벨러의 태도를 보고 몹시 화가 났다. 「바이런 귀부인의 와병 소식을 듣고 쓴 시」(Lines on Hearing That Lady Byron Was Ill)에는 저주가 들어 있다. 바이런은 애너벨러가 자기를 버렸다는 사실이 그가 영국을 떠날 때보다도 더 가슴 아팠다. 세상 사람들도 그녀 쪽이라는 것이 참을 수 없을 정도로 억울했다. 그는 이 시에서 그녀를 "도덕적 클리타임네스트라(Clytemnestra)"라고 불렀다. 이 시는 생전에는 발표되지 않다가 1832년에 한 잡지에 의해 발표되었다. "오히려 밤은 당신을 안락하게 만들려고 하겠지만 당신은/ 당신은 공허한 불치의 고통에 시달릴 것이오./ 왜냐면 당신은 너무 깊은 저주의 베개를 베고 자니까./ 당신은 슬픔의 씨앗을 뿌렸으니/ 현실에서처럼 쓰디쓴, 슬픔의 수확을 거둘 뿐이오."

바이런은 애너벨러가 딸을 데리고 대륙에 나와 겨울을 보낼 것이란 소식을 듣고도 격분했다. 전후(戰後)라 유럽이 어수선한데, 나이, 건강이 다 맞지 않는 애를 데리고 나온다는 것이 말이 되는가. 그는 아이를 데리고 나오기만 하면 법적조치를 취하겠다고 으름장을 놓았다. 그러나 그가 몰랐던 것은 그 아이는 이미 법원의 피보호자가 되어 아버지가 마음대로 할 수 없었다.

8월 말 바이런은 오거스터의 편지를 받았다. 그 편지는 여전히 뭔가 애매했지만, 놀라운 일, 불안한 일이 가득 적혀 있었다. 오거스터는 물론 애너벨러의 검열 때문에 모든 것을 솔직하게 이야기할 수 없었다. 답장에서 바이런은 오거스터를 질책한 뒤 이렇게 이야기했다. "불편해하지 마시오—'자신은 미워하지' 마시오, 당신이 미워한다면 그 대상은 나일 테니까—미워하지 마시오—그러면 난 죽어요. 우리는 이 세상에서 끝까지 서로를 계속 사랑해야 할… 사람들이오."

초여름에는 꼭 오겠다고 해서 기다렸던 홉하우스와 데이비스가 8월 26일에야 도착하였다. 홉하우스는 바이런 물건 세 박스를 가지고 왔다. 그 친구들을 보자 바이런은 너무 기뻐서 홉하우스와 알프스 등정을 같이 하자고 하였다. 셸리는 그 친구들을 보자 대번에 소외감이 들었다.

클레어는 이날까지 보여준 바이런의 태도를 죽 되돌아보니 한없이 슬펐다. 바이런은 자기가 접근 못 하도록 성을 점점 더 높게 쌓고 있었다. 그녀는 이렇게 편지에 썼다. "안녕 나의 가장 사랑하는 바이런 경. 약간은 자만(自慢)을 보여주는 그 웃음이나 미소를 짓지 마시오. 눈물로 쓰는 이 편지를 [당신이] 기쁜 마음으로 읽는다는 것은 너무 억울하다오…. 그대여 저는 제 생명 다하는 날까지 사랑할 것이며, 다른 사람은 사랑하지 못할 것이오." 바이런은 직접 클레어에게 말하지 않고 철저하게 셸리를 통해서 의사를 전달했다. 그것이 클레어가 제일 분통 터지는 일이었다.

클레어의 요청으로 셸리 가족이 그곳을 떠난 것은 8월 29일이었다. 바이런은 그가 영국을 출국한 이후 써온 『차일드 해롤드의 순례』 제3편, 『시용의 죄수』, 그 외 단시(短詩)의 원고를 빨간 가죽 봉투에 넣어 머리에게 전해달라고 셸리에게 맡겼다. 셸리 가족과 재미있게 보낸 기간은 3개월이었다.

셸리가 떠나던 바로 그 날, 바이런, 데이비스, 홉하우스, 폴리도리는 하인 세 명과 함께 마차 두 대에 나눠 타고 샤모니로 여행을 떠났다. 계곡에 들어서니 아래로는 아르브(Arve) 강이 흘러갔다. 계속 계곡이 좁아지다가 거대한 산으로 꽉 막혀 버렸다. 클류스(Cluses)라는 작은 마을을 지나갔다. 어두워지자 마차에서 내려서 걸었는데, 발에 물소리가 요란하게 휘감겼다. 양쪽에 까마득히 솟은 산 그림자가 어깨를 두드리는 듯했다. 살랑슈(Sallanches)에 도착하니 10시였다. 길이 여기저기 잘려져 나가 마부는 하마터면 마차를 엎어버릴 뻔했다.

8월 30일 관광용 무개마차 세 대에 나눠 타고 샤모니를 향해 출발하였다. 아르브강을 끼고 점점 좁아지는 계곡을 올라갔으며 오른쪽에 눈 덮인 몽블랑(Mont Blanc) 산맥이 숭엄한 종교처럼 나타났다. 왼쪽으로 산을 오르기 시작하여 셰드(Chède) 폭포를 지나 열 시 반에 세르보(Servoz) 광산촌에 도착하였다. 한 과수원에서 식사를 했다.

12시에 다시 출발하여 깊은 숲속 좁은 골짜기로 흐르는 아르브강을 건너니 몽블랑이 여행객에게 혼을 내주려는 듯이 앞을 꽉 막았다. 하늘에 치솟은 바늘 같은 봉우리. 한 시간을 걸어올라 왼쪽으로 보니 녹색 농장이 펼쳐지는 샤모니 골짜기가 트여 있었다. 발걸음을 옮길 때마다 산은 더 엄숙해지고 의연해지고 날카로워졌다. 남쪽의 봉우리는 톱니처럼 뾰족하게 날을 세워 구름을 스르렁스르렁 톱질하고 있었다. 협곡으로 쏟아져 내리는 하얀 눈사태. 눈이 흘러내리자 거대한 봐송(Boissons) 빙하까지 무너져 골짜기에 개간한 밭을 여지없이 덮어 버렸다.

안내인들은 소나무 숲을 지나 빙하 오른쪽으로 일행을 인도했다. 도착한 곳은 빙원(氷原). 빙하가 녹아 작은 개울을 이루었다. 안내인 한 사람은 계속 곡괭이로 얼음계단을 만들어야 했다. 거기서 깊고 넓은 크레

몽블랑
'Mont Blanc, Courmayeur side with Glacier de la Brenva' by Max572 via Wikipedia Commons under CC BY-SA 3.0.

바스를 넘는데 크레바스 아래 개울에선 물이 청동기 소리를 냈다. 위로는 낭떠러지 설산이 까마득히 구름발 속에 솟아 있고 아래로는 수직의 빙하. 빙하의 발은 저 아래 밀밭에 꽂혀 있었다. 맞은편은 목초지가 정상까지 이어졌으며 목조가옥의 동네가 보였다. 빙하의 반대쪽으로 내려가기란 특히 바이런에게는 위험했다. 빙하를 한 시간 이상 걸어 마차로 돌아와 역시 마차로 샤모니로 이동하였다.

바이런은 한 여관 방명록에서 셸리가 자기 이름 옆에 희랍어로 "민주주의자, 박애주의자, 무신론자"라고 써놓은 것을 발견하였다. 그는 "무신론자"가 마음에 걸려 홉하우스에게 말했다. "내가 이것을 지워 셸리에게 좋은 일 하나 할까?" 그는 그 글자를 못 알아보게 만들었다. 그러나 셸리는 다른 여관 방명록에도 꼭 같이 써 놓아 사우디를 포함한 영국 관광객들이 나중에 그것을 보고, 불경스럽다고 그를 비난하였다.

저녁 식사 후 여섯 시에 골짜기를 타고 올라가 아르베롱(Arveiron) 천의 수원지를 찾았다. 안내인은 빙하는 늘 움직여 샘 있는 곳은 위험지역이니 들어가지 말라고 하였지만 일행은 모두 그 샘까지 들어갔다. 그 샘

제17장 셸리와 제네바호를 노 젓다 **451**

은 아래서 물이 왈칵왈칵 치솟았다. 이전에 그곳의 얼음이 무너져, 두 사람이 죽고 한 사람이 크게 다쳤다고 안내인이 이야기했다. 그곳을 내려오면서 보니 몽블랑이 구름발 위 까마득하게 솟아 있어 독수리마저 날아오르지 못했다.

8월 31일. 살랑슈와 샤모니 사이에 상인들이 수정, 마노 등의 장식물들을 팔고 있었는데 거기서 바이런은 오거스터와 그녀의 딸들에게 줄 선물을 샀다. 일행은 작은 성당에서 들러 미사를 드리고, 아르브강의 골짜기를 타고 내려왔으며 몇 번이나 구름 위로 치솟은 몽블랑의 날카로운 은빛 봉우리를 돌아보고 또 돌아보았다.

11시 반에 세르보즈에서 길 위의 소박한 기념비 하나를 보았다. 작센(Sachsen)인 문인, 박물학자, 시인인 에셴(Friedrich August Eschen)의 기념비로 그는 크레바스에 빠져 세상을 떠난 사람이었다. 홉하우스는 기운이 펄펄하여 다시 셰드(Chede) 폭포까지 혼자 올라갔다 내려오는 개인행동을 했다. 그들은 살랑슈로 내려와서 세 시에 여관에 들었다.

9월 1일 살랑슈를 떠나 좁은 계곡을 타고 클류스로 돌아왔다. 아브르강의 경치를 내려다보니 그것 또한 절경이었다. 처음엔 느개로 전혀 보이지 않았으나 그것이 걷히자 폭포 하나가 곧 바위너설 아래로 신비로운 모습을 드러냈다. 본네빌(Bonneville)에 도착해 보니 많은 관광객이 와 북적거렸다. 식사를 하고 그곳을 세 시에 출발하였으나 오는 도중 내내 비가 왔다. 디오다티에 도착한 것은 여덟 시였다.

데이비스가 9월 5일에 영국으로 떠나면서 러쉬턴을 데리고 갔다. 바이런은 이때에도 원고를 보냈는데 셸리 편으로 보낸 것과 같은 원고도 있었다. 바이런은 그 인편에 동굴에서 캐낸 수정을 오거스터에게 보냈고, 그녀의 자녀들과 에이다에게 줄 장난감도 보냈다. 데이비스는 영국에 도착하여 원고를 키네어드에게 넘겼으나 키네어드는 그 원고를 곧 잃어버렸다. 169년 뒤인 1985년에 바클레이즈 뱅크(Barclay's Bank)의 금고에서 우연히 그 원고가 발견되어 세상을 놀라게 하였다.

홉하우스는 어디서나 부산하였다. 그는 호수에서 고기를 낚으러 갔으나 한 마리도 못 낚고 돌아왔다. 쥐라산 위에는 붉은 구름, 검은 구름이 길게 뻗어 내렸다. 홉하우스는 오거스터에게 편지를 써서 바이런이 도덕적으로 반듯한 생활을 한다고 안심시켰지만, 바이런이 이미 그전에 편지를 써서 클레어와의 관계를 낱낱이 고백한 뒤가 아니었던가.

애너벨러는 오거스터의 솔직한 고백을 듣고 싶었다. 8월 31일 그녀는 런던으로 가 몇 번 오거스터를 만나서 자기 목적을 달성했다. 그녀는 의기양양해서 빌리어즈 부인에게 편지를 썼다. "나는… 그녀[오거스터] 내부에 감추고 있던 것을 실컷 다 보았다네―그리고 형편없는 그녀 자신도 보았다네…. 그녀는 스스로 서슴없이 그의 편지를 내게 보여 주었다네―내게 대한 나쁜 감정이 들어있었기 때문에 감춰두고 싶었을 거야―그 편지는 정말 연애편지였다네―그리고 그녀는 어떻게 하면 그런 편지를 못 오게 할 수 있는가 그것을 알고 싶다고 했다네." 빌리어즈 부인의 답장이다. "나는 그녀[오거스터]에게 편지 한 통도―쪽지 하나도―낱말 하나도 당신[애너벨러]에게 보이지 않고, 그녀와 그[바이런] 사이에 오가면 안 된다고 일러 줬네―자네가 그녀의 수호천사라고도 일러주었고." 그들은 이렇게 스스로 애너벨러를, 오거스터를 지켜주는 거룩한 '수호천사'로 만들어 갔다. 오거스터는 애너벨러에게 의무감에서 이렇게 편지를 썼다. "나는 빨리 모두 속죄하고 싶네…. 내가 바이런에게 편지를 쓸 때 자네 시킨 대로 쓸 것이네…. 나의 수호천사님!"

바이런이 순진한 오거스터가 누군가에 의해 조종을 받고 마음이 비뚤어져 있다는 것을 눈치챈 것은 이 무렵이었다. 그는 제일 먼저 캐롤라인을 떠올렸다. 그러나 자기의 모든 편지가 애너벨러의 손아귀로 직행하리라고는 꿈에도 생각지 못했다.

9월 11일 아침부터 추적추적 비가 오는데, 치차고프(Pavel Vasilyevich Tchichagov)라는 러시아 제독이 바이런을 찾아와 자신을 소개했다. 그는 나폴레옹의 베레지나(Beresina) 침공을 막지 못하여 차르에 의해 옥살이를 한 인물이었다. 그는 튀르키예인들의 특성, 러시아의 빗나간 정책, 나폴레옹의 전략 등을 한참 풀어놓아, 바이런은 이때 들은 이야기를 『돈 주앙』에 적절하게 이용했다.

9월 12일 비가 억수같이 쏟아졌다. 바이런은 스타엘의 집에 초청받아

홉하우스와 폴리도리를 데리고 갔다. 이날 그들은 스타엘의 두 번째 남편인 로카(Albert Jean Michel de Rocca)를 만났는데, 그는 이베리아 반도 전쟁에 참전하고 그 전쟁 이야기를 써서 머리의 출판사에서 출판한 적이 있다고 하였다. 거기서 만난 본스테텐(Karl Victor von Bonstetten)은 스위스의 존경받는 원로 지식인, 행정가, 작가였고, 영국 시인 토마스 그레이(Thomas Gray)의 친구라고 했다. 그는 이 영국인들에게 "그레이는 존슨(Samuel Johnson)의 비평 때문에 죽었다고 생각해요."라고 말하였다.

바이런과 홉하우스는 그리스인 카르벨라스(Karvellas) 형제를 데려와 만찬을 함께했다. 이들은 파도바(Padova) 대학 출신으로 한쪽은 법학도이고 다른 한쪽은 의학도였다. 이들은 나중 바이런이 피사에 있을 때 다시 찾아오게 된다. 이 형제는 그리스 독립단 자킨토스 지부 회원으로, 이 중 니콜라스(Nikolas)는 오래 살아 그리스 광복까지 보게 된다.

바이런은 이번에는 베른 쪽 알프스 여행을 떠나기로 했다. 그러나 그 전인 9월 16일에 폴리도리를 면직했다. 그는 머리에게 이런 말을 했다. "그는 큰 손해는 끼치진 않아요. 그는 금방 누구에게 시비를 거는데 너무 어리고 조심성이 없어요." 또 이렇게도 말했다. "헤어질 때 섭섭했어요. 왜냐하면 나는 금방 [보낸] 사람에게서 매력을 느끼게 되니까요."

바이런과 홉하우스는 우쉬, 융프라우(Jungfrau), 당드자망(Dent de Jaman), 벵겐알프(Wengen Alp), 클라이너아이거(Kleiner Eigher), 그로서아이거(Grosser Eigher), 베터호른(Wetterhorn) 등을 거치는 등정을 계획했다. 바이런은 아름다운 경치를 조금이나마 누나와 나눠 가지기 위해 그녀에게 일기 형식으로 기행문을 써 보내기로 마음먹었다.

바이런은 애너벨러가 자기에게 참 잘 해준다는 오거스터의 말이 참으로 이상하게 들렸다. 그래서 오거스터에게 이렇게 적어 보냈다. "그녀에 대해 스스로 잘 생각해 봐요. 그러나 그녀가 이 동생을 형편없는 꼴로 만들었다는 것을 다 잊어서는 안 돼요…. 결혼을 했으니 내가 얼마나 바보인가-그리고 누나도 그렇게 똑똑하지는 않고…. 우리가 독신으로 또 행복하게 살 수 있었는데 말이오-늙은 아가씨와 남자 독신자처럼 말이요. 나는 누나 같은 사람은 다시는 못 만날 것이오-누나도 (허풍처럼 들릴

지 모르지만) 나 같은 사람을 못 만날 거고요. 우리는 한평생을 같이 살라고 생겨났소…. 적어도―나는―떼거지 같은 주변 때문에―나를 늘 사랑해 줄 수 있는 유일한 분, 또는 내가 순수하게 애착을 느낄 수 있는 유일한 분으로부터는 [이렇게] 멀리 떠나 있는 게 아니겠소."

 9월 17일 바이런 일행은 일곱 시에 디오다티장을 출발하여 등정 길에 올랐다. 바이런과 홉하우스는 마차를 타고 하인들은 말을 타고 제네바 호숫가로 해서 먼저 로잔으로 향했다. 쾌청하였다. 호수는 모든 산의 높낮이를 챙겨 명경지수에 정갈하게 담가 놓고 있었다. 몽블랑과 아르장띠에산(Aiguille d'Argentiere) 둘 다 유리처럼, 또 고드름처럼 차고 투명하였고, 날카롭기는 칼끝이었다. 로잔에 도착해도 해가 지지 않았다.

 9월 18일 홉하우스가 부산하게 앞서 출발하였다. 로잔에서 1.6km 쯤 길이 호수에 잠겨 버렸다. 홉하우스를 찾아 무개마차에 실어 브베(Vevey)로 갔다. 한 교회 안에서 러드로(Edmund Ludlow)의 기념비를 보았는데, 그는 찰스 1세 재판 때 사형선고에 찬성표를 던졌던 인물이었지만 그런 내용이 비문에는 없었다. 그는 외국에서 32년 산 뒤 독실했던 아내 옆에 묻혔다. 그 기념비 아래 검은 석판 밑에는, 찰스의 사형선고의 판결문을 읽은 후 똑같이 망명한 브로턴(Andrew Broughton)도 잠들어 있었다. 러드로가 살던 집도 돌아보았다.

 클래런스에 도착하자 홉하우스에게 구경시켜 주기 위해 다시 시용성으로 갔다. 바이런의 일기이다. "시용까지 다시 가서 언덕에서 쏟아지는 물줄기 구경. 호수에 비친 일몰. 낡은 오두막집에 투숙. 오래 망아지와 마차를 타고, 뜨거운 태양 아래 등정하여 피곤함…. 단두대와 토굴 구경."

 돌아와서 간단한 저녁식사 후에 클래런스성을 구경하였다. 영국여자가 그 성을 빌려서 살고 있었다. 성 위에서 내려다본 경치는 포도밭과 멋진 숲이 골짜기를 덮고 있어 가슴의 먼지란 먼지는 다 털어내는 것 같았다. 일행은 그때에 이미 없어졌지만 클래런스 위 포도밭에서 쥘리의 뜰을 찾아보았다. 쥘리와 생프뢰(St Preux)가 걸었을 길도 걸어 보았다.

 9월 19일. 일행은 이슬바심에 말이나 노새를 타고 출발하여 도보로 몽보봉(Montbovon)을 넘었다. 등정 길이 꿈길 같았다. 몽보봉에서 아침 식

당드자망
'La Dent de Jaman' by Simon LEPÊTRE via Wikimedia Commons under CC BY-SA 3.0.

사를 하고 계속 올라 당드자망 정상 부근에서 말에서 내렸다. 산 가운데 호수가 있었고 군데군데 눈이 쌓여 있었다. 땀이 비 오듯 했다. 홉하우스는 최고봉에 올랐으나 바이런은 몇 야드 남겨 두고 멈췄다. 그 최고봉에서 본 경치는 한쪽은 제네바 호수, 다른 쪽은 프리부르(Fribourg) 주(州)의 산과 계곡, 그리고 뇌샤텔(Neuchâtel)과 무르텐호(Murtensee)가 보이는 광활한 평원이었다. 한눈에 쥐라산맥의 양쪽이 다 들어왔다.

하산 길에 한 목동을 보고 감명을 받았다. 그는 가파르고 높은 낭떠러지 위에서 피리를 불었다. 그 스위스 목동의 갈대피리 소리가 가슴 깊은 곳에서 여운을 남겼다. 거의 못 올라갈 것 같은 낭떠러지에 올라간 목동은 일행을 향해 소리쳤다. 거친 강에 나무다리가 걸쳐져 있는 초라한 마을을 지났다.

이날 홉하우스는 일기에 이렇게 기록했다. "아마 바이런은 『맨프레드』를 쓰기 시작하였을 것이고, 이 당드자망의 체험이 분명 그 작품을 쓰는 데 도움을 주었을 것이다. 그는 제1막에서 소 대신에 샤무아(남유럽·

서남아시아의 영양류(類)의 일종)를 넣었다. 사린(Sarine) 강에서 큼직한 송어 두 마리를 낚아 그것을 저녁상에 올렸다."

9월 20일. 여덟 시에 출발하여 알프스에서 가장 길고 좁고 아름다운 골짜기를 탔다. 라로슈(La Roche) 다리를 넘어서 "일행은 거대한 바위서리 사이 하상이 매우 낮고 깊어 분노처럼 빠른 물줄기"를 보았다. 오른쪽으로 거대한 빙산 클리츠거베르크(Klitzgerberk)와 더 멀리엔 호크트호른(Hockthorn)이 보였다. 슈톡호른(Stockhorn)은 곳곳에 눈이 보였지만 빙산은 없었고, 그 산 위로 "어깨장식 같은 멋진 구름들"이 스쳐 지나갔다. 보(Vaud)에서 베른(Bern)으로 국경을 넘으니 불어가 컥컥거리는 독일어로 바뀌었다.

9월 21일. 지멘탈(Simmenthal) 계곡을 지나 매우 좁은 튠(Thun) 평원으로 나아갔다. 높은 바위와 숲이 산꼭대기까지 이어졌다. 강과 빙하를 품은 산이 느리게 지나갔다. 여자 뱃사공이 노를 저어 강을 건너 주었다. 여기서 일행은 클린턴(Clinton)라는 영국 사람을 만났는데 그는 클레어

튠과 튠호

'View of Thun and Lake Thun from the Niederhorn' by Roland Zumbühl, Arlesheim via Wikimedia Commons under CC BY-SA 3.0.

제17장 셸리와 제네바호를 노 젓다

의 고종사촌이라고 했다. 알프스 자락의 광활한 평원을 지나 툰 부근의 샤도성(Château de Schadau)까지 도보로 이동했다. 매우 아름다운 도시 툰.

9월 22일. 보트로 툰을 떠나 긴 호수를 길이로 세 시간 만에 건넜다. 물가에는 높은 암벽이 솟아 있었다. 노이하우스(Neuhaus)에 내려서 인터라켄(Interlachen)을 지나니 어느새 필설로는 묘사 못 할 절경 속에 빨려 들어가 있었다. 절벽에서 굴러 내려온 거대한 바위가 길을 막았는데 그 바위에는 쇠판이 박혀 있었다. 로텐플루 경(Lord of Rotenfluh)이 동생을 죽이고 패각 추방되었다는 내용이었다. 이 내용은 바이런이 『맨프레드』의 한 인물을 만들어 내는 데 요긴하게 쓰였으리라. 길은 산모퉁이를 이리 감고 저리 감으며 일행을 데려 들어가 거대한 암산 융프라우 기슭에 내려놓았다. 빙하에서 내려오는 우금의 급류가 너무 서늘하여 이때 받은 인상도 기억 저장고에 오래 저장되었으리라.

높이가 900피트인 슈타우바흐 폭포(Staubbachfall)를 보러 골짜기에 들어섰더니 눈사태 소리가 천둥소리처럼 우르릉거렸다. 거대한 빙산이 보였고 천둥, 번개, 우박이 내리치는 폭풍이 일행을 덮쳤다. 바이런은 이 신비하고 두려운 광경을 보고 "모두가 완벽하고 아름답다."고 감탄하였다. 그는 안내인이 지팡이를 달라고 해서 주려다가 칼이 든 지팡이여서 혹시 그것이 벼락을 끌어들일지 몰라 주지 않았다. "말은 어리석어 [천둥] 울리는 소리 두 번마다 한 번씩 멈춰 섰다." 한 스위스 부제(副祭)의 집에 기식하였는데, 그 집은 아까 본 900피트 급류 바로 앞에 있었다. "[급류는] 바위 위를 곡선으로 흘러내려 마치 바람 속에 날려가는 백마의 꼬리 같았다. 생각해 보면 묵시록에서 죽음이 탄 '창백한 말'의 꼬리일지 몰라."라고 바이런은 메모하였다. 그는 이 메모를 『맨프레드』에 이용하였다.

9월 23일. 슈타우바흐 폭포의 무지개를 구경하였다. 감탄하지 않는 사람이 없었다. 벵겐(Wengen) 산에 올라 정오 때 정상 부근의 한 계곡에 이르렀다. 한쪽엔 빙하와 함께 융프라우산이 우뚝 솟아 있었다. "진리처럼 빛나는 은의 이빨 당다르장(Dent d'Argent)", 클라이너아이거, 그로서아이거, 그리고 가장 작은 베터호른 등이 각기 시퍼런 꼭대기를 하늘에 꽂고, 그 높고 날카로운 위용을 자랑했다. 매 5분마다 근처에서 눈사태 소리가 들렸다. 다른 쪽 골짜기엔 구름이 타래 틀어 수직 절벽을 타고 끓어올랐다. 정상에서 보니 구름이 암산에 부딪히고 솟구쳐 올라, 솜을 펼치듯 스스로를 수평으로 감아나가 끝없는 운해(雲海)의 평원을 이루었다. 15분 머물다 하산하였다. 바이런은 부산하게 뛰어다니는 홉하우스가 얄미

슈타우바흐 폭포

Staubbachfall vom Dorf Lauterbrunnen aus gesehen' by Adrian Michael via Wikipedia Commons under CC BY-SA 3.0.

워 눈뭉치를 만들어 그 꼭뒤를 향해 힘껏 던졌다.

그린델발트(Grindelwald)에 도착하여 저녁식사를 한 뒤, 말을 타고 '얼어버린 허리케인'이라는 더 높은 빙하를 보러 올라갔다. 밤하늘에는 사파이어 아닌 것이 없었다. "그러나 악마 같은 길! 얼마의 번개". 죽은 소나무가 선 황량한 숲을 지나면서 바이런은 "저 모습이 나와 내 가족을 떠올렸다."고 적었다.

9월 24일. 검은 빙하를 지나 베터호른산을 오른쪽에 끼고 샤이덱(Scheideck) 산을 넘어, 스위스에서 가장 크고 보기 좋다는 로제(Rose) 빙하에 도착하였다. 200피트 높이의 라이헨바흐 폭포(Reichenbachfall)를 지나 오버란트(Oberland) 계곡에 들어갔을 때 비가 뿌렸다. 하산한 곳은 브리엔츠(Brientz) 호숫가의 브리엔츠 마을. 저녁에 스위스 오버하슬리

슈렉호른산
'Schreckhorn, as seen from the north' by Kevin Hadley via Wikimedia Commons under CC BY-SA 3.0.

(Oberhasli) 농촌아가씨 네 명이 와서 저들 지방의 노래를 불러 주었다. 또 브리엔츠 동민 전부가 모여서 아름다운 음악을 연주하고 왈츠를 췄다.

슈렉호른(Schreckhorn) 산이 메텐베르크(Mettenbergh) 산 위에 첩첩이 솟아 있어 바이런은 그 먼산주름에 감명을 받았다. 그는 이 슈렉호른산을 『맨프레드』 제3막에서 이용한다. "지금 펼쳐질 경치처럼 그땐 황혼녘이었고 그런/ 또 다른 저녁이었지- 아이거의 뾰족 봉우리 위에 걸려 있는/ 저 빨간 구름, 그때도 저렇게 걸려 있었지."

9월 25일. 여자들이 노를 젓는 긴 보트로 브리엔츠 호수를 건너가서 다시 인터라헨, 튠 호수를 거쳐 튠에 도착하였다. 이튿날 튠에서 좋은 길로 베른(Bern)까지 이동하여 밤 아홉 시에 프리부르(Fribourg)에 도착하였다. 9월 27일에 센니콜라(St Nicholas) 성당을 돌아보고 유명한 모라트 라임나무를 구경했다. 그 나무는 스위스가 프랑스 용담공 샤를 1세(Charles the Bold)에게 패배를 안긴 1476년 모라트 전쟁 때부터 있었던 유서 깊은 나무라고 했다. 바이런은 『차일드 해롤드의 순례』 제3편에 이 사실을 언급한다. 이 도시를 떠나면서 교수대에 매달려 있는 시체를 보고 모두 놀랐다.

뇌샤텔호로 가서 거기서 이베르됭(Yverdun)까지는 배를 타고 이동하였다. 이베르됭의 한 여관에 들렀을 때 탈레랑(Charles-Maurice de Talleyrand-Périgord)의 애인인 쿠르랑드 공작부인(Duchesse de Courlande)이 같은 여관에 들었다. 바이런은 그녀를 『돈 주앙』 제10편에서 언급한다. 이곳에서 일행은 혁신적인 교육자 페스탈로치(Johann Heinrich Pestalozzi)가 30루이를 받고 백 명의 학생을 기숙시키며 교육시키고 있다는 이야기를 들었다.

페스탈로치

그 이튿날 일행은 다시 길을 재촉하여 로잔 서쪽의 오본(Aubonne)에 도착했다. 거기서 본 황혼과 달밤의 호수는 고지대의 멋진 나무들과 어울려, 영원히 빨려 들어가고 싶은 그윽한 담채화를 이루었다. 9월 29일 네 시간 동안 비를 맞으며 이동하여 제네바를 거쳐 디오다티에는 오후 네 시에 도착하였다. 바이런은 이번 여행 동안 써온 일기를 끝내면서 이렇게 적는다. "나는 자연을 사랑하고 아름다움을 예찬하는 자이다…. [그러나] 목동의 음악, 눈사태의 굉음, 급류, 산, 빙하, 숲, 구름 그 어느 하나도, 그 어느 순간도 가슴의 [무거운] 짐을 덜어주지 못했고… 그 장엄함, 힘, 영광 속에서도 내 자신이 불쌍한 존재임을 잊게 해주지는 못했다."

바이런은 이 여행 중에 『맨프레드』의 초고를 대부분을 썼다. 그것은 무운시(無韻詩)로 된 드라마이며, 3막은 이듬해에 고쳐 쓴다. 여러 번 추고하였지만 이때 쓴 내용은 대체로 다음과 같다.

주인공 맨프레드 백작은 알프스에 사는 귀족이다. 그는 자기 성에서 자연의 일곱 정령, 즉 대지·대양·대기·밤·산·바람·별의 정령을 불러낸다. 그는 정령들에게 자기 자신을 '망각'할 수 있게 해 달라고 요구한다. 그는 무엇을 잊고 싶을까? 결코 말하지 않는다.

정령들은 죽음이 그에게 망각을 줄 것이라고 말하지만 정령들 자신이 불멸이어서 맨프레드에게 죽음을 줄 능력은 없다. 맨프레드가 아름다운 여자의 모습으로 현신한 한 정령을 껴안으려고 하자 그녀는 사라져 버린다. 맨프레드가 죽기로 결심하고 낭떠러지에서 몸을 던지려던 찰나 한 영양 사냥꾼이 지나가다가 그를 잡는다.

맨프레드는 영양 사냥꾼을 따라 그의 오두막집으로 가서, 그에게 자신은 잘못된 결혼의 결과로 스스로 목숨을 거두려 했다고 고백한다. 사냥꾼은 그를 진정시키려고 포도주 한 잔을 건네자 맨프레드는 광기에 사로잡혀 글라스를 보고 피가 가득하다고 절규한다.

나는 피라고 말했소―내 피! 내 조상들의 혈관에 흐르던 피
우리가 어렸을 때, 그리고 하나의 심장을 가졌을 때
우린 사랑해선 안 되었지만 서로 사랑했을 때
그 순수하고 따뜻한 유혈…

그는 원하는 것은 죽음뿐이라고 다시 소리친다. 이름 붙일 수 없는 범죄에 대한 죄의식 때문에 세월 자체가 고통스럽고 또 너무 느리게 흐른다고 한다. 그는 사냥꾼에게 보답하고 그의 집을 나선다.

낮은 계곡에서 맨프레드는 알프스의 아름다운 마녀를 불러낸다. 그는 마녀에게 자신은 한 여인과 사랑에 빠졌음을 암시한다. 독자들은 그 대상이 곧 자기 누나임을 알게 된다. "그녀는 얼굴 생김새가 꼭 나를 닮았죠.―그녀의 눈/ 머리카락, 이목구비, 모든 것, 심지어 목소리/ 음색까지, 사람들도 나를 닮았다고 했지요…. 나는 그녀를 사랑했고―그녀를 망쳐 놓았지요―." 마녀가 "그 손으로?" 하고 물으니 맨프레드는 이렇게 답한다. "이 손이 아니라 심장으로―그녀의 심장을 찢어 놓았지요―." 이처럼 맨프레드 남매는 서로 사랑했고 그 사랑이 그녀를 죽음으로 이끌었다. 그는 마녀에게 자기 누나를 살아나게 해주든지 아니면 자기도 죽도록 해달라고 애원한다.

맨프레드는 대지와 대기의 왕인 아리마네스(Arimanes)에게 가서 죽은 누나 아스타르테(Astarte)의 영혼을 불러내 달라고 간청한다. 아스타르테가 생전처럼 아름다운 모습으로 나타난다. 그녀는 그의 이름을 크게 말하고 그는 바로 내일 죽을 것만 일러주고는 사라져 버린다.

그 이튿날 생모리스(St. Maurice) 수도원 원장이 맨프레드의 성을 방문하여, 그가 정말로 악령들과 소통했는지를 묻는다. 수도원장은 그가 회개하여 자신의 영혼을 구원하려고 한다면 기꺼이 도와주겠다고 하지만 맨프레드는 그 제안을 거부한다.

수도원장이 맨프레드를 만나는 바로 그 순간에 지옥에서 한 악마가 나와 맨프레드를 데려가려 하지만 곧 그를 지옥으로 데려가기를 단연 거부한다. 맨프레드는 죄 때문에 지옥보다 더 심한 고통을 당한다. 악마는 사라진다. 맨프레드는 그의 영혼을, 천국도, 지옥도 아닌 '죽음'에게 주고 만다.

9월 30일 저녁에 바이런은 홉하우스와 같이 배를 탔다. 주범을 다는 돛대가 넘어지면서 바이런의 다리를 세게 쳐서 바이런은 기절했다. 홉하우스는 놀라서 물을 뿌려 그를 겨우 깨워냈다.

10월 5일 오전 11시 반에 바이런 일행은 제네바호를 떠나 이탈리아 밀라노로 이사를 간다. 5월 23일에 그 호숫가에 왔으니 넉 달 반 가까이 호수를 끼고 호수를 호흡하며 살아왔다. 바이런과 홉하우스는 플레처, 스위스인 하인 베르거, 안내인 겸 마부 스프링게티(Angelo Springhetti) 등과 마차 두 대, 말 일곱 마리를 끌고 출발하였다. 호수 남안을 따라 내려가다가 론(Rhône) 계곡에서 오른쪽의 계곡을 타고 올라가 나폴레옹이 만든 심플론 고개(Simplon Pass)를 넘을 예정이었다. 넉 달 동안 그렇게 영감을 준 아름다운 호수를 떠나니 어머니 품을 떠나는 것 같았다.

바이런은 원래 삶의 목적도 없고 목적지도 없었기 때문에 그 이사가 그렇게 탐탁지 않았다. 다만 다시 그리스에는 가고 싶었다. 그러나 그 전에 베네치아에서 얼마 동안은 보내고 싶었다.

도벤(Dovaine)에서 사르데냐(Sardinia) 왕국에 들어갈 때 검문을 받았다. 토농(Thonon)으로 향하니 길이 험했지만 경치는 아주 절경이었다. 오른쪽 산 위의 폐성을 돌아본 뒤 토농의 한 여관에서 여장을 풀었다.

호수와 숲과 방천이 내려다보이는 경치가 일품이었다. 일행은 관광용 마차를 타고 반시간을 가서 1410년에 세운 라리파이유 수도원성(Castle-priory of La Ripaille)을 탐방하였다. 올 때 당드자망 위로 떠오른 휘영청 밝은 달이 그 산의 능선을 계단 삼아 폴짝폴짝 뛰어오르는 듯했다.

10월 6일 두 시간 가서 제네바 호숫가의 에비앙(Evian)에 도착하였는데, 그곳이 나폴레옹이 마찻길로 만든 해발 2,005미터의 심플론 고갯길의 시발점이었다. 호수 경치가 빼어난 메이어리 마을을 지나고, 호수를 따라 동쪽으로 더 이동해서 12시에 생장골프(Saint-Gingolph) 마을에 도착하였다. 구름 한 점 없어 클래런스, 브베, 시용, 당드자망 등 제네바호 건너편 마을들이 다 맑은 거울 속에 말쑥한 얼굴을 띄어놓았다. 거대한 절벽과 거친 계곡이 정상까지 이어지는 당도슈(Dent d'Oche) 산이 오른쪽을 버텼다.

생장골프에서 조금 호수를 따라 내려가다가 론강의 어구에서 남쪽으로 방향을 틀었다. 여기서 호수와 이별하였다. 론강을 따라 가다가 생모리스(St Maurice)엔 여덟 시에 도착하였다. 그곳까지의 경치도 빼어났다. 생모리스는 스위스의 가장 오래된 기독교인 마을이고 맨프레드를 구원하러 온 사람이 바로 생모리스의 수도원장이 아니던가.

10월 7일 강을 따라 두 시간 올라가 피스바슈(Pissevache) 폭포에 닿았다. 바이런은 "오전에 태양이 그 급류를 따라가 만들어내는 무지개를 제때 구경할 수 있었다."라고 적었다. 이 폭포는 홉하우스가 본 중에 가장 훌륭한 것이라고 했는데 수량도 슈타우바흐 폭포보다 많았다. 오두막집에서 아이들이 나와 수정, 배, 꽃을 사 달라고 했다.

한 시간이 지나 마르티니(Martigny)에 도착하였고, 그곳에서 방향을 바꿔 북동쪽으로 향했다. 홉하우스는 잠시도 가만있지 못했다. 그는 낚시하러 갔다가 길을 잃어버려 일행이 찾아내어 마차에 태워 여덟 시에 시옹(Sion)에 도착하였다. 시옹에도 폐성뿐만 아니라 로마시대 유적도 있었다. 그곳에서 다시 여섯 시간 만에 포레스트마뉴(Forestmagne)에 도착하니 어둠이 내렸다. 달은 간터호른(Ganterhorn) 빙하 위에 휘영청 떠서 파란 빛의 융단을 깔아줬다. 큰 교회가 있는 글리스(Gliss)를 지나

심플론 고갯마루
'Retaining wall from Napoleon Road on summit of pass' by Olga Ernst via Wikimedia Commons under CC BY-SA 4.0.

브리그(Brig)에 도착하였다.

10월 9일 론강을 벗어나 심플론 고개를 본격적으로 오르기 시작하였다. 오르막길을 오르기 위해서 바이런의 마차에 새 말 여섯 마리, 그의 경마차에 세 마리, 홉하우스 마차에 두 마리를 메웠다. 스프링게티는 고개마루에서 교대할 말을 따로 몰고 올라가야 했다. 한 2.4km 오르막을 올라간 뒤 본격적인 심플론 나폴레옹 대로에 들어섰다. 바이런은 이 멋진 길을 『돈 주앙』에 언급했을 뿐만 아니라 한 친구의 편지에도 언급했다. 주변에는 암자와 작은 교회가 많았다. 오후 한 시에 제3대피소에 도착하여 간식을 먹고 바이런은 홉하우스와 한 시간쯤 걸어 올라가 제4대피소에 닿았다.

거기서 바라다보는 경치를 홉하우스는 본 중에는 최고의 경치라고 하였다. 앞에 눈에 덮인 심플론, 띠처럼 눈이 쌓인 갈색 산, 소나무 숲, 깊은 소나무 계곡…. 위로는 보(Vaud) 지방의 빙하가 덮은 산맥. 제5대피소는 빙하 밑의 눈과 얼음 속에 파묻혀 있었으며 급류가 흐르는 개울엔 벌써 눈이 멋진 아치를 만들어 놓았다. 우편배달 말과 한두 행인밖에 본 사람이 없었다. 말 한 마리에 6프랑씩 통행세를 요구했다. 먼저 올라간 스프링게티는 말을 바꾸려고 기다리고 있었다. 산꼭대기라 몹시 추웠고 벌써 다섯 시를 가리켰다. 다섯 시 반에 내리막길로 내려오기 시작해서 심플론 마을에서 여관에 들었다.

　10월 10일 라비아(Lavia)라는 빙하에서 내리쏟기는 퀴르나(Quirna) 하천을 따라 계곡을 내려왔다. 산 같은 바위 덩어리 사이에서 눈사태가 나니 세상이 다 산산조각 나는 것 같았다. 한참을 더 내려가 피에몬테(Piemonte)의 작은 마을 이젤레(Iselle)에서 이탈리아 입국 세관 절차를 마쳤다.

제 18 장
베네치아의 망명자
(1816년~1817년)

　거기서부터 여자들이 이탈리아인 얼굴을 하였다. 크레볼라(Crevola) 다리에서 심플론 대로는 끝나고 도모 도솔라(Domo d'Ossola) 소읍에 도착하여 식사를 하였는데 간판이 불어와 이탈리아어로 되어 있었다. 마조레(Maggiore) 다리에서 보니 마조레호에서 돛단배가 올라오는 것이 보였다. 여섯 시에 일행은 오르나바소(Ornavasso) 읍에 도착하여 여관에 들었다. 강도들이 자주 출몰하기 때문에 각자 방에 피스톨을 놓고 잤다. 베르거와 스프링게티에게 권총을 주어 마차에서 자게 했다. 거기선 롬바르디아(Lombardia) 평원과 멀리 밀라노의 첨탑까지 보였다.
　10월 11일 출발하기 전에 전투에 임하는 것처럼 전원 무장을 했다. 홉하우스 마차에 카빈 두 정, 칼 한 자루, 바이런과 홉하우스가 탄 큰 마차에 피스톨 네 정, 검(劍) 두 자루, 칼이 든 지팡이 두 자루, 단검 등을 준비했다. 홉하우스는 돈을 깊은 곳에 감추었다. 수상한 사람을 보았을 때 일행은 모두 전투태세를 갖추기로 했다.
　일행은 마조레호에서, 뱃사공이 6명인 배를 타고 호수 안의 마드레(Madre) 섬으로 갔다. 나폴레옹은 맞은편 도시인 팔란자(Pallanza)에 국

마조레호
'Panorama of Lake Maggiore from Poggio Sant'Elsa' by Alessandro Vecchi via Wikimedia Commons under CC BY-SA 3.0.

사범들을 끌고 와 감금했다고 했다. 그 섬은 정원이 잘 가꿔져 있었고 호수는 스위스의 눈 덮인 산을 맑은 물에 담가 멋진 경치를 만들었다.

벨라 섬도 구경하였다. 그곳에는 그때 아레세(Giberto Borromeo Arese) 백작이 거처하는 집이 일곱 채나 있었다. 그는 거의 독립된 군주처럼 행동한다고 했다. 안내인은 나폴레옹이 잤던 방과 그가 글자를 새긴 월계수를 보여 주었다.

일행은 배로 호반의 소읍 아로나(Arona)로 내려갔다. 거기서 세스토(Sesto)로 가면서 두 명의 기마 무장경찰을 더 붙였는데 나중에 수고비로 한 명당 6프랑을 주었다. 경찰국장은 이튿날 원하는 만큼 경찰을 보내 호위케 하겠다고 제안해 왔다. 간밤에 몇 사람이 바이런에게 와서 특별히 길을 순찰했다고 우기면서 돈을 뜯어 갔다.

10월 12일 비를 맞으며 마차 한 대에 무장경찰 1명씩 앉혀 세스토를 출발하였다. 일행도 모두 무장을 했지만, 강도가 30명씩 떼를 지어 나타나면 무장경찰도 별 수 없다고 했다. 베르거로 하여금 전방을 경계토록 하고 조심스레 내려갔다. 갈라라테(Gallarate) 소읍을 지나면서 호위경찰을 기마경찰로 대체했다. 카스텔란자(Castellanza)에서 경찰들을 돌려 보낸 후 점심을 먹고 오후 두 시에 밀라노로 향해 출발하였다. 인구 13만의 밀라노 입구에 나폴레옹이 짓기 시작한 개선문 포르타 로마나(Porta Romana)를 찾아보았다. 하단부만 완성된 상태였다. 대성당과 정부청사가 있는 광장으로 가서 산마르코(St. Marco) 호텔에 짐을 풀었지만, 홉하우스는 방이 더럽다고 투덜거렸다.

일행은 이날부터 23일간 이 밀라노에 머무르며 북이탈리아의 유명한 문인은 거의 다 만나게 된다. 이탈리아 사교계의 분위기가 자못 유쾌하여 이탈리아의 불쾌한 첫인상은 금방 지워졌다.

이 도시의 사교(社交), 문화, 성문화의 중심은 라스칼라 극장(Teatro alla Scala)이었다. 도착 그 이튿날 저녁 바이런과 홉하우스는 라스칼라 극장 특등석에 자리를 잡았다. 밀라노의 모든 사교는 그 오페라극장에서 이뤄지고 사람들은 대개 개인 칸막이 방이 있어 거기서 담화뿐만 아니라 카드놀이까지 했다. 그러나 카지노를 제외하면 자유로이 드나들 수 있는 집이나 무도회는 따로 없었다.

라스칼라 극장
'Scala de Milan' by Jean-Christophe BENOIST via Wikimedia Commons under CC BY 3.0.

라스칼라 극장 특등석으로 폴리도리, 이미 제네바에서 만난 적이 있는 그리스인 카르벨라스, 브레메(Ludovico di Breme) 후작 등이 인사차 찾아왔다. 폴리도리는 이탈리아에 친척이 있었으며, 요행히 저지 경 부부(Lord and Lady Jersey)의 여행 주치의가 되어 있었다. 그는 바이런의 그리스인 팬 네 명을 데리고 와 소개시켰다. 그들을 만난 후 바이런은 그리스와 이탈리아의 정치적 현실이 참으로 안타깝다고 느꼈다. 바이런이 도착했다는 소식이 나가자 공연 뒤에 그의 특별석, 로비, 심지어는 극장 바깥에까지 젊은 여성들이 모여서 소개받을 기회를 노렸다. 그러나 바이런은 클레어를 통하여 단단히 주의를 받았고, 오거스터의 침묵도 마음에 걸려 여성에게는 전혀 관심을 두지 않았다.

브레메 후작은 바이런과 홉하우스가 밀라노에 머무르는 동안 가장 가깝게 지냈으며 그 지방에 대한 중요한 정보뿐만 아니라 소소한 추문까지 알뜰히 들려주었다. 그날 저녁에 본 오페라는 로마니(Felice Romani)의 2막극 『놋쇠 머리 혹은 외로운 작은 오두막집』(La Testa di Bronza ossia la Capannina Solitaria)이라는 성애적 희극 멜로드라마였다. 『돈 주앙』의 베이컨 수사(Friar Bacon)와 분게이 수사(Friar Bungay) 이야기는 이 날 저녁에 본 이 오페라에서 얻었으리라.

브레메는 이탈리아 문단에 관해서도 자세히 들려주었다. 그는 그 당시 이탈리아의 진정한 시인은 포스콜로(Ugo Foscolo), 몬티(Vincenzo Monti), 핀데몬테(Ippolito Pindemonte)가 고작이라고 개탄하였다. 그러나 동향인 알피에리(Vittorio Alfieri)야말로 제대로 된 유일한 현대 극작가이며 시인이라고 했다. 그러나 오스트리아인들은 그의 자유분방한 정서를 트집 잡아 그의 작품의 공연을 금지시켰다고 했다.

10월 14일 오전에 바이런, 홉하우스, 폴리도리는 마차로 암브로시오 도서관(Biblioteca Ambrosiana)으로 가서, 거기서 루이니(Bernardino Luini)의 그림을 감상하였다. 그 이튿날 다시 그 도서관에 가서 루크레치아 보르자(Lucrezia Borgia)가 피에트로 벰보(Pietro Bembo)에게 쓴 사랑의 편지 원본을 보자 바이런은 온몸에 전류가 흐르듯 황홀해졌다. 루크레치아는 교황 알렉산더 4세의 딸이었지만 그녀의 사생활이 바이런의 사생활처럼 많은 루머를 일으켰고, 피에트로는 추기경이며 시인이었다. 루크레치아는 바이런의 가장 아름다운 상상의 여인이었다. 그는 그녀의 머리카락 한 묶음을 자세히 들여다본 뒤 몇 오라기를 슬쩍해 나왔다. 그는 포프가 말한 "미인은 머리카락 하나로 우리를 당긴다."라는 말을 실험해보기 위해 그 행동을 했다고 너스레를 떨었다.

루크레치아 보르자

그는 루크레치아가 훌륭한 현모양처며 페라라의 공작부인(Duchessa di Ferrara)으로 삶을 마감하여 모든 사람의 귀감이 되었다고 오거스터에게 보내는 편지에 적었다. 이 편지를 검열한 애너벨러는 오거스터에게, 다음부터는 동생이 이런 불륜 이야기는 절대 써 보내는 일은 없도록 하라고 경고했다.

바이런과 홉하우스는 브레메의 특등실에서 이탈리아 특히 밀라노 지방의 정치 상황에 대해서도 자세히 들었다. 성직자들과 귀족들은 현 정부에 대해 불만이 많았다. 학교 선생은 알피에리의 이름을 거론조차 못했다. 당시는 나폴레옹의 의붓아들인 외젠 드 보아르네(Eugène de Beauharnais) 왕자와, 나폴레옹이 왕으로 세운 그의 처남 뮈라(Joachim Murat) 간의 알력이 심하다고 했다. 그리고 나폴레옹에 대한 시선도 곱지 않았다.

10월 17일 추적추적 가을비가 내렸다. 바이런과 홉하우스는 브레메의 궁 팔라조 로마(Palazzo Roma)에서 저녁을 먹었다. 그들은 거기서 귀족, 논객, 시인, 지식인 등을 만났는데, 그들은 대부분 오스트리아 통치에 반발하여, 남부에서 진행 중인 반란을 음으로 양으로 돕는 이탈리아 애국자들이었다. 브레메는 바이런에게 깍듯한 경의는 표하면서 그를 페트라르카(Francesco Petrarca)에 비교하는 바람에 바이런이 얼떨떨해졌다. 그 모임의 다른 손님으로는 『프란체스카 다 리미니』(Francesca

제18장 뉴베네치아의 망명자 471

스탕달로 더 많이 알려진 앙리 벨

da Rimini)의 저자인 실비오 펠리코(Silvio Pellico), 시인 빈첸조 몬티, 나중에 스탕달(Stendhal)로 더 알려진 앙리 벨(Henri Beyle) 등이 있었다. 벨에 따르면 몬티는 친구의 죽음에 관한 자작시 「마체로니아나」(Mascheroniana)를 읊을 때 황홀경에 빠졌다고 했다.

벨은 프랑스 외교관이었으나 나폴레옹군의 장교로 근무하다 최근에 제대했다고 했다. 그가 바이런에게 해 준 나폴레옹에 관한 이야기는 풍성했지만 적당히 지어낸 것도 있는 것 같았다. 시와 드라마를 이야기할 때 그는 그야말로 청산유수였다. 이야기를 듣던 바이런의 기쁨도 그 이야기하는 자의 기쁨 못지않게 부풀려졌다. 그는 냉정하거나 경계하는 모습이 전혀 없었고, 어떻게든 칭찬의 말을 듣고 싶어서 무엇이라도 주워 섬기는 듯했다.

밀라노의 다른 재미있는 사람 중에는 아일랜드인 피츠제럴드(Fitzgerald) 대령이 있었다. 바이런은 그에 대한 이야기를 나중에 무어한테 이렇게 했다. "26년 전 피츠제럴드 대령은 젊은 보병소위로 이탈리아에 근무할 때 20년 연상인 마르께자(Marchesa)와 사랑에 빠졌대요. 전쟁이 나자 그는 영국에 돌아가 거기서 복무했어요. 그 뒤 그녀가 어떤 짓을 했는지는 하늘만 알겠지요. 1814년 평화 협상 뒤에 그는 대령 계급장을 달고 다시 나타나서 마르께자 발밑에 엎드려 반쯤 잊어버린 이탈리아어로 빌었대요. 이제부터는 한 점 부끄러움 없이 영원히 변치 않겠노라고 중얼거렸대요. 그 부인은 낯선 남자의 이상한 행동을 보고 '누구세요?' 하고 비명을 질렀다나요. 그 대령이 소리쳤대요. '무어라고! 나를 모른다고? 나는 아무 아무개가 아니냐!' 한참 후 마침내 마르께자는 기억의 책장을 하나하나 넘겨가며 25년간 거쳐 간 수많은 애인을 다 훑었대요. 마침내 가난한 한 소위를 떠올렸대요. 그녀는 이렇게 말했어요. '지금껏 그런 순정이 있었던가요?' 그때 그녀는 과부의 몸이었으므로 자기 궁에 방을 내주고, 자기가 지금껏 무심했던 것에 대한 보상으로 그의 지위를 원상 복원키로 했대요. 그녀는 그를 '음란한 세상에 기적적인 정절'을 지킨 정절의 사내라고 추켜세웠고, 그도 그녀를 밀라노의 기적이라고 맞장구를 쳤대요."

10월 21일 아침에 몬티가 펠리코, 보르시에리(Girolamo Borsieri)를 데리고 찾아왔다. 그들은 셰익스피어, 호메로스, 단테 등의 천재성, 번역의 문제점 등을 장황하게 이야기하고 돌아갔다. 그들이 간 후 바이런과 홉하우스는 관광에 나섰다. 산탐브로지오 교회(Basilica di Sant'Ambrogio), 산로렌초 성당(Basilica San Lorenzo Maggiore), 마렝고 성문(Porta Marengo), 시외에 있는 산첼소 교회(Chiesa di San Celso) 교회, 그 앞의 비너스와 바커스(Bacchus) 상도 두루 살펴보았다. 교외에서 보니 지난 며칠간 온 눈으로 알프스산맥이 새하얀 소복을 입고 새초롬하였다. 추운 날씨였지만 공기가 투명하여 200km 밖의 몽세니(Mont Cenis) 산이 손에 잡힐 듯했다.

10월 22일 샤를마뉴(Charlemagne) 대제가 773년 이탈리아 왕으로 즉위한 곳인 몬차(Monza)에 다녀왔다. 외젠 드 보아르네 총독의 궁에도 들어가 두루 구경하였다. 거기로 가는 길에 또 눈 덮인 알프스의 하얀 연봉이 차고 또렷하여 금방 닿을 듯했다. 일행은 몬차 교회의 보물을 구경하였다. 거기에는 나폴레옹이 1805년에 이탈리아의 왕으로 즉위할 때 쓴 철관(鐵冠)이 보관되어 있었는데, 이 철관은 이름이 철관이지 사실 보석으로 꾸민 금관이나 다름이 없었다. 롬바르디아의 테오돌린다 여왕(Queen Teodolinda)의 여러 가지 유품과 그녀의 능묘도 답사하였다.

이튿날 바이런은 브레메의 특별석에서 또 벨을 만났다. 그는 나폴레옹 내각의 비서로 러시아 원정 때 겪었던 때 이야기를 또 철철 풀어냈다. 특히 후퇴 때 나폴레옹은 우울과 좌절에 빠졌고, 군대는 이질에 걸려 생고생을 하던 이야기를 실감 있게 했다. 그는 또 탈레랑의 처벌 또 나폴레옹이 엘바에 쫓겨 갔다가 다시 파리에 입성할 때 이야기를 빠뜨리지 않았다. 뿐만 아니라 사드의 변태적인 여성 살인에 관한 이야기까지 바로 곁에서 보고 겪은 듯이 이야기했다.

10월 25일 즉흥시인(improvisatore) 그리챠(Tommaso Sgriccia)의 공연을 관람하였다. 이날 관객은 극장에 입장할 때 즉흥시의 제목을 하나씩 써서 항아리에 넣었다. 나중에 즉흥시인이 무대에 올라오면 한 소년이 그 제목 중 하나를 뽑아 시인에게 주었다. 관객은 제목이 마음에 들면 박수를 쳤고 마음에 들지 않으면 야유를 했다. 시인은 그 뽑힌 주제로 청산유수로 즉흥시를 지어 12분에서 15분 정도 읊었다. 그러나 정치적으로 민감한 제목은 피해 나갔다. 이 시인은 자기에게 맞지 않는 제목이 나왔을 때에는 죄송하다고 하고 다른 제목을 뽑아달라고 했다.

바이런은 한 달 이상 오거스터의 편지를 받지 못하여 궁금증이 컸다. 그는 정기적으로 편지를 썼지만 답장을 못 받다가 10월 28일에야 10월 12일에 쓴 그녀의 편지를 받았다. 그녀는 점잖게 말했다. 만약 바이런이 영국에 돌아온다고 해도 은밀하게는 만날 수 없다고 했다. 바이런은 이렇게 답했다. "나는 누나의 편지에 담긴 모든 신비롭고 놀라운 이야기, 특히 지난번 이야기는 정말 이해되지도, 이해할 수도 없었습니다…. 우리를 갈라놓는 그 무엇이 있다면 그것은 나를 미치게 할 것입니다. 누님은 앞으로 살아 있는 동안 제게 남겨진 유일한 위안이며…." 오거스터의 편지가 그렇게 서먹해진 이유를 전혀 알지 못했지만, 바이런은 단지 직감으로 오거스터를 위협할 사람은 자기 아내밖에 없다는 생각이 들었다. "애너벨러는 아무리 봐도 나를 파멸시키기 위해 태어난 사람처럼 보입니다…. 누님도 알다시피 그녀는 모든 사달의 원인입니다…. 내가 봄에 영국에 돌아가더라도 누님과 내가 못 만난다는 뜻은 분명 아니겠지요? 그렇다면 나는 결코 돌아가지 않을 것이오."

바이런은 다음 편지에 애너벨러에게 줄 편지도 써서 동봉했다. 그는 정말 화해의 방법은 없느냐고 물었다. 그리고 더 이상 "내가 목매고 있는 실낱같은 희망의 싹을 자르지 마시오."라고 적고는 재결합을 위해 진심으로 같이 기도하자고 했다.

얼마간 잠잠하던 클레어의 편지가 왔다. "나의 사랑 알베, 당신이 무슨 말씀을 할지 압니다…. 저는, 사랑하는 그대여, 당신을 원망도 하지 않고, 저를 두 배로 모질게 대하더라도 원망하지 않겠어요. 가끔 저는 조금씩 화가 나요. 당신은, 당신이 어떻게 지내는지 말해 줄, 또 내가 어떻게 지내는지 물을 짧은 시간 하나 만들지 않고, 저에 대한 관심이 눈곱만큼도 없어, 저를 비참하게 만들었다오." 바이런은 저런 여자에게는 조그마한 친절 하나만 베풀어도 자기를 사랑한다는 엉뚱한 생각을 품게 된다고 생각하고 크게 신경 쓰지 않았다.

28일 저녁에 폴리도리가 사고를 쳤다. 그는 이번에도 허세를 부리다가 큰 문제를 일으켰다. 바이런과 홉하우스가 라스칼라 극장에서 발레를 감상하고 있을 동안, 아래층에서 폴리도리가 오스트리아 장교와 싸워 경비실에 붙잡혀 있다는 전갈이 왔다. 브레메와 바이런이 내려가 보니 그는 오스트리아 군인들에 둘러싸여 있었다. 폴리도리는 오스트리아 장교들이 극장 안에서 모자를 쓰고 있는 것을 보고, 실내에서는 모자를 벗으라고 말하다가 시비가 붙었다고 했다. 그가 또 주제넘었다. 그는 경비대에 붙잡혀서도 몇 나라 말로 욕을 해댔다. 브레메는 작위가 있는 사람만 남아서 그를 구출하자고 했다. 귀족들이 관계하니까 많이 달랐다. 경비대 책임자는 하룻밤만 구류시키다가 그 이튿날 방면하겠으니 24시간 내에 그곳을 떠나라고 했다. 이때부터 이탈리아 경찰은 바이런이 자유주의에 동조하는 자가 아닌가 하는 의혹의 눈길로 바라보기 시작하였다. 오스트리아 당국은 이 사건에 그가 연루되었다는 사실에 유의하여, 그때부터 그의 행동을 사찰하기 시작하였다. 그들은 영국 귀족으로, 또 유명한 시인으로 깍듯한 예우를 했으나, 끝까지 의혹의 눈길은 거두지 않았다.

특별석에 돌아오니 벨이 기다렸다는 듯이 나폴레옹의 보로디노(Borodino) 전투 이야기를 쏟아냈다. 또 나폴레옹이 말년에는 얼마나 바빴는지를 이야기하였다. 그는 매일 평균 85건의 칙서에 서명해야 했다. 그는 그 와중에서도 궁중 여성과 어떻게 일을 치렀는지도 이야기했다. "그는 스스로가 모든 궁중여성들의 남편이라는 것을 확신시키기 위하여, 그 모든 여성들과 시간을 갖곤 했지요. 여성들이 들어올 때까지 계속 서류에 글을 쓰고 있다가 '옷 벗고 슈미즈도 벗어.'라고 하고는 여자 쪽으로 달려 갔어요. 여자를 보고 손에 펜을 쥔 채 '아, 너무 예뻐.' 하고 탁자로 달려가서 글을 마저 쓰고는, 자신은 서둘러 단추만 끌렀어요. 가끔은 칼을 찬 채 달려가 30초 만에 일을 끝내고 다시 서류에 매달렸지요." 그즈음 그는 하도 아내가 많아 그들 개개인을 구분 못 할 정도였다고 그는 덧붙였다.

10월 31일 바이런은 홉하우스와 마차를 타고 서커스 즉 원형경기장을 둘러보았다. 그 원형경기장은 한 길 깊이로 물도 댈 수 있어 그 경기장에서 보트 경기도 할 수 있었다고 했다. 벨벳을 깐 나폴레옹의 옥좌와 여왕 혹은 부여왕(副女王)의 자리가 따로 있었다. 이탈리아의 왕으로 즉위한 나폴레옹은 여러 번 거기로 경기를 보러 왔었다고 했다.

바이런은 드디어 그곳 정든 친구들에게 작별을 고했다. 밀라노 친구들은 바이런과 홉하우스를 잊지 않았다. 브레메는 바이런의 『이교도』 같은 시적 서사가, 인간의 깊은 영혼을 탐색하고 인간의 도덕적, 정신적 영역을 복구하는 데 길을 열었다는 글을 발표하였다. 펠리코는 1818년에 『맨프레드』를 번역하고, 또 『차일드 해롤드의 순례』 제4편과 1819년에 번역된 『해적』의 서평도 썼다. 애석하게도 그의 『차일드 해롤드의 순례』에 관한 두 번째 평문이 검열에 걸려 그 게재된 문예지 『일콘실리아토레』(Il Conciliatore)가 폐간을 당하는 불운을 맞았다. 『차일드 해롤드의 순례』 제4편이 1819년에 번역되어 『이탈리아』(Italia)라는 제목으로 출판되었지만 곧 출판 금지 당했다. 브레메는 1820년에 죽고, 그 해 펠리코는 체포되어 사형선고를 받았으나 15년형으로 감형된 뒤 10년을 복역하고 풀려 나왔다. 석방 3년 후 그는 자신이 겪은 시련의 기록을 출판하여 19세기 이탈리아에서 가장 존경 받는 작가가 되었다.

11월 3일 일행이 베네치아를 향해 밀라노를 떠날 때 추적추적 가을비가 내렸다. 객수를 느꼈으리라. 비를 맞으며 생울타리가 이리저리 나 있는 평야지대를 지났다. 손을 묶은 죄수를 호송하는 헌병이 지나갔다. 카사노(Cassano)에 잠깐 들러 사람과 말이 식사를 한 뒤 다시 출발하여 카라바조(Caravaggio)에서 일박했다. 바이런의 두 마차를 베네치아까지 끌고 가는 일은 스프링게티가 45나폴레옹(프랑스 금화)에 떼어 맡았다.

이튿날 비는 억수 같았다. 비가 긋자 왼쪽으로 햇빛 비친 알프스산맥이 하얀 뼈를 드러냈다. 도개교를 넘고 요새를 지나 브레샤(Brescia)에 입성하였는데 인구 4만의 지저분한 도시였다. 투타워즈(Two Towers)라는 괜찮은 여관에 여장을 풀고 저녁을 먹은 후 극장을 찾았다. 베네치아의 엉터리 소극(笑劇)을 보았다.
　11월 5일 비는 부슬비로 바뀌었다. 브레샤를 출발하여 왔던 길로 되돌아갔다. 노란 포도 늦잎이 더러 줄기에 달려 있었고 더러 땅에 떨어져 대지를 노랗게 물들였다. 바이런은 만추(晚秋)의 이 아름다운 포도덩굴의 정경을 『베포』의 배경에 넣게 된다. 산마르코(St Marco), 군사 도시 로나토(Lonato) 등을 지나니 북쪽에 장엄한 설산 병풍이 성큼 한 걸음 더 가까이 와 있었다. 덴젠자노(Densenzano)는 장날이라 가축과 수레를 몰고 나오는 장꾼들이 길을 메웠다. 거기서 조금 더 가니 가르다(Garda) 호와 시르미오네(Sirmione) 반도가 나타났다.
　시르미오네 반도는 베로나 출신의 로마 시인 카툴루스(Gaius Valerius

오늘날의 시르미오네
'View of Sirmione' by Arne Müseler via Wikimedia Commons under CC BY-SA 3.0.

Catullus)가 "반도와 섬의 밝은 눈, 시르미오"라고 했던, 첨탑같이 아니 카멜레온의 혀같이 호수 안으로 뾰족이 길게 내민 반도였다. 일행은 호숫가의 덴젠자노에서 일박하였다. 그 여관의 발코니에서 보면 호수 끝 하얀 는개 위로 떠오르는 산이 또 다른 맛의 신비로움을 더했다. 파도소리를 들으니 꼭 바다에 작은 배를 타고 흔들리는 느낌이었다.

11월 6일 큰비가 쏟아지자 호수가 통째로 우르릉거렸다. 반도 끝 시르미오네까지 가는 계획을 접었다. 반도의 뿌리가 되는 곳에는 늪처럼 갈대가 무성했고, 멀리 시르미오네의 교회 첨탑만 희미하게 보였다.

베로나로 가는 길은 비와 안개로 질척거렸다. 베로나에 입성하기 전에 다시 여권을 보여주고 도개교를 넘어 허물어진 성벽 안으로 들어갔다. 아치를 지나 괜찮은 여관에 들었더니 메추라기 요리를 내놓았다.

이튿날 원형경기장과 캐퓰릿(Capulet) 가(家)의 것으로 추정되는 영묘(靈墓)를 구경하였다. 바이런은 줄리엣(Juliet)의 것이라고 영국 관광객이 몰려와 구경하는 한 묘관을 유심히 살폈다. 그곳은 원래 프란체스코 수녀원(Franciscan Convent)이 있던 자리라고 했다.

바이런이 줄리엣의 관으로 본 석관

바이런은 가을을 탔다. 그의 마음은 낙엽 지는 계절보다 더 스산했다. 그 묘관을 보고 그는 "안에는 낙엽만 쌓여 있는, 소박하고, 열려져 있고, 반쯤은 삭아버린 호화 석관… 지금은 그들 사랑만큼이나 황량한 정원, 지금은 허물어져 무덤들만 남아 있네."라고 썼다. 그는 줄리엣 석관의 붉은 대리석 네 조각을 떼어내서 오거스터에게 보내면서, 그녀의 딸들, 또 자기 딸과 아내에게도 보내 달라고 부탁했다.

11월 8일 비첸차(Vicenza)로 향해 출발할 때 비로소 날은 갰다. 언덕이나 산 위에 성이 보였다. 몬테벨로(Montebello)에서 강을 건너니 양쪽이 다 산이었다. 거기서는 알프스산맥이 더 예기(銳氣)를 드러내면서 싸늘하게 단단히 토라져 있었다. 비첸차에서 자고 이튿날 안내인의 이야기를 들었다. 비첸차에는 과거에 비단공장 직공이 만 명이 넘었으나 지금은 백 명 정도밖에 안 된다고 했다. 뽕을 많이 수확할 수 없기 때문이고 따라서 비단값이 크게 올랐다고 했다.

거리에는 팔라디오식 건물이 많았다. 팔라디오(Andrea Palladio)는 그리스·로마 건축의 영향을 받은 베네치아의 건축가였다. 팔라디오의 마지막 건물인 올림피코(Olimpico) 극장은 놀랄 정도로 매력적이었다. 카프리 백작의 원형건물(Rotunda of Count Caprii)과 팔라디오의 개선문을 감상하였다. 그곳을 출발하여 29km 떨어진 파도바에 도착하니 다섯 시였다.

11월 10일 바이런과 홉하우스는 학생이 500명이 되는 파도바 대학에 가서 철학 강의를 하나 들었다. 도서관에 가서 키케로, 호라티우스의 미확인 원고와, 페트라르카의 진본 서찰도 살펴보았다. 그러나 바이런은 빨리 베네치아에 가고 싶어서 더 이상 지체하지 않고 바로 떠났다.

베네치아로 향해 운하처럼 보이는 브렌타(Brenta) 강을 끼고 걸음을 재촉했다. 넓은 정원이 딸린 하얀 별장들을 지나갔다. 이 별장 중 하나인 포스카리니 별장(Villa Foscarini)을 그 이듬해 바이런은 전세 내게 된다. 메스트레(Mestre)에 네 시에 도착했지만 식사가 왜 이 모양이야!

그곳은 베네치아 섬으로 건너가는 배를 타는 곳이었다. 그곳에 마차, 말, 하인 등을 남겨 두고, 바이런과 홉하우스만 다섯 시 반에 장대비를 맞으며 곤돌라를 탔다. 베네치아로 들어가는 곤돌라에서 바이런은 안개에 가려 시야는 온통 부옇게 젖었지만 기분은 오히려 바싹바싹 가벼웠다. 긴 말목 사이로 한 시간 반 가니 베네치아의 불빛이 희미하게 보였다. 밖을 내다보니 높은 건물과 돌로 만든 선착장이 여럿 지나갔다. 노 젓는 소리가 메아리를 일으켜 다리 아래임을 알았는데 사공이 "리알토(Rialto)요!"라고 소리쳤다. 얼마 후 대운하 가에 있는 그란브레타냐(Gran Bretagna) 호텔로 올라갔다. 방이 수없이 많았으나 좋은 시절에 장식한 실크와 태피스트리가 퇴색되어 있었다.

베네치아는 당시 전성기를 지나 쇠퇴기를 맞고 있었다. 그 침체는 1797년에 나폴레옹에게 항복하기 오래전에 시작되었으며, 나폴레옹은 이 도시에서 많은 인력과 돈을 착취해 갔다. 2년 전 즉 1814년에 오스트리아가 점령하자 사정은 더 악화되었다. 그들도 값비싼 장식물과 보물을 다 탈취해 갔다. 궁전들은 조금씩 물속으로 가라앉았고, 운하에는 쓰레기가 넘쳤고, 배들은 부두에서 썩어갔다. 인구는 13만에서 10만으로 극감했고 빈민만 54,000명으로 늘어 도시가 아니라 거대 빈민굴이었다. 이 롬바르도베네토 왕국(Regno Lombardo-Veneto)이 오스트리아의 전체 인구의 1/7을 차지하지만 세금은 1/4을 감당하고, 그 세금의 65퍼센트는 빈(Wien)으로 흘러갔다. 세금은 프랑스 지배 때와 같았으나 매 분기마다 1,400만 프랑이 베네치아에서 빠져 나갔다. 육지에서 가져오는 물품은 고율의 소비세를 부과하기 때문에 백포도주가 종적을 감췄다. 언론은 탄압되고 군대와 간첩들이 사람 하나하나를 범죄용의자처럼 훑어보았다.

11월 11일 바이런과 홉하우스는 곤돌라와 안내원을 사서 종일 베네치아를 둘러보았다. 그런 서비스 요금은 아주 쌌다. 그 도시의 인구의 반은 거지거나, 빈민이거나, 사기꾼이었다. 곤돌라를 대여섯 척 지녔던 사람들도 이제 겨우 한 척을 지녔다. 정원, 푸줏간, 새고기 파는 가게, 철물점이 다 배 위에 있었고 그런 배가 늘어선 운하가 상가를 이루었다. 여유 있는 사람들은 다 육지로 나갔다.

대운하와 리알토교
'Canal Grande and Rialto Bridge, Venice' by Martin Falbisoner via Wikimedia Commons under CC BY 4.0.

도제의 궁
'Doge's Palace and campanile of St. Mark's Basilica facing the sea' by Didier Descouens via Wikimedia Commons under CC BY-SA 4.0.

바이런과 홉하우스는 산마르코 광장(Piazza San Marco)에서 사방을 둘러보았다. 도제(Doge, 총독) 궁은 모든 것이 다 동양적이었다. 죄수들을 처형하던 두 개의 기둥도 그대로 있었다.

그들이 리도(Lido) 섬으로 넘어가 보니 요새와 수비대가 있었고 평지에는 유대인 묘지가 있었다. 거기서 보면 해변을 따라 뻗어 있는 베네치아의 돔과 교회는 어떤 도시보다 훌륭하고 평화스러워 보였다. 그들이 돌아올 때 베네치아는 노을 속에 잠겨 있는 한 폭의 그림 같았다. 산마르코 교회의 내부를 구경해 보니 그것은 성 소피아 교회 내부와 비슷하였다. 만찬을 들고 개관 중인 네 극장 중의 한 극장에 갔으나 연기가 형편없었다. 베네치아 사람들은 모든 것을 늦게 했다. 연극은 아홉 시에 시작하고 파티는 11시나 12시에 시작했다.

바이런은 베네치아가 금방 마음에 들었다. 화려한 사교계는 없었지만 쇠퇴한 우울한 역사가 그의 내면에 서려 있는 우수(憂愁)와 야릇한 공명을 일으켰다. 사교계는 두세 개의 살롱이 전부였고, 야간 영업하는 커피하우스도 둘뿐이었다. 화려한 의상은 거의 볼 수 없었지만 그래도 베네치아는 베네치아만의 매력이 넘쳤다.

11월 12일 그리스인 무스톡시드티(Mustoxidthi)가 바이런과 홉하우스 등을 데리고 도제의 궁을 안내했다. 많은 조각품이 있는 방으로 안내했는데 그 방은 벽과 천장이 온통 그림으로 덮여 있었다. 그 방에서 가장 빛나는 것은 가니메데스(Ganymedes, 그리스 신화의 가장 아름다운 남자), 레다(Leda), 바쿠스 제(祭)를 부조한 제단과 그리스 화병(花瓶)이었다. 방의 한쪽 끝에는 틴토레토(Tintoretto)의 「최후의 심판」만 그려져 있었다. 그의 도제 단돌로(Andrea Dandolo)의 초상화도 있었으며 천장 바로 밑에는 역대 도제들의 초상화가 모셔져 있었다. 마리노 팔리에로(Marino Faliero)의 초상화가 있어야 할 곳에는 검은 천이 쳐져 있었고 "죄가로 참수당한 팔리에로"라고 적혀 있었다. 무스톡시드티는 앞에 있는 계단이 팔리에로가 참수당한 곳이라고 이야기해 주었다. 저녁에 그라티시모(Gratissimo) 극장으로 갔으나 공연이 하도 시시해서 일찍 나와 버렸다.

바이런과 홉하우스는 곤돌라를 타고 리도 섬 근처 산나자로(San Lazzaro) 섬의 아르메니아(Armenia) 수도원을 찾았다. 수사들의 안내를 받아 화랑과 신부들의 방을 둘러보았다. 안내인은 거기에는 수사가 40명이고 학생이 18명인데 아르메니아에서 온 사람은 몇 안 된다고 했다. 바이런은 무어에게 말했다. "기분전환-오락의 방법으로 나는 매일 아르메니아 수도원에서 아르메니아어를 공부하고 있어요…. 수도원에는 책

산나자로 섬의 아르메니아 수도원

'Aerial photographs of Venice: the island San Lazzaro degli Armeni' by Anton Nosik - https://picasaweb.google.com/lh/photo/AlE0xiqNpo8qX5cnpWXwjNMTjNZETYmyPJy0liipFm0 via Wikimedia Commons under CC BY 3.0.

뿐만 아니라 이상한 원고도 있었어요. 지금은 없어진 그리스어 원문 번역, 그리고 페르시아어, 옛 시리아어 등의 번역도 있었어요."

바이런은 아르메니아어를 배우려고 38개 아르메니아어 알파벳을 익혔다. 그는 석호가 내려다보이는 독서실을 한 칸 얻었으며, 삽화 있는 필사본과 초기 인쇄본을 마음대로 볼 수 있었고, 나무 그늘 아래서는 달콤한 사색도 즐길 수 있었다. 바이런은 그곳 신부 중 런던을 다녀온 적이 있는 파스칼레 아우처(Pasquale Aucher) 신부를 아르메니아어 교사, 또 "정신적 스승"으로 모셨다.

바이런은 그런 공간을 제공한 데 대해 아우처 신부에게 사례를 했더니 돈은 사절하였다. 그는 아우처와 함께 『아르메니아어 및 영어 문법』(A Grammar, Armenian and English) 저술에 참여했으며 그 출판비를 부담했다. 이 저서는 1817년 1월에 500부가 출판되었다.

바이런은 훗날 『초연한 생각』에서 자신의 어학 능력에 대해 이렇게 이야기한 적이 있다. "내가 아는 언어는 (보통 6학년 아이가 아는 수준의 그리스어와 라틴어 같은) 고전어와, 떠듬거리는 현대 그리스어, 아르메니아어, 아라비아어 알파벳, 튀르키예어와 알바니아어 욕 몇 마디와 요청의 말, 고만고만한 이탈리아어, 고만고만한 정도도 못 되는 스페인어, 글은 쉽게 읽을 수는 있으나 말이 어렵거나 숫제 안 되는 불어—모든 언어는 귀와 눈으로 습득했지 공부해서 습득한 것은 아니었다…. 분명히 열심히 아르메니아어와 아라비아어를 시작했는데… 이상한 여자와 사랑에 빠지는 바람에 두 번 다 글을 익히지 못했다. …내 스승 아우처 신부는… 지상천국은 분명히 아르메니아에 있었다고 확실하게 내게 이야기해 주었다. 나는 그것[지상천국]을 찾아갔다—신은 어디에 있는지 안다—내가 찾았던가? 음! 이따금 1, 2분 동안만."

11월 14일 셋집을 구했다. 산마르코 광장에서 두 블록 떨어진 좁은 스페찌에리아(Spezieria) 가의, 세가티(Segati)라는 한 포목상의 집 2층을 하루에 20프랑씩 주고 2개월간 세를 냈다. 바이런은 그 집 주인의 아내를 베네치아의 첫 애인으로 만드는 데는 전혀 시간이 걸리지 않았다. 홉하우스는 딴 집을 하루 8프랑을 주고 얻었다.

바이런은 널찍한 집뿐만 아니라 자가용 곤돌라도 계약했고, 리도 섬에 말 마구간도 마련하였다. 그리고 그는 세 든 집 안주인과 "바닥 모를 사랑"에 빠졌다. 그 안주인은 스물두 살의 마리아나 세가티(Marianna Segati)로, 한 딸의 어머니이며 대단한 여가수이기도 했다. 바이런의 방 아래층에 그녀의 방과 세가티 린넨 포목점이 있었다. 마리아나는 멋진 샛서방을 들였지만 남편은 남편대로 공식적인 애인이 있었기 때문에 아내의 샛서방을 전혀 문제 삼지 않았다. 그녀는 언제나 그의 요구에 잘 응했다. 은밀한 만남이나 질투 때문에 문제가 생길 염려는 전혀 없었다. 바이런은 곧 그녀의 남편과도 사이좋은 친구가 되었다.

바이런은 무어에게 편지를 썼다. "분명히 쇠락한 건물이 다른 사람은 실망시켰겠지만 나는 너무 오래 폐허에 익숙해져 있어 그런 쇠락은 싫지 않았습니다. 게다가 나는 사랑에 빠졌는데 이것이… 내가 가장 잘하는, 또 가장 못하는 일이 아닙니까. 나는 '베네치아의 상인' 집에 썩 좋은 방을 얻었어요. 그 상인은 일에 정신이 빠져 있으며, 스물두 살 때 아내를 얻었다고 하네요…. [그 아내는] 눈이 크고 검고 동양적인데, 유럽인들 심지어 이탈리아인들에게는 거의 볼 수 없는 특이한 표정이 있어요…. 그녀의 이목구비는 고르고, 매부리코에 입은 작고, 피부는 투명하고 부드러운데 홍조를 띠었어요. 이마는 놀랄 만큼 멋있고 머리카락은 윤기 나는 검은 색에 곱슬머리이고…."

이 이국적인 여성이 그의 상상력을 자극했다. 이런 이탈리아인들은 절대 사람을 속이지 않는다는 것을 바이런은 잘 알았다. 위선이 없는 순진한 행동은 영국의 섭정기 사교계와는 너무나 달랐다. 바이런은 머리에게 이렇게 설명했다. "(그 법도에 따르면) 한 여성이 남편 한 사람과 애인 한 사람만 가지면 정숙한 여자예요. 둘, 셋, 그 이상 가진 여자는 약간 야성적인 셈이지요." 그는 그녀를 따뜻이 배려하여 극장, 무도회 등에 꼭 끼고 다녔다.

마리아나는 바이런에게 이야기해 주었다. 귀족들도 자기를 다 알아주는데 왜냐하면 자기가 아카데미에서 노래를 불렀기 때문이라고 했다. 아카데미는 이탈리아에서는 통상적으로 사교장을 뜻했다. 거의 모든 여성은 애인이 있지만 질투는 거의 하지 않는다고 했다. 프랑스인이 오기 전에 귀족들은 사소한 사건에도 자객을 붙이는 경우가 있었지만, 평민들이 사랑 때문에 칼로 찌르는 일은 절대 없다고 했다.

바이런은 사업에 실패한 마리아나의 남편에게도 잘 대해 주었다. 마리아나에겐 적잖은 다이아몬드를 안겼다. 그런데 어느 날 누가 사라고 작은 케이스 하나를 그에게 보여줬는데 그는 매우 놀랐다. 그 상자 안에는 바로 최근에 자기 애인에게 선물한 다이아몬드가 들어 있지 않는가. 더 이상 물어보지도 않고 그 보석을 다시 사서 또 그 여자에게 선물했다. 값비싼 질책이었다.

바이런에게 이 도시는 아기자기한 동화 같았다. 며칠이 안 되어서 그는 알브리찌 백작부인(Countess Albrizzi)에게 소개되었는데, 그녀의 살롱은 베네치아의 문학과 사교의 중심지였다. 그녀는 젊지 않았지만 교양 있고 꾸밈없는 호인이라, 낯선 사람에게 친절하지만 전혀 바람기는 없었다. 그녀는 코르푸 출신으로 베네치아 남자와 결혼했지만 남편은 죽었다고 했다. 그곳은 원래 정치 이야기는 금물이었지만 바이런은 거기서 밀라노 소식과 그리스의 근황을 들었다.

베네치아에는 '리도토'(ridotto)라는 야릇한 오락장이 있었다. 주로 극장에 붙어 있었는데 처음에는 그냥 게임 룸으로 출발하였지만 이상하게 퇴폐업소가 되었다. 그곳엔 남녀가 다 입장하여 노름을 할 수 있으며 입장할 때에는 꼭 가면을 써서 성(性)과 신

리도토

분을 가렸다. 그곳에선 노름으로 전 재산을 날려도 사람들이 누군지 전혀 알지 못하기 때문에 속이 덜 쓰린다고 했다.

그 옆에는 비밀 공간이 붙어 있었다. 귀족 여성이라도 돈을 다 털리면 그곳에서 여성의 마지막 밑천을 팔아 극장으로 돌아갈 수 있다고 했다. 이처럼 리도토는 낯선 사람과 하룻밤 즐길 수 있는 곳이었다. 그러니 그곳에서 짝 찾기 재미에 중독된 사람은 놀음에 중독된 사람만큼이나 많았다. 바이런은 노름에는 관심이 없었으니 자정이 지나서 이 얼굴 없는 사람들 사이를 빈번히 누볐으리라.

영국에 도착한 셸리는 9월 11일에 『차일드 해롤드의 순례』 제3편 원고를 머리에게 넘겼더니, 머리는 그것을, 병중이었지만 기포드에게 넘겼다. 바이런의 대리인 키네어드는 이 두 시집의 인세로 1,500기니를 내놓겠다는 머리에게 2,000기니를 받아냈다. 돈을 모르던 방탕한 젊은 귀족이 인세를 본격적으로 챙기기 시작한 것은 이때부터였다.

머리는 『차일드 해롤드의 순례』 제3편의 주석 내용이 너무 과격해서, 기포드와 함께 반부르봉(anti-Bourbon)적, 반영국적 기술을 부드럽게 하거나 아니면 빼버리기로 했다. 8월 말에 빨간 원고 봉투를 셸리에게 줄 때 바이런은 그 원고의 교정도 부탁한다고 하였다. 머리는 셸리가 싫었기 때문에 그를 이 교정 업무에서 슬그머니 제외시켰다. 셸리는 교정 볼 일을 기다리고 있었는데 아무 소식이 없자 11월 20일 바이런에게 머리가 자기에게 교정 일을 맡기지 않는다고 일러주었다.

이 제3편은 바이런의 딸 에이다를 회상하는 것으로 시작된다. 바이런이 오거스터와의 추문으로 영국에서 모질게 시달렸기 때문인지 이 시편의 첫 부분 분위기는 대체로 어둡다. 해롤드는 자연만이 유일한 위로가 되었다. 그는 워털루 전쟁터에 가서 전쟁의 상흔을 보고 나폴레옹의 독재와 독재정치를 혐오한다. 그는 독일을 거쳐 스위스로 가면서 여러 다른 전쟁터도 돌아본다. 또 루소의 사상과 워즈워스 및 셸리의 범신론 철학에 경도되면서도, 자연과 하나 되는 기쁨을 누린다.

11월 18일에 『차일드 해롤드의 순례』의 제3편이 출간됐으며 『시용성의 죄수와 기타』는 12월 5일에 얇은 시집으로 나왔다. 이 시편들로 바이런은 다시 영국의 독자들을 사로잡았다. 애너벨러는 대단히 재미있게 그 작품을 읽고, 친구 바나드(Anne Barnard) 귀부인에게 이렇게 이야기했다. "그는 낱말의 제왕이며, 마치 나폴레옹이 그 본질적인 가치는 고려치 않고 [사람의] 목숨을… 정복에 이용하듯이, 그렇게 낱말을 이용해 먹어요…. 『차일드 해롤드의 순례』에서 나에 대한 인유는 잔인하고 냉혹하지만, 내가 떠오르도록 또 모든 동정이 자신에게 쏠리도록, 아주 그럴싸하게 만들어 놓았네요. 그가 가진 증오를 딸에게 교훈으로 가르치겠다는 의도를 이 시에서 드러내요…. 내가 살아있는 한 내 주된 목표는 아마도 그를 너무 좋게 기억하지 않도록 [노력하는] 것일 거예요."

머리는 어느 날 정찬을 들면서 서점상들에게 그가 『차일드 해롤드의 순례』를 7,000부 팔았으며 『시용성의 죄수와 기타』도 비슷한 부수로 팔았다고 이야기했다. 크리스마스 직후 바이런은 머리에게 여름부터 예닐곱 번 편지를 보내도, 잘 받았다는 확인도 해 주지 않았다고 불평을 했다. 그는 두 시편에 대한 독자들의 반응을 상세히 이야기하지는 않고 단지 '시집은 다 나갔다', '그 시들에 대해 기분이 좋다'라고만 써 보냈었다. 바이런이 온갖 이야기를 다 써 보내는 것과는 대조적이었다. 이때 그는 만약 자기 원고에 무얼 고치거나 삭제했다면 절대 가만두지 않겠다고 키네어드를 통해 엄포를 놓아둔 상태였다. 그의 말이 머리의 귀에 들어가기를 바랐다. 그는 그의 원고를 분명히 손댈 것이니까 미리 주사를 단단히 놓아두었던 것이다.

바이런은 오거스터에게 편지를 잘 받았는지 그것을 알아보기 위해 또 편지를 썼다. 답장이 오긴 왔는데 잘 받았다는 확인 이상은 아니었다. 다시 편지를 써서 왜 제대로 된 답장이 없느냐고 따졌다. 그는 그 『차일드 해롤드의 순례』 제3편이 그의 작품 중 '최고'라고 생각해서 이렇게 말했다. "그 작품 전편에 심오한 사상이 있고, 누님은 [머리로] 알기 전에 꼭 감(感)이 오기 마련인 [그런 종류의] 강한, 억압된 감정이 있어요. 그것은 일부 '형이상학', 모든 사람이 다 이해를 못 하는 그런 종류의 형이상학이기 때문에, 한 번 이상 읽을 필요가 있어요."

(1817년) 마리아나가 바이런을 지배한 것은 17개월간이었다. 그녀는

그를 다잡아 꼭 품어주니 바이런은 방탕하지 않았다. 그녀는 그가 필요로 하는 것을 미리 다 알아서 아쉽지 않게 공급해 줬다. 마리아나가 바이런에게 금지시킨 꼭 한 가지가 있었는데 바로 여행이었다. 그녀 자신도 밀라노보다 더 멀리 나간 적이 없었다. 그녀는 자기를 데려가지 않고 그가 베네치아를 벗어나는 것을 금기로 여겼다.

1월 2일에 바이런은 머리에게 마리아나를 소개했다. "나는 베네치아에 도착한 이후 많은 시간을 그녀[마리아나]와 같이 보냈고, 스물네 시간 동안 상호대만족의 매우 확실한 증거를 한 번 내지 세 번(가끔 한 번 정도 더 할 때도 있지만) 나누어 갖지요."

바이런은 셸리의 부탁 한 가지를 무시했다. 셸리는 만삭인 클레어에게 부디 따뜻한 편지를 내 달라고 했지만 바이런은 듣지 않았다. 셸리는 자기 가정에 너무 많은 추문이 붙어 다니므로 적어도 클레어가 출산할 때에는 떼어놓아야겠다고 생각했다. 클레어는 바이런이 너무 무정한 데에 돋쳐서 16페이지나 되는 장문의 편지를 썼다. 온갖 회유의 말을 하고 심지어는 자살을 하겠다는 말까지 넣었다. "멋진 편지 써 주세요, 당신이 아기를 갖게 되는 것이 기쁨이 된다고, 그래서 저를 '좋아한다'고 말해 주세요." 이 애절한 편지를 받고도 바이런은 오히려 분통을 터뜨렸다. 클레어는 "제가 제일 화나는 것은, 매리와 셸리가 [앞으로는] 당신[바이런] 소식 들을 기대는 아예 접으라고 말하는 거예요."라고 셸리 부부를 원망했다.

1월 12일에 클레어는 영국 바스에서 딸을 낳았다. 바이런은 아기가 탄생했다는 소식을 진작 듣지는 못했지만 곧 태어난다는 것은 잘 알고 있었다. 그러나 그는 그 사생아의 출생을 축하할 마음의 여유가 없었.

바이런은 몇몇 친구로부터 「딸이 태어난 날 아침에 내 딸에게」(To My Daughter on the Morning of Her Birth)라는, 바이런이 쓴 듯한 가짜 시가 최근에 발표되었다는 소식을 들었다. 기가 막혔다. 그는 그 일은 머리와 키네어드가 알아서 잘 처리해 달라고 편지를 썼다. 더 놀라운 것은 애너벨러 쪽의 변호사 로밀리가 제기한 소송이었다. 그가 애너벨러 측 변호사로서 소송을 제기한 것은, 바이런이 앞으로는 그런 작품을 더 이상 발표하지 못하게 명령하는 판결을 받아 내기 위함이었다. 바이런은 더욱

기가 막혔다.

　1월 25일경에 바이런은 한 곤돌라 사공이 준 쪽지를 보니 한 여성이 만나자고 하였다. 바이런은 아무도 없는 그의 방에서 그 여자를 만났다. 예쁘게 생긴 열아홉 금발의 아가씨로, 마리아나의 동생댁이라고 자신을 소개했다. 이삼 분 정도 이야기를 했을 때 놀랍게도 마리아나가 뛰어 들어와서는 그녀의 동생댁과 바이런에게 매우 정중하게 인사를 하더니, 다 짜고짜 동생댁과 드잡이 싸움을 벌였다. 그녀는 그녀의 머리채를 잡더니 열여섯 번 따귀를 올렸다. 바이런이 마리아나를 잡아 말리니 그녀는 바이런 품 안에서 발작을 일으키고는 기절을 해버렸다. 그 동생댁은 줄행랑을 놓았다. 그날 아침에 마리아나는 계단에 자기 남동생의 곤돌라가 있는 것을 보았거나, 아니면 누가 그녀에게 귀띔해 주어 범같이 뛰어들었으리라.

　그녀가 기절해 있을 때 남편이 들어와 현장을 살폈다. 마리아나가 의식도 움직임도 없이 백지장처럼 하얗게 쓰러져 있었고, 그 옆에 바이런이 열없이 서 있었고, 모자, 수건, 소금, 향수병 등이 어지럽게 흩어져있었다. 자정이 넘어서야 마리아나가 탄식과 깊은 호흡을 하더니 가까스로 의식을 수습했다.

　그런 상황에 대처하는 베네치아인의 방법은 영국의 그것과 달랐다. 그럴 때 베네치아인들에겐 질투심을 드러내는 것은 절대 예의가 아니라고 보았다. 칼을 빼 드는 것도 철 지난 우스운 행동이고, 영국과 달리 사랑 문제로 절대 결투 따위는 하지 않았다. 기혼여성은 모두 애인이 있고, 남편은 그 애인에게도 꼭 예절을 지켜야 하는 것이 그 지방의 엄중한 법도였다. 그 남편은 그때 아내와 바이런의 관계의 실상을 보았으리라. 바이런은 단단히 감잡혀 무슨 말을 해야 할지 몰랐고, 그녀에 관한 한 진실을 다 말할 수도 없었고, 더구나 거짓말로 둘러대는 것은 더더욱 상상도 할 수 없는 일이었다. 그는 남편 쪽에서 그녀에게 어떤 위해라도 가하면, 보호차원에서 그녀를 데리고 나가려고만 마음먹고 있었다.

　그 이튿날 마리아나 부부가 그 문제를 어떻게 풀어낼지 바이런은 궁금했다. 그런데 늘씬하게 얻어맞은 그 동생댁은, 시누이의 폭행이 너무 억울해 그 사건을 온 베네치아 사람과, 또 그 난리 통에 구경하러 온 모든 하인들에게 죄다 이야기해 버렸다. 다들 얼마나 재미있게 듣고 얼마나 많은 소문을 재생산해서 퍼뜨렸겠나.

마리아나가 남편을 어떻게 구워삶았는지는 알 수가 없지만 그 사건은 바이런이 그녀와 동거를 하는 데에는 아무 장애가 되지 않았다. 3월 10일에 무어에게 쓴 편지에 이런 구절이 나온다. "지금 막 시뇨라 마리아나가 들어와서 내 팔꿈치 옆에 앉았다오…. 내 등 너머로 크고 검은 눈 두 개가 보고 있다오. 복음서 표지에 그려 놓은 성 마태의 등 너머로 천사가 내려보듯이 말이오. 몸을 돌려 당신 대신 그 눈에 [먼저] 답해야겠소."

바이런이 사랑에 빠져 완전히 이성을 잃은 것은 아니었다. 그는 축제 기간 동안 스위스에서 쓰기 시작한 시극 『맨프레드』를 완성했고, 2월 15일엔 그 원고를 머리에게 보내면서 이렇게 썼다. "일종의 (무운시로 된) 시 혹은 드라마를, 작년 여름에 스위스에 있을 때 쓰기 시작했는데 이제 완성했다오. 3막으로 되어 있고… 모든 등장인물은… 대지, 대기, 물의 정령이라오. 배경은 알프스. 주인공은 일종의 마법사인데 어떤 종류의 회오로 고통을 받지만 그 원인은 반이 설명이 안 된다오. 그는 방랑을 하며 정령들을 불러내어 이들을 만나긴 하지만 그에겐 도움이 안 된다오. 그는 마침내 몸소 '악의 원칙'이 살고 있는 그 거처로 가서 한 유령을 불러내지만, 그도 나타나서는 애매하고 납득이 안 되는 답만 제시할 뿐이라오. 3막에서는 그가 마법을 연구하던 탑 안에서 죽어있는 것을 종자들이 발견하게 되지요. 이 환상적 작품이 이런 줄거리로는 호평은 못 받으리라는 것을 당신은 느끼시겠지만, 나는 적어도 무대엔 올릴 수 없는 작품은 만들었다오…. 일단 원고를 보내니 불에 던져버리든지 아니든지 마음대로 하세요."

바이런이 처음으로 베네치아를 주제로 하는 시를 구상한 것은 이 무렵이었다. 도제의 궁을 방문했을 때 본, 도제 팔리에로 초상화의 자리가 마음에 남아 있었기 때문에 그를 주인공으로 하는 작품을 써 볼까 하는 생각을 가졌다. 검은 천을 씌어놓은 그의 초상화 자리는 그가 1355년에 반역죄로 참수당한 스칼라데이지간티(Scala dei Giganti) 계단 바로 그 자

스칼라데이지간티 계단에서 팔리에로가 참수당하는 장면

리를 지키고 있어, 뼈저린 역사의 아이러니를 보여주었다. 바이런은 머리에게 이 반역자에 관한 영어자료를 좀 보내달라고 부탁했다. 베네치아 역사가들은 공포에 사로잡혀 그의 이야기를 더 이상 기록하지 않아서 자료가 없었기 때문이었다.

바이런은 2월 28일자 무어에게 쓴 편지에서, 재미 삼아 그즈음 애인으로 사랑을 나눴던 여성들의 명단을 죽 적어 보냈다. 그는 그 '사랑'을 '곤욕'이라고 표현했다. "나는 작년부터 곤욕을 치르고 있어요. 타루첼리(Tarrucelli), 다모스티(Da Mosti), 스피네다(Spineda), 로티(Lotti), 리자토(Rizzato), 엘레아노라(Eleanora), 카를로타(Carlotta), 알비시(Alvisi), 잠비에리(Zambieri), (나폴리의 조아스키노(Gioaschino) 왕의 정부(情婦), 적어도 그들 중 하나인) 엘레아노라 디 베지(Eleanora di Besi), 마주라티(Majurati)의 테레시나(Teresina), 글레텐하임(Glettenheim)과 그녀의 여동생, 루이자(Luigia)와 그 어머니, 포르나레타(Fornaretta), 산타(Santa), 칼리가라(Caligara), 포르티에라(Portiera)[베도바(Vedova)?], 볼로냐의 발레리나 텐토라(Tentora)와 그녀의 여동생, 그 외 많은 애들, 그중 얼마는 백작 부인이고, 그중 얼마는 구두수선공 여편네고, 귀족, 중간층, 하류층, 그러나 모두 갈보들인데…. 모두 나를 거쳤고 게다가 숫자도 1817년부터는 그 이전보다 3배나 많아졌지요."

그는 무절제한 정력 낭비로 기력이 형편없이 떨어졌다. 그의 가장 훌륭한 시는 정신육체적 상황을 다루는 내용인데 이즈음 무어의 편지에 동봉한 시 중에 그런 시가 있었다. 그는 가장무도회에 거의 빠지지 않고 갔으며, 페니체(Fenice) 극장에서 무언가면무도회가 끝난 뒤 가졌던 그의 느낌을 2월 28일자 편지에 무어에게 적어 보냈다. "나는… 그리 방탕에 빠진 것은 아니었으나 겨우 스물아홉 수를 넘긴 나이지만 내가 칼집을 다 해지게 만든 칼과 같다는 것을 알았어요." 물론 그가 말하는 칼집은 육체이고 칼은 아마도 프로이트가 말한 '리비도'라고 할 수 있으리라. 리비도 때문에 육체가 너덜너덜해졌다는 말이었다. 그의 나이 이제 스물아홉인데 정신과 육체가 다 해어졌다는 말이었다.

그는 정신과 몸이 피폐할 대로 피폐해지니 병이 찾아왔다. 3월의 마지막 두 주를 완전히 몸져누웠더니 마리아나가 지극정성으로 간호하였다. 이 심한 몸살 끝에 반 섬망상태가 왔다. 온 살갗이 따갑고, 갈증이 나고, 심한 두통이 오고, 불면증이 와서 꼬박 일주일을 앓았다. 마리아나는 이 병의 회복에 도움이 될 것 같아 자기는 동행하지 않을 테니 로마를 다녀오라고 허락을 내렸다. 그러나 열은 그때까지 오르락내리락했다. 가까스로 회복할 수 있었던 것은 보리차를 마셨고 의사를 부르지 않았기 때문이라고 했다. 그는 의사를 부르면 병이 더 안 낫는다고 믿었다.

그는 이 병이 해마다 걸리는, 또 외국인이 잘 걸리는 풍토병이라고 결론지었다. 그가 보리차라고 한 것은 일종의 미음이었으리라. 그리고 그는 다른 쪽지에서 "내가 몇 년 전에 모레아의 엘리스(Elis) 늪에서 걸린 병과 [비슷해요.]"라고 했다.

바이런은 그 해 봄에 귀국할 생각을 했다. 그 나라에 있을 기간이 몇 달밖에 안 남았다는 것을 생각하니 점점 불안해졌다. 그는 오거스터의 생각과는 달리 이런 생각을 가졌다. "누나의 희망이 무엇인지 나는 모르겠는데, 만약 바이런 귀부인과 나의 재결합을 원한다면 너무 늦었어요. 지금은 일 년이 지났으며, 재결합 쪽으로 거듭 제의를 해보았지만 결과는 누나도 잘 알잖아요. 현재로는 [당장] 내일 재결합하자고 하더라도 내가 받아들일 수 없어요. 나는 그녀에 대한 증오심은 없어요. 너무 예민하여 기분은 상했지만, 너무 강한 자존심 때문에 하는 복수 따위는 난 안 해요. 그녀는 바보예요."

바이런이 그의 아내와 처족에 대한 동정심과 애정과 믿음을 완전히 지운 것은, 처가에서 딸에 대한 아버지의 친권을 뺏기 위하여 소송을 제기했고, 그 재판에서 자신이 패소했다는 소식을 들은 후였다. 그는 분을 못 참아 3월 5일 마침내 애너벨러에게 편지를 썼다. "만약 당신이 내게 못된 짓만 하고 또 [그렇게] 함으로 스스로 만족을 한다면, 당신은 또 한 번 착각을 했습니다─당신은 행복하지도 조용하지도 않을 것이고─그렇게 될 수도 없을 것입니다…. 이런 예언을 듣고 당신은 비웃겠지만─비웃으세요. 그러나 잊지는 마세요."

그는 열병이 한창일 때 오거스터에게도 편지를 보내 아내에 대해 분한 마음을 토로했다. "나는 지금까지 모든 것을 용서해 왔어요─그러나 이 것[아마 소송]은 내가 절대 용납 못 할 거예요…." 그는 핸슨에게 자신이 아이를 데려오도록 조치를 취해 달라고 말하고 자기가 어떤 책임을 져야 하는지도 물었다. 그러나 열병과 분노가 가라앉자 자기가 아기의 친권을 요구할 처지가 아님을 서서히 깨닫게 되었다.

바이런은 오거스터의 편지에 대한 궁금증이 커졌다. 오거스터를 마지막 본 것도 일 년이 넘었다. 바이런은 당시의 베네치아의 유명한 초상화가 프레피아니(Girolamo Prepiani)를 두 번이나 찾아가 세밀화를 그려 달라고 포즈를 취했다. 하나는 클로즈업한 것이고 다른 하나는 반신상이었다. 그는 그 그림을 폴리도리 편으로 머리에게 보냈고, 그는 그 그림으로 금테 액자를 만들되 바이런 가문의 문장을 새겨 넣고 뒷면엔 "프레피아니 작 베네치아 1817년"을 적어 넣으라고 했다. 그가 그 초상화를 오거스터에게 전하기 전에 런던의 초상화가 홈즈(James Holmes)를 불러 그 두 점을 복사시키라고 부탁했다. 그 한 점씩은 오거스터에게 전달하고 한 점씩은 그가 귀국할 때까지 출판사에 보관하라고 했다.

바이런은 가능한 한 영국인들과는 접촉은 피했다. 그것은 그의 심리 상태로 보면 전혀 이상한 일은 아니었다. 그의 가정불화에 대한 이야기는 점점 더 그를 나쁜 인간으로 몰아갔기 때문이었다. 사람들은 단순한 호기심에서 그를 보고 또 그에 관해서 꼬치꼬치 알려고 하였다. 영국인 여행자와는 어떤 접촉도 하기 싫었다.

바이런은 벌써 베네치아의 사교계가 시시해졌다. 그는 두세 번 도제의 사교 살롱에도 가보았지만 평범한 여자들의 알맹이 없는 대화는 마찬가지였다. 그러나 축제의 후유증에서 회복되자 정신적 에너지도 상당히 회복되었다. 그러나 그는 여전히 우유부단하고 무모했다. 그는 머리에게 그 전해에 자살을 생각해 본 적이 있었으나 그때 그는 살아야 할 이유를 깨달았다고 했다. "내가 서른이 되면 나는 독실한 믿음을 가질 것이오. 나는 가톨릭교회에서 오르간 소리를 들을 때 커다란 소명을 느낀다오."

그는 3월 31일자 무어에게 쓴 편지에서 "당신에게 내가 서신 두 편을 번역한 이야기를 했나요? 성 바울과 코린트인 사이의 서신인데, 우리 성경에는 없지만 아르메니아 성경에는 있어요. 그러나 그 편지가 매우 정통적인 것으로 보였으며, 번역을 성경의 산문체 영어로 했어요."라고 했다. 무어는 그 내용에 대해 이렇게 주석을 붙였다. "이 서신의 신빙성에 관한 가능한 주장은, 우리가 최초의 서한이라고 알고 있는 것 전에, 성 바울이 코린트인들에게 한 통의 편지를 썼을 것이라는 정황에서 나온다. 자주 아르메니아어로 존재하는 것으로 언급되어 왔는데… 내가 알기론 바이런의 번역은 영어로는 최초의 번역이다…. 내가 가진 책에 붙어 있는 부록(즉 번역)에는 바이런의 필체로 다음과 같이 적혀 있다. '1817년 일월, 이월, 성 나자로 수도원에서 아르메니아 수사인 파스칼레 아우처 신부의 아르메니아어 텍스트의 도움과 해설을 참고하여 영어로 번역함.-바이런'"

4월 14일 머리에게 그 전날 폴리도리와 만프리니(Manfrini) 궁을 방문한 이야기를 한다. "나는 베네치아에서 가장 높은 탑루의 흉벽(胸壁)에 올라가서 맑은 이탈리아의 하늘이 [발갛게] 불탈 때 베네

타소

치아와 주변 경치를 보았어요. 난 또 그림으로 유명한 만프리니궁을 구경했어요. 그림 중에는 티치아노(Tiziano Vecellio)가 그린 아리오스토(Ariosto)의 초상화가 있었는데… 인간 표현 능력의 기대를 넘어서는 것이었어요. 그것은 초상화로 된 시였고, 시로 된 초상화였어요…. 또 이름을 잊었지만… 한 여자의 초상화도 있었어요…. 그러나 당신은 그림에 대해 [제가] 무식하다는 것을 아실 것입니다. 그리고 그림이 무언가 내가 [과거에] 본 것을 상기시켜 주지 않는다면 싫어한다는 것도 잘 아실 것입니다…. 그런 이유로 나는 교회와 궁전에서 보는 성인들 [그림과] …사기(詐欺) 그림에 침을 뱉으며 싫어합니다…. 모든 예술 중에 그림이 가장 인위적이고, 부자연스럽고, 인간의 난센스가 가장 많이 들어가는 영역이지요. 나는 내 개념이나 기대에… 맞는 그림이나 조각을 아직 본 적이 없어요."

마리아나의 여행허가도 떨어졌고 홉하우스가 로마 여행 중에 있었기 때문에 바이런은 로마로 가서 그와 합류하기로 하였다. 그는 4월 17일에 하인 플레처를 데리고 페라라와 볼로냐를 경유하여 로마로 가는 여행길에 올랐다. 그는 승마용 말과 애완견 무츠를 몰고 갔고, 동트기 전에 일어난다는 여행 수칙을 만들어 꼭 지키기로 했다. 그는 마리아나가 딸을 돌봐야 하기 때문에 같이 못 떠나는 것을 두고 홉하우스에게 우스갯소리를 했다. "자네는 왜 내가 어떤 살덩어리를 데려갈 거라고 생각하나? 자네는 내가 완전히 얼이 나갔다고 생각하나?"

파도바를 떠나 아르콰(Arquà)에 가서 페트라르카가 살았던 두 집에 가보고는 두 집 다 "꽤 누추하지만" "어느 정도 시적인 데가" 있다고 느꼈다. 포(Po) 강을 건너 도착한 페라라는 쇠퇴한, 사람이 거의 살지 않는 도시였지만 성은 여전히 남아 있었다. 그는 그곳에 있는 타소(Torquato Tasso)의 방과 아리오스토의 무덤을 돌아보고 감명을 받았다. 또 14세기의 에스테(Este) 성에 가서는, 근친상간의 사랑을 나눈 휴고(Hugo)가 참수되었던 토굴 감옥도 유심히 살폈다.

파라디소(Paradiso) 궁에서 그는 타소의 "예루살렘(의 원고) 전부, 과리니(Battista Guarini)의 원고 전부…『충실한 목동』(Il pastor fido, 과리니의 전원 희비극)의 원본… 티치아노가 아리오스토에게 쓴 편지… 등이 잘 전시되어" 있는 것을 보고 놀랍게 여겼다. 그는 또 산타안나(St. Anna) 정신병원에 가서 타소가 감금당했던 감방을 둘러보았는데, 그곳이 아리오스토의 주택이나 기념비보다도 훨씬 더 진한 감명을 주었다.

타소는 이탈리아의 가장 위대한 시인 중의 한 사람이며, 그의 대표작 『해방된 예루살렘』(Gerussalemme liberata)이란 서사시는 일차 십자군 원정 때 점령한 예루살렘을 주제로 다룬 작품이다. 바이런은 이 작품의 한 행을 끌어와 자기 작품 『해적』의 제사(題詞)로 쓸 정도로 그 작품에 관심이 많았다. 타소는 과민하리만큼 편집증이 심하여 7년간 산타안나 정신병원에 감금당했다. 그러나 속설에는 그가 레오노라 데스테(Leonora d'Este)라는 에스테의 알퐁스 2세(Alfonso II d'Este)의 여동생을 사랑하였기 때문에 그것에 대한 응징으로, 광인으로 낙인찍혀 감금되었다고 했다. 이 내용은 사실이 아닐 듯하지만, 바이런은 그것을 더없이 적절한 시의 소재로 받아들였다.

바이런은 타소가 갇힌 방을 본 뒤 장시 『타소의 애도』(Lament of Tasso)를 구상하였다. 볼로냐에 와서 하루 만에 그것을 썼다. 곧 수정을 가해 4월 22, 23일경에 머리에게 보냈더니 7월 17일에 발표되었다.

이 시에서 바이런은 이때 본 감방을 사실적으로 기술한다. 빛도 제대로 들어오지 않는 쇠창살, 관묘의 내부 같은 감방, 언제나 혼자 먹어야 할 맛없는 음식…. 그러나 사람들이 다 그가 미쳤다고 해도 그를 꿋꿋이 지탱해 주는 것은 정신력이었다. 이런 상황에서 그는 레오노라를 떠올린다. "그대의 오빠는 [나를] 증오하지만─나는 [그대를] 싫어할 수 없소./ 그대가 동정을 안 해도 나는 저버릴 수 없다오."

바이런은 볼로냐를 경유하여 피렌체(Firenze)에 도착하였다. 거기서 화랑 두 군데를 둘러보았다. 우피찌(Uffizi)에서 가장 감명을 받은 것은 라파엘(Raphael) 애인의 초상화와 티치아노 애인들의 초상화였다. "메디치(Medici) 화랑에서 티치아노의 비너스─진정한 비너스"를 보았고, 피티(Pitti) 궁에서 "티치아노의 연인으로 추정되는 또 다른 초상화, 그리고 카노바(Canova)의 대리석 비너스" 등을 인상 깊게 보았다. 메디치 교회의 아름다운 관묘를 보고선 "멋진 싸구려"를 봤을 뿐이라고 개탄했다. 장례와 관묘 문화의 사치와 허영을 냉소했던 것이다.

산타크로체(Santa Croce) 교회에서 마키아벨리(Machiavelli), 미켈란젤로(Michelangelo), 갈릴레오(Galileo), 알피에리 등의 무덤을 찾아보았다. 그는 그곳을 이탈리아의 웨스트민스터이라 할 수는 있겠지만, 모두 "허무할 뿐"이라고 냉소하였다. 그는 더 이상 천재의 기념비를 소중하게 여기지 않겠다고 했다.

4월 29일에 로마에 도착하였다. 수 주 전에 도착하여 유적을 찾아 열심히 쫓아다닌 홉하우스를 만났더니 기꺼이 안내인이 되

산타크로체 교회의 미켈란젤로의 관묘
'Michelangelo's Tomb' by Diego Delso via Wikimedia Commons under CC BY-SA 4.0.

겠다고 자처하였다. 바이런은 스페인 광장 66번지에 방을 얻었는데, 이 집은 4년 뒤 키츠(John Keats)가 죽은 집 맞은편에 있었다. 지금도 관광객들은 이 집들을 확인할 수 있다. 그가 로마의 언덕을 걸을 때 불편할 것 같아서 말을 몰고 온 것은 잘한 일이었다.

바이런은 로마에 있는 동안 틈틈이 『맨프레드』를 수정하여, 5월 5일에는 3막을 다듬어 머리에게 다시 보냈다. 기포드는 3막에서 주인공을 극적으로 처리하지 못해 그 부분이 상대적으로 약하다는 평을 했고, 바이런도 같은 생각이어서 이 점을 상당히 보완하였다. 그는 교정은 기포드가 고쳐 주는 대로 하고 보내지 말라고 당부했다. 그리고 『맨프레드』와 『타소의 애도』 두 작품의 인세를 각각 300기니로 쳐서 600기니면 족하다는 암시도 남겼다.

바이런은 로마 주변 캄파냐(Campagna)에 산재하는 유적지를 탐사하였다. 주변의 평지에는 어디로 이어지는지 모를 도수관이 군데군데 모습을 드러냈다. 알바니 언덕(Colli Albani)에 박혀 있는 빙하 호수에도 가보았으며, 사비나(Sabina) 언덕 기슭에 있는 하드리아누스 황제의 거대하고 낭만적인 별장 유적도 찾아 보았다.

5월 9일 머리에게 편지를 쓸 때는 한껏 여행의 즐거움에 빠져 있었다. "나는… 기쁘게 로마를 구경하고 있다오. 보기에 그리스보다 좋다는 말이오. 그러나 거주지로서도 좋아할 만큼 오래 있지는 않다오. 마리아나로부터 떨어져 있으면 불쌍한 놈이 되니까 롬바르디아로 돌아가야 해요. 매일 승마용 말을 타고 알바노(Albano)와 그곳의 호수, 알바 산꼭대기 그리고 프레스카티(Frescati), 아리시아(Aricia) 등 시 주변과 시내 여러 곳을 돌아봤다오…. 전반적으로 고대든 현대든, 그곳은 그리스, 콘스탄티노플, 그 어느 곳보다도 훨씬 훌륭하다오…. 오 나는 잊을 뻔했군요. 이탈리아 사람들도 『시용』 등을 해적판으로 찍었다오. 당신이 찍은 것보다 더 예쁘게… 출판되어, 여기 도착하는 날 너무나 놀랍게도 [그것을] 발견했던 것이오. 이상한 것은 영어가 아주 정확하게 인쇄되어 있다는 것. 왜 그것을 출판했으며 누가 했는지 난 모르겠소…. 내가 한 부 보내 드리리다."

그는 알바(Alba), 티볼리(Tivoli), 리첸자(Licenza) 등도 돌아보고 특히 테르니(Terni) 폭포는 두 번이나 가 보았다. 그는 장엄한 고대유적에 놀라서 이때의 여러 가지 인상을 몇 주 뒤에는 『차일드 해롤드의 순례』의 제4편에 녹여 넣었다.

로마에는 영국 사람이 많았으며 바이런은 가능한 한 그들과 부닥치지 않으려 했다. 관광객들도 그를 절대 보아서는 안 될 괴물로 여겼다. 성 베드로 대성당의 관광객 중 애너벨러의 친구가 있었다. 그녀는 기겁을 하며 자기 딸에게 이렇게 말했다. "저 사람을 보지 마라, 보는 것도 위험한 인물이니까."

바이런은 홉하우스의 요청으로 로마에 있을 동안 자기 흉상을 만들도록, 로마에서 작업하고 있던 저명한 덴마크 조각가 베르텔 토르발센(Bertel Thorvaldsen) 앞에 포즈를 취했다. 그러나 생각해 보니 자신을

"대리석으로 불멸화"하는 것이 탐탁지 않았다. 대리석상을 만든다는 것은 죽음의 벌레가 기어 들어오는 것을 걱정한다는 뜻이 아닌가. 또 자신이 불후의 인물이 될 것이라는 예견은 너무 건방진 생각이 아닌가. 그는 적어도 두 번 조각가 앞에 앉긴 했지만 고분고분하게 대하지 않았다. 조각가는 그의 편안하고 자연스런 모습을 포기하고 자기 자신이 원하는 대로 만들어주었다. 완성되었을 때 어떤 사람은 실물 같다고 했지만 어떤 사람은 전혀 닮지 않았다고 했다.

이때 제작한 바이런의 흉상

Lord Byron by Bertel Thorvaldsen. Photo by Daderot via Wikimedia Commons under Creative Commons CC0 1.0 Universal Public Domain Dedication

바이런은 완성된 대리석상은 보지 않고 그 전의 점토로 만든 상만 보고 "전혀 나 같지가 않아. 내 표정은 더 불행해 보이는데."라고 했다. 홉하우스는 그 대리석상 머리를 황금색 계수나무 잎으로 꾸밀 생각을 했으나 바이런이 이렇게 말했다. "내 머리를 크리스마스 파이처럼 서양감탕나무로 장식하지는 않을래-혹은 대구 대가리와 회향풀, 혹은… 그 빌어먹을 잡초가 무엇이든 간에 그 잡초로 장식하지는 않을래. 자네가 나를 그런 엉터리 약장수로 만들려는 게 아닌가 그게 궁금해지네."

무어에게 보낸 편지를 보면 그는 5월 19일 로마를 떠나기 전날 기요틴으로 절도범을 공개 처형하는 장면을 구경했다. "나는 로마를 떠나기 전에 단두대로 세 절도범을 처형하는 것을 보았어요. 가면을 쓴 사제, 반쯤 벗은 집행인, 눈을 가린 죄수, 검은 그리스도와 깃발, 단두대, 군사, 느린 진행, 다급히 달그락거리는 소리와 묵직한 도끼의 낙하, 피 튀김, 노출된 섬뜩한 머리들… 이 의식은, 영국의 처형이 속되고, 신사답지 못하다는

[것을 느끼게 했고], 더러운 [바닥이 무릎 깊이로 빠지게 되어 있는 영국의 이동식 교수대인] '뉴드롭'(new drop) 교수대와, 죄수에게 가해지는 그 개 같은 고통보다, 전적으로 더 깊은 인상을 주는 것이었어요. 이들 중 두 사람은 조용했지만 첫째 사람은 공포와 반항심을 보인 채 죽었어요—너무 소름끼쳤어요—그는 누우려고도 하지 않았어요—그리고 그의 목은 목 틀에 비해 너무 컸어요—그리고 사제는 그가 내 지르는 소리보다 더 큰 소리로 훈계를 해서 그의 소리를 안 들리게 해야 했어요—[사형수가 도끼 떨어지는 것을 보기 위해] 머리를 뒤로 젖히려고 했지만⋯ [도끼의] 타격을 미처 보기도 전에 머리가 잘렸어요—첫 번째 머리는 귀 가까이에 잘렸어요—다른 둘은 더 깨끗하게 잘렸고⋯. 이 방법은 동양의 방법보다 나았고, 우리 조상이 도끼를 쓰던 방법보다 나았어요."

셸리는 4월이 다 가도록 바이런에게서 아무 소식이 없자 속이 탔다. 그에게 두 번째 편지를 써서 클레어에게서 태어난 딸에 대해 어떤 계획이 있는지 따져 물었다. 아기는 알베의 에코이니 새벽을 의미하는 알바(Alba)라고 이름 지어 불렀다. 사실 바이런에게는 언제나 계획이란 것은 없었다. 오거스터에게는 이렇게 말했다. "나는 이 신생아를 어떻게 처리해야 할지 약간 어리벙벙해요⋯. 아마 데려다가 우리 가문에는 없는 인물이 되도록 훌륭한 가톨릭, 그리고⋯ 수녀가 되도록 베네치아 수녀원에 넣을 것이오. 사람들은 파란 눈과 짙은 색 머리카락을 가진 매우 예쁜 아이라고 해요. 나는 그 어머니에게 애착을 가지거나 가진 척도 하지 않았지만⋯ 희망을 걸 수 있는 것을 가진다는 것은⋯ 좋은 일이지요. 나도 노년에는 무엇이라도 사랑해야만 하지 않겠어요⋯. 그 여자[애너벨러]의 소생보다도, 이 불쌍한 어린 것이 더 큰 위안, [아니] 아마 유일한 위안을 줄 거예요."

바이런은 5월 20일에 로마를 출발하여 5월 28일에 베네치아에 돌아왔다. 마리아나가 걱정했기 때문에 홉하우스를 따라 나폴리로 가지 않았다. 보고 싶은 그녀를 반쯤 마중 나오게 하여 만났다. 한 달 만에 본 마리아나는 반가워 어쩔 줄 몰랐다. 그는 로마 여행을 하면서 최근 영국의 소식을 들어보고는 그 전 어느 때보다도 고국으로 돌아갈 수는 없다는 것을 알았다. 국외로 떠돌기로 하자. 동시에 많은 것을 체념하기로 하자.

베네치아는 6월인데도 날이 물쿠어서 견디기 힘들었다. 잘사는 사람들은 본토에 별장을 마련하여 그리로 피서를 떠났다. 바이런도 푸지나(Fusina) 강 어구에서 약 11km 내륙이고 파도바의 외곽 마을인 라미라(La Mira)에 운하가 내려다보이는 포스카리니 별장을 여섯 달 세를 얻었다. 그 옆으론 브렌타강이 흐르고 또 파도바로 가는 먼지 나는 길이 나있었다. 마리아나도 그 주변에 사는 친구를 만난다는 핑계로 라미라로 오기로 했다.

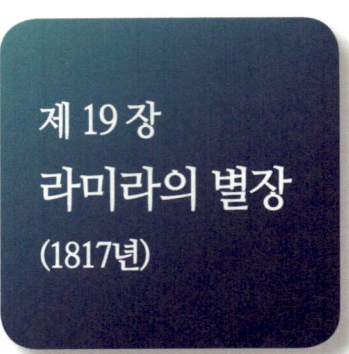

제 19 장
라미라의 별장
(1817년)

　6월 14일 바이런은 이 별장에 입주했다. 그 별장의 가장 큰 매력은 말을 기를 수 있고 언제든지 승마할 수 있는 점이었다. 도시생활에서 벗어나 조용히 창작에만 집중할 수도 있었고.

　바이런은 아무리 생각해도 오거스터가 이상했다. 그녀의 편지는 뜨막했고 뭔가 석연찮았고 말은 애매하여 진심이 담기지 않았다. 그것이 귀국하려는 의욕에 찬물을 끼얹었다. 그녀의 마음을 떠 보려고 편지를 냈지만, 그녀의 답장은 쓰기 싫어 겨우 쓴 듯한 인상을 주었다. 그녀가 멀어진 것이 틀림없었다. 당혹감이 이제 초조감으로 바뀌었다. 그는 이렇게 썼다. "나는 여전히 슬픔과 우울과 신비로 가득 찬, 누나 편지라고 믿을 수밖에 없는 [그 이상한] 것들을 받았을 뿐이오. 그러나 나는 동정심으로 애만 태울 뿐인데, 왜냐하면, 왜냐하면, 내 생전에 도저히 [누나가 왜 그렇게 변했는지] 모르겠기 때문이오. 누나에게 생긴 이상(異狀) 때문인지, 찢어질 듯한 앙가슴 때문인지, 이통(耳痛) 때문인지, 아니면 누나가 아팠거나 아이들이 아파서 그런지, 도대체 누나의 우울과 그 신비스런 불안은 무엇 때문에 생겼는지… 캐롤라인의 소설 [때문인지]―클러먼트 부인의 증거 [때문인지]—바이런 귀부인의 너그러운 마음 [때문인지]—혹은 다른 어떤 사기 (詐欺) 때문에 생긴 것인지 나는 도통 알아낼 수가 없어요." 바이런은 다시 딸 에이다에 관한 한 억울하여 소송을 제기할까 생각하다가도 오거스터를 보호하는 것이 먼저라는 생각을 하고는 덮어 두기로 했다.

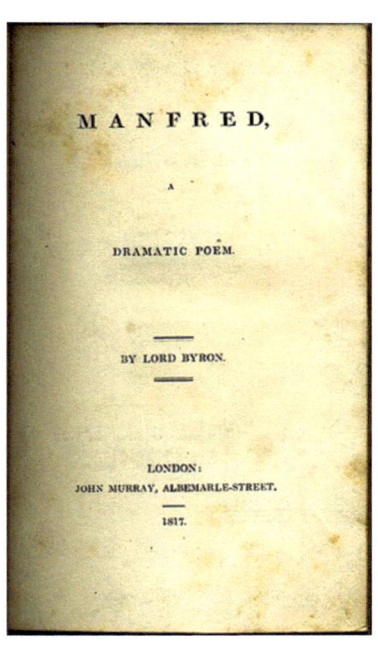

『맨프레드』 초간본

머리는 『맨프레드』의 출판을 주저했다. 내용이 정통에서 벗어나 있었고 무리한 사고에 대한 부담이 컸기 때문이었다. 또 아스타르테가 오거스터를 너무 빼닮아 독자들이, 둘 다 근친상간으로 볼 것이 틀림없어 불안해졌기 때문이기도 했다. 그러나 6월 16일에 출판되었으며 인세는 300기니였다.

아니나 다를까 런던의 신문 『더데이앤드뉴타임스』(The Day and New Times)에서는 그 작품의 자서전적인 요소를 날카롭게 가려냈다. 그러나 천만다행인 것은 근친상간의 주제는 묘하게 피해갔으며, 그 시의 상상이 비정통적이라는 점만 지적하였다. 여러 간행물의 비평 중 『시애트리컬인퀴지터』(Theatrical Inquisitor) 지에서만, 시인과 누나와의 근친상간에 대한 스캔들을 살짝 언급했다. 그러나 그 글도, 바이런이 무서운 악을 시에 끌어들여 충격을 받긴 했지만, 시인의 가장 깊은 고민과 그 작품의 주제를 동일시하는 [항간의] 이야기는 옳지 않다고 하면서, 용케 아주 걱정했던 급소는 건드리지 않았다.

라미라는 시를 쓰는 데는 좋은 환경이었다. 그는 밤을 새우다시피 하다가 새벽에 들면 글이 가장 잘 쓰였다. 그러니 언제나 늦게 기상했다. 그는 글 쓰는 일이 가장 큰 기쁨이었고, 그 별장은 만족할 만한 성과를 가져다 주었다. 그는 가끔 베네치아로 가서 곤돌라로 리도로 건너가 아드리아해에서 멱을 감다가, 해 질 녘에 말을 타고 브렌타강을 따라 돌아오곤 했다.

6월 26일 숲속 시원한 개울가에서 그는 『차일드 해롤드의 순례』 제4편이며 마지막 편을 쓰기 시작하였다. 해롤드는 이제 베네치아 여행을 한다. 이 시편은 지금은 유명해진 이런 말로 시작된다. "나는 베네치아의 '탄식의 다리' 위에 서 있다./ 한쪽엔 궁전, 한쪽엔 감옥." 화자는 베네치아를 보고 문명의 쇠퇴를 개탄한다. 이 도시는 퇴락한 문화도시로 그려지지만 셰익스피어 같은 대문호의 '영혼'이 살아 있다고 하였다.

이 시편은 베네치아뿐만 아니라 아르콰, 페라라, 피렌체, 그리고 로마 등 해롤드가 여행하고 사색한 것을 기록한다. 78연에서 주인공이 로마에 입성할 때 말이다. "오, 로마! 나의 나라! 영혼의 도시!/ 가슴의 고아들이 그대, 죽은 제국의 외로운 어머니에게/ 돌아가야 하며…."

로마에서 주인공에게 가장 깊은 감동을 준 곳은 요정 에제리아(Egeria)에게 바쳐진 에제리아 샘이었다. 요정 에제리아는 놀랍게도 로마의 최초의 입법자인 누마 폼필리우스(Numa Pompilius)라는 인간을 사랑하였다. 그 샘의 이야기는 라틴 시인 유베날리스의 작품에 나와 있었다. 로마의 두 번째 왕인 누마는 이 요정과 종종 밀회를 가지면서 이 요정으로부터 신생국가의 여러 제도에 필요한 지식과 법을 배웠다. 누마가 죽자 그 요정도 결국 샘으로 변했다. "에제리아! 그대 천상의 가슴은 온통/ 사랑하는 인간의 먼 발자국 소리로 고동쳤네."

해롤드는 성 베드로 대성당을 읊은 뒤에 바다로 나간다. 그러나 마음속에는 한이 가득 쌓여 있다. 길도 없는 숲과 외로운 해안에는 사실상 오거스터에 관한 추억만 쌓여 있었다. "오! 저 황야가… 예쁜 한 영혼과 함께 살/ 나의 거처가 되길./ 내가 모든 인간을 다 잊고/ 아무도 미워하지 않으며 오직 그녀만 사랑하길!"

이 시편은 바다의 묘사로 끝을 낸다. 이 바다 시편은 바다의 원초적인 이미지를 유창하게 담아내어 바이런의 시 중에도 백미로 꼽힌다. 이 바다의 시 한 편을 최남선(崔南善)이 1910년에 이렇게 번역했다. 한자의 음만 괄호 속에 넣는다.

쒸놀아라. 너의, 깁고 식컴은 大洋(대양)아 ㅡ쒸놀아라!
萬千雙(만천쌍) 艨艟(몽동)이 너의 위로 달녀간들 너를 웃지해.
사람이 或(혹) 陸地(육지) 위에는 좀 작난한 痕迹(흔적)을 내이기하나,
그 힘이 겨오 海邊(해변)에 와서 쓰치난도다.
질펀한 물위에 잇난 欠(흠)집은 모도 다 네가 내인 것이라,
사람의 손에 난 생채기는 손톱만큼도 업서.
오즉 사람이 暫時間(잠시간) 비 한 방울처럼 너의 깁흔 물에 써러저서,
거품을 쑴으면서 애 쓰고, 棺(관) 업시, 무덤 업시, 弔喪(조상)하난 鍾(종) 업시, 남 몰으게 짜질 째에,
저의 自軆(자체)의 滅亡(멸망)한 形跡(형적)을 써러터리난 일이 잇슬 쑨이라.

『차일드 해롤드의 순례』 제4편은 7월 19일에 탈고했다. 이때의 초고는 126연 정도였는데, 출판될 때에는 40연이 더 붙었다. 홉하우스가 이렇게 술회한다. "가을에 [바이런은] 내게 그 시의 초고를 보여 주었다… [그는] 특히 주목할 가치가 있는 몇 가지 사물을 [시에서] 언급하지 않고 있었다. 나는 그 사물의 목록을 만들어서… 왜 그것[사물]들을 다뤄야 하는지 이유를 설명했다. 그 결과가 지금 나온 작품이며, 그때 그는 나더러 그 작품의 주석을 달아달라고 했다." 홉하우스의 말은 자기가 중요하다고 적어준 몇 가지를 바이런이 시에 넣어서 시가 길어지게 되었다는 것이다.

바이런은 그의 작품 중 "가장 길고, 가장 사유가 많고, 포괄적인" 이 시편을 홉하우스에게 헌정했다. 그의 첫 여행의 도반으로 고락을 함께 나눴던 홉하우스는 이 시편에 주석을 꼼꼼하게 달아 『『차일드 해롤드의 순례 제4편』의 역사적 해설』(Historical Illustrations to the Fourth Canto of Childe Harold)이라는 책으로 1818년에 출간한다.

7월 말경에 루이스 '수사'가 라미라에도 찾아왔다. 바이런은 '수사'가 죽은 후 "그는 좋은 사람, 영리한 사람이었지만… 답답할 정도로 따분한 사람이랄 수 있어요."라고 말한 적이 있다. 바이런은 "그는 너무 숙맥이

어서 거짓말을 못 해요."라고 하면서 사람들이 그를 기억하는 것은 그의 독일문학에 대해 깊은 조예 때문이라고 했다. 스코트는 그가 자기가 만난 어떤 사람보다, 심지어는 바이런보다도 리듬에 대해 예민한 귀를 가졌다고 평했다.

31일에는 홉하우스가 나폴리 여행을 마치고 돌아왔다. 푹푹 찌는 날이었지만 그와 함께 말을 탔다. 라미라의 별장 한쪽에 루이스 '수사'가 기거했고, 다른 쪽에는 마리안나가 들어와 같이 살았다. 그녀는 이제 딸도 데려와 같이 지냈고, 남편도 가끔 토요일이나 일요일에 와서는 다른 여자와 어울렸다. 바이런은 홉하우스를 근처의 한 내과의사의 집에 기거토록 주선해 줬다.

라미라에서 바이런이 친하게 지낸 사람 중에 한 유대인 의사가 있었다. 그 의사의 세 딸 중 알레그라(Allegra)가 있었는데, 바이런은 클레어와 사이에 난 딸을 그 애의 이름을 따서 알레그라로 결정했다. 클레어는 딸에게 자기 이름과 같은 이름을 지어주고 싶었으나, 아버지가 이름을 지을지 모르니까 이름 짓는 일을 미루어 왔다.

그 유대인이 한번은 바이런, 홉하우스, 루이스를 '할례'에 초대했다. 보통 유대인은 그런 의식에 외부 사람을 초대하지 않았지만 그 유대인은 예외였다. 그런 행사를 자세히 일기에 남기는 사람은 역시 홉하우스였.

"수술실에 가 보니 랍비는 옷으로는 잘 구분이 안 되었다. 평상복을 입은 두 사람이 가까이 앉아서 작은 책을 보고 멜로디가 반복되는 노래를 불렀다. 비단 천을 어깨에 두른 건장한 두 사람이 들어와서 한 사람의 무릎에 네 개의 베개를 놓았다. 포피를 집을… 날카로운 칼과 가위와 랜싯이 쟁반 위에 놓였다. 8살 먹은 아이를 데려왔다. 노래는 계속되었고…. 아이의 아랫도리를 벗기고 [그 아이를] 베개 위에 뉘었다. 수술자는 눈 깜빡할 사이에 상당량의 포피의 살을 떼어 쟁반에 담았다. 아이는 피투성이가 되었고 격렬한 비명을 질렀다. 수술자는 살을 잘라낸 포피 두 겹 사이에 엄지손톱을 넣어 돌리고는, 그 부분을 입으로 빨았다. 수술자는 입을 포도주로 헹궈야 했지만 그것이 준비되지 않아 약간의 혼란이 있었다. 랍비는 계속 노래를 부르고 중얼거렸다. 아이도 울고 그의 아버지도 울었다. 수술자는 상처 낸 부분에 가루약을 치고 진통제를 뿌린 천으로 싸고 그 위에 또 가루약을 뿌렸다…. 남자들은 비단 천을 벗고 의식이 끝났음을 선포하였다. 잘라낸 살은 병에 넣었으며…그가 죽을 때 같이 묻는다고 했다."

바이런은 홉하우스가 여자들 앞에서 하도 숫기가 없어 그에게 숫기를 길러주기로 했다. 그래서 계책을 세웠다. 그는 8월 5일 그 친구를 데리고 여자 사냥에 나섰다. 두 사람은 말을 타고 남자를 구하는 여성들이 많이 찾아오는 리도 섬의 돌로(Dolo) 해변으로 갔다. 무어에게 한 이야기이다. "1817년 여름이었소…. 나는 어느 날 저녁 말을 타고 산책을 하고 있을 때 일단의 농부들 사이에서 최근에 본 중에 제일 아름다운 두 아가씨를 보았어요. 그땐 이 나라가 어려웠을 때여서, 나는 몇몇 사람들에게 온정을 베풀었어요. 그런 온정이 베네치아 생활에서는 적은 돈[이었지만 나를] 큰 인물로 만들었고, 이 영국 사람의 행동이 크게 과장되었어요. 그들이 나를 알아보았는지 어쩐지 나는 잘 몰라요. 한 아가씨가 베네치아어로 내게 소리 질렀지요. '다른 사람은 도와주면서 우리는 왜 안 도와줘요?' 내가 베네치아어로 '저런, 당신들은 너무 예쁘고 젊어 내 도움 따위는 필요 없는 것 아니오.'라고 답을 했더니, 그 아가씨는 '만약 우리 오두막집과 음식을 보시면 그런 말씀 못 하실 거예요.'라고 하는 거예요. 이 모든 대화는 반쯤 농담이었어요. 그녀는 단순히 돈 이야기만 한다면 [우리가] 그녀들을 하룻밤 거리로만 생각할 것 같았는지, 짐짓 생각하는 체하면서 시간을 끌었어요." 그리고 바이런은 며칠간 그 여자를 보지 못하다가, 그들을 다시 만났을 때 그들은 더 진지하게 형편을 이야기했다.

그들은 사촌 간이었으며 마르가리타 코니(Margarita Cogni)는 어떤 제빵업자와 결혼한 기혼녀였고 다른 쪽은 독신이었다. 며칠 저녁을 만나보니 마르가리타는 관능미뿐만 아니라 건장한 체구로, 바이런을 완전히 압도하였다. 바이런은 그녀를 175cm쯤 되고 늘씬하여 "검투사를 낳을" 여자라고 말했다. 검은 편이었고, 베네치아인 얼굴에다 아름다운 검은 눈동자였으며 스물두 살이었다. 비록 그녀가 갈보라고 하더라도 바이런은 그녀가 몸을 내놓았다고는 전혀 생각하지 않았으리라. 바이런은 만약 그녀가 형편이 어렵다면 조건 없이 도와주겠고, 어렵지 않다면 그 만남을 자연스런 만남으로 생각하겠다고 했다.

다른 한 여자는 "여기 여자들은 간통 같은 것은 하지 않아요."라고 내뱉고는, 홉하우스에게서 도망쳐 버렸다. 그러나 마르가리타는 남편이 폐병에 걸렸으며 실직 상태라고 했다. 그녀는 바이런이 자선을 잘 한다는 이야기를 들었으며, 솔직히 바이런과의 사귐을 반대하지 않는다고 했다. 왜냐하면 자기는 결혼을 했고, 결혼한 여자는 다들 그런다고 했다. 그러나 남편은 포악하며 아내의 부정을 알면 절대 가만 두지 않을 것이라고 했다. 그녀는 바이런과 만날 날을 잡았다.

양쪽이 팽팽한 자존심 대결을 벌였지만 일단 둑이 무너지자 걷잡을 수 없는 노도가 그들을 집어삼켰다. 검은 피부, 벨벳 같은 새까만 눈, 물결쳐 내리는 검은 머리카락, 신비로운 원초적 힘, 그녀는 문자 그대로 아마존 전사 중에도 대장이 되고도 남을 힘과 매력을 지녔다.

그녀는 글을 몰랐는데 그것이 바이런에게는 참으로 편했다. 편지 같은 것으로 바이런을 괴롭히지 않았다. 두 번 정도 그녀는 대서방에 가서 대필한 편지를 보낸 적이 있었다. 그녀는 사납고 오만하였다. 필요하면 시간, 장소, 주변 사람 등을 가리지 않고 바이런 방에 쑥 들어왔다. 또 어떤 여자라도 자기 눈에 거슬리면 이유 곡직불문하고 늘씬하게 패 주었다.

홉하우스는 머리에게 편지로 "당신네 시인들은 코끼리나 낙타만큼 생식의 장면을 보여주기 부끄러워하지만, 나는 드물지 않게 그 귀족 분의 대구(對句) 만드는 장면을 보았어요."라고 했다. 바이런과 홉하우스가 말을 타고 강 건너 쪽 조용하고 아름다운 길로 가다가 스스로를 영국 사람이라고 하는 두 여인을 만났는데 사실은 그들은 모녀였다. 홉하우스는 이날도 그 귀족 분이 "루이자와 그 어머니"와 "대구(對句) 만드는" 모습을 목격하였다고 하였다. "대구(對句) 만드는"은 영어로 "coupleting"으로 일차적으로는 두 행씩 운을 맞추는 즉 시를 짓는 것을 말한다. 그러나 바이런이 여성과 "coupleting"을 했다 함은 사실 'coupling'(짝짓기)을 했음을 암시한 것이 아닐까. 홉하우스는 바이런의 음행(淫行)을 보고 직접 이름을 밝히지 않고 "귀족 분"이라고 하여 가려 주고, 그의 음행도 살짝 낱말을 바꾸어 암시만 했다. 바이런을 보호하려는 형과 같은 마음에서였으리라.

바이런이 라미라에서 아직 마리아나와 달콤한 나날을 보낼 때인 8월 29일 그녀의 남편이 방문했다. 그도 천연덕스럽게 자기 애인을 만나러 가는 길이라고 했다. 그는 시중에 떠도는 소문 한 가지를 전했는데 사실은 그 이야기로 자기의 아내의 속내를 떠보려 했다.

한 튀르키예인이 베네치아의 유명한 여관에 묵으면서 안주인을 만나고 싶어 했다. 안주인 라우라(Laura)는 나이 지긋했지만 아직 피부가 토실토실한 과부였다. 그녀는 오래전에 남편이 바다에서 죽자 귀족 애인을 두고 있었다. 튀르키예인은 그녀를 보고는 죽은 남편이 어떤 사람이었는가를 물었다. 특히 신체적 특징이 있었느냐고 물었다. 라우라가 "예, 어깨에 흉터가 있었어요."라고 하자, 그 튀르키예인은 "이런 것 말이요?" 하고 묻고는 자기 흉터를 보여주고 자기가 바로 남편이라고 말했다. 그는 튀르키예에서 큰돈을 벌었다고 하면서 아내에게 세 가지 제안을 하고는 하나를 선택게 했다. 첫째는 애인을 보내고 자기와 같이 살래? 둘째는 계속 애인과 같이 살래? 셋째는 연금으로 혼자 살래?

마리아나의 남편도 마리아나가 그 세 가지 중 하나를 선택하기를 바랐다. 그는 상당히 뜸을 들여 긴장감을 높였다. 그러나 마리아나는 쉽게 결정을 내렸다. 그는 바이런을 보면서 "나는 애인을 떠나 남편에게 가는 일은 분명히 없을 거요."라고 잘라 말했다. 그런 장면을 보고 제일 분노한 사람은 홉하우스였다. 바이런은 여기서 아이디어를 얻어 대략 한 달 후 가장 독창적인 작품 『베포』를 쓰게 된다.

바이런은, 부디 평이라도 좀 해주라고 머리가 보낸 폴리도리의 비극 대본을 읽었다. 우스운 것이었으리라. 머리는 자신이 냉정하게 평하기 민망하여 바이런에 떠넘겼던 것이었다. 바이런은 그 청을 받고 재기 넘치는 시를 한 수 써서 보냈다. 그 시에서 자기 이야기도 하였다.

      선생—당신 드라마 잘 읽었소,
      그 나름대로 좋았소,

내 눈이 정화되었고 창자가 감동받았소,
또 손수건이 행주가 됐소….
그러나―이 이야긴 하기 민망하지만―연극은
마약이오―선생, 단순한 마약이오….
한땐 더 잘나갔던 바이런도 있소….
그의 펜은 작년 이후 너무 변했소.
그는 베네치아에서 이성을 잃어버렸다고 생각해요,
아니면 어떤 검은 눈의 뜨거운 이탈리아인에게
씨말[種馬]처럼 홀랑 정신이 빠져버렸거나 말이오.

9월 5일 바이런이 그의 『차일드 해롤드의 순례』 제4편에 들어갈 서문 격으로, 홉하우스에게 보내는 서간문을 써서 그에게 읽어주었다. 홉하우스가 나름대로는 잘 쓴 서간이었다고 평해 주었다. 두 친구의 우정이 빛을 내는 감동적인 글이었다.

친애하는 홉하우스에게,
『차일드 해롤드의 순례』 첫 시편과 마지막 시편의 시작(詩作) 사이에 8년이 흘렀고, 이 시의 마지막 편이 바야흐로 독자들의 손에 들어갈 시점이 왔다네. 이제 [작품 속의] 오랜 친구[차일드 해롤드]와 이별을 하자니… 차일드 해롤드에게도 고마움을 느끼지만, 그보다는 더 오래되고 더 훌륭한 친구―그 차일드 해롤드의 탄생과 죽음을 지켜보았던… 내가 훨씬 더 고마움을 느껴 왔던 친구―에게 고마움을 돌리는 것은 특별한 일이 아닐 걸세. 내가 오랫동안 알아 왔고, 그리고 멀리까지 함께 다녔고, 내가 아플 때 밤을 새워 나를 돌봐주었고, 내가 슬플 때 위로했고, 내가 잘될 때 기뻐해주었고, 내가 어려웠을 때 흔들리지 않았고, 진실한 충고를 해줬고, 위험한 일에 꼭 믿음을 주었던 그대에게… [이 작품을] 헌정함으로써, 나는 학식과 재능과 강직성과 명예를 겸비한 그대와 수년을 친하게 지냈던 바로 그 경력 때문에, 내 스스로도 명예를 얻는 셈이 된다네.

바이런이 베네치아 주재 영국영사 호프너(Richard Belgrave Hoppner)를 알게 된 것은 이즈음이었다. 그는 유명한 초상화가이며 왕립회원인 존 호프너(John Hoppner)의 둘째 아들로 태어나 그림을 공부했지만 그즈음에는 문학에 빠져 있었다. 그는 스위스인 아내와 함께 바이런과의 교제를 자랑으로 여기고 온갖 정성으로 그의 궂은일을 마다 않고 해주었다. 그는 바이런이 베네치아에서 다른 지방으로 갈 때 바이런의 뒤치다꺼리도 군말 없이 도맡아 해주게 된다.

9월 11일 바이런은 홉하우스와 함께 일찍 에스테로 떠났다. 호프너가 에우가네이 언덕(Colli Euganei)에 마련해 놓은 그의 베를링거(Berlinger) 별장에 한번 가보라고 해서였다. 바이런은 이날 말을 못 구하여 그 별장 대신에 아르콰로 갔다. 알프스의 멋진 아침 산경이 샘물처럼 신선하고 시원했다. 파도바를 지나 아르콰에 도착하여 다시 페트라르카의 집을 찾았다. 그 집 벽에는 페트라르카와 라우라의 여러 장면의 그림이 그

아르콰의 페트라르카의 집

'Petrarch's Arquà house near Padua where he retired to spend his last years' by Nellanebbia / Giorgia via Wikimedia Commons under CC BY-SA 2.0.

려져 있었다. 페트라르카가 죽었을 때 앉았다는 나무의자도 그대로 있었다. 그는 생애의 마지막 4년을 그곳에서 살았는데, 1374년 서재에서 책 위에 머리를 박은 채 죽어 있었다고 했다. 거기서 내려가 교회 묘지에서 그의 묘를 찾아보고, 교회 뜰아래에서 '페트라르카 샘'도 가보았다. 라미

제19장 라미라의 별장 *511*

라에 돌아오니 서쪽 하늘에는 붉은 비단 같은 저녁놀이 깔려 있었다.

로즈(William Stewart Rose)와 키네어드 형제가 9월 19일에 바이런을 찾아왔다. 로즈는 머리가 보낸 치약과 책을 전해 주고는 자신의 여행길에 올랐다. 바이런과 홉하우스가 키네어드 형제를 데리고 베네치아 시내를 관광시켰다. 특별히 만프리니궁으로 가서 그림으로 가득한 일곱 개 큰 홀을 구경시켰다. 그들은 조르조네의 자신, 아내, 아들의 그림에 특히 감탄했는데, 바이런의 『베포』에는 이 그림을 묘사한 시가 나온다. 바이런과 홉하우스는 이 형제와 함께 만찬을 했다.

바이런은 『차일드 해롤드의 순례』 제4편의 원고를 머리에게 보내면서 이렇게 편지를 썼다. "당신은 새 시편에 1,500기니를 제안했어요. 나는… 2,500파운드를 요청하니 당신은 적절하다고 생각하는 쪽으로 주든지 말든지 하세요…. 그 시는 144개 연으로 되어 있어요. 주석이 많은데 주로 홉하우스 씨가 썼어요. 그의 탐구는 지칠 줄 모르며, 감히 말하건대 기번 이래로 로마에 다녀온 어떤 사람보다도 로마와 그 주변에 대해 더 많은, 또 실용적인 지식을 가져왔다오." 바이런이 그 앞의 시편보다 더 인세를 요구한 것은 홉하우스가 주석을 달아주어서 그에게 사례하기 위한 것이 아니었다. 홉하우스는 어떤 보상도 원치 않는다고 했다. 그의 작품도 기포드 등 평론가에게 보여 달라고도 했다. 그들이 그 작품이 더 못해졌다고 말하면 미련 없이 원고를 불살라 버리겠다고 했다.

10월 10일 바이런은 전에 마리아나 남편으로부터 들은 이야기를 기초로 하여 『베포』를 완성했다. 그는 이 "베네치아 이야기"를 10월 9, 10일 양일에 다 쓰고 12일에 머리에게 "나는 84개 '오타바 리마'(ottava rima)로 익살스런 시를 한 편 썼는데, 이것은 휘슬크래프트(Whistlecraft)의… 훌륭한 방법을 모방하고, 재미있게 들었던 베네치아의 한 이야기를 소재로 하여 쓴 것이라오."라고 말했다.

로즈가 가져온 책 중에는 외교관이며 문필가였던 프레어의 『마법』(Whistlecraft)이 있었다. 프레어는 주스페인 혁명정부 영국 전권대사로 있을 때 바이런이 만나려고 했다고 앞에서 이야기했었다. 프레어는 본명보다는 책 제목인 '휘슬크래프트'로 더 많이 불렸다. 그 작품의 침착하면서도 인유가 많은 문체, 아무렇지도 않는 듯이 툭툭 내뱉는 대화체의 말투 등이 바이런의 마음에 쏙 들어서 그의 운율과 분위기를 모방하였다.

이 작품은 앞에서 이야기한 것처럼 베네치아의 한 귀부인인 라우라의 이야기이다. 그녀의 남편 쥬세페(베포는 약칭임)는 바다로 나가 3년간 돌아오지 않았다. 베네치아의 관습에 따라 그녀는 카발리에레 세르벤테(cavaliere servente: 기혼 귀부인의 애인)를 들였다. 그녀는 그를 '백작'이라고 부르면서 재미있는 나날을 보냈다. 그 귀부인은 애인과 함께 베네치아의 사육제에 참가하였는데 이상하게도 한 튀르키예인이 자기를 자꾸 응시했다. 이 남성이 바로 라우라의 옛 남편이었다.

오래전에 그 남편은 항해 도중에 뱃사람들에 의해 낯선 땅에 버려졌다. 그는 토착민들에게 붙잡혀 노예가 되었다. 그 후 해적이 나타나 그를 해방시켜 주었지만 그 스스로 그 해적단에 들어갔다. 거기서 악착같이 돈을 모은 뒤, 해적단을 탈출하여 아내를 찾아 귀향했던 것이다. 그는 다시 세례를 받고 라우라와 재결합했으며 '백작'과는 좋은 친구 사이가 되었다.

그러나 이런 스토리가 중요한 것이 아니다. 이 시는 이탈리아의 축제, 남녀 간의 성도덕, 영국인의 위선과 체면차림 등에 대한 온갖 논평과 풍자로 되어 있다. 여기서 바이런은 영국보다 "이탈리아가 더 쾌적한 곳"이고, 이탈리아 "여자 입에서 키스처럼 녹는/ 그 언어"를 사랑할 수밖에 없다고 하였다.

그런 점에서 이 시는 영국과 이탈리아의 도덕적 차이를 잘 제시한다. 영국에서는 여성의 외간 남자와의 간통은 반도덕적인 것으로 당연히 비난의 대상이 되지만, 이탈리아에서는 '카발리에레 세르벤테'라는 관습이 그런 행위를 폭넓게 포용해준다. 오히려 그것을 백안시하는 영국이 위선의 나라이다. 또 이런 느슨한 이탈리아 도덕이 우리 삶에 더 맞는 것이 아니냐고 이 시는 묻는다.

바이런은 그 자신이나 다른 현대 시인들이 길을 잘못 가고 있다고 보았다. 그는 머리에게 이렇게 말했다. "내가 일반적으로 시에 관해서 생각을 하면 할수록… 우리 '모두'―스코트, 사우디, 워즈워스―무어―캠프벨―나―는… 잘못 혁신한 시 체계…에 들어와 있다는 것을 확신하며….." 그는 결국 오늘날 낭만주의시라고 부르는 시로의 혁신은 시의 발전에 역행하는 것이라고 했다. 그는 무어와 자신과 또 다른 사람의 시를 선택하여 포프의 시와 비교해 보면, "지울 수 없는 거리"가 있음을 보고, "놀라서 굴욕감"만 느낀다고 했다. 만약 그가 재출발할 수 있다면 포프시대 시인을 따라 글을 쓸 것이라고 했다.

11월 1일은 만성절이었다. 바이런은 9월에 가려고 했으나 못 간 호프너의 베를링거 별장을 이날 가서 보았다. 아침 여섯 시에 홉하우스와 같이 그의 마차로 파도바, 에스테를 거쳐 그 별장에 도착했다. 그는 조용하게 여름을 보내기 위해 그 별장을 호프너로부터 전세를 냈지만 단 한 번밖에 갈 수 없었다. 파란 언덕 위의 이 별장에서 보니 에스테의 옛 성벽이 바로 정면에 보였다. 에스테가 아름다워 한 시간 체류하다 여섯 시에 라미라로 귀환했다.

11월 13일 찬바람 부는 계절이 돌아오자 바이런은 홉하우스와 함께 라미라에서 다시 베네치아로 돌아왔다. 그는 다시 세가티의 집에 들었지만 적당한 집을 찾아 그 집에서 나가기로 했다. 그는 이때쯤 이른바 '카지노'를 두 곳에 마련했는데, 그것은 베네치아 사람들이 밀회할 때 하인들과 다른 사람들의 눈을 피하기 위하여 이용하는 비밀공간이었다. 바이런의 카지노는 산마르코 광장 근처에 있었고, 절대 비밀을 발설하지 않을 하인들만 음식과 음료를 나르게 하였다.

11월 21일 바이런의 하인들은 라미라의 말과 건초를 리도 섬으로 옮겼다. 이 당시 베네치아에는 말이 총 여덟 마리뿐인데, 네 마리는 성당 앞에 만들어 놓은 놋쇠 말이고 네 마리는 리도 섬에 있는 바이런의 것이었다. 바이런은 자주 홉하우스와 곤돌라를 타고 리도 섬으로 건너가 바닷가 백사장을 따라 달그락 달그락 말을 달렸다. 그들은 요새에서부터 외로운 해변을 따라 말라모코(Malamocco) 마을까지 수 마일을 달렸다. 리도 섬은 16km나 되는 좁은 섬이며 베네치아 시내에서는 2, 3km 떨어져 있었다.

당시 바이런과 같이 베네치아에 머물렀던 한 친구의 이야기이다. "[리도 섬의] 한쪽 끝에는 요새가 있었으며… 바이런은… [요새의] 마구간을 빌려 자기 말을 넣어두었어요. 날이 좋으면 매일 바이런은 곤돌라를 타고 나를 부르러 와서는… 말을 타고 해안을 따라 최대한 멀리 달렸지요. 섬이 매우 좁아진 곳에 만들어 둔 일종의 방파제에 닿게 되는데 거기엔… 작은 요새와 말라모코 마을이 있었지요. 이 두 요새 사이는 5km쯤 되었지요…. 바이런은 여러 번 내게 그가 거기 사는 동안 죽으면… [그곳에] 묻어 달라고 부탁했지요…. 어떤 경우라도 자기 유해를 영국으로 끌고 가는 일, 그의 가족이 그의 장례에 대해 간섭하는 일은 없어야 된다고 여러 번 되풀이하였지요."

　11월 23일 날씨가 좋아 바이런과 홉하우스는 또 리도에서 말을 탔다. 여느 때처럼 그들은 말라모코까지 갔다 왔다. 그때 바이런이 소리쳤다. "홉하우스, 무슨 생각을 하나? 샬럿 공주(Princess Charlotte Augusta of Wales)가 돌아가셨어!" 그들이 만난 은행가도 공주가 아들을 사산한 후에 운명했다는 기사를 읽고 알고 있었다. 그들은 진정으로 슬픔에 잠겨서 집으로 돌아왔다…. 불쌍한 여인. 막 행복해지기 시작했는데. 바이런은 그녀를 애도하는 만시(輓詩)를 썼다.

　바이런은 12월 3일의 한 편지에서도 샬럿 공주의 죽음을 애도한다. "샬럿 공주의 죽음은 여기서도 충격이라오…. 현재는 공주이지만 나중에 여왕이 될 분이, 그리고 막 행복하기 시작했을 때… [그녀가] 우리 역사 기록에서는 산후에 훙서(薨逝)한 첫 왕족이에요. 나는 모든 면에서 애석한데, 왜냐하면 여성 통치의 기회가 사라졌기 때문이죠. 여성은 지금껏 (나라에) 해를 끼치지 않았어요…. 지금

샬럿 공주

왕세자는 이혼한 뒤에 재혼할 것이며, 사우디 씨는 지금도 애도시를 쓰고 나중에도 애도시를 쓰겠지요."

12월 10일 바이런은 뉴스테드가 마침내 해로의 동창이었던 와일드먼에게 94,500파운드에 팔렸다는 반가운 소식을 접했다. 30,000파운드가 넘는 빚을 모두 청산하고 고정 수입을 가질 수 있다고 생각하니 큰 걱정이 사라졌다. 그 액수는 그 전에 사려던 사람이 제시한 가격 그대로였다. 이제 바이런에게는 돌아갈 집도 고정된 주거지도 없어졌다. 와일드먼은 이베리아와 워털루에서 싸운 역전의 용사였으며 후에 그 부동산을 죽을 때까지 지녔다. 그 이튿날 알프스가 온통 새하얀 눈으로 덮여 새삼 하얀 축하 영상을 보내는 것 같았다. 바다에는 실에 꿴 듯 돛단배가 일렬로 떠갔다.

토마스 와일드먼

홉하우스 일기를 보면 바이런의 평생 시종 플레처에 관한 이야기가 나온다. 그도 이즈음 애인이 생겼다. 리도 섬 해변에서 바이런과 홉하우스가 승마를 하다 우연히 플레처의 애인 티레타(Tiretta)를 만났다. 그녀는 손에 손수건을 쥐고 소리쳤다. "오 나의 남작님!" 바이런은 이것이 자기를 유혹하기 위한 접근임을 눈치채고 "죄송합니다, 부인." 하고는 재빨리 말머리를 돌려버렸다. 그녀는 그 전에 플레처에게 사기를 쳐서 그가 죽어버릴까 할 정도로 고민에 빠진 적이 있었다.

하인은 엄격한 불문율이 있었다. 하인은 식사 때 클라레를 마셔도 안 되고 애인을 둬서도 안 되는 것. 그러나 플레처는 자기도 여자를 사귈 권리가 있다고 생각하였다. 바이런은 플레처가 애인을 둔 것을 간접적으로 질책하기 위해, 식사 때 그에게 클라레 한잔하겠느냐고 물었다. 그 진의는 하인이 진정 클라레를 마시고 애인을 둘 테냐? 하는 일종의 경고성 물음이었다. 플레처는 그 진의를 전혀 모르고 "좋아하죠, 저는 식사 때 [클라레를 못 마시면] 썩 좋은 기분은 아니죠."라고 대답했다. 하인이라고 클라레 못 마시고 애인 두지 말라는 법 어디 있느냐는 듯이.

바이런이 한번은 싱거운 장난을 했다. 자기가 죽은 뒤 플레처가 홉하우스에게 썼을 법한, 철자가 엉망인 편지 한 통을 썼다. 즉 바이런이 무식한 플레처의 입장이 되어 쓴 편지였다. 거기에 플레처도 연애한다는 것이 암시된다. "내가 선생[홉하우스]과 주인님께 절대 더 여자는 가지지 않겠다고 말은 했지만, [제가 제 애인인] 백작부인 마리에타-모네타-피레타-를… 데리고 다니면 [어떻게 되는데요.]-주인님은 여전히 어디에 빠져 있고-단지 나를 형편없는 바보라고만 말하시고-욕만 하시고는 이 일을 잊어버리시겠죠-내가 어떻게 해야 하지요-그녀는… 죽겠다고 말하고-자살하겠다고 말하고-그래서 그녀를 따라갔지요-그래서 그녀를 주인님의 빨래와 다리미질 [노동]에서 빼 줬어요-수고비는 듬뿍 주었지만 아무도 옷을 잘못 손질했다고 말을 못 할 거예요." 그 가상의 애인은 그가 거느린 하녀 중 한 사람이었다.

바이런은 클레어가 낳은 딸을 직접 키워야겠다고 결론을 내렸다. 그래서 셸리에게 편지를 써서 그 딸을 맡을 용의가 있으니, 누가 이탈리아로 데려다주면 고맙겠다고 했다. 셸리는 자기가 데리고 나갈 수 있으나 그의 여행은 법적 문제로 지체되고 있다고 알려왔다.

바이런은 키네어드에게 편지를 썼다. "셸리가 내 딸(최근에 낳은 사생아)에 대해 이야기해 왔는데 굉장히 예쁜 것 같애…. 자네가 그 애를 이리로 데려오든지 영국에 그대로 두든지 계획을 좀 세워주겠나? 나는 내 아이로 인정하고 양육할 걸세. 성을 (내 꼬마 친딸과 구분하기 위해) 바이런(Biron)으로 하겠고, 이름은 베네치아식 이름으로 '알레그라'라고 하겠네." 바이런이 생각해 보니 이 딸과 같이 살려면 큰 집이 필요했다.

(1818년) 정초에 베네치아에 내린 눈이 햇솜처럼 희고 부드러웠다. 1월 12일에도 소담스런 눈이 와서 헌 눈을 덮었다. 눈이 녹자 곧 골목은 질퍽거렸다.

1월 4일 바이런은 소설을 썼다고 홉하우스더러 첫머리를 읽어보라고 하였다. 그는 자신을 어렴풋하게 돈 줄리안(Don Julian)으로 그렸고, 플로리안(Jean Pierre Claris de Florian)이라는 젊은 스페인인이 등장하였다. 다른 작품과의 유사성은 전혀 없었다. 나중에 바이런은 이 작품은 더 손대지 않았다.

　그 전날 바이런은 장차 쓸 서사시의 플롯을 홉하우스와 같이 의논했다. 앨비언(Albion, 잉글랜드의 옛 이름)에 관한 것으로 정하자, 홉하우스는 이탈리아의 고트족의 태수정치와 그들의 몰락을 다루면 어떻겠느냐고 물었다. 그러나 바이런은 홉하우스의 이런 제안을 무시하고 그해 7월 3일에 그의 필생의 대작 『돈 주앙』을 쓰기 시작하였는데 이날 이야기한 것이 씨가 되었다.

　이날 홉하우스가 승마와 식사를 마친 뒤 바이런에게 가 보니 "내 친구 하나가 제빵사 아내를 첩으로 삼아 몸을 포개놓고 있었다." 감투거리하는 장면을 민망하여 또 말을 에둘렀던 것이다. 시계가 두 시를 치자 그녀는 한 손으로는 재빨리 페티코트를 끌어 내리고 한 손으로는 성호를 긋지 않는가. 바이런은 나중에 이때 이야기를 이렇게 한다. "나는 이탈리아에서 죄를 짓고 있는 한 사람을 보았는데, 기도 종소리가 들리자 [그 행동을 갑자기] 멈추고 아베 마리아를 부른 뒤 그 행동은 계속 했어요."

　1월 7일 날씨가 좋았다. 홉하우스는 베네치아를 떠나기로 하고, 산마르코 근방을 걸으면서 마지막으로 그 주변 경치를 마음에 담았다. 축제가 시작되어 부두 목조극장에서는 나팔을 불고 북을 쳤다. 바이런과 홉하우스는 리도로 건너가면서 타소의 노래를 들어보기 위해 특별히 두 사람을 곤돌라에 태웠다. 한 사람은 곤돌라 사공이고 다른 한 사람은 목수였다. 이들은 이물과 고물에 앉아서 타소의 클로린다(Clorinda)의 죽음과 아르미다(Armida)의 마법의 궁궐이 나오는 부분을 노래로 불렀다. 베네치아어가 아니라 토스카나(Toscana)어로 부르면서, 그 목수가 말하기를 토스카나어는 절대 번역이 안 된다고 하였다. 그 목수는 300연을 노래 부를 수 있었지만, 이제는 노래를 배워 부를 기력이 안 된다고 했다. 그는 자기 옷을 보라고 하면서 자기는 반 기아 상태라고 했다. 그들은 4행씩 뜻에 따라 번갈아가면서도 노래를 불렀다.
　이때의 승마가 바이런과 홉하우스의 마지막 승마였다. 홉하우스의 일기이다. "저녁을 바이런과 같이 보냈다. 그는 『차일드 해롤드의 순례』를 마지막으로 다듬었으며, 나는 12시에 내 소중한 친구와… 작별했다. 떠나기 얼마 전에 그는 원래 자기는 감정이 대단히 풍부한 사내였지만, 그 감정은 어딘가에 흡수되어 버렸다고 말했다." 그의 감정이 몽땅 흡수된 곳은 말할 것도 없이 마르가리타였으리라. 이튿날 1월 8일에 홉하우스는 바이런의 원고 『차일드 해롤드의 순례』 제4편을 가지고 영국으로 떠났다. 홉하우스는 그 원고를 2월 4일에 머리에게 넘긴다.

제 20 장
대운하의 방탕아
(1818년~1819년)

베네치아가 다시 축제로 들떴다. 그 전해에 바이런은 너무 마리아나에 빠져 있어서 가장무도음악회나 가장무도회에서 여자들을 만나 재미있게 놀 기회를 놓치고 말았다. 그는 포목상의 집에 있었고 마리아나의 질투 때문에 축제장에서 자유롭게 애인을 구하지 못했다.

이번 축제에서 바이런은 제대로 모험을 해 보기로 하였다. 홉하우스가 없어 섭섭하였지만, 그에게 균형을 잡아 주던 친구가 떠나버리니까 오히려 더 자유롭고, 어떤 경계심도 그와 함께 말끔히 가 버린 것이 오히려 홀가분하였다. 베네치아 전체가 다 노류장화(路柳墻花)가 아니냐. 동네방네가 다 꽃이니까 재주껏 꺾기만 하면 되었다.

홉하우스가 떠난 그 이튿날 머리에게 편지를 썼을 때 그는 이미 축제 분위기에 휩싸여 있었다. 그는 그 편지 말미를 이렇게 적었다. "나는 초를 끄겠어요…/ 오른쪽에 갈보가 있어요./ 왜냐면 C−t가 내 잉크스탠드에 묶여 있을/ 밤이라야 제 시가 제일 잘 되거든요.// 희극적 행동이/ 자신의 '기도의 성심'을 높인다고/ 마호메트가 생각했다지요−/ 예언자에게 그것이 진실이라면 시인에게도/ 똑같이 맞는 말일 거예요."

"C—t"는 'Cunt' 즉 '여근'이다. "C—t가 내 잉크스탠드에 묶여 있다"는 말은 무슨 말일까? 그는 어떤 방법이든지 '여자'가 공급하는 성적 재미를 공급받아야 작품이 잘 된다는 뜻이다. 이 편지도 갈보가 보는 가운데 쓴 것이고 그런 "희극적 행동"이 더 진실성을 갖는다고 마호메트가 말했으니 그 말이 진실이 아니겠느냐고 하였다.

바이런은 그해 연초에 사교의 장을 바꾸었다. 그가 새로 출입한 곳은 알브리찌의 라이벌인 마리나 벤조니 백작부인(Countess Marina Querini Benzoni)의 살롱이었다. 마리나 벤조니는 예순 나이에도 불구하고 젊은 시절의 멋과 베네치아 미인의 매력을 그대로 지니고 있었다. 옆으로 터진 아테네식 페티코트와, 젖가슴을 전혀 죄지 않는 조끼가 매력적이었다. 바이런은 그 살롱에 정기적으로 나갔다.

바이런에게 벤조니는 베네치아의 멜번 귀부인이었다. 바이런은 상당 기간 동안 그녀의 마법이 걸려 있었더니 베네치아 사람들은 바이런이 그녀의 애인 중의 한 명이라고 숙덕거렸다. 그녀는 바이런을 가족 만찬에 초대하여 마치 아들처럼 대했다. 1월 22일에는 그의 생일 파티까지 열어주지 않겠나. 벤조니는 바이런과 동행하는 마리아나도 정중하게 맞았다. 마리아나는 벤조니궁을 나설 때 꼭 갓 요리한 '폴렌타'라는 죽 한 덩어리를 살품에 넣어 왔는데, 그곳에서 모락모락 김이 나오는 것을 보고 곤돌라 사공들이 그녀를 "모락모락 귀부인"이라고 불렀다.

들뜬 축제 기간 중에 가면놀이와 바보놀이에 참가하느라 바빴다. 그런 가운데서도 바이런은 『베포』를 베껴 두고, 1월 19일에 그 작품을 머리에게 보내면서 익명으로 발표해 달라고 부탁했다.

축제가 절정에 달하였다. 그는 머리에게 써 보냈다. "축제는 절정이며, 그리고 나는… 새로운 연애를 벌여 고민에 빠졌어요…. 상대는 사랑에 지칠 줄 모르고, 돈을 받지 않는 밝은 머리카락과 푸른 눈을 가진 여자인데…. 가면무도회에서 만났지만 가면을 벗고도 나는 여전히 [그녀를] 지혜롭게 대했어요. 나는 내 남은 청춘을 가능한 한 최대한 이용할 거예요…. 내 젊음이라는 광산을 파고 들어가 마지막 광맥까지 찾아낼 거예요."

축제는 그의 정욕을 송두리째 앗아가도록 미리 짜여 있었던 것 같았다. 그는 이 "푸른 눈"의 미모의 여성을 만났는데, 그녀가 누구인지는 알려져 있지 않지만 이 편지를 보면 분명히 우연히 만났으리라. 그는 중·하류층의 여성과도 스스럼없이 어울렸고, 그런 만남은 상당히 무모하기도 했다. 그는 그런 여성들의 반짝이는 눈, 솔직한 욕정, 촌스런 익살 등에도 거스름이 없었다. 그런 여성들에게서 관능적인 쾌락을 추구하는 것은, 냉정하면서 수학적 머리가 비상한 자기 아내에 대한 무의식적 반발이었을지 모른다.

이런 방탕한 축제가 끝나면 비너스 추종자들은 화류병(花柳病)에 걸리게 되는데 바이런도 예외가 될 수 없었다. 그는 몹시 화가 났다. 그리스에서 영국으로 돌아갈 때에도 이 병에 걸려 속 썩힌 적이 있었지만 그 후론 깨끗했다. 홉하우스에게 이렇게 이야기하였다. "정숙한 귀부인 엘레나 다 모스타(Elena da Mosta)가 음질에 걸려 있었어…. 분명히 그 병은 공짜였어. 내가 돈을 내지 않고 얻은 첫 음질이란 말이야…. 그녀는 한사코 내가 주는 돈이나 선물을 사절했거든." 그는 이 병으로 당분간 승마를 접어야 했지만 사교 모임에는 계속 나갔다. 산베네데토(San Benedetto) 극장의 하이든(Haydn)과 헨델(Handel)의 오라토리오가 어떤 여성 못지않게 바이런에겐 큰 유혹이었다.

마리아나는 자신의 지위가 흔들리는 것을 잘 알았다. 그녀는 라이벌과 일전을 벌여 매듭을 지어야 했다. 어느 날 저녁 구(舊) 애인 마리아나가 새 애인 마르가리타를 만나 용호상박의 일전이 벌어졌다. 먼저 마르가리타가 범처럼 덤볐다. 그녀는 베네치아의 일하는 여자들이 쓰는 하얀 머리 가리개 파지올로(fazziolo)를 홱 집어 던지고는, 분명한 베네치아어로 이렇게 말했다. "그쪽은 그의 부인이 아니에요. 나도 그의 부인이 아니에요. 그쪽은 그의 여자고, 나도 그의 여자예요. 그쪽 남편도 오쟁이 졌고, 내 남편도 오쟁이 졌어요. 그밖에 무슨 권리가 있건대 나를 욕하는 거예요? 만약 그가 그쪽보다 내가 더 좋다면 그게 내 잘못인가요? 만약 그쪽이 그를 확보하고 싶으면 [그를 한번] 당신 치맛자락에 묶어 봐요." 이때 마리아나는 바이런의 정부로서 시효가 끝났음을 직감했다. 한 가지가 위로가 되었다. 그녀와 바이런이 처음 알았을 때 몇 달 동안 바이런이 전적으로 자기만 사랑했지만, 지금 바이런은 마르가리타와 그 정도까지는 아니지 않는가.

축제가 끝나자 바이런은 마리아나를 의식적으로 멀리했다. 그녀는 돈을 보고 접근한 것 같다는 생각이 확실해졌다. 그녀도 헤어질 때가 왔다는 것을 알고, 바이런이 선물한 다이아몬드를 전당포에 갖다 맡겼다. 바이런은 그것을 되찾아 주는 데 또 500파운드나 들었다. 바이런은 키네어드에게 "나는 마리아나와의 밀애는 끝냈어—그리고 [그녀] 대신 여남은 명은 불렀을 거야."라고 말했다. 몇 달 뒤에 그 "여남은" 명이 기하급수로 불어났다.

한편 마르가리타는 자기영역을 지키는 한 마리 맹수처럼, 바이런 주변에 다른 여성의 들락거림조차 절대 용납지 않았다. 그녀는 축제 마지막 날 온 세계 사람이 다 모이는 가장 무도회 '카발치나'(Cavalchina)에서 마담 콘타리니(Contarini)의 가면을 휙 벗겨 버렸는데, 이유는 그녀가 우연히 바이런의 팔에 기댔기 때문이었다. 바이런이 '이분, 마담 콘타리니는 귀부인이시다.'라고 말하고 제발 그러지 말라고 했다. 그러나 마르가리타는 더 불같이 화를 내면서 "그래서 어쨌단 말이요! 나는 베네치아 사람인걸요!"라고 말했다. 그 말은 베네치아인들이 귀족의 권위에 대항하여 민족적 자존심을 드러낼 때, 100년 전부터 써 오던 말이었다. 그 뒤 그녀는 욕설을 잔뜩 퍼부었다. 그러나 그것은 영역 지키기의 시작에 불과하였다.

마르가리타는 어느 날 마침내 자기 남편과 싸우고 나와 바이런의 집에 들어앉아 버렸다. 그러면 안 된다고 했더니 집에 돌아가기보다는 차라리 길거리에 드러눕겠다고 버텼다. 남편은 자기를 두들겨 패고, 자기 돈을 쓰고, 자기를 무시하여 온 동네에 소문이 다 났다고 했다. 한밤이어서 그녀를 집에 있게 했는데 이튿날이 되어도 가려 하지 않았다. 남편이 와서 애걸복걸 돌아가자고 해도 그녀는 꿈쩍도 하지 않았다. 그들 부부는 경찰에게도 갔고 바이런에게도 호소했다. 바이런은 경찰과 남편에게 그녀를 창밖에 내던져버리기 전에 조용히 데리고 나가라고 했다.

며칠 후 그녀는 또 도망 나와서 바이런 집에 눌러앉으려 했다. 바이런이 화를 냈다. 그럴 경우 그녀는 꼭 베네치아의 어릿광대 흉내를 내면서 바이런을 조롱하므로 그냥 잠자코 있었다. 그녀는 언제나 극단적으로 울거나 웃었다. 성낼 때는 너무나 험악해서 공포의 대상이 되었다. 그녀는 힘이 항우장사여서 아무도 통제할 수 없었다. 조금이라도 질서라는 프레임 속에 끼어 넣을 수 있는 사람이라면 바이런밖에 없었으며, 그 바이런이 불같은 화를 낼 때만 마지못해 꼬리를 내렸다.

마르가리타의 남편이 베네치아 경찰서에 가서 한 영국 귀족이 자기의 아내를 데려갔다고 고소했다. 바이런은 눈도 깜짝하지 않았다. 그는 경찰에게 자신은 환영받으며 그 집에 가서 그녀를 데리고 나왔을 뿐이라고 맞받았을 것이다. 그것이 안 통했다면 남편에게 충분히 '피해 보상'을 해줬을 테고.

바이런은 이 당시 재정적으로 어려웠다. 그의 편지에 머리에게 빨리 인세를 보낼 것을 독촉하는 대목이 있다. 그는 또 키네어드에게 "내 머리 썩혀 번 돈은 머리에게서 받아 내 계좌에 넣어 줘. 제발 송금해 줘. 내 번 돈을 아무렇게나 지불하는 것은 내가 결코 용서치 않을 거야. 그건 내 것이니까. 그리고 내 머리 썩혀 번 돈 내가 부랄인지 불알인지 갖고 있는 한 그 불[알]에 쓸 거야…. 나는 또 시 한 편을 준비했는데…기억해, 나는 돈밖에 생각이 없어."라고 편지를 했다. 인세를 받지 않겠다고 고고한 태도를 취했던 그가 10년이 안 되어 인세를 죽도록 기다리는 시인으로 전락했다.

바이런이 여자 손님을 접대하는 곳은 그의 '카지노'였다. 그가 카지노에 손님을 받을 때에는 각별히 비밀유지가 필요했다. 만약 그가 거기서 일을 벌이는 것을 "포목점 여편네"나 "여제빵사"가 알면 범같이 달려들 것이 뻔했다. 잘못되면 아마존 전쟁이 일어날 수도 있었다. 바이런의 친구이며 나폴레옹군의 장교였던 멩갈도(Angelo Mengaldo)는 화류계에선 내로라하는 한량이었는데, 바이런의 연애 활동을 들여다보고 "속도가 너무 빨라서" 충격을 받았다고 혀를 내둘렀다. 바이런의 엽색행각에 대한 추문을 런던에 퍼뜨린 장본인도 바로 그였다. 그런데 바이런은 오히려 그런 추문이 더 퍼져나가도록 적당히 기름까지 부어주었다.

2월 28일 머리는 익명으로 『베포』를 출간했는데 그 시는 곧 화젯거리가 되었다. 이 풍자시의 유머에 대해 대부분의 비평가들은 말이 없었으나 『에든버러 리뷰』지는 호평을 실었다. 바이런은 기분이 좋아서 다음에는 자기 이름을 밝히겠다고 했다. "하여튼 그건 내가 유쾌하게 글을 써서, 단조로움이나 매너리즘에서 오는 비난을 막았던 것이야."

클레어에게서 태어난 바이런의 딸이 1818년 3월 9일 필즈(Fields)의 세인트가일즈(St. Giles) 교구교회에서 세례를 받았다. 그 아기는 "아버지로 간주되는 존귀한 조지 고든 바이런 경과 클라라 매리 제인 클레어먼트 사이에 태어난 딸로, 클라라 알레그라 바이런(Clara Allegra Byron)"으로 명명되었다. 3월 11일 셸리 부부는 클레어 모녀, 영국인 하녀, 스위스인 보모 등을 데리고 이탈리아로 출발하였다. 클레어는 딸의 이름에 자신의 이름 '클라라'와 바이런이 고른 '알레그라'를 넣어 그 이름 안에 두 사람이 다 들도록 배려했다.

바이런은 셸리 부부가 아기를 데리고 오는 것도 모르고 홉하우스에게 이렇게 편지를 썼다. "서기가 [뉴스테드 매각에 관련된] 서류를 가져올 거야. (그건 그렇고 동시에 클레어와 사이에 난 아이와 함께. 셸리더러 그 아이 조심해서 포장하라고 하게.) 치약, 붉은 것만, 마그네시아, 소다 가루, 칫솔, 단연경고(單鉛硬膏), 그리고… 새로 나온 소설하고."

셸리 가족은 4월 4일 밀라노에 도착하여 코모(Como) 호반에 숙소를 정했다. 셸리는 클레어가 부추겼을까, 바이런에게 편지를 써서 자기들이 여름 집을 구하고 있는 코모호(湖)로 오라고 초대했다. 그러나 바이런은 코모호에서 옛날 관계를 복구하는 것이 내키지 않았다. 그는 단지 아기에게 유모를 붙여 베네치아로 보내라고만 했다.

클레어는 아이를 영원히 못 보게 하지는 않겠다는 바이런의 편지를 받고 마음이 놓였다. 그래서 4월 28일 바이런의 심부름꾼과 유모 엘리제(Elise)를 붙여 아이를 베네치아로 보냈다. 그녀는 한 통의 편지를 썼다. "당신께 한 가지 부탁드릴 게 있습니다. 알레그라의 머리카락과 같이 로켓에 넣으려 하니 당신의 소중한 머리카락을 조금이라도 보내 주세요…. 가장 선량한 분이며 저의 가장 소중한 바이런 경, 당신은 저의 꼬마의 아버지이시고 저는 당신을 잊을 수가 없습니다." 이날 런던에서는 『차일드 해롤드의 순례』 제4편이 출판되었다.

바이런은 클레어가 여전히 부담되었다. 만약 그녀가 단지 아이 문제에만 관심이 있고, 그는 관심 밖이라는 것만 보여주었더라면, 그녀에게 훨씬 더 통상적인 예의를 갖췄을 것이다. 알레그라를 그의 사랑을 얻기 위한 지렛대로 이용하기 때문에 그는 절대 그녀를 친절하게 대할 수 없었다.

4월 6일에 바이런은 처고모 멜번 귀부인이 타계했다는 부음을 들었다. 23일자 편지에서 그는 그 귀부인의 죽음을 애도하였다. 바이런은 그녀의 건강이 나빠져 간다는 것은 알았지만 별거 후에는 관계가 뜨막했다. 그는 그녀가 죽어 "영국과 나 사이에 고리가 약해졌습니다."라고 말했다.

바이런은 큰 집으로 이사를 가기 위해 여러 군데를 알아보다가 마침내 모체니고궁(Palazzo Mocenigo)으로 정했다. 1579년경에 지어진 이 궁은 원래 모체니고 가문의 소유였는데, 그 가문은 7명의 도제를 배출한 베네치아의 명문가였다. 이 궁은 4개의 독립된 건물로 되어 있었으나 바이런은 운하 가에 나란히 있는 세 건물 중에서 가운데 건물의 오른쪽을 차지했다. 그 궁은 거대한 회색 건물로 거기서는 리알토교(橋)가 보였고, 산마르코 광장과도 수백 미터밖에 되지 않았다. 그 건물의 1층은 곤돌라 선착장으로 열려져 있었고, 3층에는 천장이 높은 거실이 있었고, 2층과 3층에는 발코니가 있어 운하를 내려다볼 수 있었다. 크고 작은 방이 수십

바이런이 살았던 모체니고궁

개가 되어 바이런이 손님을 맞을 수도 있고, 많은 하인을 거느릴 수도 있었다. 베네치아의 궁(宮)들은 집세가 비싸지 않아 연 4,800프랑(190파운드)을 주고 3년 계약을 하였다.

그곳으로의 이사는 마리아나와의 결별을 위해서도 꼭 필요했다. 그는 원래 너른 집을 좋아하였는데 마리아나와 친했기 때문에 불편했지만 그대로 살아왔었다. 넓은 집을 구한 또 다른 이유는 셸리가 딸을 데려오기 때문이었다. 그는 벌써부터 아기를 보고 싶어 안달이 났다. 5월 2일 18개월의 알레그라와 스위스인 유모가 도착했지만 바이런은 아직 새 집으로 이사하지 못했다. 따라서 호프너가 아이를 맡았을 가능성이 크다. 그가 모체니고궁에 살림을 차린 후 아기를 그리로 데려오기로 했으리라.

바이런은 아기를 보고 자기를 닮아서 놀랐고, 점점 더 아기를 좋아하였다. 아기를 맡은 지 석 달 후에 아기의 대모 오거스터에게 이런 편지를 썼다. "그 애는 매우 예쁘고 머리가 좋아요. 그러나 놀라운 것은 제 어머니를 닮기보다는 애너벨러를 닮았다는 것이오—그것을 확인하고 플레처는 멍해졌고 나도 놀랄 정도라오—이상하지 않나요? 또 언니 에이다를 꼭 닮았을 거예요…. 이 애는 매우 파란 눈을 가지고—특이한 이마에다—예쁜 곱슬머리와—악마 같은 성정머리를 가졌소—그러나 그 성정머리는 아빠 거라오."

알레그라

바이런이 새 집 모체니고궁으로 이사한 것은 6월 초였다. 새 집에서 바이런은 동물과 하인에게 많은 애정을 쏟았다. 14명이나 되는 하인은 플레처를 제외하면 모두 이탈리아인이었다. 팔치에리(Giovanni Battista Falcieri)를 곤돌라 사공으로 채용했는데 그를 흔히 티타(Tita)라고 불렀다. 그가 가장 충직한 하인이었는데, 이상할 정도로 새까만 수염 때문에 아주 포악해 보였지만 실제로는 마음이 비단 같았다. 좀도둑질을 하거나 가벼운 입씨름할 때를 제외하면 모든 하인이 충직하였다.

플레처가 동물원 관리를 포함하여 전 살림을 맡았다. 습기 많은 1층에는 마차 사이에 새장이나 동물 우리가 있어 온갖 동물의 울음소리가 끊이지 않았다. 여우 한 마리, 늑대 한 마리, 작은 개 여러 마리, 가금과 다른 새들이 꼬꼬댁, 멍멍, 야옹, 컹컹, **삐약삐약**, 끽끽, 깍깍 제각기 우는 소리를 내서 동물의 천국을 이루었다. 바이런은 "고양이 한 마리가 사랑의 도주를 하고, 원숭이 두 마리와 까마귀 한 마리가 소화불량으로 죽었지만… [그 동물들은] 여전히 번창하는, 그리고 다소 시끄러운 가족"이라고 친구에게 소개를 했다. 그는 곤돌라를 타러 갈 때나 올 때 이 동물들과 놀아주었다.

바이런을 찾아오는 여성들이 줄을 이었다. 바이런은 마다하는 경우가 없었다. 어떤 여성은 딱 한 번 그를 보았지만 그 얼굴에 반해서 찾아오고, 어떤 여성은 그가 부자인 데다 선심이 좋아서 찾아오고, 어떤 여성은 연애 솜씨가 훌륭하다 하여 그것을 시험해보기 위해 찾아오고, 또 어떤 여성은 오로지 한 시간만의 쾌락을 위해서 찾아왔다. 그들은 돈을 요구하기도 하고, 다음 밀회를 요구하기도 하고, 자신에 대한 촌평을 요구하기도 하고, 꼭 잊지 못할 추억 만들기를 요구하기도 하였다. 바이런이 어떤 모녀와 따로 밀회를 가졌는데 딸 쪽에서 쪽지가 왔다. 그가 자기 어머니와 약속을 했지만 어머니가 못 나와 대신 나왔다고 했다.

그러나 그의 인간적 매력 때문에 찾아온 여성이 가장 많았다. 그는 여성을 매우 인간적으로 대하고 존중했다. 그가 여성을 냉소하고 비하하는 예는 전혀 없었다. 그의 태도에는 언제나 여성스런 따뜻함이 배어 있었다. 지프리슨(J. Cordy Jeaffreson)은 바이런의 성격을 날카롭게 파악했다. "만약 그가… 여자들을 형태와 언어에서만 야수와 다를 뿐 동물과 다르지 않다고 여길 정도로, 대단히 냉소적 기질을… [정말] 가졌다면… [오히려] 여자들로부터 해를 적게 입었을 것이다…. 여자가 아무리 방탕하더라도 욕정으로 바라보기 때문에… [다] 애정의 대상이었을 것이다."

바이런은 잠깐 만난 여성이 수없이 많았지만 한 여성은 절대 잊지 못하리라. 타루스켈리(Arpalice Taruscelli)라는 오페라 가수였다. 그는 홉하우스에게 편지로 이렇게 이야기했다. "그녀는 이 세상에서 가장 아름다운 주신(酒神)의 사제야―그리고 내가 그 안에 빠져 죽어도 좋을 사람이야…. 아르팔리체 타루스켈리를 데리고 내가 한 것은 밀애가 아니라, 헉헉거리기와 다람쥐 쳇바퀴 돌기였어." 그녀의 가장 최근의 보호자는 오스트리아인 대령이었지만, 5월에 바이런이 그녀를 처음 만난 지 일주일 만에 그가 그녀의 파트너가 되었다. 6개월간 하루에 두 번씩 번개치기 만남을 가졌으며 한밤에 그녀의 단골 모자가게에서도 만났다. 그녀가 위트와 장난기 있는 쪽지를 하녀를 통해 보내면 바이런은 자기 곤돌라 사공을 시켜 답장을 보냈다.

공연 때문에 그녀가 베네치아를 비울 때가 있었다. 그때마다 그녀는 질투가 나서 어쩔 줄 몰랐다. 바이런의 특징은 바람을 피우면 숨기지 않고 죄다 이야기해주는 것이었다. 그 이야기를 들으면 나긋나긋한 목소리가 금방 거칠어졌다. "이야기해 보세요, 지난 이틀 동안 빵 굽는 여자, 재봉사 등을 데리고 어떤 장난을 쳤는지. 이 잘생긴 얼굴에 죄의 검은 자국이 훤히 다 보여요. 내가 불쌍하구나…. 내가… 그 죄를 다 알아내면 어쩌려고."

바이런이 애인을 스피네다(Spineda) 백작부인으로 바꾸자 타루스켈리가 펄쩍 뛰었다. 그녀는 스피네다의 공식적인 보호자에게 익명의 편지를 보내어 그 보호자가 바이런에게 큰 싸움을 걸도록 만들었다. 그녀는 파도바 공연을 다녀와서 눈물로 호소하는 편지를 바이런에게 보냈지만 바이런은 이미 냉담했다. 타루스켈리가 체념하고 애인을 바꿨더니 그때서야 바이런이 한시름을 놓았다. 그러나 바이런은 절대 관계를 완전히 끊지는 않았다. 그는 그 프리마돈나를 영국 친구들에게 소개하였다. 키네어드에게 "20세 이상의 이탈리아인이나 남녘사람들에게 흔하지 않게, (그곳의) 살이 단단하여 진미(珍味)이며, 그 나라의 다른 여자들처럼 동작 하나하나를 다 통달한 그 방면의 도사."라고 소개했다.

바이런은 낮에는 아무리 개망나니 짓을 하고 돌아다녀도 밤에는 꼭 글을 썼다. 6월 1일 무어에게 부친 긴 편지 끝에 이렇게 썼다. "굿 나잇, 아니, 굿 모닝. 지금은 네 시이고 대운하 위로 새벽이 밝아오고, 리알토교가 희미하게 드러나요. 잠자리에 들어야겠어요. 밤을 새웠어요."

그가 알렉산더 스코트(Alexander Scott)라는 한 젊은 영국 부자와 멘갈도라는 '기사'(Cavaliere)와 사귄 것은 이즈음이었다. 6월 어느 날 멘갈도와 스코트는 바이런에게 수영경기를 한번 해보자고 도전했다. 바이런은 타구스강과 헬레스폰트 해협을 건넌 이력에 빛났고, 멘갈도는 다뉴브강과, 나폴레옹의 대러시아전이 벌어졌을 때 베레시나(Beresina) 강을 건넌 이력에 빛났다. 바이런은 수영 연습을 아드리아해와 대운하에서 해왔다. 알브리찌 백작부인은 바이런이 "대운하에 연해 있는 어떤 궁에서 곤돌라를 타지 않고, 옷을 입은 채로 물에 뛰어들어 자기 궁까지 헤엄쳐 가는" 것도 목격했다. 곤돌라의 노와 부딪히지 않기 위해 밤에는 왼손에 횃불을 들고 헤엄치는 것도 보았다.

6월 25일 스코트, 멘갈로와의 시합이 벌어졌다. 리도를 출발해서 대운하에 들어와 그 운하 끝까지 가는 경기였다. 바이런은 멘갈도를 500야드 차로 쉽게 따돌리고 승리했다. 멘갈도와 스코트는 탈진하여 보트에 끌어 올릴 때 물을 토했다고 바이런이 자랑 삼아 늘어놓았다. 그는 훗날 메드윈에게 말했다. "만일 내가 당신의 힌두교의 윤회사상으로 얘기한다면, 나는 전생에 남자인어였을 것이며, 내세에도 남자인어로 태어날 것입니다." 그는 홉하우스에게 이즈음의 왕성한 정력을 이렇게 자랑했다. "아침 거리를 하고 나왔는데 그리 피곤하지 않았고─저녁 열 시에는 또 저녁 거리가 기다리고 있다네."

바이런이 영국의 친구들을 생각하니 괘씸하였다. 그는 머리에게 자기 생활 중에 재미있는 이야기라면 무슨 이야기라도 다 들려주었다. 그는 바이런의 편지를 읽고는 자기 출판사로 찾아오는 손님에게 그의 베네치아 생활 이야기를 신나게 들려주었다. 그러나 그는 답장을 보내지 않았다. 바이런은 자기 시집이 어느 정도 나갔는지 전혀 알지 못했다. 핸슨도 마찬가지였다. 뉴스테드가 매각되었다는 소식만 들었지 그 후엔 감감 무소식이었다. 핸슨은 여러 서류에 서명하라고 서류를 보내야 하지 않는가. 홉하우스도 정치에 빠져 정신이 없었고 키네어드 녀석도 답장 없는 것은 매한가지였다.

바이런은 머리에게 따끔하게 침을 놓았다. 앞으로 자기 작품은 롱맨(Longman)에게 주겠으니 그리 알아라! 그때서야 머리가 화들짝 놀라 바이런의 마음을 풀어주려고 편지를 보냈고, 당장 천 기니를 그의 계좌에 넣어줬다. 그러자 바이런은 그에게 「베네치아 송시」(Ode on Venice)가 완성되었음을 알렸다.

「베네치아 송시」라는 시는 그 당시 베네치아가 처한 암울한 국운(國運)과 국제 관계를 짚어가며 비분강개하는 내용이다. 1,300년의 부와 영광의 역사를 가진 그 도시가 19세기 들어 사치, 방탕, 타락, 착취, 빈곤, 굴종, 폐색(閉塞)으로 타락했음을 개탄한다. 베네치아에는 온갖 허상과 유령만이 떠돌아 도시 풍경이 으스스하고 삭막하다. 그러나 그곳에 꼭 자유와 정의의 국가가 싹틀 것을 기대한다. 돌이켜 보면 베네치아는, 이슬람국가 튀르키예가 세력을 뻗칠 때 전 유럽을 지켜주는 보루였고 기독교를 전파하는 전진기지가 아니었던가. 그러나 지금은 오스트리아 독재자들이 "금 발린 상투적인 말"로 베네치아를 농락하고 있지 않는가. 또 유럽에서 공화정이 쇠퇴한 것을 개탄한다. 미국이 자유에 대한 건강한 신념으로 영국에 앞서서 공화정을 발전시킨 것을 크게 칭송하고, 베네치아도 폐색과 굴종의 "수로"에서 벗어나, 정의의 길로 힘차게 뻗어나 대양에 들기를 염원한다.

바이런은 머리에게 두 편의 이야기가 있는데 하나는 진지한 내용이고, 다른 하나는 (『베포』처럼) 우스꽝스런 것으로 아직 완성되지 않았지만 서둘러 완성하지도 않겠다고 했다. 그가 말하는 우스꽝스런 시는 『돈 주앙』이라는 작품으로, 이때 이미 이 작품에 손을 댔다는 뜻이 된다. 진지한 이야기는 『마제파』이다.

바이런이 1817년 4월 2일부터 써온 『마제파』를 탈고한 것은 1818년 9월 26일이었다. 길지 않는 시에 시간이 오래 걸린 것은 그 시를 쓰는 동안에 『차일드 해롤드의 순례』 제4편, 『베포』, 『돈 주앙』 제1편을 썼기 때문이었다. 이 작품은 그 이듬해 6월 28일에 「베네치아 송시」, 「송시」(Ode), 그리고 앞에서 이야기한 「단편」과 함께 세상에 나왔다. 이 작품이 발표되자 논란이 일었고 곧 불어로 번역되어 많은 다른 작품을 낳는 데 기여를 했다.

『마제파』는 우크라이나의 사령관이 된 이반 마제파(Ivan Mazepa)라는 역사적 인물이 겪은 이야기를 근거로 했다. 이 작품은 마제파 자신이 직접 이야기하는 형식으로 되어 있다. 그는 원래 카자크(Cossack) 족의 사령관이었으나 스웨덴으로 귀화하였다. 스웨덴 왕 찰스 12세(Charles XII)는 폴타바(Poltava) 전투에서 러시아에 패하여 도주하다가 하룻밤엔 마제파와 같이 야영을 하게 되었다. 그때 마제파가 그 왕에게 해 주는 자신의 젊었을 때 이야기가 곧 이 작품의 내용이다.

폴란드의 왕 존 2세(John II Casimir Vasa)의 시종관인 마제파가 매혹적인 팔라틴(Palatine) 백작 부인 테레사(Theresa)와 사랑에 빠졌다. 그들은 남몰래 열렬히 사랑을 키워갔다. 테레사의 남편에게 그들의 밀애가 탄로났다. 마제파를 잡아 발가벗겨 야생마에 꽁꽁 묶고는 말을 회초리로 세게 쳤다. 말이 미친 듯이 숲과 강을 가로질러 달렸다. 말은 힘이 무한하여 들과 숲과 강을 건너 미친 듯이 밤낮 달렸다. 뒤에는 늑대가 따라오고 야생 말 떼가 나타났다. 그들을 쪼아 먹으려고 까마귀도 따라왔다. 말이 지쳐서 죽었으나 마제파는 여전히 그 말 시체에 묶여서 의식을 잃었다. 눈을 떠 보니 한 카자크족의 아가씨가 지켜보고 있었다. 그녀의 가족은 그를 극진히 간호하였다. 마제파가 여기까지 이야기하고 잠자리를 마련하려고 보니 왕은 이미 오래전에 잠에 곯아떨어졌었다.

머리는 『차일드 해롤드의 순례』 마지막 편을 애너벨러에게 보내 주었다. 그녀는 초연한 체하려고 단단히 마음먹었으나 그 시에 감동을 받아 마음이 몹시 흔들렸다. 그녀는 특별히 다음 행을 주목했다.

그러나 나는 살았고 헛되이 살지는 않았네.
내 정신은 힘을 잃을 것이고 내 피는 불을 잃을 것이고
내 육신은 고통을 이기려다 망가질 것이네.
그러나 내 내부엔 고문(拷問)과 세월마저 지치게 만들
내 죽을 때에도 숨 쉴 그 무엇이 있네.

그녀는 "아마 이 구절은 특히 내가 깊은 감명을 받도록 쓴 것일 거야." 라고 기록했다. 며칠 뒤에 그녀는 "그 새 시편은 진실로 아름답다."라고 적었다. 그녀는 바이런에 대한 안타까움으로 가슴이 쓰렸고, 불안하였고, 참으로 자신이 불행하다고 느꼈다. 그녀는 낭만적인 꿈이 가득했던 때를 떠올리며 뉴스테드에 가서 여기저기 돌아다녀 보았다. 아마 바이런이 청혼했던 때가 너무 그리워서 떼놓은 발걸음이었으리라.

바이런의 이런저런 사랑 이야기가 운하 주변에 쫙 퍼졌다. 주로 곤돌라 사공들이 퍼다 날랐으리라. 영국 관광객들은 그를 한번 보려고 염치 불고하고 모여들었다. 또 바이런의 집 내부를 보려고 하인에게 돈까지 찔러주었다. 저녁에 그의 집이 관광객들에게 점령당해 있으면, 바이런은 황급히 곤돌라로 도망 나와 물 위에서 시간을 보내기도 했다. 살롱에서 우연히 영국인을 보면 그가 먼저 피했다.

그는 웹스터에게 이런 이야기를 했다. "나는 베네치아에 2년 살았으며 약 5,000파운드를 썼어. 내가 여자에 대한 욕심이 없었다면 그 돈 중 1/3은 안 들었을 거야. 여자는 어디서나… 돈이 많이 드는데, 다른 어떤 도시보다 베네치아에는 덜 들지…. [그러나] 반 이상이 여자에 쓰였어ㅡ분명히 나는 돈은 많이 있어, 그건 확실해ㅡ나는 적어도 이런 저런 여자를 200명은 상대했을 거야ㅡ더 될지 모르지, 왜냐면 나는 최근엔 세어보지 않았거든."

바이런에 대한 셸리의 평도 비슷하였다. "바이런 경은 그의 곤돌라 사공이 거리에서 주어다 주는 그런 최하류 여성과 친하게 지내요. 그는… 영국에서 상상조차도 할 수 없는 짓도 스스럼없이 하고, 형편없는 인간들과 잘 어울려요."

바이런의 저택에서 가까운 사무엘(Samuel) 가에 한 제화점이 있었는데 불이 나 폭삭 내려앉아 버렸다. 모든 것이 재가 되자 주인은 하루아침에 거지 신세가 되었다. 바이런은 그 제화업자에게 그의 재고와 가구 값에 상당하는 돈을 주어 더 나은 새 가게를 가지도록 해 주었다. 사람들은 그 이야기를 듣고 크게 감명을 받았다.

한편 클레어는 밤낮 자신의 품을 떠난 알레그라 걱정뿐이었다. 엘리

셸리

제의 편지를 보니 모체니고궁은 아이 키울 곳이 못 되었다. 클레어는 호프너 부인에게 부디 바이런을 설득해서 아기와 유모를 자신이 떠맡도록 해봐 달라고 부탁하고, 베네치아에 가면 직접 바이런에게 그 점을 단단히 이야기하겠다고 결심했다. 셸리가 생각해 보니 클레어가 직접 바이런에게 말하는 것은 무모할 것 같았다. 그는 자신이 클레어를 데리고 베네치아로 가되, 그녀가 바이런을 만날 때 절대 무례한 일이 없게 하라고 신신당부했다. 자칫하면 영원히 딸을 못 볼지도 모를 일이었다.

셸리는 셸리대로 다른 꿍꿍이속이 있었다. 그는 "아름답고 사나운 혜성"인 클레어와 단둘이만 여행하고 싶었다. 클레어와 셸리는 한밤에 곤돌라를 타고 처음으로 함께 베네치아의 별빛과 바람과 운하의 낭만을 즐겼다. 셸리는 아내 매리에게는 클레어는 파도바에 머물고 자신은 베네치아에서 바이런과 알레그라에 대해 담판을 벌일 것이라고 거짓말을 했다.

8월 22일 셸리는 호프너 영사의 집 아래 보트에 남아 있고, 클레어만 올려 보내 호프너 부인과 딸을 만나보게 했다. 영사부인은 클레어의 한 맺힌 이야기를 다 듣고 나더니 그녀를 동정했다. 그녀는 클레어에게 바이런의 방탕한 행동에 관한 이야기를 들려주면서, 그는 클레어가 베네치아에 온 것을 알면 틀림없이 불쾌하게 여길 것이므로 그녀의 방문을 꼭 비밀로 하라고 했다.

이튿날 오후 셸리는 바이런이 밤 여자 친구를 다 내보냈을 시간에 맞춰, 예고 없이 모체니고궁을 노크했다. 바이런이 반갑게 또 정중하게 맞았다. 클레어가 딸을 보도록 허락해 주면 좋겠다고 부탁하자 바이런이 반대하지 않았다. 그는 클레어와 매리가 파도바에 있다고 둘러대자, 알레그라를 데리고 파도바에 가서 실컷 아기를 데리고 놀아도 좋다고 하면서, 에스테에 있는 자기 별장을 한 달간 이용하라고 했다. 그래서 셸리는 매리에게 편지를 써서 에스테에 있는 바이런의 별장으로 오라고 했다. 거기서 만나 같이 다시 베네치아로 와서 바이런을 함께 만나 보자고 했다. 이때 바이런에게는 다른 사람이 데리고 간다고 하고는 사실은 클레어가 직접 딸을 안고 이카푸치니(I Cappuccini)로 갔으리라.

바이런은 셸리 같은 소중한 친구가 오면 꼭 리도 섬에 데려가서 함께 승마를 하였다. 셸리는 그와 승마한 그날의 대화가 좋은 영감을 주었다. 셸리의 걸작 중 『줄리안과 마달로』(Julian and Maddalo)라는 작품은 이때의 경험을 바탕으로 쓴 시적 기록이다. 서문에서 그는 바이런을 암시한다. "[그는] 최고의 천재이며, 그의 정력을 그 목적[나라를 구원하는 목적]으로 쓰기만 한다면, 능히 그의 타락한 나라라도 구원할" 수 있다. 두 사람 다 유쾌했으나 시내로 돌아올 땐, 서로의 믿음에 이상하게 틈이 생겨 각자의 생각이 상대에게 위험한 것일 수 있다는 생각을 어렴풋이 했다. 그러나 바이런의 궁으로 돌아와서 새벽 이른 시간까지 이야기를 계속했다.

해외에서 영국 사람이 영국 사람을 만나면 보통 서로 쌀쌀하게 대하지만 바이런은 그렇지 않았다. 그 예로 무어는 바이런이 베이절 홀(Basil Hall) 선장을 만났을 때 이야기를 한다. 홀은 우리나라에도 온 적이 있다. 순조 16년(1816년)에 마량진(馬梁鎭) 갈곶[葛串] 밑에 낯선 배 두 척이 표류해 와 그 진(鎭)의 첨사 조대복(趙大福)과 비인현(庇仁縣) 현감 이승렬(李升烈)이 나가 그 배를 탐문한 일이 『조선왕조실록』에 자세하게 기록되어 있다. 한국과 영국의 이 역사적 첫 만남을, 이 배의 선장 홀도 1818년 머리의 출판사에서 출판된 『한국 서해안 및 일본해의 대(大) 루추도(島) 탐사항해기』(A Voyage of Discovery to the Western Coast of

Corea and the Great Loo-Choo Island in the Japan Sea)에서 자세하게 이야기한다. 무뚝뚝하고 무지한 조선 사람들. 이 홀이 조선에 온 지 꼭 2년 뒤인 1818년 8월 말에 그는 베네치아에 들렀다.

홀은 베네치아에서 모진 학질에 걸렸다. 그는 그 나라의 의료수준이 형편없다는 말을 듣고 누군가의 조언을 얻기로 했다. 소문에 바이런이 여행객들을 싫어한다고 들었으나 워낙 병이 위중하여 실례를 무릅쓰고 베네치아에서 가장 훌륭한 의사를 추천해 달라는 내용의 쪽지를 보냈다.

불행히도 바이런 자신도 병중에 있었고 낮 12시가 넘었는데도 기침을 못 했다. 그런데 한 시간 만에 바이런의 하인이 쪽지를 가지고 헐레벌떡 달려왔다. "아글리에티(Aglietti)가 베네치아뿐만 아니라 이탈리아에서 최고의 의사입니다. 그의 집은 대운하에 연해 있고 쉽게 찾을 수 있습니다… 귀하의 병에 관해 들으니 가슴 아프며, 제가 일어나기만 하면 시중드는 영광을 갖겠습니다… 진작 답장을 올리거나 사람을 보내지 못한 점을 해량해 주시기 바랍니다." 이 편지를 전한 후 바이런은 아픈 몸을 이끌고 직접 그를 찾아갔다. 그러나 의사의 진료가 한 시간 이상 이어져서 바이런은 그냥 돌아왔다. 그날 저녁에 또 갔지만 홀은 잠이 들어 있었다. 바이런은 자신이 홀의 병상을 지키겠다고 하였다.

홀은 그 이튿날 책을 몇 권 원했더니 책과 함께 자신의 서재의 도서목록까지 가져다주었다. 그러나 무슨 이유에선지 그 이튿날도 바이런이 한 번 이상 갔지만 그를 보지 못했고, 그 다음 날은 홀이 너무 아파 말을 할 수가 없었다. 홀이 겨우 기동하여 곤돌라

조선에도 왔던 홀 선장

를 타고 감사의 뜻을 전하러 바이런을 찾아왔다. 오후 세 시였는데 바이런은 그때까지도 일어나지 않았다. 그 다음 날에 다섯 시에 그를 찾아오니, 그는 홀에게 간다고 나가서 이 두 사람은 운하에서 서로 어긋 만났다. 홀은 결국 그를 보지 못하고 베네치아를 떠난 것이 못내 섭섭하였다. 만났다면 은자의 나라 조선의 인상을 이야기해줬을 텐데.

바이런은 7월에 시작한 『돈 주앙』의 첫 시편을 9월 19일에 탈고하였다. 이날 그는 무어에게 편지를 보냈다. "나는 첫 시편을 끝냈어요. (긴 시이고, 180개 8행연구이에요.) 문체와 방식은 『베포』의 것을 따랐는데, 그게 성공을 거뒀기 때문이지요. 『돈 주앙』이라 불릴 것이며, 모든 것을 조용하면서도 익살맞게 할 거예요." 그는 이 서사시의 주인공으로 악마의 사도(使徒)이고 악당인 '돈 주앙'을 선택하였는데 그것이 새로운 도전이었다.

『돈 주앙』에는 서문처럼 「헌시」(Dedication)가 붙어 있다. 이 「헌시」는 바이런이 한 영국 여행객으로부터, 명색이 계관시인이라는 사우디가 바이런에 관한 헛소문을 퍼뜨리고 다닌다는 말을 듣고 분해서 쓴 것이었다. 그는 홉하우스에게 이렇게 편지를 썼다. "그 개새끼가 2년 전에 스위스에서 돌아가서 셸리와 내가 '근친상간 연대를 만들어서 [모모를] 데리고 우리 강령을 실천했다.'라는 거야. 그는 악당처럼 거짓말을 했는데, 왜냐하면 그들은 자매가 아니지 않는가. 하나는 고드윈과 매리 울스톤크래프트 사이에 났고, 하나는 지금의 고드윈 부인과 전남편 사이에서 났어…." 사우디가 바이런이나 셸리가 근친상간을 하였다는 것은, 매리와 클레어가 자매이니 양쪽과 상관한 것은 처제나 처형과 상관한 것이 되므로 근친상간이 된다는 뜻이었다. 그러나 바이런의 말은 이 두 여성은 사실은 자매가 아니기 때문에 근친상간이 될 수 없다는 것. 또 바이런 자신은 클레어만 데리고 놀았으므로 음란할 게 뭐 있느냐는 뜻이었다. 그런데 사우디는 '근친상간 연대'를 만들어 난잡한 행동을 일삼았다고 하니 분해서 못 견딜 지경이었다. 키 크고, 잘생긴 사우디는 한때 바이런이 "본 사람 중 제일 멋져 보이는 시인"이었다. 6년 후 지금 그는 한낱 월급쟁이이고, 정치적 배신자이고, 기회주의자이고, 낭만주의 매너리즘에 빠진 인물로 타락해 있지 않는가. 바이런은 바로 그런 점 때문에 기회 있을

제20장 대운하의 방탕아

때마다 그를 맹타하였다.

이「헌시」는 영리하면서도 익살스럽게 그 대상을 바보로 만들었다. 그는 친숙하게 "밥 사우디"라고 부르면서, "서사시의 배교자"라고 하였다. 사우디가 계관시인이므로 머리에 월계수 관을 쓰고 있다고 보아 "그대의 월계수가 가리는 것은 그대의 대머리와/ 아마 덕인(德人)들은 느낄 홍조"라고 하여 그 월계관으로 대머리도 숨기고, 동시에 양심적인 사람이 느끼게 마련인 부끄러움도 마비시켜 아주 뻔뻔스런 인간이 되어 버렸음을 암시하였다. 그것도 모자라서 더 모질게 매도한다. 그가 "너무 높이 날다 땅에 [떨어져] 숨 헐떡거리면서/ 밥(Bob), 물기가 없어 마른 밥(a dry Bob)이 되고 말지."라고 했다.

물론 "밥"은 사우디를 가깝게 부르는 애칭이다. 그런데 물고기[사우디]가 물에서 나와 건방지게 공중으로 뛰어 오르다가 떨어지게 되면 마른 물고기가 된다고 했다. 그런데 여기에 독침이 숨어 있다. "마른 밥"(a dry Bob)인데 이 "마른 밥"은 일반적으로 성행위를 할 때 사정을 못 하는 남성을 뜻한다. 말하자면 사우디를 헐떡거리기만 하고 사내구실 못 하는 인간으로 몰아갔다.

그러나 이대로는 발표되지 않았다. 토리 성향이 강했던 머리가 이 부분을 삭제했기 때문이었다. 만약 바이런이 이런 인격모독적인 의미가 내포된 것을 머리가 발표해 주리라 믿었다면, 그는 해외에 너무 오래 있었기 때문에 그런 감각이 한참 뒤떨어졌기 때문일 것이다.

바이런은 여기서 멈추지 않았다. 그는 콜리지도 걸고 넘어졌다. 그는 호숫가에 모여 있던 모든 호수파(湖水派) 시인들을 한 덩어리로 토리주의에 빠진 변절자로 몰아붙인 뒤, 콜리지의『문학 평전』(Biographia Literaria)에 대해서도 일침을 놓았다. 그가 "국민들에게 형이상학을 설명하는데―/ 나는 그가 그의 설명부터 좀 했으면 좋겠어."라고 놀려댔다. 자기 설명도 못 하는 주제가 문학과 철학의 이론을 논하다니 가소롭다는 뜻이리라.

『돈 주앙』제1편을 잠깐 보기로 하자. 이 시편에서는 앞으로 나올 대서사시의 성격과 주인공을 소개한다. 주인공 돈 주앙은 아버지 호세(José)와 어머니 돈나 이네즈(Donna Inez) 사이에 태어나 스페인 세비야에서 자랐다. 그가 열여섯일 때 스물세 살의 유부녀 돈나 줄리아(Donna Julia)가 그를 마음에 품었다. 결국 그녀는 돈 주앙과 사랑을 벌인다. 수상하게 여긴 그녀의 남편 돈 알폰소(Don Alfonso)가 어느 날 그들의 침실을 급습하여 결국 주앙과 한판 싸움을 벌인다. 주앙은 성공적으로 담장을 뛰어넘어 도망을 친다. 주앙의 어머니는 아들의 추문을 감추기 위해 그를 여행 보낸다. 훌륭한 도덕심을 길러 돌아오기를 바라면서. 이 시편에서 바이런이 감칠맛 나게 제시한 부분은 주앙의 어머니 돈나 이네즈의 성격이었는데, 그것이 바로 자기 아내 애너벨러의 성격이 아니던가. "그녀가 좋아하는 학문은 수학 같은 것,/ 그녀의 가장 훌륭한 미덕은 넓은 도량."

머리가 이 작품을 받아 읽었다. 종전의 작품과는 달리 전혀 진지한 데가 없었다. 그는 그 작품의 성격이나 창작 의도가 궁금하여 그에게 묻자, 바이런은 조심스럽게 이렇게 이야기하였다. "당신은 다니 자니(Donny Johnny)[돈 주앙]의 계획을 물으셨지만 나는 계획이 없소, 계획이 없단 말이오. 그러나 나는 재료는 [과거에] 가지고 있었고 지금도 가지고 있소…. 이 작품이 인기가 없다면 독자들을 존중하여 바로 그 자리에서 중단해 버릴 것이오…. 봐요, 이런 작품의 요체[가 무어냐고] 물으신다면 파격(licence)이라고 하겠소. 적어도 파격의 자유 [말이오]…. 절대 진지하지 않으려고 의도한 작품에 대해, 당신들은 너무 진지하려고 열심들이오. 낄낄거리는 것 또 낄낄거리게 만드는 것 외에 내가 다른 의도를 가졌다고 생각하셔요? 어쩔 수 없이 시가 조금 들어간 장난스런 풍자, 그것이 내가 의도한 바요."

이 시 화자의 목소리는 한 가족의 친근한 목소리이다. 그는 이야기를 전혀 다듬지 않고 자유분방하게 엮어 나간다. 자유롭게 연상한 내용, 수없이 옆길로 빠지는 이야기, 새끼 친 이야기, 방백(傍白), 어떤 주제에 대한 촌평, 독서한 내용 등을 아무 원칙 없이 척척 이어 나가기만 한다.

바이런은 이 『돈 주앙』으로 종전처럼 독자들을 완전히 사로잡지는 못했지만 죽을 때까지 그 작품에 매달렸다. 결국 17편까지 썼지만 마지막 시편은 그의 죽음으로 완성을 보지 못했다.

마르가리타 코니

마르가리타가 남편을 버리고 모체니고궁에 들어앉은 것은 8월 말경이었다. 바이런의 집에는 마르가리타가 마리아나에 이어 제2대 '안방마님'으로 '등극'했다. 그녀의 공포의 치세가 시작되었다. 바이런은 그녀에게 오라고 하지 않았는데 제멋대로 왔다고 했다. 바이런의 행동이 제멋대로라서 언제나 주위를 놀라게 하는데, 그녀는 바이런보다 한술 더 떠서 사람들을 더 놀라게 하였다.

"철썩."
그녀는 십여 명의 하인들의 기율을 잡기 위하여 거침없이 따귀를 올렸다. 더러 머리를 깨어 놓기도 했다. 그녀의 일차적인 목표는 해이해진 하인들의 기강을 철저하게 바로잡는 일이었다. 하인들에게서 곡소리가 났다. 그녀는 모든 지출을 반으로 줄였다. 바이런은 하인들의 비명소리를 참아야 했다. 하인들은 기회가 닿으면 조금씩 푼돈을 훔쳐내어 부수입으로 삼았는데 그녀는 이 좀도둑 행위를 반기듯이 하나하나 찾아냈다. 그녀는 어떤 여성 손님이라도 손이 닿기만 하면 사정없이 주먹을 날렸다.

알레그라의 유모 엘리제는 뒷날 10월에 셸리 가족이 나폴리로 갈 때, 모체니고궁의 하인들이 하도 싫어 그리로 따라붙어 버렸다. 그러자 알레그라는 전적으로 그 범 같은 '안방마님'이 알아서 키워야 했다. 그녀는 자기에게 아이가 없었던 만큼 알레그라를 신주 모시듯 온갖 정성으로 보살폈다.

바이런은 무어에게 이 정부(情婦)에 대해 이렇게 자랑했다. "얼굴은 파우스티나(Faustina, 로마의 황비 및 여황제)고, 몸매는 키 큰 주노(Juno)고-눈은 번들거리고, 검은 머리카락은 달빛에 흘러내려 피토네스(Pythoness, 그리스 델피의 아폴로 신전의 무녀)처럼 정욕으로 넘치고-무엇이라도 될 것 같은 그런 여자 중의 하나예요. 내가 그녀의 손에 비수 하나 채워 주면 내가 시키는 어디에라도 찌를 거예요. 확실해요-그리고 그녀의 비위를 거스른다면 나도 찌를 거예요. 나는 이런 타입의 동물이 좋고, 확실히 여태껏 숨 쉰 어떤 여자보다 이 메데아(Medea, 이아손(Jason)를 도와 황금의 양털을 손에 넣게 한 여자 마술사)가 더 좋아요."

그녀는 신앙심이 깊었다. 교회 종소리를 들으면 성호를 그었다. 또 재치도 있었다. 그녀가 사람을 두들겨 패서 바이런이 '암소!'(Vacca)라고 일종의 욕을 하면, 그녀는 돌아서서 꾸뻑 절을 하고 "당신의 암소입니다, 각하!"라고 능청을 떨었다. 그녀는 "대단한 미모와 에너지와 많은 매력을 지닌, 그러나 마녀처럼 난폭하고, 악마처럼 사나운 아주 멋진 동물"이었다.

그러나 시간이 지나자 그녀는 점점 바이런이 제압하기에 버거워졌다. 머리에게 바이런은 이런 편지를 썼다. "내가 화를 내기 시작하면, 그녀는 언제나 베네치아… 어릿광대 시늉을 하면서 나를 웃기고, 일을 끝내 버려요…. 그녀는 하류층 사람들이 쓰는 파지올로를 쓰면 [참 아름다웠어요.] …그녀는 모자와 깃털 장식을 갖고 싶어 하는데… 그 웃기는 것을 못 사게는 할 수 없었어요. 나는 첫째 것은 불에 집어넣어 버렸어요. 그러나 계속 사오니까 내가 불에 집어넣는 것도 귀찮아지더라고요."

한번은 바이런이 리도에 가서 소나기를 만났다. 사공이 곤돌라를 몰아 겨우 돌아오니 한밤인데도 그녀가 대운하 쪽 바깥 계단에서 기다리고 있었다. "커다란 검은 눈은 눈물로 반짝이고, 긴 검은 머리카락은 비에 젖어 이마와 가슴 위로 흘러내렸어요. 그녀는 비를 흠뻑 맞았어요. 그녀의 늘씬한 키에 바람이 지나갔어요. 번개가 번쩍번쩍하고, 파도는 그녀의 발에 철썩이어서 그녀의 모습은 전차에서 내린 메데아 같거나… 폭풍을 맞는 시빌(Sybil) 같았어요…. 나를 보고 좋아하는 감정이, 포악한 기질과 섞여서 흡사 새끼를 되찾은 암호랑이 같았다고나 할까."

그녀가 소나기가 올 것을 알고도 나간 바이런에게 마구 욕을 퍼부은 것은, 기쁨을 표현하는 한 가지 방법이었다. 폭풍 속으로 주인을 모셔간 하인들을 보고는 진짜 심한 욕을 퍼부었다. 그녀는 그를 찾아 석호로 나서려 했으나 곤돌라 사공이 겨우 말렸다. 실망하여 억수 같은 소나기를 계단에 앉아 다 맞으면서 미동도 하지 않고 기다렸던 것이다.

　그녀는 바이런의 저택에서 어떤 여성이라도 무엇을 자랑만 하면 심술이 도졌다. 그녀는 그런 여성의 헤드드레스나 손수건을 꼭 못 쓰게 찢어 놓았다. 그녀는 글을 몰랐지만 바이런에게 온 편지를 가로채고 여성의 필체를 가려냈다. 전에는 바이런이 화를 내면 바이런의 말을 들었지만 시간이 지나자 점점 말이 통하지 않았다. 바이런에 대한 강한 소유욕과 질투심을 가졌지만, 바이런의 바람기가 그녀 때문에 잡혔겠나. 그는 카지노에서 여성을 자유로이 만났고, 또 마음에 드는 여성을 만나면 집에 데리고도 왔다. 바이런의 쾌락을 위한 욕망은 그녀의 심술보다도 더 질기고 완악했다.

　바이런은 도저히 그녀를 더 이상 둘 수 없어 그녀에게 집에 가라고 했다. 그녀는 곧 칼을 들고 들어왔다. 그 이튿날은 홀과 계단을 잇는 유리문을 깨고 들어오더니, 바이런이 식사하는 식탁으로 다가와 바이런의 손에서 나이프를 빼앗았다. 플레처가 그녀의 손에서 나이프를 빼앗지 않았으면 누구든 찔렀을 것이었다. 하인들이 그녀를 강제로 끌고 나가 사공더러 그녀의 집에 끌어다주라고 했다.

　얼마 후 갑자기 밖에서 소란이 일어나 바이런이 나가 보니, 하인들이 그녀를 물에서 계단 위로 끌어 올리고 있었다. 그녀가 운하로 몸을 날렸던 것이었다. 꼭 죽으려고 그랬던 것은 아니었겠지만, 밤에 물이 어둡고 차가운 것을 생각하면 그녀는 완전히 이성을 잃었던 것이 분명했다. 다행히 소금물을 좀 마시고 옷이 젖은 것 외에는 별 탈은 없었다. 바이런은 의사를 부르러 보내고, 흥분이 가라앉을 때까지만 안정을 취하고 가라고 했다. 그런 포달진 여자를 겁 내지 않는 사람은 바이런뿐이었다. 하인도 못 하는 일을 바이런이 나서 해결했다. 그녀는 그 집에 다시 들어오려고 여러 번 시도를 했으나 더 이상 행패는 부리지 않았다. 결국 바이런이 자기를 버리려 한다는 것을 알고는 어쩔 수 없이 물러났던 것이다. 바이런은 키네어드에게 "작첩(作妾)은 이제 그만해야겠어."라고 말했다. 그는 영국을 떠난 이래로 여자 밑에 5,000파운드 이상 들었다고 토로했다.

한편 셸리 가족은 그즈음 모진 시련을 겪었다. 9월 6일에 셸리가 이카푸치니에 가서 가족을 만나보니, 그의 한 살배기 딸 클라라(Clara)가 일주일째 고열이 나고 설사를 하고 있었다. 그는 베네치아로 돌아가지 못하고 거기서 일주일간 머물 수밖에 없었다. 딸보다도 장(腸)에 문제가 생긴 클레어가 더 걱정이 되어 파도바의 의사를 찾았다. 의사를 못 만난 채 혼자 베네치아로 가면서 매리에게 다음 번 진찰 때에는 클라라를 좀 데리고 가서 치료받아 오라고 부탁했다. 그들은 다시 파도바에서 만나기로 하고.

셸리가 파도바에 오니 가족이 와 있었다. 매리는 클라라가 경련을 일으키자 반쯤 정신이 나간 상태였다. 셸리 가족은 급히 베네치아로 옮겨, 9월 24일 셸리가 아글리에티를 찾아갔지만 그는 출장 중이었다. 여관방으로 돌아오자 클라라는 어머니 무릎 위에서 숨을 거두고 말았다. 매리는 공황 상태에 빠졌다. 클라라는 클레어의 병과 겹쳤고, 매리는 셸리가 딸을 전혀 돌보지 않았기 때문에 딸을 굶겼다고 생각하여, 남편과 클레어를 심하게 원망했다. 더 직접적 원인은 셸리와 클레어가 알레그라가 걱정이 되어 직접 베네치아까지 보러 간 데 있었다. 셸리 부부는 클라라를 가슴에 묻었다.

호프너와 바이런은 셸리 부부의 슬픔과 절망을 위로하려고 애썼다. 베네치아 관광으로 그들의 슬픔을 해소시켜 주고 싶었지만, 그 부부는 그럴 마음의 여유가 없었다. 셸리 부부가 에스테로 돌아갈 때 바이런은 매리에게 『마제파』 원고를 주면서 수정과 정서를 해달라고 부탁했다. 그녀가 조금이라도 슬픔에서 벗어나게 하려고 그가 생각해서 맡긴 일이었다. 그들이 에스테로 돌아오니 그곳에 남아서 딸 알레그라를 보고 있던 클레어가, 클라라 이야기를 듣고 또 울음을 참지 못했다. 그때 클레어는 자기 딸과 셸리의 아들 윌리엄이 노는 모습만 하염없이 바라보았다. 곧 남의 손으로 떠나보내야 할 내 딸. 클레어는 가슴이 미어졌다.

두 주 후 10월 12일에 셸리 가족은 다시 베네치아에 왔다. 이때 바이런은 『프랑켄슈타인』을 너무 좋아하는 멘갈도를 '카발리에'(기사)로 매리에게 붙여 그녀를 오페라나 코미디에 잘 모시고 다니라고 당부했다. 그는 셸리를 데리고 리도 섬에 가서 승마를 했다. 셸리는 저녁에는 가족을 빠져나와 모체니고궁에서 바이런과 새벽까지 이야기를 나눴다.

바이런은 셸리에게 밤에 여자 '헌팅'한 이야기까지 해줬다. 셸리는 질투가 났지만 바이런이 징그러운 동물처럼 느껴졌다. 셸리는 이탈리아 여성에 대해서 세상에서 가장 경멸스럽고, 무식하고, 혐오스럽고, 고집 세고, 불결하다는 인상을 가졌고, 백작부인 입에서도 마늘 냄새가 난다고 하였다. 그는 바이런이 얼마나 그곳 사람들의 가난을 이용해 먹는가를 듣고 비열하다는 생각이 들었다. 그는 "아비, 어미란 자들이 딸을 두고 그[바이런]와 흥정을 하는데, 이것은 이탈리아에서는 흔한 일이지만, 영국인이 그런 추악한 죄악을 부추기는 것은 우울한 일일 수밖에 없다."고 바이런을 비난했다. 셸리는 또 바이런의 동성애도 눈치채고, 그 친구가 속속들이 썩어 있다고 생각하였다.

셸리는 바이런의 방탕한 생활이 결국 허무주의와 냉소주의로 흐르는데도 그의 천재성이 전혀 위축되지 않는 것이 참으로 놀라웠다. 그러나 아무리 개망나니 짓을 해도 작품만은 종교처럼 경건하게 대하여, 한 치도 빈틈이나 허점이 없었다. 시월 마지막 주에 바이런은 "『베포』의 양식을 따른 작품이지만 훨씬 더 좋은" 『돈 주앙』 제1편을 셸리에게 읽어 주었다.

초조하게 기다리던 핸슨과 그의 아들 뉴턴 변호사, 와일드먼의 대리인 타운센드(Townsend)와 그의 서기가 뉴스테드 매각 관계 서류 일체를 가지고 바이런을 찾아온 것은 11월 11일이었다. 바이런은 정중하게 그 일행을 맞이하였다. 그는 핸슨 부자를 보니 어릴 때부터 핸슨 가족과 가족처럼 지냈던 때의 추억이 떠올라 눈물이 핑 돌았다.

이때 핸슨 부자가 본 바이런은 불안하고 신경질적이었다. 뉴턴은 명성이 한창이었을 때 보고 이때 다시 보니 "바이런 경이 서른을 넘지 않았을 터인데, 마흔 살이나 된 듯해 보였다. 얼굴은 창백하고, 부었고, 누르스름했다. 살이 쪄서 어깨가 넓고 둥글어졌다. 손가락 마디가 살 속에 파묻혀" 있었다. 그는 계속 손톱을 물어뜯었으며, 머리가 너무 일찍 빠져 이마가 올라간 것을 가리려고 머리를 길게 길렀으나 머리는 손질하지 않아 텁수룩했다.

바이런은 그들이 준비해온 정식 서류에 서명했다. 그리고 로밀리가 자살하였다는 소식을 핸슨에게 들려줬다. 아내가 죽자 로밀리 자신도 스스로 목숨을 끊었다는 이야기였다. 바이런은 "어떤 사람은 배우자가 죽었다고 따라 죽는가 하면, 어떤 사람은 같이 살아야 하기 때문에 죽을 지경이니 이 얼마나 이상한 일입니까?"라고 자조(自嘲)하였다. 바이런은 로밀리가 "법에 따라 내 심장을 갈가리 찢어놓은 것을 모를 것입니다…. 그는 내 삶의 뿌리에 독을 부어 넣었습니다. 내 피가 마르고, 낙인이 찍히고, 추방을 당하도록 그는 조장하고 선동했습니다."라고 말했다. 그러나 속으로는 로밀리에게 잘 가라고 명복을 빌었다.

바이런은 핸슨이 키네어드에게 제출한 지출계획서가 상당히 부풀려져 있다고 보고, 키네어드에게 그 계획서의 세목을 받아 보라고 했다. 키네어드는 그때서야 핸슨이 뉴스테드 매각 때 자신의 이익을 챙기기 위하여 서류를 위조했을 가능성이 있다고 말했다. 바이런이 몹시 화가 났다. 왜 그의 재정 책임자 키네어드는 그 의혹을 제대로 밝혀내지 못했던가?

바이런은 훗날 메드윈에게 이렇게 회상한다. "나는 뉴스테드를 팔아야 했지만 어머니 생전에는 언감생심이었습니다. [그것을] 매도한 것은 내 스스로 용서할 수 없었습니다. 그 물건은 지금은 내가 받은 가격의 반도 못 받을 것이라고들 하지만…. 나는 팔고 싶지 않았지만 마지막 순간에 어쩔 수 없어 결정한 일이었습니다. 나는 아내에게 지불해야 할 돈이 있었고, 그 돈 외에 따로 10,000파운드를 더 주기로 했었습니다. 그리고 그대로 처리했습니다. 나는 빚지는 일을 늘 싫어했고 지금은 빚이 전혀 없습니다. 나는 사업을 정리했고 결혼한 지 18개월 조금 지나 나는 영국을 떠났습니다. 이 추방은 내 자의로 행해진 것이 아니며, 영원히 [앞으로도] 그럴 것이라는 생각이 듭니다."

11월 17일 바이런은 유언장에 서녀(庶女) 알레그라에게 5,000파운드를 남기는 조항을 추가하고 서명했다. 그는 홉하우스와 키네어드에게 자기 재산을 관리해 달라고 구체적으로 명시한 봉함 편지를 써서, 핸슨 편에 영국으로 부쳐 보냈다. 이후 바이런의 재정은 이 두 친구가 맡아서 처리했다.

키네어드는 바이런의 재정 상태를 알리는 편지를 보내왔다. "자네는 총 94,500파운드를 받는데, 그중 66,200파운드를 블랜드(Bland) 씨와 내게 넘겨주면 공채나 사채를 사겠네. 거기서 발생하는 이자와 노엘에서 나오는 연 200파운드는 자네 일 년 생활비로 하고—나머지 28,300파운드도 우리에게 넘겨주면… 자네 빚 갚는 데

키네어드

쓰겠네—빚은 내게 넘겨진 계산에 따르면 34,162파운드인데, 약 5,860파운드가 모자라네." 바이런은 뉴스테드를 판 대금으로 모든 계약을 그 계획대로 체결하게 되면, 4월부터 평생 동안 연 이자 3,000파운드 외에 신탁기금에서도 이자 3,300파운드를 받을 수 있다고 했다.

영국에서도 바이런의 재정문제에 대해 몇 사람이 구수회의를 했다. 12월 28일 홉하우스는 키네어드 집으로 그의 아버지를 모시고 가서 핸슨과 같이 식사를 했다. 그 모임은 바이런의 재정문제에 대해 핸슨의 보고를 듣는 자리였다. 홉하우스는, 핸슨이 노회하여 꼼수를 쓸지 모르니, 그것을 사전에 방지하기 위해 든든한 자기 아버지를 참석시킨 것이었다. 이야기는 만족스럽게 흘러갔다. 핸슨은 바이런이 소박하게 계약서를 쓰고 돈을 빌려준 채권자들에게 일종의 빚잔치 모양으로 일정액을 깎고 변제해야 하겠지만, 핸슨 자신이 받아야 할 돈이 전부 12,000파운드인데 그것은 깎을 수 없다고 했다.

그러나 홉하우스는 그의 돈도 당연히 일정 비율로 깎아야 한다는 말을 했다. 그 두 친구는 핸슨은 적어도 항목별 명세서를 작성하고 변호사 수수료 총액을 산출할 때까지는 지출을 보류해야 한다고 결론을 내렸다. 그 외에도 4,000파운드의 빚이 더 남아 있으니, 핸슨은 기다렸다가 그 뉴

스테드 매각대금을 다 받아내고 일을 마무리 지어야 할 의무가 있다고 했다. 매각대금은 키네어드가 근무하는 랜섬 은행(Ransom's Bank)의 바이런 계좌에 넣기로 했다. 그 부동산을 경매에 부친 경매회사도 2,300 파운드나 요구했고, 플레처의 아내도 와서 50파운드를 받아 갔다.

핸슨은 자기가 받을 돈에 대한 담보를 잡고 있었다. 그것은 로치데일 탄광 소유권에 관한 서류 중 한 가지였다. 그러나 이 소송은 바이런이 살아 있는 동안에는 깔끔하게 해결되지 못했다.

홉하우스는 바이런이 자신에게 세 편의 시를 보낼 것이라는 말을 들었다. 『돈 주앙』 제1편, 『마제파』, 「베네치아 송시」가 그것이었는데, 로더데일 경(James Meitland, eighth Earl of Lauderdale)이 바이런이 11월 17일에 보내준 그 시를 그때까지 가지고 있었다. 바이런은 홉하우스에게 그 시들을 무어, 로즈, 프레어 등에게 보여 의견을 들어보고, 그들이 출판해도 좋을 것이라고 하면 키네어드와 의논하여 인세를 정해 달라고 했다. 홉하우스는 로더데일 경에게서 바이런의 시를 받아 왔다.

홉하우스와 데이비스는 『돈 주앙』 제1편에 문제가 있다고 보았다. 그들은 만약 바이런이 영국에 와서 사우디와 싸울 준비가 되어 있지 않다면, 출판해서는 안 된다고 생각하였다. 홉하우스는 출판할 때 문제될 부분이 곧 가장 빛나는 위트와 유머가 들어있는 부분이라고 안타까워하였다. 바이런만큼 자유로웠던 키네어드도 출판은 위험하다고 보았다.

그러나 바이런은 이들의 옹졸한 판단에 개의치 않았다. 가장 논란이 된 것은 "마른 밥"과, 당시 외무부 장관이던 캐슬리 경(Robert Stewart, Lord Castlereagh)을 조롱하는 "환관 캐슬리" 관련 부분이었다. 당시 캐슬리는 빈 회의에서 유럽에 왕정들을 부활시키자고 주장했기 때문에, 그는 바이런에게는 비난 받아 마땅한 존재였다. 바이런은 캐슬리에 관한 한 연과 "밥"에 관한 두 연을 빼는 데에는 동의했지만, 그 이상 절대 가위를 못 대게 했다. 너무 바이런 자신의 생활과 닮아 있다는 홉하우스의 지적에 대해서도 그는 이렇게 답했다. "줄리아의 모험[줄리아 침실에서 일어난 사건]은… 내 이야기가 아니고, 내 한 친구(이름은 파롤리니(Parolini))의 이야기인데 몇 해 전에 바사노(Bassano)에서 [실제로] 일어났던 사건이야. 그가 소년이었을 때 지사 마누라와….”

(1819년) 바이런은 자기 원고를 런던으로 가져간 로더데일 경이 자신의 염문을 영국에 퍼트렸다는 이야기를 듣고 배신감이 들었다. 로더데일 경이 1819년 1월 19일에 허세를 가득 담은 편지를 홉하우스와 키네어드에게 보낸 것은 그 두 친구가 바이런의 여자관계에 대해 무슨 소문이 돈다고 바이런에게 일렀기 때문이리라. 바이런은 이렇게 말했다. “그 로더데일 경는 어느 '계집'을 말하는가? 작년부터 나는 심한 욕을 얻어먹었네. 그것이 타루스첼리인가? 다 모스티인가? …몇몇은 백작부인이고, 몇몇은 신기료장수 여편네이고, 몇몇은 귀족이고, 몇몇은 중류층이고, 몇몇은 하류층이고, 그런데 모두가 갈보지…. 그들을 다 거쳤고 1817년 이래로 세 배나 늘어났던 거야.” 그는 자기를 거쳐 간 여성들의 이름을 폭포수처럼 쏟아냈는데 이 여성들의 명단은 2월 28일자 무어에게 쓴 편지에서 적은 것과 거의 같았다. 자기를 거쳐 간 여성의 이름을 누가 기록한 명단이 있었던 것 같고 호기를 부리려고 그 명단을 베껴 넣었으리라.

그는 추서에서 자신의 타락한 생활 방식을 바꿀 뜻이 전혀 없음을 암시했다. “내 머리 썩힌 어떤 돈이라도 머리가 내 계좌에 넣거든 곧 송금해 주게. 나는 내가 번 것은 딴 데 쓰고 싶지 않으며 그건 내 것일세, 그리고 내가 골치 썩혀 번 돈은 내 꼬챙이 즉 불*이 남아 있는 한…에 다 쓸어 넣을 걸세.”

바이런은 1818년 12월 13일에 『돈 주앙』 제2편을 시작하여 1819년 1월 20일에 206연으로 끝냈다. 돈 주앙은 스페인의 세비야에서 이탈리아의 리보르노(Livorno)로 가는 배를 탔다. 하인 3명과 가정교사가 동승했다. 그 배는 노아의 방주 같은 큰 배였으나, 모진 폭풍을 만나 한 구명보트에 탄 30명만 살아남게 되었다. 그들은 식량이 떨어지자 돈 주앙의 애완견을 잡아먹었다. 그래도 배고픔을 참지 못하자, 그 보트에 탄 30명 중 한 사람을 추첨하여 그 사람을 잡아먹기로 하였다. 추첨을 한 결과 돈 주앙의 가정교사 페드릴로(Pedrillo)가 걸렸고 사람들은 그의 살을 먹고 며칠간 연명하였다. 돈 주앙은 도저히 그를 먹을 수가 없었다. 그 배는 한 섬에 접근하긴 했으나 절벽에 부딪혀 완전히 파선되고 유일하게 목숨

하이데 무릎에 잠든 돈 주앙

을 건진 사람은 돈 주앙뿐이었다. 그를 구해 준 사람이 아름다운 하이데(Haidée)와 그녀의 하녀였다. 하이데는 열일곱의 아가씨로 그 아버지는 해적이면서 노예상인이었다. 두 아가씨는 그를 한 동굴로 데려가 비밀리에 지극정성으로 간호하였고 돈 주앙은 하이데와 곧 사랑에 빠졌다. 어느 날 밤 이들은 자기들끼리 결혼식을 올렸다.

바이런이 덜위치의 글레니 박사의 학교에 다닐 때 난파에 대한 글을 읽었는데, 그 글이 이 시편을 쓰는 데 밑받침이 되었다. 그 글은 『1795년 아라칸 해안의 주노호의 난파 이야기』(Narrative of the Shipwreck of the Juno on the Coast of Arracan, in the Year 1795)라는 팸플릿에서 가져왔다. 그 팸플릿은 아라칸 해안의 난파를 실감 있게 묘사하여 바이런의 기억에 오래 남아 있었다.

이처럼 바이런은 자기 목적에 적당한 것은 무엇이든지 끌어다 썼다. 특히 자기 할아버지가 파선 당했을 때의 이야기도 이용했다. 스패니얼 개를 잡아먹는 이야기는 할아버지의 항해기에서 나온 이야기였다. 하이데의 아버지의 성격은 알리 파샤의 성격에서 가져왔을 것이다.

바이런은 그 원고를 머리에게 4월 3일까지는 보내주었을 것이다. 그는 머리가 『돈 주앙』을 대단히 출판하고 싶지만, "점잖지 못한 곳" 몇 군데를 삭제해 주기를 바란다는 것을 알았다. 머리는 바이런을 잔뜩 추켜세운 뒤 그 사실을 이야기했다. 바이런은 책장수의 칭찬이나 친구의 옹졸한 도덕관에 휘둘리지 않았다. "당신은 내 시편으로 어찌 솔로몬의 아가(雅歌)야 만들겠소…. 나는 그 빌어먹을 가위질과 수정은 절대 용납 못 해요."

또 축제가 시작되었다. 그 기간 동안 또 바이런은 양초가 심지 끝까지 스스로를 다 태우듯이 온 정력을 다 태웠다. 이제 그는 자기와 만났던 여자의 수를 늘리고 그 이름을 누가 기록하는 재미도 사라졌다. 축제기간 동안 가면놀이에 가면 애인은 얼마든지 쉽게 구할 수 있었다.

그러나 그가 열여덟 살 먹은 안젤리나(Angelina)라는 순진한 아가씨와 비밀리에 사랑을 나누는 것은 처녀지에 들어가는 기분이었다. 바이런은 어릴 때부터 순진한 것을 동경해 왔고 그것을 끝내 얻을 수 없을 때에는 좌절과 환멸에 빠졌다. 안젤리나는 꼭 결혼을 원했다. 그러나 그녀의 아버지는 이웃 사람에게서 바이런의 이야기를 전해 듣고, 신부(神父)와 경찰서장을 바이런에게 보내어 경고케 했다. 자기 딸은 절대 못 나가도록 가둬버렸다. 바이런은 나중에 메드윈에게 이야기했다. 그때 그는 경찰관이 총을 쏘러 오든지 혼인을 시키러 오든지 전혀 관심이 없었다고.

제 21 장
테레사 귀치올리 백작부인
(1819년)

　바이런은 그 전해 1월 25일 벤조니의 살롱에서 열여덟 살의 귀부인을 만났는데 라벤나(Ravenna)에서 온 테레사 감바 기셀리 귀치올리 백작부인(Countess Teresa Gamba Ghiselli Guiccioli)이었다. 그때에는 특별한 관심을 두지 않았다. 감바는 친정의 성이고 귀치올리는 시가의 성이었다. 이 귀치올리 백작부인은 놀랍게도 쉰일곱 살 먹은 남편 알레산드로 귀치올리 백작(Count Alessandro Guiccioli)과 신혼여행 중에 그 장소에 들렀다고 했었다. 그녀가 수녀원에서 해방된 기쁨을 처음 만끽할 때였다. 바이런은 그녀가 카노바의 '트로이의 헬렌'을 보러갈 때 에스코트해 주었지만 양쪽 다 별다른 인상을 주거나 받지 못했다.
　4월 2일인가 3일 저녁에 바이런은 스코트를 데리고 벤조니 부인 집으로 갔더니, 그 큰 살롱의 입구에 그의 눈을 사로잡는 아가씨가 있었다. 도리암직하고 맵시 있는 아가씨였다. 날렵한 어깨 위로 적갈색 곱슬머리가 자연스런 고리를 만들어 흘러내렸고, 가슴과 팔은 통통했으나 참 예쁘게 생겼고, 얼굴은 아름다우면서도 신선한 빛이 감돌았다. 그녀는 육감적이었으나 순진해 보이는 얼굴, 잘생긴 코, 입, 턱, 그리고 부드러움이 넘치

귀치올리 백작부인 테레사

는, 크고, 검고, 나른해 보이는 눈빛 등이 바이런의 몸을 부드럽게 휘감았다. 그녀는 테레사 귀치올리 백작부인으로 이때 대략 열아홉 살이었지만 더 젊어 보였다. 목소리는 이탈리아인의 열정이 섞이지 않아 부드러웠다. 바이런이 그녀에게 듣기 좋은 말을 던져보니까 그녀는 아주 상냥하게 웃어 보였다.

그녀의 남편 귀치올리 백작은 그 젊은 아내 전에도 두 명의 아내가 더 있었다. 그는 모든 것을 제 고집대로 하는 성격이었기에 이 젊은 아내가 싫다고 해도 기어이 그녀를 그 살롱에 끌고 왔다고 했다.

그녀가 잘생긴 바이런의 얼굴을 보자 그 살롱에 대한 싫은 정이 싹 가셨다. 벤조니 백작부인은 바이런을 소개하며 "영국 귀족이고 위대한 시인"이라고 했다. 바이런의 매력적인 미소와 "목소리의 특이한 멜로디"가 그녀를 사로잡았다. 그녀의 눈이 반짝 빛을 발했다. 그녀는 갑자기 열정이 솟아오르는 것을 느꼈고, 그런 열정은 그때까지 한 번도 느껴 본 적이 없었다. 지금까지 그녀는 사랑을 오직 생각으로만 했었는데 이때는 완전히 사랑의 노예가 되어버렸음을 느꼈다.

그녀가 라벤나에서 왔다고 이야기하자, 바이런은 그곳은 단테와 프란체스카 다 리미니의 무덤이 있기 때문에 꼭 가보고 싶은 도시라고 답했다. 곧 단테가 화제가 되었다. 그녀의 출신학교는 파엔자(Faenza)의 산타키아라(Santa Chiara) 수녀원이었고, 그 수녀원의 원장이 잘 가르쳐 줘서 그녀는 단테에 정통해 있었다. 이 점이 바이런을 대단히 놀라게 했다. 이런 대화 살롱에서, 또 이런 아름다운 입에서, 단테 이야기를 듣다니! 단테와 페트라르카를 열심히 또 자신 있게 이야기하다니! 바이런은 미모 못지않게 그녀의 교양 또한 향기로웠다. 남편이 데리러 왔을 때 황홀경에 빠져 있던 테레사는 "꿈에서 걸어 나오는 듯 일어섰다—그리고 이 궁의 문턱을 넘으면서 들어올 때의 차분한 마음은 사라졌다. 신비로운 동정심이 [그녀의] 영혼을 너무 흔들어 그것은 [오히려] 두려움이 되었다." 그날 밤 헤어지기 전에 바이런은 이튿날 단독으로 만나달라는 부탁을 잊지 않았다.

바이런도 그 살롱을 떠날 때는 들어설 때보다 마음이 더 흔들렸다. 무엇보다 기뻤던 것은, 그녀는 매력은 물론이고 교양이 풍부했고, 어떤 문학 여성도 가지지 못한 순수하고도 지적인 열정으로 넘치는 것이었다. 또 자신에게 대하는 존경 어린 태도가, 지난 여러 달 어울렸던 "훌륭한 동물들"의 물불 안 가리는 열정보다 천 배 더 감동을 주었다.

테레사는 바이런과 첫 만남을 나중에 남편에게 건네준 「고백록」에 기록해 놓았다. 그 기록이다. "그때 나는 거스를 수 없는 힘에 의해 그에게 끌렸어요. 그도 그것을 의식했으며 그 이튿날 나를 혼자 만나자고 했어요. 나는 내 명예를 존중해 달라는 조건으로 경솔하게도 승낙을 하고 말았죠. 그는… 저녁 식사 후 당신[남편]이 휴식을 취할 시간으로 잡았어요. 그때 한 늙은 사공이… 나를 그분의 곤돌라에 실어 그분이 기다리고 있는 곳으로 데려갔죠. 우리는 그의 카지노에 들어갔죠. 나는 그 첫 만남에서는 물리칠 수 있는 강한 의지를 가졌으나… 그 이튿날에도 같은 일이 되풀이되었으나, 그때 내 힘은 다 빠져버렸어요." 그 후 그녀는 남편에게 고백했다. "저는 거스를 수 없는 힘에 의해 그에게 끌려가는 것을 느꼈죠."

바이런은 홉하우스에게 이렇게 이야기했다. "그녀의 예비조건 중의 하나는 내가 이탈리아를 떠나서는 안 된다는 것이었네. 나는 떠날 생각은 없었지만 내 자신은… 보통 보는 유부녀의 공식적인 애인이 되는 것은 원치 않았네.… 나는 사랑에 빠졌네—그리고 난잡한 첩들에게는 지쳤네." 바이런은 봄이 끝나기 전에 테레사에게 편지를 썼다. "모든 것이 당신에게 달려 있소—내 삶—내 명예—내 사랑…. 당신을 사랑한 것이 곧 내가 루비콘(Rubicon) 강은 건넌 것이었고 이미 내 운명은 결정되었다오."

테레사는 로마뇰라(Romagnola) 귀족가문의 일곱 자녀 중의 둘째 딸로 1800년에 태어났다. 테레사의 아버지인 루게로 감바 기셀리 백작(Count Ruggero Gamba Ghiselli)과 남동생 피에트로(Pietro)는 라벤나에서 가장 강한 자유주의 옹호자였으며, 장차 카르보나리(Carbonari)를 이끌 인물들이었다. 친정아버지의 진보적인 교육관 덕에 테레사는 다섯 살 때부터 수녀원 학교에서 상류층 자녀를 위한 특별교육뿐만 아니라, 프랑스, 이탈리아 문학과 고전문학 교육을 받아 문학의 소양이 깊었다. 수도원에서 열일곱 살에 소환되어 집에 돌아와 보니 한 신랑이 기다리고 있었다. 부동산 많고 마흔 살이나 많은 알레산드로 귀치올리 백작이 장가올 신랑이었다. 일 년을 기다려도 더 훌륭한 신랑이 나타나지 않았다.

어느 날 그 늙은 신랑이 와서 테레사의 용모를 점검하였다. 그는 테레사의 빛나는 살결, 초롱초롱한 푸른 눈동자, 영국 장밋빛 금발 등을 신체검사하듯이 자세히 살펴보았다. 웃을 때 예쁜 입의 하얀 치아는 진주를 엮어 놓은 것 같았다. 미인 용모 채점을 마친 귀치올리는 지참금은 만족스럽지 않지만 혼인을 성사시키로 했다. 그 백작은 부자였고 권세도 있어 오페라에서 특등석에 앉았고 6두마차를 몰았다. 테레사는 1818년 1월에 어느 모로 보나 기운 혼인을 하였다.

귀치올리는 로마냐(Romagna)의 부자 귀족 중의 한 사람으로 연수가 자그마치 12,000파운드나 되었다. 젊었을 때에는 알피에리와 함께 극장을 하나 세울 정도였다. 그의 재산은 주로 라벤나에 있었으며, 그때 그는 베네치아에서 라벤나로 가면서 여러 곳의 별서(別墅)에 머물다 갈 계획이었다.

이런 사정을 다 파악한 바이런은 그녀가 자신을 허락한 이유가 충분히 이해되었다. 엄격한 수녀원 교육은 다섯 살에서 열일곱 살까지 계속되었으며, 결혼은 돈에 팔려 간 측면이 있지 않았던가. 테레사는 마치 중세 때 탑루에 갇힌 공주와 크게 다르지 않았다. 귀치올리의 두 전처를 보면 테레사가 늙은 부자 귀족에게 시집간 것은 위험천만한 일이기도 하였다. 바이런이 그녀를 취한 것은 어찌 보면 탑루에 갇힌 공주를 구출하는 기사 같았다고나 할까.

귀치올리의 재산은 어떻게 형성되었을까? 첫째 아내 지나니(Placidia Zinanni) 백작부인이 엄청난 지참금을 가져와서 크게 불어났다. 하녀 중 하나가 그의 아이를 여섯이나 낳아 본처가 어찌된 일이냐고 묻자, 남편은 하녀를 아내로 만들어 시골 별장에 내려 보냈다. 그 본처는 그에게 유리한 유언장을 쓰고 죽었는데, 사람들은 '독살'을 했을 거라고 했다. 그후 그는 그 하녀와 정식 결혼을 했다. 그러나 그가 극장에 가 있는 동안 그 둘째 아내도 죽었다. 교황과 든든한 연줄이 있던 한 사람이 백작의 비리를 고발했지만 얼마 후 그 사람마저 거리에서 살해당했다. 사람들은 모든 살인 뒤에는 귀치올리가 있었다고 쑥덕거렸다.

귀치올리는 알피에리의 친구면서 라벤나 극장의 주 후원자였다. 그는 또 결혼뿐만 아니라 정치에서도 계산이 빠른 노회한 기회주의자였다. 나폴레옹이 패망하고 교황체제가 되자 진작 교황청 공사 추기경과 교황 궁정에 빌붙었다. 그가 집착하는 것은 오직 돈과 권력과 여자였다. 그는 여자에 발밭았고 또 여자를 유혹하는 비상한 재주도 있었다. 둘째 아내가 죽고 일 년이 안 되어 셋째 아내를 물색했다. 테레사가 젊고 예뻤으므로 비교적 약소한 지참금 4,500스쿠디(scudi)만 받고 결혼을 했다. 나이 차가 컸지만 신부는 남편을 사랑하였다. 그러나 한 해가 다 가기 전에 남편에 대한 환멸이 오고 말았다.

바이런은 이렇게 이야기했다. "처음부터 그 부부는 각방을 썼으며, 그녀는 남편을 '나리'라고 불렀다. 이런 어처구니없는 관계가 있을 수 있나. 그러나 젊은 이탈리아 여성은 착한 늙다리에 만족하지 못했고, 존경받는 그 백작은 아내가 치치스베오(cicisbeo)[유부녀의 애인이란 뜻]를 선택해 가지는 것을 반대하지 않았다…. 사실 얼마간 그 남편은 우리가 친하게 지내는 것을 보고 윙크를 했지만, 끝내 외국인이고, 이단자이고, 영국인이고, 무엇보다도 더 나쁜 것은 자유주의자라는 것을 알고는 예외적으로 [나를] 적대시했다."

테레사는 남편 몰래 바이런을 만났다. 그녀는 자기 가정교사이면서 절친한 친구인 파니 실베스트리니(Fanny Silvestrini)의 불어 수업을 받는다고 곤돌라를 타고 나와서는 오래 돌아가지 않았다. 그 곤돌라는 꼭 '우연히' 바이런의 곤돌라와 만나게 되어 있었다. 그 연인들은 리도나 혹은 멀리 다른 섬까지 가서 베네치아 상공의 불타는 저녁놀을 같이 바라보고 돌아왔다.

바이런은 테레사와 헤어지기 전 열흘 동안 꿈같은 시간을 가졌고 만리장성을 쌓았다. 테레사가 아내로서 지켜야 할 엄격한 법도에서 벗어나자 당황한 쪽은 바이런이었다. 바이런은 자기가 그런 여자를 정복한 것을 키네어드에게 자랑하지 않을 수 없었다. "그녀는 해돋이처럼 아름답고, 대낮처럼 따스하다네."

테레사 부부는 4월 12일인가 13일에 급한 용무로 라벤나로 돌아가게 되었다. 떠나기 전에 바이런과 테레사는 나흘간 특별히 뜨거운 사랑을 나눴다. 벤조니 집에서 테레사가 "나의 바이런!"이라고 말했을 때 귀치올리가 감을 잡고는 심히 당황한 표정을 지었다. 그는 그 치욕 때문이었을까, 곧 테레사와 베네치아를 떠나기로 했다. 테레사는 바이런과 갑자기 헤어지는 것이 안타까워, 오페라를 관람 중인 극장에 뛰어 들어가 바이런에게 그 소식을 알렸다. 로시니(Rossini)의 『오텔로』(Otello)가 막 시작하여 "정열적인 멜로디와 하모니가 넘쳐흐를 때"였다. 그 남편도 그녀를 잡기 위해 극장으로 따라 들어와서는, 바이런을 보더니 능글맞게 라벤나로 초청할 테니 꼭 놀러 오라고 했다.

안 그래도 바이런은 카지노에서 테레사와 사랑을 속삭일 때 그녀를 따라 라벤나로 가기로 다짐했었다. 그러나 그들은 정말 또 만날 수 있을까? 그곳까지 따라간다는 것은 유부녀의 공식적 애인 즉 '치치스베오'가 되는 것을 뜻했다. 테레사가 불러주기만 하면 바이런은 베네치아를 떠날 때 돌아올 다리는 아예 불태워버리리라고 결심했다.

테레사는 바이런을 '카발리에레 세르벤테'로 삼고 싶었다. 이것은 상류층 여성의 기둥서방 역할보다 나을 것이 없었기 때문에 바이런이 선뜻 받아들일 수 없었다. 그러나 카발리에레 세르벤테가 되면 그는 부인과 그 남편의 친구로 사교계에서 공식적인 인정을 받으며, 남편은 그에 대한 일체의 시기심을 거두어야 했다. 카발리에레 세르벤테에 관한 법도는 결혼에 관한 법도보다 더 엄격했다. 부적절한 행동은, 남편을 오쟁이 지우는 일보다 더 물의를 일으킬 수 있었다. 귀부인의 부채나 숄을 날라다 주는 이 풍속에는 여성숭배전통이 들어 있었지만 바이런은 크게 마음이 쏠리지 않았다. 남녀관계에서 플라토닉 사랑으로 존경받는 데에도 분명히 도덕적 가식이 들어 있었고, 기사도 격식을 갖춰야 하는 것도 불편해 보였다.

테레사는 예정대로 남편과 함께 베네치아를 떠났다. 바이런은 테레사 부부와 마지막 인사를 나누고, 백작이 옆에 서 있는데도 테레사의 손을 잡고 그녀를 곤돌라에 안전하게 태워 주었다. 그녀는 라벤나에 도착하기 전에, 그 남편의 부동산이 있는 두 곳을 더 둘러보아야 했다. 그녀는 바이런과 내통할 수 있는 방안을 마련해 두었다. 바이런에게 돈 가스파레 페렐리(Don Gaspare Perelli)라는 한 신부의 이름과 주소를 주면서, 편지를 할 때 그 신부에게 하면 자기가 받을 수 있다고 하였다. 그녀는 파니를 베네치아에 남겨 놓고, 바이런에게 갈 편지는 그녀에게 보내고, 그녀를 통해 바이런의 모든 소식을 들으려 했다.

사실 테레사에겐 바이런과 이별이 곧 죽음과 같았다. 첫날 여행 중에 그녀는 세 번이나 졸도했다. 이탈리아어로 쓴, 바이런이 테레사에게 보낸 첫 편지는 사랑에 빠져 슬퍼하는 소녀의 어투였다. 그러나 테레사는 이 편지를 받지 못했다.

테레사가 바이런에게 첫 편지를 보낸 것은 4월 18일 카젠(Cà Zen)의 별서에서였다. 바이런이 받아 보니 최고의 문체로 쓴 감미롭고도 애달픈 편지였다. "내 사랑. 무슨 일이 있어 제게 편지 하지 않았나요? 당신은 아마도 제 편지를 받지 못했나 보군요? …저는 이미 두 통이나 보냈고… 이건 세 번째예요. 당신은 기회가 없었나요? 그러나 진실로 사랑할 때 그런 일은 있을 수 없어요. 진실로 사랑을 할 땐 그런 모자람은 있을 수 없어요…. 아 나의 행복! 만약 당신의 편지 한 통이 내게 주었을 기쁨이나, 당신의 침묵이 내게 끼쳤을 고통을, 천분의 일만 당신이 헤아릴 수 있다면, 당신은 저에 대한 [깊은] 동정에 빠져 [편지 안 한 것을] 당신 스스로가 혐오할 것이고, 당신 스스로가 잔인하다고 여길 것이라 확신해요."

바이런은 유창하지만 약간은 수사적인 이탈리아어로 답장을 썼다. "나의 사랑하는 그대…. 아마 당신을 덜 사랑했다면 내 생각을 표현하는 일이 이렇게 어렵지는 않았을 것이오. 그러나 나는 참을 수 없는 이 고통을 낯선 언어로 표현해야 하는 이중의 어려움을 극복해야 하오. 나의 실수를 용서하시고, 내 문체가 야만스러우면 그만큼 그대와 달랐던 내 운명 탓이라 여겨 주오…. 나를 사랑해 주오―내가 당신을 사랑하는 그런 방식으로가 아니라―왜냐하면 그렇게 하는 사랑은 그대를 너무 불행하게 할 것이오―내가 받을 자격이 있는 꼭 고만큼의 사랑은 [절대] 하지 말아 주오. 왜냐하면 그 자격은 너무나 형편없는 것이기 때문이오. 당신의 심장이 명하는 대로 하시오." 그리고 추신에서 "며칠 후면 당신 손에 들어갈―그리고 아마도 당신 입술에도 갈―이 편지가 나보다 얼마나 더 행복할까요. 그런 희망이 있기에 나는 보내기 전에 이 편지에 키스하오. 잘 가라―내 영혼."이라고 썼다.

파니는 우체국 역할 외에 바이런의 동정도 자세하게 전해 줘서 테레사가 안심하였다. 바이런이 자기 집 자기 방을 거의 떠나지 않았고, 외부 사람의 출입도 거의 없앴다는 것까지 살뜰히 보고했다. 그녀는 영리하여 테레사가 불안하게 여길 진실은 매끄럽게 분칠할 줄도 알았.

바이런은 처음 사랑을 느끼고 가슴 두근거리는 소년과 다를 바 없었다. 그는 단단히 상사병에 걸렸다. 4월 25일에 이렇게 펜을 들었다. "나의 테레사, 어디에 있소? 여기 보이는 모든 것이 당신 생각뿐이라오…. 대화 살롱에 가면 지루할 뿐이고, [당신으로 인해서] 너무 행복하니 권태보다 [오히려] 슬픔이 느껴진다오…. 나는 [당신을 만나기 전] 더 이상 사랑할 생각이 없었고, 사랑을 받을 것이라는 희망도 없었소. 당신은 내 그 모든 생각을 무너뜨렸소―지금 나는 전부 당신 것이라오…. 당신은 나의 것이었소―그리고 나중은 어떻게 되든―나는 영원히 전부 당신 것이오. 당신에게 수천 번 수천 번 키스하오."

테레사 부부는 또 다른 별서가 있는 폼포사(Pomposa)로 이동하자 테레사는 병이 나고 말았다. 원인은 바이런의 편지를 제대로 못 받아서 생긴 상사병이었다. 그녀는 유산도 했다. 아니면 테레사 자신이 유산을 유도했을지 모른다. 그녀는 어떻게든 병을 추슬러야 했다. 바이런은 그녀의 이런 사정을 들은 후에 "내가 본의 아니게 유산의 원인이 되었는지는 알 수 없지만, 분명히 나는 태아의 아비는 아닌데, 왜냐하면 우리들이 처음으로 만났을 때 [이미 그녀는] 임신 3개월이었네."라고 키네어드에게 털어놓았다.

테레사는 라벤나에 반쯤 죽어서 도착했다. 그녀에게 어떤 약과 정신적인 위로도 효험이 없었다. 다음 달에 바이런이 한 번 그녀를 방문하겠다는, 그의 답장만이 그녀를 소생시킬 뿐이었다. 그녀는 결핵증상을 보였다. 바이런이 "당신이 내게서 아무 소식을 듣지 못할 때에는, 내게 다른 여자가 생겼다거나 은혜를 모른다거나, 그런 생각은 절대 하지 마시고, 내가 죽었다고만 생각하세요."라고 한 말은 어떤 약보다도 더 효험이 있었다.

그러나 바이런에게 테레사가 전부는 아니었다. 바이런은 일 년 전에 시작한 로맨스를 다시 시작했다. 그는 한밤에 안젤리나를 찾아갔다. 그는 대운하로 뛰어들어 물에 흠뻑 젖은 로미오가 되어 한 시간 동안 그녀의 발코니에 가서 사랑을 노닥거렸다. 테레사에 대한 사랑이 영원하리라는 약속은, 안젤리나가 절박하게 남편감을 찾는다고 나서지 않았다면, 잘 지켜졌을 것이다. 바이런은 이탈리아 여성에겐 위선이 없다는 점을 알았다. "안젤리나는 내게 내 수학자 아내와 이혼하라고 해서 영국에서는 아내가 바람을 피우지 않는 한 이혼은 불가능하다고 말해 주었네." 바이런은 홉하우스에게 이야기했다. "'지난 3년간 그녀[애너벨러]가 무얼 했는지 당신이 어떻게 알아요?'라고 안젤리나가 물었네. 나는… '남편 오쟁이 지우는 일은 영국에서는 여기만큼 흔하지 않아요.'라고 대답했네. 그녀는 '그래도 그녀를 떼어버릴 수 없나요?' 하고 다시 물었다네."

테레사의 바이런에 관한 계획은 비현실적이었다. 그녀는 그들이 앞으로 어떻게 만날 것인가에 대해 구체적인 방법이 없었다. 그녀는 바이런을 라벤나로 정식 초대하지도 않았으면서 자신의 사랑을 외부에 자랑은 하고 싶었다. 그 점에서는 캐롤라인을 닮았다. 홉하우스에게 말하였다. "그녀가 더 예쁘다는 점, 그렇게 야만적이지 않다는 점 등을 제외하면 바로 이탈리아의 캐롤라인 램이야." 그녀의 남편은 이미 세 사람이나 죽였다는 소문이 있는 만큼, 만약 바이런이 정식초청 없이 개인적 욕망에서 라벤나에 간다면 정말 목숨이 위험할 수도 있었다. 이 위험을 먼저 파악하여 바이런에게 단단히 주의를 준 사람은 역시 홉하우스였다.

5월 15일에 테레사가 바이런에게 라벤나로 와 주면 좋겠다고 하였지만, 바이런이 우유부단해졌다. 그는 또 오거스터를 떠올렸다. 오거스터에게 이렇게 편지를 썼다. "나의 사랑하는 그대에게—삼 년 동안의 헤어짐—그리고 환경과 습관의 변화가 하도 커서 우리는 애정과 [남매] 관계 외엔 공유하는 것이 전혀 없다오…. 한순간도 [잊지 않고 나는] 내 자신을 당신에게 묶었고, 지금도 묶여 있는 이 완벽하고도 끝없는 애정을, 결코 잊지도, 또 잊을 수도 없습니다—이 애정은, 나로 하여금 어떤 다른 사람도 진정 사랑할 수 없게 합니다…. 그리고 나는 우리들 죄가 대한 충분한 벌 그 이상도 올 것이라고 확신합니다—단테의 '지옥'은 훨씬 인간적인데 왜냐하면 불행한 연인들이… 리미니의 프란체스카(Francesca)와 파올로(Paolo)의 경우… [지옥에서] 고통을 받긴 하지만 적어도 함께 받게 되었지요…. 당신이 편지 쓸 때… 나를 사랑한다고 말해 주세요…." 물론 이 편지도 오거스터는 애너벨러에게 가져갔다. 오거스터도 애너벨러에 동조하여 바이런이 "발광했다는 생각이 들어요."라고 말했다.

5월 말경 테레사는 모든 친척과 친구가 바이런을 맞을 준비가 되자 다시 용기를 내서 바이런에게 라벤나에 오라고 편지를 썼다. 바이런은 테레사의 태도가 다소 애매한 데가 있어 미적거리다가 6월 1일에야 라벤나로 출발하였다. 그러나 막상 출발은 하였지만 그 목적지나 장래에 대해 결정한 것은 없었다. 다만 테레사가 자기를 꼭두각시처럼 조종하는 모든 줄을 다 갖고 있다는 생각을 하니 슬그머니 화도 났다. 이탈리아에서 6월에 여행한다는 것은 징집을 당하는 것처럼 덥고 답답하기 짝이 없었다. 그는 파도바에서「포강에 부치는 시」(Stanza to the Po)를 썼는데, 이것은 이 시를 바칠 여인의 기분을 즐겁게 해 주기보다도 자신의 감정을 솔직하게 쏟아내기 위해서였다.

깊고 넓은 이 강이
내 마음의 거울이 되면 어떠리.
지금 내가 그대[강]에게 털어놓는
천 가지 생각을 그녀가 읽어 가도록
그대의 물결처럼 거칠고 그대의 속도처럼 무모한
내 천 가지 생각을 그녀가 읽어 가도록!

바이런은 테레사에게 가느냐 마느냐가 결정되지 않았기 때문에 여기 저기 돌아서 갔다. 파도바를 지난 후 페라라에서 이틀을 머물렀다. 거기서 체르토사(Certosa) 묘지의 두 비문을 보고 감명을 받았다. 그래서 호프너에게 편지를 써서 자기가 죽더라도 그날 본 묘비명처럼 소박한 묘비명을 새겨달라고 부탁하였다. "당신은 살아 있고 내가 [죽어] 리도의 교회 묘지에 묻힌다면, 내 비명으로 '평화를 애원하다'(implora pace) 외엔 아무 말도 더 하지 말아 주시게." 그는 그 겸손하고 짧은 기도의 글귀가 마음에 들었고, 자신의 유해는 방부처리해서 본국으로 보내는, 그런 법석은 떨지 말아달라고 부탁했다.

6월 5일에 볼로냐에 도착하니 날은 무더웠다. 거기서도 테레사의 특별한 안내가 없다면 맥쩍어 도로 베네치아로 돌아갈 생각을 했다. 바이런은 성벽 너머에 있는 아름다운 묘지를 구경하면서 우유부단한 마음을 다소 가라앉혔다. 그는 거기서 호프너에게 베네치아로 돌아가겠다고 편지에 썼지만, 부치기 직전에 마음을 바꾸었다. 그래서 그 편지 겉봉에다 "나는 지금 라벤나로 떠나고 있네. 1819년 6월 8일. 나는 오늘 아침에 마음을 바꾸고 가기로 했네."라고 적었다.

그가 볼로냐에서 지체하자 테레사는 또 간헐적으로 열이 나고 아팠다. 그녀는 그 병 때문에 비밀편지를 맡기지 못해 바이런과의 서신교환은 두절된 상태였다. 바이런이 라벤나에 도착했을 때 테레사는 자기가 아프면 바이런이 얼마나 실망할까 그것이 걱정이 되어, 바이런에게 볼로냐에 그대로 머물러 있으면 자기의 병이 나은 후 그곳으로 가겠다고 알리려 했다. 그런 내용을 편지에 막 쓰고 있는데 친구가 들어와 영국 귀족

한 사람이 라벤나에 도착했다고 알려 주었다.

바이런은 그리스도의 성체성혈대축일(Corpus Domini) 축제 중인 6월 10일 그 큰 나폴레옹 마차로 라벤나에 도착했다. 그는 단테의 무덤이 있는 데에서 몇 발 떨어지지 않은 포르타시시(Porta Sisi) 가의 알베르고 임페리알레(Albergo Imperiale) 호텔 앞에 내렸다.

그는 교황청 공사의 비서인 알보르게티 백작(Count Giuseppe Alborghetti) 앞으로 된 소개장이 있어, 그것을 그 백작에게 보내자 백작은 바로 그날 저녁 극장의 백작 특별석으로 초대하였다. 알보르게티 백작은 저(低)로마냐 정부의 사무총장으로, 서열이 추기경 공사 바로 밑이었다. 당시 저로마냐 정부는 바티칸에서 파견된 추기경 공사가 통치하고 있었다. 그 백작은 성직자는 아니었지만 대단한 권력과 영향력을 행사할 수 있어 바이런이 라벤나에 있는 동안 큰 도움을 주었다. 그는 시에 대한 취미가 있었고 영어를 알았기 때문에 이 유명한 영국 시인과 친할 수 있었다. 그를 통해 바이런은 훗날 추기경 알레산드로 말바시아(Alessandro Malvasia)도 접견할 수 있었다.

알보르게티 백작이 테레사가 사경을 헤맨다는 이야기를 하자, 바이런은 감정을 주체 못 해 자신도 그녀를 따라 죽겠다고 고함을 쳤다. 백작이 깜짝 놀랐다. 그러나 마침 그때 귀치올리가 그 특별석으로 와서 그녀가 조금 나아졌다는 소식을 전하고, 테레사가 같이 못 와서 미안하다는 말을 전해 달라고 하더라고 했다.

바이런은 잠깐 그녀의 사랑을 의심한 것이 후회되어 호텔에 돌아오자 테레사에게 편지를 썼다. "나의 아름다운 영혼ㅡ내가 당신만을 위해 산다는 것을 믿어주시오…. 나는 당신이 행복한 것을 보기 위해 이 세상의 모든 희망을, 또 저세상에서 누릴 수 있는 모든 것도 버리겠소. 나는 슬픔과 눈물 없이는 당신의 건강 상태를 생각할 수 없소."

바이런이 테레사 남편의 정식 초대를 받았다. 그가 그녀를 보러 간 것은 그 이튿날이었다. 그 남편은 바이런이 묵는 작고 지저분한 호텔에 그의 거대한 마차를 끌고 와 바이런을 태우고 귀치올리궁으로 갔다. 귀치올리궁은 골목 안에 있었다. 둘 다 대단히 어색하여 거의 말을 하지 못했다. 바이런은 의례적인 문병을 했으리라. 호텔에 돌아오자 바이런은 다시 편지를 썼다. "이런 고통으로는 제가 오래 사는 것은 불가능하다오ㅡ 나는 눈물로써 이 편지를 씁니다…. 내가 울 때 심장에서 눈물이 흐르고, 그 눈물은 바로 피라오."

테레사가 병석에 누워 있는 동안 그녀와 단둘이 만날 기회는 전혀 없었다. 그가 도착한 이후로 그녀의 병세가 호전되는 것이 매일매일 눈에 보였다. 귀치올리는 바이런이 문병을 오면 아내의 병이 호전될 것을 예상하고, 바이런에게 와 달라고 한 일은 참 잘한 일이라고 생각하였다. 그러나 유산의 후유증이 겨우 가라앉자 피를 토하기 시작했다. 테레사의 집안은 결핵을 앓은 이력이 있었기 때문에 그것이 가장 큰 걱정이었다. 바이런은 그녀가 회복될 때까지 거기에 머물겠다고 약속하고, 베네치아의 스코트에게 편지를 써서 그가 두고 온 작은 마차와 마부와 승마용 말 몇 필을 곧 볼로냐로 보내라고 했다.

테레사는 훗날 이즈음의 사정을 이렇게 술회했다. "내가 베네치아를 떠날 때 그는 라벤나에 와서 나를 만나기로 약속했다. 그 고장에서 볼 수 있는 단테의 묘소, 고전적인 소나무 숲, 고대 유물 등이 내가 그를 초대하고 또 그가 내 초대에 응할 충분한 명분이 되었다. 그는 정말 그리스도의 성체성혈대축일에 라벤나에 도착했으나, 나는 베네치아를 떠날 때부터 결핵증세가 나타나 죽음의 문턱에 가 있었다. 라벤나에 저명한 외국인이 도착한 것은… [그 한적한] 도시에선 많은 이야깃거리를 만들었다…. 귀치올리 백작이 그를 찾아가… 그를 [우리 집에] 초청했다. 그는 바로 그 이튿날 왔으며 그가 보인 불안한 심정은 형용할 길이 없다. 그는 내게 세심한 관심을 기울였다. 오랫동안 그는 한순간도 손에서 의서(醫書)를 내려놓지 않았다. 그는 의사를 못 믿어 귀치올리 백작의 허락을 얻어 가장 용하다고 신임하는, 그의 친구 의사를 불러왔다. 아글리에티 교수의 치료로 나는 건강이 놀랄 만큼 좋아져, 두 달 뒤에는 여러 전지(田地)를 돌아보는 여행에 그[남편]를 따라나설 수 있었다."

영국에서는 바이런의 출판 문제가 잘 해결되었다. 6월 12일 홉하우스가 머리에게 가 보니, 키네어드가 『돈 주앙』, 『마제파』, 「베네치아 송시」 세 편에 대해 2,000기니를 받도록 타협이 되어 있었다. 바이런은 어떤 경우에도 익명으로, 또 "거세"하지 않고 출판하겠다는 결심을 굽히지 않았다.

바이런은 "라벤나는 보카치오(Giovanni Boccaccio)의 『데카메론』(Decameron)의 숨결이 살아 있는 땅일 뿐 아니라, 또 시의 땅이다. 라벤나는 프란체스카가 살았고 단테가 피렌체에서 추방당하여 사망한 곳이다. 그러한 분위기에는 영감을 주는 그 무언가가 있

보카치오

다."라고 말하긴 했지만, 1819년의 라벤나도 상당히 침체된 도시였다. 그는 단테의 무덤과, 도서관에서 그의 원고를 보았으나 "[혼란한] 내 마음 상태 [때문에]…무관심하게" 볼 수밖에 없었다고 말했다. 호텔 방에서 그는 불안이 심해지니 발작이 일어났다. 테레사의 친정아버지 감바 백작이 그를 "의혹의 눈초리"로 보아 그것 또한 신경 쓰이게 했다.

도착한 지 나흘째 되는 날 바이런은 테레사에게 편지를 써서 함께 도망가자고 했다. 사실 그는 테레사에겐 그럴 용기가 없다는 것을 잘 알고 있었다. "나는 이미 당신의 답장을 기다리고 있는 중입니다.… 그것은 부정으로 끝날 것입니다. 나는 가슴에서 천만 번 키스를 보냅니다." 테레사는 훗날 이 편지를 "정열, 헌신, 관대한 마음이 빚은 걸작"이라고 하며 보물처럼 간직하였다.

그녀는 도피를 원하지 않았다. 그녀는 위대한 시인과 사랑에 빠진다고 해서 자신의 사회적 지위와 명망이 흔들리리라고는 생각지 않았다. 그녀는 바이런에게 남편의 심기를 거스르면 닥칠 위험을 설명했고, 남편에게는 장차 정숙한 아내의 길을 걷겠다고 약속했다. 그러나 바이런은 그녀가 더 이상 '정숙한 아내'가 될 수 없음을 잘 알았는데, 그것이 바로

위선이 되기 때문이었다.

　바이런은 차라리 테레사와 결혼해버리면 어떨까에 대해 곰곰이 생각해 보았다. 그는 아직도 애너벨러의 서신검열을 모르는 가운데, 오거스터에게 편지로 자신의 의사를 밝혔다. 그는 테레사와 결혼하고 싶은데 애너벨러가 기꺼이 이혼에 동의해 줄는지, 그리고 이혼한 사람들이 자유롭게 결혼할 수 있는 스코틀랜드 교회법은 구체적으로 어떻게 되어 있는지 등을 알아봐 달라고 했다. 그는 머리에게는, 테레사가 지난번에 유산을 했지만 이번에는 자기가 임신시켜 충분히 보상해 줄 수 있다고 호기를 부렸다.

　6월 15일 테레사는 병세가 호전되어 마차를 탈 수 있게 되었다. 그들은 시내를 벗어나 바다까지 또는 남쪽으로 리미니까지 뻗어있는 소나무숲으로 드라이브를 했다. 태양은 황금색과 오팔색의 광륜을 서편으로 굴려가 뉘엿뉘엿 지평선을 넘고 있었다. 테레사는 "멀리서 시내의 종소리를 들었을 때 연옥편 제8곡 첫 부분에 나오는 단테의 시를 떠올리지 않을 수가 없었어요."라고 나중에 회상하였다. 연옥편 제8곡의 첫머리는 "처음으로 순례를 떠난 자가 멀리서/ 지는 하루를 슬퍼하는 듯한 종소리를/ 듣고 사랑에 가슴 아파 할 무렵이었다."(김운찬 옮김)라는 구절로 되어 있다.

　테레사가 바이런에게 단테에 관한 시를 꼭 써달라고 매달린 것은 바로 이때였다. 그녀는 바이런이 타소에 관한 시를 쓰는 것을 보고 단테에 관한 시를 쓰면 자기에게는 큰 행복이 될 것이라고 하였다. 또 바이런에게는 자기가, 단테에게 베아트리체 같은 존재가 되도록 써야 한다는 깜찍한 암시를 줬다. 바이런은 "당신의 소망은 곧 명령입니다."라고 하고 바로 그 이튿날 집필에 들어갔다. 그는 1819년 6월 18일에 『단테의 예언』(Prophesy of Dante)을 쓰고, 21일에는 그것을 그녀에게 헌정한다는 「헌시」를 붙였다. 「헌시」에서 바이런은 "남녘 같은 그대의 음성, 그런 매력이었다오./ 그렇게 아름다운 입에서 그런 감미로운 언어ー/ 아! 그 언어로 설득 못 시킬 일이 무엇이 있을까?"라고 하였다.

　그러나 이 시의 발표는 이탈리아의 정치적인 상황을 보느라 1821년 4월까지 미루어졌다. 당시 그 지방을 통치하고 있던 오스트리아 당국과의 마찰을 피하기 위해 발표를 미루다가, 나폴리와 롬바르디아에서 부르봉(Bourbon) 가에 대항하는 봉기가 곧 일어날 것이란 소식이 나돌 때 발표하였다. 이 작품의 내용이 이탈리아의 독립정신을 부추기기 때문에 오스트리아 당국을 긴장시킬 수 있었다. 실제로 이 시의 이탈리아어 번역본은 1821년 독립운동가들 사이에 돌았고, 그것이 발각되어 수십 명이 체포되는 비극적인 일도 벌어졌다. 그런데 이 시에서는 단테가 자신이 죽은 후 어떤 일이 벌어질 것인가를 예언해 나가다가 제4편에서 그 예언을 딱 멈추고 만다. 바로 그 당시의 예언을 보류한 것이었다. 그것은 오스트리아가 그때의 봉기를 사전에 성공적으로 틀어막음을 보고, 오스트리아에 대한 비판적인 언급은 틀림없이 마찰을 불러올 것 같았기 때문이었다.

이 시의 화자(話者)는 단테이고 단테가 『신곡』을 다 쓴 후 죽기 전 어느 때에 이탈리아의 앞날을 예언한다. 이 시는 특히 테르자 리마(terzarima)라는 운율을 사용하였는데 그것은 단테가 『신곡』을 쓸 때 쓴 운율이어서 이 시의 목소리가 꼭 단테의 목소리 같다.

제1편에서는 피렌체에서 추방당한 단테가 고국 피렌체를 사무치게 그리워하며 자신의 추방을 한탄한다. 바이런 자신의 고달픈 유랑생활이 겹쳐진다. 다음 편에서 그는 이탈리아는 하나가 되어야 하고 그 이탈리아에 새로운 시의 언어가 탄생해야 한다고 말한다. 그 다음 편에서는 어떤 인물이 나와 이탈리아를 빛낼 것인가를 예언한다. 이름을 밝히지 않았지만 페트라르카, 아리오스토(Ariosto), 타소 같은 인물의 등장을 암시한다. 마지막 제4편에서는 시인이란 인간에게 불을 가져다준 프로메테우스와 같으며, 그런 면에서 화가와 조각가 역시 시인이라고 한다. 르네상스 미술을 예언하고 성 베드로 대성당의 건립과 미켈란젤로의 업적을 예언한다. 마지막으로 고국 피렌체에 돌아가 거기서 죽고 싶다는 소망을 밝힌다.

단테

이 작품을 읽고 테레사는 대단히 흡족하였다. 바이런이 참고할 아무 책도 없는 누추한 여관방에서, 더구나 정신은 테레사에 푹 빠져 있었지만, 이 장대한 스케일의 작품을 일사천리로 써내려간 것은 그의 천재적인 재능을 증명하는 것이 되리라.

　바이런은 훗날 이 작품에 대해 이렇게 말한다. "단테가 조국을 위해 애처로울 정도로 기도했던, 또 조국에 가서 묻히기를 가슴에 사무치도록 염원했던, 그의 15년 유배의 땅, 그리고 거의 매일 말을 타고 지나가는 그의 무덤의 광경 등이 내게 영감을 줬습니다. 게다가 우리들의 운명에는 닮은 점이 있었는데, 그도 아내가 있었어요. 나도 이상한 나라에 내 뼈를 묻게 될 것 같은 [그래서 그와] 같은 심정이었습니다…. 이탈리아인 신사 중에는, 또 교육 잘 받은 여성 중에는, 단테의 좋은 글에 정통하지 않은 사람은 거의 없습니다. 특히 라벤나인의 경우 전혀 없습니다. 예컨대 [테레사는] 『신곡』의 어떤 부분도 거의 욀 수 있고, 사랑의 기도서인 『신생』 (新生, Vita Nuova)은 완전히 꿰뚫고 있다고 감히 말씀드립니다."

　어느 날 바이런은 테레사의 탁자 위에 펼쳐진 단테의 『지옥편』을 보고, 그들의 관계와 너무나 유사한 파올로와 프란체스카의 이야기를 같이 읽었다. 『신곡』에서 가장 유명한 부분인 『지옥편』 제5곡 98행에서 142행까지, 사람들은 그 부분이 아름다워 지옥이라는 배경은 지워버리고 하

파올로와 프란체스카

나의 낭만적인 시편으로 읽기도 했다. 사실 파올로와 프란체스카는 지옥에서도 육체적 희열을 영원히 누리도록 결합되어 있었다. 따라서 그들의 지옥의 고통은 이승에서 그들이 함께 누린 기쁨과 궁극적으로 다를 수 없었다. 테레사는 바이런과의 관계를 염두에 둘 때 그 시편이 자신들의 이야기가 되는 깊은 감동을 느꼈다. 바이런은 그 부분을 번역하여 1820년 3월 20일에 출판한다.

바이런은 테레사의 사랑이 주로 남편에게 향한다는 것을 알고 몹시 허탈해졌다. 그러나 그들만의 시간을 만든 이후 마음의 평정을 얻었다. 그들은 피네타(pineta)라고 부르는 라벤나와 바다 사이의 유명한 소나무 숲을 산책하거나 말을 탔다.

라벤나 피네타

'Ravenna, pineta di Classe' by Gianni Careddu via Wikimedia Commons under the Creative Commons Attribution-Share Alike 4.0 International license.

바이런은 테레사의 속마음을 안 후 베네치아에서 시작한 관계를 복원할 수 있었다. 다시 사랑은 불길처럼 타올라 온몸으로도 감당하기가 벅찼다. 그러나 그것은 위험천만한 모험이었지만 그것 없이는 삶은 기쁨도 의미도 없었다.

귀치올리궁 대문. 이 궁은 좁은 골목 안에 있음.

테레사는 남편을 오쟁이 지움으로써만 바이런의 의혹과 불안을 잠재울 수 있었다. 그들은 귀치올리궁, 그것도 바로 남편과 지근거리에서 위험한 일을 벌였다. 바이런은 호프너에게 이런 편지를 썼다. "장소는 불편하지만-(빗장이 없어서 빌어먹을)… 그녀는 눈치껏 하며… 그래서 만약 내가 날씨 좋은 날 오후에, 배에 단검이 꽂혀 나온다 하더라도-놀라운 일은 아닐 테고…. 한 신부(神父)-하녀-젊은 흑인 소년, 또 여자 친구-의 도움으로 우리들은 불법적 사랑을 할 수 있다네. 언제나 위험이 도사리고 있고, 특히 그 여자 친구와 사제가 다른 도시로 갔을 때에는 전적으로 하녀와 흑인에게만 의지할 수밖에 없었다네." 빗장이 없어 불안하기 짝이 없는 곳이 그 집의 큰 응접실이었다. 바이런과 테레사의 황홀한 시간은 남편이 낮잠이 든 사이였다. 남편은 언제나 일찍 깰 수 있었고 한번은 실제 그런 일이 있었다. 백작을 속이는 두려움에서 오는 쾌감도 대단했지만, 어떤 의미에서 목숨이 걸린 일이었다. 그러나 바이런은 기회가 생기면 절대 기회를 놓치지 않았고 들키면 배에 칼이 들어올 것도 잘 알았다. 물론 망을 잘 봐 주는 그 집 하인들에게 주는 행하가 적잖았다.

이런 행동은 테레사 남편의 부정한 부와 권력과 야비한 행동에 대한 앙갚음이었다. 남편은 어디든 바이런을 자기 6두마차에 태워 다녔는데 바이런에겐 이때가 제일 불편한 시간이었다. 그런데 남편과 애인이 그런 불편한 시간을 갖도록 만드는 사람이 테레사가 아닌가.

7월 1일 홉하우스는 바이런의 『돈 주앙』 제2편의 교정을 보아주었다. 6월 28일 머리는 『마제파』를 「베네치아 송시」와 같이 출판했지만 『마제파』에 대해선 대단히 말이 많았다. 많은 사람이 그것이 『돈 주앙』이라 생각하고 샀지만 직접 읽어 보고는 다른 사람의 작품이라고 생각했다. 홉하우스는 『마제파』에 왜 형편없는 산문 「단편」을 붙여 놓았는지도 이해가 되지 않았다. 그 산문은 바이런이 셸리, 폴리도리, 클레어, 매리와 같이 있었던 때에 쓴 것으로 되어 있었다. 그 내용은 바이런과 홉하우스가 에페소스에 갔을 때인 1810년 3월 13일의 일을 떠올렸다. 분명히 바이런은 다블(Darvell) 같고 홉하우스 자신은 이 작품의 화자(話者)처럼 보였다. 이런 설정은 홉하우스에게 그리 기분 좋은 것은 아니었다.

테레사의 결핵 증세가 쉽게 가시지 않았다. 계속 기침을 하고 중간 중간 열이 났다. 해열제로 페루산 키니네를 구해 복용했으나 별 차도가 없었다. 바이런은 귀치올리의 허가를 얻어 베네치아의 아글리에티 박사를 왕복 여비를 제공하고 라벤나로 불렀다. 그는 곧 7월 4일에 와서 거머리 요법과 특별한 섭생법을 처방하자 차도는 보였지만 기침과 열은 여전하였다. 그렇다고 그녀가 건강을 위하여 사랑의 기회를 포기한 적은 한 번도 없었다.

바이런과 테레사는 밀회 계획과 실천에 관한 한 한마음이었고, 똑같이 적극적이었다. 테레사는 화를 내는 바이런보다 지루해하는 바이런이 더 위험하다고 생각했다. 자주 환경을 바꿔줘야 했다.

테레사는 꾀를 냈다. 자극을 주어 그의 가벼운 질투심을 불러내 보자. 질투심에 불을 붙이면 그는 자신에 대한 소유욕이 더 강해져 결국 두 사람을 묶는 나사를 더 꼭 조일 것이다. 그녀는 의도적으로 극장에서 딴 사람과 이야기를 나누었다. 바이런은 곧 고민에 빠졌고 호텔에 돌아와 이렇게 썼다. "내가 무대 쪽으로 머릴 돌릴 때마다, 당신도 그 사람을 보려고 눈을 돌리는 것을 알았소…. 나를 놔 주오—배신이라는 아픔보다—이별의 아픔으로 죽어버리는 쪽이 더 낫겠소." 바이런이 테레사에게 보낸 이탈리아어로 된 이 편지는 1819년 6월인가 7월에 썼고, 이 무렵에 그는 「테레사 귀치올리에게」(To Teresa Guiccioli)라는 시도 썼다. "그에게 보낸 미소는 내게 한 마리 뱀이었소./ 나는 그대가 미소 짓는 것을 보았소—아니라고 하지 마시오—…그래요! 피 한 방울 한 방울, 박동 하나 하나/ 그대는 내 가슴의 피란 피는 다 짜내갔소, 사랑하는 이여!"

바이런은 속물이었다. 그는 이 시에서 죽음까지 불사할 순정으로 말했지만, 실제는 그것과는 달랐다. 테레사의 속이 터지라고 맞불을 놓았다. 그는 테레사가 보는 가운데 테레사의 친구 비카리(Geltrude Vicari)와 시시덕거렸으니 속이 더 뒤집힌 쪽은 어느 쪽이었겠나. 그러나 그는 "자기 왼쪽 허벅지를 꼬집고는 볼로냐로 가버린" 그녀를 다시 본 일은 없었다.

바이런은 혼자서 테레사를 볼 때, 특히 피네타로 함께 승마를 할 때, 가장 마음이 안정되었다. 테레사는 이때를 아주 목가적인 시간이었다고 기억했다. 그러나 이런 즐거움은 얼마 가지 못하였다. 바이런의 변덕스런 마음에 '싫증'이 번져나고 있었기 때문이었다. 그의 생각은 다시 누나와 아내에게로 향했다. 그 낌새를 눈치챈 테레사는 질투심을 속으로만 삭여야 했다.

테레사의 남편이 바이런에게 요구하는 것이 있었다. 나폴레옹이 떠난 로마냐는 교황의 나라가 되자, 그는 바티칸에서 자기를 나쁘게 볼까 늘 걱정이었다. 그가 바이런과 잘 통하면 영국 부영사라도 될 수 있을 것 같았다. 그 직은 월급이나 특전은 없었지만 문제가 발생하면 외교관의 면책특권이 있어 그것을 십분 이용할 수 있었다. 또 정변이 일어난다 해도 영국의 보호를 받을 수 있었다. 그는 자신의 애매한 정치적 태도를 오스트리아인들이 의혹의 눈으로 본다는 것을 알고 있었으며, 또 현 상태가 뒤집힐 경우 강력한 외국의 지원이 필요하다는 것도 계산에 넣고 있었다. 바이런은 돕겠다고 하였다. 외교관인 호프너에게 편지로 운을 떼 보았으나 별 소식이 없자, 다시 머리에게 친구 중 고위직 토리당원에게 청을 넣어보라고 부탁했다.

바이런이 베네치아에서 라벤나로 완전히 이사 오기로 마음먹은 것은 7월 말이었다. 그러나 알레그라를 어떻게 한다? 그는 그 아이를 좋아해서 계속 데리고 있고 싶었지만, 그에겐 아이 장래에 대한 계획은 없었고, 또 그의 생활이 불규칙하여 그의 거처는 아이에게 좋은 환경이 되지 못함도 잘 알았다.

출판업자 존 머리

홉하우스는 『돈 주앙』 제1, 2편의 교정을 보아주면서 그 교정쇄 여백에 무언가를 적었는데 그것으로 우리는 그가 바이런과 격론을 벌였다는 것을 알 수 있다. 7월 11일 홉하우스는 마지막 교정 때 제1편 15연에 나오는 로밀리의 자살에 관한 부분을 빼버리려고 했다. 홉하우스가 최근 국회의원 선거에 출마할 기회를 얻은 것은 로밀리가 자살을 하여 그 선거구가 비었기 때문이었다. 바이런은 그 부분을 절대 빼서는 안 된다고 미리 머리에게 단단히 일러 놓은 상태였다. "당신은 나더러 로밀리를 용서하라고요[?]—시체를 파먹는 구더기에게나 말하시오…. 그는 나를 어떻게 대했소?"

머리는 물러서지 않았다. 말썽이 될 만한 곳을 삭제하여 부드럽게 하자고 계속 졸랐다. 결국 말썽 많던 「헌시」는 삭제했다. 그 「헌시」는 바이런의 사후에야 제자리를 찾을 수 있었다.

머리는 『돈 주앙』 제1, 2편의 출판을 미적거리다가 7월 15일에야 익명으로 출판하였다. 그는 불안했다. 4절지 표지에는 인쇄인 이름만 넣었을 뿐이지만 시의 내용을 보면 바이런의 작품임을 금방 알 수 있었다. 출판은 되었지만 바이런은 판매실적이나 서평에 대해 전혀 알 수 없었다. 아무도 바이런에게 시집 한 권 부쳐주지 않았다.

그 시집이 출판되던 날 홉하우스만 바이런에게 이렇게 편지를 썼다. "나는… 한 연을 무례하게 빼버렸네. 그 연은 로밀리에 관한 연일세. 그 사람은 내가 알기론, 자네가 절대 괴롭히고 싶지 않을 아이들을 남겨놓

앉네…. 부모가 죽고 [남겨진] 여섯 명의 불쌍한 아이들이… 아버지의 명성 외에는 기댈 곳이 전혀 없질 않겠나…. 어떻든 그 연을 꼭 원한다면 다음 판에 다시 넣을 수 있을 걸세."

기포드는 『돈 주앙』 제2편을 읽고 그 발행인에게 이렇게 편지를 썼다. "오늘 아침 둘째 시편을 읽었소. 아름다움이 그렇게 방탕하고 이상하게 비뚤어져 있는 것을 보고 [더 이상] 인내심을 가질 수가 없었소." 키네어드도 『돈 주앙』은 독자들에게는 실패라고 판단했다. 바이런은 이런 비평가나 독자들의 반응을 듣고 화가 나서 머리에게 이렇게 퍼부었다. "당신이 옳소—기포드가 옳소—크랩(Crabbe)이 옳소—홉하우스가 옳소—당신들 모두가 옳소—그리고 나는 몽땅 틀렸소…. 나의 뿌리와 가지 다 잘라내시오—『쿼터리』에서는 나를 4등분하시오…. 그러나 나더러 고치라고는 하지 마시오, 왜냐하면 나는 그런 짓은 못 하니까."

바이런에게 놀랄 일이 벌어졌다. 테레사는 거리에서 사람들이 노래하는 몇 개 풍자시를 듣고 와 바이런에게 들려줬는데, 그 내용을 보니 그가 백작을 오쟁이 지운다는 내용이었다. 테레사의 남편이 먼저 이 익명의 발라드의 저자를 무시할 테니 테레사에게 안심하라고 했고, 바이런에게도 별다른 불쾌감을 보이지 않고 평소의 예의를 지켰다. 그는 겉으로는 친구인 척했지만 바이런은 한시도 불안감을 떨칠 수 없었다. 백작은 순진한 것일까, 아니면 단지 때를 기다리는 것일까?

테레사의 건강이 많이 호전되자 백작은 갑자기 볼로냐의 전지(田地)를 돌아보겠다고 했고, 테레사는 꼭 따라가야 했다. 그녀는 바이런도 같이 가야 한다고 떼를 썼다. 8월 9일 바이런은 머리에게 이렇게 말한다. "지난 두 달 동안 미소와 와인으로 내 마음을 살찌게 해 준, 내 사랑하는 애인은, 오늘 아침 남편과 같이 볼로냐로 떠날 것이고, 나는 내일 아침 세시에 그녀를 뒤따라갈 것 같소. 나는 우리 로맨스가 어떻게 끝날지 알 수 없지만 지금까지는 가장 성애적인 과정을 거쳤소. 대단히 위험한 행위와 탈출! 주앙의 것은 우리와 비교하면 어린애의 장난에 불과하오. 바보들은 내 시가 언제나 내 모험의 반영이라고 생각하겠지요. 나는… 매일 [주앙]보다… 더 특이하고 더 위험하고 더 기분 좋은 일을 겪는다오."

바이런은 백작 부부를 따라 8월 10일에 출발하여 볼로냐의 펠레그리노(Pellegrino) 여관에 도착하였다. 그곳은 테레사 부부가 유숙하는 곳과는 얼마만큼 떨어진 곳이었다. 이튿날 저녁 그는 그들 부부와 함께 알피에리의 『미라』(Mirra)를 보러 아레나델솔레(Arena del Sole) 극장에 갔다. 그 연극의 주제는 근친상간이어서 바이런에게는 가슴 찌르는 내용이었다. 주인공 미라는 베누스(Venus)의 딸로서 아버지와 근친상간하여 아도니스를 얻으며, 그 사실을 나중에 알고는 스스로 목숨을 거둔다. 바이런은 그런 주제를 무대 위에서 실연하는 것을 보고 큰 충격을 받았다. 마지막 두 막에서 그에게 심한 경련이 일어났다. 이때 이야기를 테레사는 이렇게 말했다. "그는 펑펑 눈물을 쏟았고, 흐느껴 우느라, 그 특별석에 머물 수가 없어서 일어나서 극장을 떠났어요. 그가 라벤나에서 알피에리의 『필립』(Philip)을 볼 때도 비슷한 격정에 휩싸이는 것을 보았어요." 그 연극에서 느낀 고통은 두 주간이나 남아있었고, 특히 애인이 곁을 지켜주지 않아서 그것은 더 오래 갔다. 테레사와 남편은 또 다른 전지를 둘러보러 가서 거기에 없었기 때문이었다.

바이런은 귀치올리의 볼로냐 별서 사비올리(Savioli) 궁에 들어가 거기 머물렀다. 이 궁은 테레사의 공간이어서 그녀가 그 궁의 열쇠를 바이런에게 주었다. 그는 우연히 그녀의 책을 발견하였다. 그 책은 마담 드 스타엘의 『코린』이라는 보랏빛 벨벳으로 장정된 소설이었다. 그는 감상적인 소설을 좋아한다고 그녀를 비웃었지만 그날은 스스로가 감상적이 되어서 그 책 여백에 영어로 이렇게 썼다. "내 사랑하는 테레사—나는 당신 정원에서 이 책을 읽었소.—나의 사랑, 당신이 없었기에 나는 이 책을 읽을 수 있었소. 이 책은 당신이 좋아하는 책이고 저자는 내 친구요. 당신은 이런 영어 낱말들을 모르실 것이오…. 그러나 당신은 열렬히 사랑하는 사람의 필체는 아실 테지요…. 내 운명은 당신과 함께하오." 그는 돌아다니다가 무더운 정원에 앉았다. 그는 언제나 여자가 필요하다고 부르면 달려가고, 그렇지 않으면 늘 무대 뒤에 숨어 있어야 하는 자기신세가 처량하기 짝이 없었다.

바이런은 마당에 내려가 몇 시간씩 생각에 잠기곤 했다. 정원의 분수를 보면서 갑자기 서글픈 생각이 들어 눈물을 주르르 흘리기도 했다. 그는 자신이 테레사의 결혼생활을 망쳐놓는다고 생각하니, 그녀가 차라리 계속 수녀원에 있더라면 더 나았을 것이라는 생각까지 들었다.

그는 봄이 되면 귀국하려고 생각했으나 남아메리카에 더 마음이 끌렸다. 홉하우스에게 편지를 썼다. "서른한 살, 남은 해, 달, 날은 많지 않아 '오늘을 잡아라.'만으로 충분하지 않네. 나는 몇 초라도 건질 수 있으면 감사하겠네… 유럽은 노쇠했어… [남아메리카의] 그 친구들은 그들 땅처럼 신선하며, 그들 지진처럼 맹렬하지."

그의 우울한 시간이 점점 늘어났다. 사랑을 하고 사랑을 받는다는 것이 무슨 의미인지 다시 생각해 보았다. 또 홉하우스에게 편지를 썼다. "나는… 너무 불안해서 아무 일 아닌데도 울고 싶네…. [나는] 또 이런 공공연한 기둥서방 노릇도 저주받을 짓이라고 느끼고 있어. 그러나 나는 이 쇠사슬을 깨뜨릴 용기도 없고, 또 그것이 주는 부담을 무시할 만큼 무감각한 것도 아닐세."

볼로냐의 경찰은 바이런을 요주의 인물 명단에 넣었다. 경찰은 이렇게 보고했다. "바이런은 문인이고, 문학적 업적이 있기 때문에 볼로냐의 가장 학식 있고 유명한 사람을 끌어들이고 있다. 그런 종류의 사람은 정부에 대한 애정이 없다." 경찰은 또 하인이 바이런의 급한 편지를 가지고 베네치아로 가려고 여권을 신청한 것까지 파악했다. 편지를 뺏어서 보았지만 그 편지는 다행히 불온한 데는 없었으리라. 스코트에게 보내는 것으로 집사 에지컴(Edgecombe)와 알레그라를 유모 딸려서 볼로냐로 보내라는 내용이었다.

알레그라를 라벤나로 데려온 것은 8월 말이었다. 바이런이 딸을 보니 딸은 영어는 한 마디도 모르고 이탈리아어도 정확하지 않았다. 바이런은 오거스터에게 편지를 썼다. "그 애는 영국 애지만 베네치아어만 한다오. '본 디, 파파' 등등. 그 애 재롱은 매우 우습지만 바이런가 기질이 있다오—'r' 글자를 발음하지 못한다오—꼭 우리들같이 찡그리고 입을 삐죽 내밀고—눈은 푸르고—밝은 색의 머리지만 매일 검어지고—턱에 보조개가 있고—이마엔 내 천(川) 자가 있고—살결은 희고—목소리는 곱고—특히 음악을 좋아하고—모든 일에 고집이 있고—모두 이 바이런을 빼닮지 않았소?"

9월에 귀치올리는 사업 상 라벤나로 돌아왔고 바이런도 돌아왔다. 그러나 귀치올리는 테레사가 건강이 좋지 않아 볼로냐에 남겨 두고 왔다. 그는 놀랍게도 그 아내 애인에게 그의 궁 1층의 빈 방에 들어와 살라고 하지 않는가. 바이런은 사양했다. 그러자 백작은 느닷없이 천 파운드를 빌려달라고도 하였다. 그것은 큰돈이었다. 바이런은 부영사 자리를 못 만들어 줘서 미안하기도 해서 빌려 주려 했지만, 은행 사람들이 한사코 말렸다. 바이런이 못 빌려준다고 변명하자 그는 화풀이를 볼로냐에 있는 테레사에게 했다.

바이런은 테레사가 있는 볼로냐로 갔다. 그녀의 남편이 멀리 있는 것만으로도 큰 해방을 얻은 듯했다. 얼마나 오랜만에 자유롭고 두려움 없는 사랑이냐. 테레사는 아글리에티 박사의 진찰을 받으러 베네치아로 가야 할 필요가 생겼다. 남편은 그 사정을 서신으로 듣고, 아내가 속히 바이런과 같이 그리로 가도 좋다고 승낙하였다. 바이런과는 아무 일이 없으리라고 판단했을 것이다.

경찰은 바이런의 동정을 그때그때 파악하였다. 경찰서장은 9월 12일에 바이런과 백작부인이 볼로냐를 떠났다는 보고서를 로마에 올렸다. 바이런은 나폴레옹 마차로 이동했고, 그 마차에는 하인, 파란 눈의 딸은 물론이고, 여행용 침대, 책 등이 타거나 실렸다. 그 마차는 먼지를 일으키고 달리는 테레사의 6두마차를 뒤따랐다. 6두마차에는 테레사, 하녀, 늙은 남자 하인 등이 타고 있었다. 3일 동안의 여행에서 멈출 때마다 그들은 재결합했다. 테레사는 나중에 남편 없이 애인과 함께한 이 여행을 일생 중 가장 즐거웠던 여행으로 기억했다. "마차가 멈추는 곳도 같았고— 같은 호텔에 묵었다."

파도바에 도착하기 전 그들은 감성 문학기행을 했다. 바이런은 아르콰의 페트라르카가 살았던 집과 무덤을 자기의 라우라[테레사]에게 보여줬다. 가파른 에우가네이 언덕을 넘을 때는 그들의 큰 마차가 지나갈 수 없을 정도로 길이 좁고 가팔라, 그들은 마차에서 내려서 포도밭과 석류

나무 사이를 걸어야만 했다.

바이런은 이 여행 중에 테레사와 함께 베네수엘라로 가자고 꼬드겼다. 그는 얼마 전에 베네수엘라 정부가 땅을 개간할 사람에게 토지를 공급한다는 정보를 어딘가에서 읽었었다. 그는 신세계에 가서 지금까지 잃어버린 것에 대한 보상을 받고 덧난 삶을 제자리에 올려놓고 싶었다. "나는… 훌륭한 시민이 될 것이고, 전보다 더 나은 집과 가족을 가질 것이네." 홉하우스에게 보낸 편지에서도 그는 그곳을 동경하였다. 그가 남반구를 택한 것은 "영미는 내게 약간 너무 거친 곳이고—기후도 너무 춥기" 때문이었다. 파도바에서 그들은 베네치아로 가지 말고 프랑스로 가서 거기서 아메리카로 날아버릴까 하고 머리를 맞대 보았다.

그들은 베네치아에 자기들의 추문이 이미 쫙 퍼져 있으리라는 것은 예상했다. 테레사는 자신들이 어느 정도로 이탈리아의 관습에 어긋났는지를 잘 알았기에, 이번엔 그녀가 멀리멀리 아메리카로 도망을 가자고 제안했다. 그녀가 점점 더 강하게 같이 날아버리자고 요구하자 바이런이 오히려 한발 물러섰다.

바이런은 테레사 일행과 라미라의 그의 별장에서 일박하고 베네치아에 도착하였다. 그녀는 귀치올리가의 별궁인 말리피에로(Malipiero) 궁은 악취가 심해 도저히 들어갈 수 없어서 모체니고궁에 들었다. 거기서 그들은 아글리에티의 진찰을 기다렸다. 그녀는 이미 남편이 정해준 숙소에 들어가지 않음으로 해서 남편과의 약속을 어긴 셈이 되었다.

아글리에티가 왕진하고는 그녀에게 전지요양이 필요하다고 하자 그녀는 또 남편에게 바이런이 자기를 데리고 가르다호와 코모호로 가도록 허락해 달라고 요청했다. 그러나 남편의 허락과 상관없이 그녀는 라미라의 바이런의 별장으로 들어가 버렸다. 남편에게는 치질이 있고 자궁 탈출이 우려되지만 아글리에티가 있어 안심이라고만 했다.

바이런은 테레사와 같이 한 달간 그 별장에 머물렀다. 테레사는 파니를 데리고 갔는데 만약 그들의 비밀이 탄로 나면 유리한 증언을 하라고 늘 곁에 붙여 두었다. 바이런은 오거스터에게 테레사는 "우리들의 웃음"을 되찾아주었다고 했다. 이 말은 바이런과 오거스터가 폭설에 갇혀 뉴스테드에서 시도 때도 없이 웃었던 그 웃음을 테레사가 되찾아주었다는 뜻이었다. 바이런이 오거스터와 뉴스테드에서 '신혼'을 가졌던 것처럼, 이번에는 라미라에서 테레사와 '신혼'을 가졌다. 테레사가 상냥하여 그는 모든 것이 즐거웠다. 그녀의 이야기는 그의 지친 삶에 생기를 불어넣어 주었다. 그녀의 사랑의 말이 그에겐 바로 생명의 소리라고 하면서, 그가 글을 쓰는 동안에도 부디 이야기를 끊지 말아 달라고 했다. 그는 테레사가 연주하면서 노래를 불러 줄 수 있도록 피아노까지 한 대 들여놓았다. 그녀의 아름다운 노래와 연주에 대한 답례로 그는 쓰고 있던 원고를 읽어 주었다. 그 원고는 풀치(Luigi Pulci)의 의사(擬似) 서사시 『더 위대한 모르간테』(Il Morgante Maggiore)의 영어 번역이었다. 저속한 문체와 고상한 문체가 섞여 있는 그 책은 『베포』와 『돈 주앙』을 쓰도록 영감을 주었던 책이었다. 그때 그는 『돈 주앙』의 제3편을 막 시작해 놓고 있었다.

문제는 테레사의 친정아버지 감바 백작이었다. 그는 딸이 영국 시인과 사귀는 것을 꼭 나쁘다고는 보지 않았지만, 볼로냐에서 베네치아까지 그들끼리만 여행했다는 이야기를 듣고 크게 놀랐다. 더 놀라운 것은 딸이 바이런의 라미라 별장에 들어가 산다는 것이었다. 그는 사위를 나무랐다. 왜 딸을 "재주가 비상한, 젊은 여자를 귀신같이 유혹하여… 가슴 앓이 시키는" 바이런 같은 자와 동행케 했는가 하고 질책했다. 그는 바이런이 카발리에레 세르벤테로서의 품격을 잃고 추문을 일으키는 것은, 딸 자신이나, 자기 가문이나, 사위 가문에 백번 큰 오점이 된다고 지적하였다. 테레사는 아버지가 걱정한다는 이야기를 듣고 아버지에게 약속했다. 절대 바이런의 집밖에는 한 발짝도 나가지 않을 것이며, 남편이 자기를 데리러 올 때까지 라미라에서 얌전히 기다리겠다고.

바이런은 다시 귀국을 생각해 보았다. 그런데 그가 영국국민에게 보여 줄 무슨 영웅적인 행동을 한 것이 있던가? 돌아가면 다시 추문만 무성해질 것 같았다. 국민들은 피털루 학살 같은 사건에서 보듯 도탄에 빠져 있었지만, 그는 국가를 위해 아무 한 일이 없었다. 그는 "'혁명은 장미 향수로 이뤄지는 것은 아니다.'는 것을 잘 알고 있었다. 그는 사랑과 시에 빠져 혁명에 대한 감각은 상대적으로 쇠퇴해 있었다." 현재로서는 라미라만큼 쾌적한 장소가 어디 있던가. 테레사와 해 질 녘에 브렌타강을 따라 승마하고, 담소하고, 사랑한 뒤, 이른 새벽 시간에 『돈 주앙』의 새 시편을 쓰는 일만큼 속 편한 일이 어디 있던가.

토마스 무어

10월 7일 바이런에게는 형이나 다름없는 무어가 베네치아에 왔다. 바이런은 기쁘기 한량없었다. 왜냐하면 무어는 총각 시절의 가장 즐거웠던 기억을 일깨웠기 때문이었다. 바이런은 베네치아 시내로 놀러 갈 구실이 생겨 "휴일을 맞은 학생들처럼 기뻐했다." 그는 테레사의 허락을 얻어, 무어를 데리고 베네치아 모체니 고궁에 거처를 정해 주니까 무어는 호텔이 더 편하다고 했다. 바이런은 거기보다는 덜 편하겠지만 생각보다는 편할 것이라고 설득하여 그를 잡아두었다.

무어가 보니 바이런은 이제 꽃미남이 아니었다. 그는 이렇게 적었다. "그는 몸과 얼굴에는 살이 더 쪘다. 얼굴이 많은 풍상을 말해 주었다―또 예전엔 세련되고 영적인 분위기가 느껴지도록 [이목이] 준수했는데… 그런 인상은 사라져 버렸다." 구레나룻과 목까지 덮은 머리카락에다 이국적으로 보이는 코트와 모자를 착용하고 있어 다른 사람 같아 보였다.

그날 저녁 두 사람이 모체니고궁의 어두운 복도로 걸어갈 때 바이런이 소리쳤다. "개 가까이 가지 말아요." 또 몇 걸음 더 나가자 "조심해요, 저 원숭이가 달려들지 모르니까."라고 했다. 무어는 많은 여행자들이 이야기한 그 동물원이구나 하는 생각을 했다. 바이런은 하인에게 그가 불편을 겪지 않도록 각별히 잘 해 드리라고 부탁했다. 그리고 한 방문 앞에 서더니 문을 발로 꽝 차서 열었다. 꽤 넓고 우아한 방이었다. 그는 자기가

모체니고궁의 바이런의 방

쓰는 방이라고 하면서 거기에 기거하라고 했다. 저녁을 밖에서 시켰고 식사가 오기 전까지, 두 사람은 베란다에서 대운하 위에 뜬 찬란한 장밋빛 석양을 바라보았다.

저녁을 마친 뒤 무어는 스코트와 같이 알피에리의 『오타비아』(Ottavia)를 보러 갔고, 바이런은 충실한 '남편'이 되기 위해 라미라로 돌아왔다.

그 후 바이런은 낮에는 무어와 베네치아를 돌아다니고 저녁에는 라미라로 돌아왔다. 무어가 베네치아에 있을 동안 리도 섬에서 있었던 일이다. 두 친구는 그 섬에서 천천히 맑은 바람을 즐기며 해변으로 말을 몰았다. 돌아올 때 갑자기 바이런이 전속력을 달렸다. 그가 곤돌라를 내리고 타는 곳은 묘비석이 뒹굴고 있는 묘지여서 사실 말로 빨리 달리기에는 위험한 장소였다. 맞은쪽에서 한두 사람이 급히 바이런의 곤돌라 선착장으로 달려왔다. 그들은 바이런이 말에서 내리는 모습을 보고 싶었기 때문이었다. 그런 것을 잘 아는 바이런이 먼저 말에서 내려 재빨리 곤돌라에 오르고는 블라인드를 쭈르르 내려버렸다. 바이런을 한번 보려던 영국인들은 모두 실망하였다. 바이런은 그들을 성공적으로 따돌린 것을 대단히 고소하게 생각했다. 베네치아를 여행하는 많은 사람이 무엇보다 그를 '관광'하고 싶었기 때문에 그런 민첩한 동작은 이미 몸에 배어 있었다.

하인들은 그를 대단히 존경했다. 그들은 그를 위해서 어떤 일이라도 감내했고 그도 그들에게 과도할 정도로 관대했다. 자신의 의무를 소홀히 하거나 그의 관대함을 악용해도, 그는 진지하게 타이르기보다는 조롱을 하고 말았으며, 해고하겠다고 위협은 하지만 결코 내보내는 일은 없었다.

바이런은 누구라도 자기 집에 와서 어려움을 호소하면 상당한 액수의 돈을 내놓았다. 그는 일면부지의 사람을 돕거나 다른 사람을 거쳐 도와주기도 해서, 사실 누가 자신의 도움을 받았는지 모를 때도 많았다.

바이런은 귀치올리가 자기 아내에게 쓴 편지 한 통을 무어에게 읽어보라고 주었다. 그 편지의 목적은 남편이 아내의 행동을 불미스럽다고 질책하는 것이 아니라, 그녀가 바이런을 잘 구슬려 1,000파운드의 돈을 우려내 보라는 내용이었다. 지금 라벤나의 은행에 있는 바이런의 돈을 백작에게 맡기면 5부 이자를 주겠다고 하였다. 그 제안에는, 자기 아내가 간부(姦夫)에 빠져 깨가 쏟아지니, 간부는 당연히 왝댓값을 내놓아야 하지 않겠느냐는 뜻이 내포되어 있었다. 만약 그렇게 하지 않는다면 바이런이 큰 수모를 당할 것이라는 으름장도 곁들여져 있었다.

테레사는 남편을 위해서 늘 감정적 봉사를 해왔는데도 남편이 그런 비열한 생각을 하는 것을 보고, 짐승이 따로 없다고 생각했다. 무어는 큰돈이 아니니까 돈을 주어 버리라고 했다. 그러나 바이런은 그 수전노의 비열한 태도가 너무 웃기고 재미있지 않느냐며 한 푼도 줄 수 없다고 했다. 그리고 자기가, 얼마나 재미있게 그 문제를 해결하는지 구경이나 하라고 했다.

무어가 베네치아를 떠나기 전날 밤 바이런은 무어와 하룻밤을 같이 보내도록 테레사의 특별 외박허가를 받았다. 그들은 오페라를 보고 카페에서 저녁을 먹고 곤돌라를 탔다. 그 보트에는 여러 군데 종이 북마커를 끼워둔 책이 한 권 있었다. 무어가 무슨 책이냐고 물으니 "책일 뿐이에요, 이 책에서 나는 훔쳐내는 거예요…. 이것이 내가 독창적인 시인이 되는 방법이에요."라고 대답했다. 그것은 위랜드(Wieland)가 쓴 『아가손의 역사』(The History of Agathon)라는 책이었다.

바이런은 가끔 다른 작품을 표절했다는 비난을 받아왔다. 그는 어떤 작품을 쓸 때 비슷한 주제나 구조를 가진 다른 사람의 작품을 읽으면, 그가 쓰는 내용이 그 책의 어떤 내용과 우연히 맥이 닿게 된다. 거기서 얻은 작은 스파크가 단초가 되어 생각이 줄줄이 쏟아져 나오게 된다. 만약 그 스파크가 없다면 생겨나지 않을 아이디어가 그렇게 해서 태어나지만, 그는 곧 그 아이디어의 단초가 어디에 있었는지 잊어버린다. 『돈 주앙』에서 우리가 보는 인간성과 인간운명에 대한 냉소주의는 위랜드의 그 책과 무관하지 않았다.

오페라를 구경한 뒤 그들은 도제 궁전에서 가까운 한 카바레에 들렀다. 거기서 브랜디 펀치를 마시다 보니 산마르코 성당에서 새벽 두 시를 쳤다. 그 뒤 바이런은 무어를 곤돌라에 태워 베네치아를 가장 잘 볼 수 있는 곳으로 노 저어 갔다. 달이 휘영청 밝았다. 주변이 희미했지만 달빛 비낀 운하는 더없이 엄숙하고 의연하고 의뭉스러웠다. 도시의 수많은 궁전이 물위에 떠서 밤의 적막을 모의하느라 숨을 죽였다. 그들이 바이런의 집 앞에서 헤어질 때가 새벽 세 시였다.

그 이튿날 즉 10월 11일 무어는 조르조네의 그림을 감상한 뒤 오후 세 시에 라미라에 도착하였다. 바이런이 기다리고 있었다. 무어는 복도를 지나면서 유모와 같이 있는 그의 딸 알레그라를 보았다. 그 아기를 보고 예쁘다고 하니까 바이런은 자기에게도 명색이 부정(父情)이 적잖음을 그 딸을 통해 깨달았다고 했다.

만찬 전에 바이런은 나갔다 들어오면서 하얀 가죽 가방 하나를 내밀었다. 그것은 그 친구들 사이에 있었던 모든 사건을 가감 없이 그대로 옮겨 적어 놓은 그의 『회고록』이었다. "당신에겐 아무 가치가 없겠지만 머리에겐 물건이 될 거에요." 무엇이냐고 물으니 "나의 삶과 모험"이라고 하면서, 그가 살아 있는 동안에는 출판을 하지 말고 갖고 있다가, 죽은 뒤에 좋을 대로 하라고 했다. 무어는 "내 아들에게 좋은 유산이 될 것이며, 그 애는 19세기 후반을 놀라게 만들 거야."라고 말했다. 바이런은 그것을 읽어 볼 만한 친구들에게는 꼭 보여 주라고 했다. 이 『회고록』은 1818년 7월부터 쓰기 시작하여 처음엔 머리에게 출판케 하려 했으나, 완성 직전에 마음을 바꿔서 무어에게 주었다. 이 만찬 때 테레사가 들어왔으며, 그녀는 무어가 로마에 가거든 만나보라고 남동생 감바 백작에게 보내는 소개장을 써줬다.

무어가 떠나려 하자 바이런은 전송하려고 나섰다. 돌아올 때 타고 올 그의 말 뒤따르게 하고선 수 마일 떨어진 스트라(Strà)라는 곳까지 둘은 같은 마차를 타고 출발하였다. 스트라에서 마지막 작별을 했다. 그는 가장 친한 '형'과 헤어지자니 슬픔이 밀려 왔다. 그는 알았을까, 살아서는 그를 더 볼 수 없음을. 이때 바이런이 느낀 작별의 정은 이백(李白)의 시 「벗을 보내며」[送友人]의 쓸쓸함과 비슷하였으리라.

이 『회고록』은 가까운 친구들이 읽었고 버거쉬 귀부인(Lady Burghersh)은 베껴두기까지 했다. 바이런은 앞으로 쓰게 될 『회고록』 2부에서는 젊은이에게 좋은 교훈이 될 내용을 다루겠다고 했다. "다음에 쓰게 될 책에서는 한때 내가 비정상적으로 저질렀던 치명적인 난봉의 결과도 이야기하려고 합니다. 여자들은 읽지 말게 하거나, 읽히고 싶지 않을 곳은 미리 대부분 지울 것입니다."

바이런은 그 『회고록』에 결혼과 별거에 관한 이야기를 적었다고 하였다. 그 원고가 완성되었을 때 아내에게 편지를 써서 혹시 잘못된 곳이나 부정확한 곳이 있으면 정정해 줄 수 있겠느냐고 물었다. 그녀는 그런 일은 하지 않겠다고 답장하면서, 자신뿐만 아니라 딸을 위해서도 그런 원고가 세상에 나오는 것을 조금도 원치 않는다고 잘라 말했다. 역시 매정했다.

참 희한한 일이 벌어졌다. 바이런이 『돈 주앙』 제3편을 쓰고 있는 중인데 영국에서는 이 제3편이 두 군데나 출판되어 나왔다. 사기꾼이 출판업자를 부추겨 1,500부를 찍었는데 벌써 1,200부가 나갔다고 했다. 그리고 일류 평론가들이 그 작품이 매우 훌륭하고 훌륭한 영어로 쓰였다고 칭찬했다. 그리고 그 작가는 이 시대의 나쁜 도락 추구에 열정을 다 바친 사람이라고 평했다. 그리고 여자가 그것을 읽지 말아야 하는 것이 11번째 계명이라고 했다. 그런데 바이런이 1820년 8월 23일자 머리에게 쓴 편지에서 "나는 두 사기꾼이 낸 시편에서 여섯 연을 지웠어요."라고 말한 것을 보면, 어떤 경로로든 바이런이 쓴 것이 해적출판된 것은 분명하였다. 바이런은 대충은 누구의 짓인지 알았겠지만 어디에서도 언급하지 않았다.

바이런은 키네어드가 『돈 주앙』에 대해 촌평하는 것을 듣고 이렇게 대꾸했다. 오늘날의 문학 비평가들은 이때 바이런이 한 말을 바이런의 자신의 시에 대한 견해라고 인용을 많이 한다. "『돈 주앙』에 관해서―고백하라―고백해라 그대 멍청아―그리고 솔직해라―그것이 '거기 그것'[을 그대로 드러내는 그런 종류의] 숭고한 글이 되도록―음탕할지 모르지만―그게 좋은 영어가 아니란 말인가—방탕할진 모르지만—그것이 '삶'이 아니고, 그것이 '물건'이 아니란 말인가? …누가 이 세상을 살아보지 않고 그런 것을 썼겠는가? 그리고 몰아 보지 않고 썼겠는가?—우편마차를? 전세마차를? 벽에 부딪히도록 곤돌라를? 궁궐마차를? 이인승 마차를? 몰아보지 않고—테이블 위에서?—그리고 테이블 밑에서?—누가 그걸 쓸 수 있겠나? 나는 제3편을 백 연쯤 썼으나 빌어먹을, 다소곳한 것들이지. 비판의 소리가 나를 놀라게 만들지. …오늘날은 점잔 빼는 말(cant)이 여근(cunt)보다 너무나도 강해서, 이 두 단음절의 가치를 잘 저울질해 본 사람만이 가지는 유익한 경험을… 후세 사람들은 [전혀] 모를 거란 말일세."

"cant"와 "cunt"는 자형이나 발음이 비슷한 단음절어이지만 여기서는 그 의미는 대조된다. 바이런이 표면적으로 비교한 것은 '점잔 빼는 말'(cant)과 '여근'(cunt)이었다. 전자는 가식이 들어 있는, 당대 작가들이 별 성찰 없이 쓰는 체면치레의 말이었고, 후자는 여자의 거시기 그 자체, 즉 노골적이고 꾸밈없는 체험 그 자체, 혹은 적나라한 사물 그 자체, 바이런의 말로는 "거기 그것"의 언어였으리라. 바이런 자신은 이 차이를 절감하고 글을 쓰지만, 후세 사람들은 누가 그것을 이해할 수 있겠느냐고 하였다.

10월 말경 호프너가 궁금하여 바이런에게 물었다. 그와 그의 애인이 사교 모임에도 나오지 않고 긴 저녁을 무엇을 하며 지내는가 하고. 바이런은 난처한 질문이라고 하면서 정직하게 대답했다. 그는 애인을 아내처럼 데리고 살고 있으며 "저녁이 분명히… 밤보다 길어요."라고 대답했다. 그러고는 일주일만 지나면 그녀의 본남편이 올 것이며, 그때 '아내'를 본남편에게 양도해야 한다고 했다. 그녀뿐만 아니라 모든 속옷도 함께.

바이런은 테레사를 비롯한 모든 여자 애인에 대해 이런 입장을 내놓았다. 키네어드에게 한 말이다. 자신을 원한 것은 여자들이고, 그는 그저 그들에 의해 선택 당했을 뿐이라고. "나는 귀치올리 백작부인과 한 정직한 연애엔 한 치 거짓이 없었고, 그녀는 내게… 6펜스도 들지 않았다고 확신해…. 나는 단 한 가지 선물—브릴리언트형 브로치—밖에 준 것이 없고, 그녀는 그 속에 그녀의 털을 넣어 되돌려 주었다네. (나는 어느 부분의 것이라고 말하지 않겠지만, 그게 이탈리아 관습이야.) …나는 지난 반 년 동안 갈보를 멀리 했고, 철저하게 그녀와의 간통에만 신경을 썼다네." 자기가 백작부인을 납치했다는 소문을 호프너의 편지를 통해 듣고는 이렇게 답하였다. "불쌍한 나 이외에 누가 [더 많이] 납치당했는지 난 알고 싶어요. 트로이 전쟁 이후 누가 나보다 더 [많이] 강간당했나요."

10월 25일인가 26일에 테레사는 남편이 온다고 하여 모체니고궁에 가서 대기했다. 바이런도 베네치아로 갔지만 폭우를 맞아 28일에 열병에 걸리고 말았다. 테레사가 지극정성으로 간호하였지만 그는 밤새도록 헛소리만 질러댔다. 테레사는 침대 옆을 잠시도 떠나지 않았다. 섬망상태 중에도 그는 꽤 많은 시를 하인더러 받아 적으라고 했다. 이 시들은 운율이 골라 전혀 섬망상태에서 쓴 것 같지 않았다.

11월 1일 귀치올리가 전처의 아들과 하인 몇 명을 데리고 곤돌라 선착장에 내렸다. 그때에도 바이런은 여전히 온몸이 쑤시고 열이 났다. 백작은 뜬금없이 그의 아내가 지켜야 할 시간, 행동, 도덕에 관한 규칙을 조목조목 적은 종이 한 장을 아내에게 건넸다. 그는 아내에게 그 규칙을 꼭 지키지 않으면 안 된다고 강요했으나 그녀가 보니 대단히 굴욕적인 내용이었다. 자기의 인격을 모독하려고 의도적으로 만든 것 같아 당연히 못 지키겠다고 하였다. 그 규칙에는 아내의 모든 순간, 모든 지출, 심지어는 예절과 태도까지 다 구속하려는 의도가 들어 있었다. 그것의 진짜 목적은 바이런과의 모든 관계를 끊어놓겠다는 것이었다. 테레사는 말했다. "나는 언제든지 내가 일어나고 싶으면 일어날 거예요." 오히려 그녀가 엄청난 요구를 했다. "갖출 것을 다 갖춘 승마용 말 한 필"과 "찾아오는 손님은 누구든 가리지 않고 영접할" 권리를 내놓으라고 했다.

이 부부가 싸우느라 모체니고궁이 쩌렁쩌렁 울렸다. 백작은 아내를 혼인계약 위반으로 몰아가더니 단도직입적으로 물었다. "그놈이냐 나냐?" 바이런은 이때 이야기를 키네어드에게 이렇게 했다. "그녀는 둘 다는 안 되니까 나를 찍었는데, 이럴 땐 애인에게 우선권이 있지 않겠는가…. 내가 스무 살만 되었더라도 그냥 그녀를 데리고 나왔을 테지만, 서른 살이라 그런 십 년 경험이 있어서! …[나는 부디] 남편과 같이 라벤나로 돌아가라고 어렵사리 [테레사를] 설득했어. 나도 [라벤나로 뒤따라] 갈 것이라는 말을 안 했더라면 [그녀는] 안 갔을 거야."

바이런은 열병으로 자리보전하느라 이런 팽팽한 싸움에서 한 걸음 물러나 있었다. 테레사는 절망상태였지만 밤을 새워 플레처와 함께 지극정성 바이런을 간호하였다. 열흘 뒤에 테레사는 라벤나로 가야 했고, 바이런은 그녀와 서신왕래마저 중단될 위기를 맞았다. 남편이 강요한 규칙에 바이런 같은 자와 서신연락도 금지되었기 때문이었다.

이때 바이런은 머리에게 이렇게 말한다. 만약 그 부부가 화해한다면 그는 영국으로 귀국할 것이지만, "화해 못 한다면 나는 그녀를 데리고 프랑스나 미국에 숨어 들어가, 이름을 바꾸고 지방에서 조용히 살 것이오. 이 모든 것이 이상하겠지만 이미 이 불쌍한 아가씨를 곤란에 빠뜨린 것은 나 아니겠소. 그녀는 출생, 지위, 결혼에 따른 모든 환경이 결코 나 못지않으므로, 명예를 걸고 그녀가 난관을 헤쳐 나가도록 도와주어야 해요. 게다가 그녀는 매우 아름답고―무어에게 물어보시오―아직 스물한 살이 안 되었다오."

바이런이 열병에서 회복되자, 귀치올리는 바이런에게 자신은 그를 아내의 애인으로 받아들일 수 있지만, 그의 장인은 그들이 플라토닉 사랑만 할 줄 알았는데 그것이 아님을 알고 대단히 실망하였다고 말했다. 그는 사위에게 빨리 테레사가 바이런과의 모든 관계를 끊도록 강요했다고 했다. 또 명예를 알 만한 사람이 테레사와 계속 그런 관계를 가지는 것은, 감바 가문의 명예도 더럽히는 결과가 된다는 말도 덧붙였다고 했다.

테레사가 울면서 바이런에게 되돌아왔다. 그러나 다시 그녀를 남편에게 돌려보낸 것은 남편의 강압 때문이 아니라 애인의 조용한 설득 때문이었다. 11월 10일 테레사 부부는 결국 라벤나로 돌아갔다. 바이런의 기분은 가라앉을 대로 가라앉았다. 자신이 한없이 불쌍하고 처량하다는 생각이 들었다. 다시 영국으로 돌아갈까 하는 생각이 머리를 쳐들었다. 그는 주변 사람 누구와도 정상적인 교제를 할 수 없었다. 바이런의 친구라고 떠벌리는 사람도, 그를 입방아에 올려놓고 흔들어대지 않던가. 그런 사람들이 지겹고 징그러웠다. 호프너는 리도에서 같이 말을 타면서 그의 기분을 풀어주려고 애를 썼다. 가버린 테레사는 잊어버리라고 설득했다. 그리고 그가 영국으로 가려는 생각을 부추겼다.

그가 영국에 돌아가려고 생각해 보니 거기서 꼭 해야 할 일이 적지 않았다. 우선 헨리 브롬과 결투를 해야 했다. 그는 영국을 떠날 때 자기를 비방했고, 마담 드 스타엘이 자기 아내와 화해를 붙여 주려 하자 훼방을 놓았었다. 또 핸슨도 뉴스테드 매각 이후 달라졌다. 그의 계산에 이해가 되지 않는 점이 많았다. 그가 뉴스테드 매각대금으로 지불한 부채 변제 영수증을 보니 바이런이 듣도 보도 못 한 채권자들에게 28,162파운드나 지불되어 있었다. 아직 로치데일은 매각되지 않은 채 그대로 남아 있어 그 매각에도 신경을 써야 했다. 바이런은 또 자신과 애너벨러의 사이의 복잡하게 얽힌 재산분배 문제를 포함하여 다른 투자 문제에 관해서도 키네어드와 머리를 맞대어야 했다.

또 오거스터와의 관계가 복원되지 않는다면 그 원인을 꼭 밝혀야 했다.『돈 주앙』의 첫 두 편도 벌써 해적판이 돈다고 했다. 앞으로의 출판에 대해서 머리와 다시 철저하게 의논해야 했다. 셸리의 경우 그의 시가 무신론적이고 비도덕적이라고 해서 첫 결혼에서 얻은 두 아이의 친권마저 박탈당한 것을 보면, 바이런도『돈 주앙』같은 시 때문에 에이다에 대한 친권을 뺏길 수 있다는 생각이 들었다. 그러나 딸 에이다가 보고 싶었다. 알레그라도 데려가 영국 학교에 넣어야 할 텐데.

바이런은 귀국하여 그런 복잡한 일을 처리하느니 차라리 테레사를 따라 라벤나로 가는 것이 나았다. 11월 17일 알레그라와 유모가 병이 나서 라벤나로의 출발은 연기할 수밖에 없었다. 알레그라는 바이런이 얼마 전에 걸렸던 그 말라리아 열병에 걸렸다.

영국에서 부쳐 온『돈 주앙』제1, 2편의 서평을 읽었다. 에든버러의『블랙우드 매거진』(Blackwood Magazine)은 바이런의 사생활을 거론하고 "더럽고 불경스런 시"라고 혹평했다. 그런 악덕으로 가득 찬 시에는 "일말의 동정이나 용서"가 있을 수 없다고 했다. "그 불쌍한 시인은 모든 종류의 관능적인 쾌락을 다 누린 뒤에—죄의 잔에 남은 마지막 쓴 찌꺼기까지 다 들이켜는…. 더 이상 인간이 아니라 차디찬… 악마"라고 했다.

다른 비평가들도 그 작품의 간통 이야기가 청소년들에게 줄 악영향에 대해 우려를 표하면서, 독자는 자기 검열을 함으로써 이 작품을 멀리할 수밖에 없다고 했다.

몇 주 동안 바이런은 다시 외로움에 푹 젖었다. 울적했다. 테레사가 바이런과는 절대 서신왕래를 하지 않겠다고 남편과 한 약속은 예상한 대로 금방 깨어졌다. 그녀로부터 반가운 편지가 왔다. 그 편지에는 "어두운 슬픔"을 밑에 잔뜩 깔아놓고 그 위에 자기를 많이 사랑하지 않는다는 볼멘소리를 얹어놓았다. 11월 25일자 편지에서 바이런은 이렇게 말한다. "당신은 언제나 나의 첫 번째 생각이고 앞으로도 그럴 것입니다―그러나 이 순간 나는 무엇을 결정해야 할지 알지 못해 참담한 심정입니다. 한편으로는 라벤나로 돌아가 영원히 당신과 타협하면서 살 것이 두렵습니다…. 다른 한편으로는―당신을 결코 보지 못함으로 당신을 잃고―내 자신을 잃고―내가 행복에 대해 알았거나 맛보았던 모든 것을 다 잃게 되는 것도 두렵습니다…. 내가 살아 있는 한 당신에 대한 사랑은 간단없다는 것을 믿어 주시오."

바이런은 또 도망을 가자고 제안했다. 테레사가 또 반대할까 봐 또 충격을 받을까 봐 파니를 통해 제안했다. 파니는 규칙적으로 바이런의 건강, 변덕스런 행보, 또 그의 시들지 않는 사랑을 편지에 꼭꼭 동여서 보냈다. 이 편지들은 사실 바이런이 다 읽어보고 보내라고 허락한 내용들이었다. 그녀는 다음과 같이 바이런이 구술한 말도 적어서 보냈다. "만약 마님이 그분이 없어서 절대… 불행지고, 또 마님의 삶에 그가 꼭 필요하시다면, 만날 장소를 정해 만나서 합의를 보시고… 다시는 헤어지지 마세요. 그분은 자신의 귀국을 희생시킬 것이고, 두 분만 좋으시면 그는 어떤 나라든 마님과 같이 가서 살 테지만 절대 라벤나로는 가지 않을 거예요."

바이런은 또 영국으로 가겠다고 변덕을 부렸다. 11월 25일에 아글리에티가 알레그라는 이제 여행해도 좋다고 하자 바이런은 11월 말에 영국으로 출발하겠다고 해놓고선 또다시 마음이 흔들렸다. 그는 그녀가 자기와 같이 도망을 가기를 바랐다. 반대로 귀국하여 테레사와 관계를 끊을 것도 생각해 보니, 마음 한구석으로는 그녀로부터 해방되는 것도 꽤 편할 것 같았다. 꼭 끝내려면 사랑이 완전히 식기 전에 끝내는 것이 좋지 않는가.

12월 1일에 쓴 노래 가사 「영원히 사랑할 수 있다면」(Could Love Forever)은 이때의 상황을 잘 보여 준다. 테레사에 따르면 이 시를 쓸 때 바이런은 이탈리아를 떠나려는 결심을 굳혔다고 했다. 그는 발표하기 위해서가 아니라 긴장과 그것에서 나오는 열병을 치유하기 위해 이 시를 써서는 아무 데나 던져두었다. 그것이 우연히 발견되어 훗날 발표되었다. 이 시에 들어간 곡은 전통적인 아일랜드의 멜로디였다. 그는 "그대의 마지막 포옹은/ 슬픈 자취를 남기지 않는다."고 하였다. 애매하긴 하지만 테레사와는 작별을 했다고 생각하여 쓴 듯하다.

바이런은 영국으로 떠날 만반의 준비를 하고 출발날도 잡았다. 그러나 문제는 라벤나에서 생겼다. 12월 11일 테레사가 전처럼 열이 나고, 기침을 하고, 피도 토한다는 소식이 들려왔다. 결핵이 도지는 것은 이별의 슬픔을 감당하지 못했기 때문이었으리라. 그녀의 아버지와 다른 가족은 이제 '규칙' 따위는 아랑곳하지 않고, 그녀가 원하는 것이면 무엇이든지 들어주겠다고 했다. 귀치올리 자신이 앞장서서 그 애인을 빨리 라벤나로 모셔 오라고 했다. 바이런은 진퇴양난이었다. 이미 그는 영국의 여러 친구들에게 귀국을 알려 둔 상태였다. 물론 떠나는 것이 옳지만 여전히 결정을 내릴 수가 없었다.

12월 9일이 영국으로 떠나려 한 날이 왔다. 파니는 테레사에게 이렇게 보고했다. "그는 이미 여행 복장으로 갈아입고, 장갑도 끼고, 모자도 쓰고, 손에는 단장까지 쥐고 모체니고 계단에 서 있었습니다…. 이번에도 떠나기 싫은 마음으로 초조해졌습니다…. 그 순간에 주인님은… '한 시까지 모든 것이 정리되지 않으면… 이날은 떠나지 않을 거야.'라고 선언했습니다. 한 시를 쳤고 그는 안 가셨습니다." 파니는 "그는 떠날 용기가 없었습니다."라고 덧붙였다.

그 이튿날 바이런은 라벤나에서 온 한 통의 편지를 받았다. 그 편지는 테레사에게서 온 것이 아니라 그녀의 아버지에게서 온 것이었다. 그때까지 바이런과의 연애를 꺼림칙하게 여겨 왔던 감바 백작이, 부디 그리로 와서 딸을 구해 달라고 애걸했다. 오기만 하면 완전히 자유로울 것이며 귀치올리궁 2층을 마음대로 쓸 수 있다는 말도 덧붙였다. 정신적 고통이 신체에 병을 일으키는 그 체질이 언제나 테레사에겐 더없이 편리하였다. 이 병이 남편과 아버지의 기세를 꺾어 놓고 애인의 귀국을 막았던 것이었다.

바이런은 파니에게 자기가 간다는 소식을 전하라 하고, 곧 직접 테레사에게 편지를 썼다. "사랑의 신이 승리했음을, 파니는 의례적인 고상한 문체로 이미 당신에게 알렸을 것입니다. 나는 적어도 한 번 더 당신을 보지 않고, 당신이 계신 이 나라를 떠날 결심을 할 만큼 강인한 의지를 가지지 못했습니다. 내가 다시 당신을 떠날 수 있을까 하는 문제는 필시 당신 자신에게 달려 있을 것입니다. 나머지는 만나면 이야기 나눕시다…. 당신은 첫 대면 때부터 언제나 내 생각의 유일한 대상이었습니다. …당신과 당신 가족의 평화를 위하여 내가 선택할 수 있는 최선의 방법은, [내가] 멀리 떠나는 것이고, 당신에게서 멀리 떨어지는 것이었습니다…. 그러나 당신이 나로 하여금 라벤나로 돌아가도록 결정했습니다. 그래서 나는 돌아갈 것이며, 당신이 원하는 것을 할 것이며, 원하는 것이 되겠습니다. 더 이상 말을 할 수가 없어요."

제 22 장
라벤나의 카발리에레 세르벤테
(1820년)

　바이런은 12월 21일 마지막으로 베네치아를 떠나 라벤나로 향했다. 라벤나에는 눈이 한 자나 쌓여 있었다. 그는 크리스마스이브에 다시 그 초라한 알베르고임페리알레 호텔로 알레그라, 동물, 하인들을 다 데리고 들어갔다. 그러나 축제 분위기 속에서 테레사와 그 아버지와 친구들의 따뜻한 영접을 받았다. 바이런이 온다는 소식을 듣자 테레사의 병은 급속도로 나아갔다. 그녀는 크리스마스이브엔 다시 한 번 애인 옆에 앉을 수 있었다. 테레사는 이제 자신이 버려지지 않았다는 증거를 과시하려는 듯 여러 사람에게 그 애인을 '전시'하였고, 또 그 사랑의 '증거'를 최대한 보여주려고 했다. 그러나 그 애인에게는 카발리에레 세르벤테로서 꼭 지켜야 할 고달픈 규칙이 있었다.

　바이런은 자신을 맞는 사람들을 보고 처음엔 약간은 우쭐했다. 모든 사람이 자신에 대해 관심을 가지고 있어서 놀랐다. 귀치올리도 그를 카발리에레 세르벤테로 인정했다. 테레사는 남편이나 아버지를 이긴 것보다 바이런을 다시 얻은 것이 훨씬 더 자랑스러웠다. 귀치올리는 바이런 일에 초연하고, 의뭉스럽고, 노회했지만, 전처럼 기분은 좋아보였고 또 나름대로는 예의도 잘 지켰다.

그가 도착한 이튿날 밤, 테레사의 아저씨 카발리(Antonio Cavalli) 후작 댁에서 리셉션과 무도회가 있었다. 테레사의 애인을 특별 초대했다. 그런데 이 후작은 자신이 바이런의 처삼촌이나 된 것처럼 바이런을 따뜻하게 대해 주었다. 그 연회 참석은 바이런의 라벤나 사교계에 첫 공식적인 등장이 되었다. 머리에게 말했다. "테레사의 목적은 가능한 한 많이 그녀의 외국인 애인을 과시하려는 것으로 보였고, [그녀가] 사실 [여러 가지] 추문 속에서도 영광을 맛보려 할 때 내가 꼭 부끄러워할 일만은 아니었어요. 아무도 놀라는 사람이 없었어요. 반대로 여자들은 사실 [우리의] 멋진 커플을 보고 기뻐하였어요. 로마교황 부공사와 다른 모든 부(副)대표들도 최대한 예의를 지켰으며 나의 행동은 스스럼을 탔지만 그 부인과 팔짱을 끼고…. 가능한 한 그 유부녀의 애인으로 보이려 했어요." 그 파티는 2~300명이 모였으며 이탈리아에서 바이런이 본 사람 중에는 가장 교양 있는 양반들이었다.

바이런은 그리스를 제외하면 생전에 라벤나만큼 매력을 느낀 곳은 없었다. 농부들도 세상에서 최고 수준의 사람들이었으며 촌부들도 제일 아름다웠다고 느꼈다. 바이런은 라벤나의 상류층에게서 수준 높은 교양과 자유사상도 발견했다. 기후도 멋졌다. 그는 소나무 숲으로의 승마로 결코 지치는 법이 없었고, 거기다가 『데카메론』의 숨결을 느꼈다. 그곳은 공기까지 신선한 영감을 주지 않는가.

귀치올리는 자기 일에 해가 되는 자가 있으면 자객을 띄웠다. 바이런은 경호 없이 솔밭에서 오래 승마하지 말라는 경고를 많이 받았다. "나는 숲으로의 승마를 그만두라는 몇 통의 익명의 편지를 받았어요. 그러나 나는 누가 나를 해칠 것이라는 걱정을 한 적이 없었고, 전보다 더 많이 말을 탔어요. 나는 움직일 때 꼭 무장을 했고 권총을 옆에 두지 않고 잠드는 법이 없었어요." 무어에게 한 이야기이다.

바이런은 세르벤테로서 임무가 있었다. 그가 모시고 다녀야 할 테레사의 숄을 받아 접는 일을 해야 했다. 그것을 제대로 하기 위해 연습까지 했지만 반대로 접고 안팎을 혼동하였다. 바이런은 호프너에게 편지를 썼다. "나는 숄을 둘로 접는 법을 매우 열심히 연습하고 있고, 그것을 바로 접을 수 있을 땐, 다음 단계 즉 [귀부인을] 칭찬하는 말의 [단계]로 넘어가야 한다네."

바이런은 이탈리아 여성들의 관습을 이렇게 설명했다. "여성들은 지극히 고집이 세고, 질투심이 분노 같고, 가능하면 그들의 애인의 결혼까지도 막으려 들며, 사석에서나 공석에서나 언제나 애인을 끼고 돈다. 요컨대 그들은 결혼을 간통으로 바꿔 생각하고, 십계명의 '간음하지 마라.'에서 '마라'는 빼어버린다. 이유는 부모를 위해 결혼하고, 자신을 위해 사랑한다고 믿기 때문이다. 그들은 애인에게는 정절을 받을 빚처럼 요구하는가 하면, 남편은 장사꾼에게는 돈 갚듯이 전혀 신경을 안 쓴다. 사람들은… 한 사람의 인격을, 남편이나 아내에게 하는 행동이 아니라, 애인에게 하는 행동을 보고 판단한다."

(1820년) 일기가 계속 나빠 매일 승마를 할 수 없었다. 바이런은 애인을 만나러 나갈 때 외에는 답답한 알베르고임페리알레 호텔에 갇혀 지냈다. 테레사와의 관계에서도 불만이 생기기 시작하였다. 매일 비밀리에 그녀를 실컷 볼 수 없게 되자, 그녀가 자기를 무시하고 솔직하지 못하고 시치미를 잘 뗀다는 생각이 들었다. 그는 불만 요소를 하나하나 들어가며 긴 편지를 썼다. 테레사는 바이런이 그런 우울한 기분에 빠져 있을 때 그의 기분을 살려내는 것이 전혀 어렵지 않았다.

귀치올리는 귀치올리궁 2층을 제공하겠다고 재차 말했으나 바이런은 선뜻 받아들이지 않았다. 그는 테레사에게 그녀의 하녀 중 테레사라는 하녀를 꼭 내보라고 요구했다. 그 테레사는 백작의 정부(情婦)일 뿐만 아니라 정탐꾼이기 때문에, 그 하녀가 그 집에 있는 한 들어갈 수 없다고 했다. 그러나 적당한 곳을 못 찾아 2월 초 바이런은 딸 알레그라, 원숭이, 개, 고양이, 새 등을 모두 데리고 그 궁에 입주했다.

귀치올리의 집은 문자 그대로 이부일처(二夫一妻)의 희한한 집이 되었다. 바이런과 테레사의 만남은 백작이 출타 중이거나 낮잠을 잘 때만 이뤄졌다. 바이런은 점점 적대적으로 변해가는 백작과 하루에 몇 번 마주쳐야 했다. 그 건물은 모든 공간이 중앙으로 통하고, 또 계단도 중앙에 있어 사적인 공간은 없었다. 하인들도 편이 나뉘어져 있었다. 바이런은 곧 귀치올리가 데리고 있던 흑인 하인 중 하나를 심복으로 얻었다. 그는 동아프리카에서 데려왔는데 원래 테레사를 잘 따르는 하인이었다. 딴 하인은 기니 해안에서 왔는데 귀치올리 편이라 믿을 수가 없었다. 이 동아프리카 하인은 테레사의 전갈을 가져오고 바이런의 답장을 전하며, 계단을 전쟁터만큼 경계하면서 오르내렸다. 이 두 흑인 하인은 혁대에 피스톨과 여러 자루 단검으로 무장하고 그 위에 풍덩한 흑인 옷을 입고 다녔다.

　일월 하순부터 이월까지 눈이 내리더니 곧 비로 바뀌었다. 화창한 날이 거의 없었다. 산에는 계곡물이 넘쳤고, 다리가 무너졌고, 도시의 광장이 물에 잠겼다. 승마가 불가능했기 때문에 마구간의 말들도 답답한 울음소리를 냈다.

　같은 집에서 같은 여자를 데리고 사는 귀치올리와 바이런은, 오페라 및 극장 위원회에도 나란히 위원이 되었다. 한 여자에 대한 경쟁은 극장의 상석(上席)을 서로 차지하려는 경쟁으로까지 이어졌다. 바이런은 자신의 경마차가 계곡에 처박혀 못 쓰게 되자 새 마차를 주문하는 일을 귀치올리에게 맡겼는데, 나중에 그는 귀치올리가 자기를 속였다고 이의를 제기하고는 그 불만을 테레사에게 일러바쳤다.

　한 여자를 두 남자가 나눠 갖자니 바이런의 마음은 언제나 비뚤어져 있었다. 테레사는 정숙한 아내의 역할을 절대 포기하지 않았다. 남편 섬김에 조금도 소홀함이 없었고, 더욱이 바이런 앞에서는 부부간 애정 교환도 굳이 감추지 않았다. 테레사는 그렇게 하여 남편의 의심을 매끈하게 덮어나갔다. 바이런 때문에 남편의 기분이 상하면 더 애교를 부려 그의 기분을 정확히 제자리로 돌려놓았다.

　2월 21일 바이런은 영국의 조지 3세가 붕어했다는 놀라운 소식을 들었다. 그 왕은 1760년에 즉위하였으니 바이런은 이 왕의 치세밖에 몰랐다. 그 왕은 왕실비용을 줄인 돈으로 국회의원을 매수하여 어용 당을 키워, 그들을 조종함으로써 국정을 장악하려 하였다. 그러나 미국독립이라는 뼈아픈 실정(失政)을 겪어야 하였다. 이따금 정신이상 증세를 보였고 특히 1811년 이후에는 폐인 같아서 바람둥이 아들이 대리청정을 하였다.

더욱이 그의 60년 치세 동안 수년간을 제외하고는 소(小) 피트가 주도하는 토리당이 권력을 잡았다.

바이런은 이렇게 말하였다. "훌륭한 노왕은 갈 곳에 갔지요. 인간이 지복을 누리는 데는 맹목, 노령, 정신이상이 장애가 된다는 말이 있지만 섭섭하지 않을 수 없네요…. 나는 가보고 싶지만 [다음 왕의] 대관식에도 갈 생각이 없고, 내가 거기서는 하나의 꼭두각시가 될 권리가 있긴 하지만." 그는 귀족의 일원으로 조지 4세의 대관식에 참석할 수 있는 신분이라는 뜻이었다. 이날 바이런은 머리에게 그가 풀치의 『더 위대한 모르간테』의 제1편의 번역을 마쳤다고 편지로 알렸다.

조지 3세

바이런은 홉하우스가 뉴게이트 교도소에 수감되었다는 소식도 듣고 놀랐다. 또 믿기지 않았다. 그는 로밀리가 죽은 뒤 그의 선거구에 출마하였지만 낙선하였다. 홉하우스를 적극 민 사람은 그의 아버지와 버데트였다. 그는 휘그당 개혁가 중 한 동료를 팸플릿으로 맹공격했는데, 그가 익명으로 발표한 팸플릿의 내용이 그 동료의 기본인권을 침해했다는 이유로 그 발행인이 처벌 받게 되었다. 그러자 그는 자신이 저자라고 공표하고 모든 책임은 자신에게 있다고 하고 스스로 교도소행을 택했다. 죄목은 명예훼손이었다. 그는 그 전해 12월 14일에 체포되고 수감되어 1820년 2월 28일인가 29일인가에 풀려났다.

형제나 다름없는 이 절친한 친구에 대한 바이런의 태도가 이상했다.

제22장 라벤나의 카발리에레 세르벤테   595

이런 사건의 전말을 듣고도, 그는 빈말이라도 동정과 지원을 아끼지 않겠다는 말을 하지 않았다. 그는 머리에게 쓴 편지에서 "그에게는 잘된 일이에요. 호비[홉하우스]가 필로리(pillory)에 묶여 있기보다는 교도소에 간 것은 운이 좋은 편이에요. 나는 죄목이 절도죄가 아니라 명예훼손죄임을 듣고 정말 반가웠어요."라고 했다.

홉하우스는 수감되어 있는 동안 바이런에게 편지를 썼지만 아무리 찾아보아도 바이런의 위로 편지는 없었다. 바이런은 홉하우스의 편지를 무시하고 있다가, 석방된 지 나흘 만인 3월 3일에 마지못하여 쓴 듯한 내용을 몇 자 적어 보냈다. "나는 자네 편지에 어떤 말로 [답장을] 써야 할지 몰라서… 이처럼 오래 주저했네…. 나는 자네가 하는 그 운동의 동지들을… 자네가 가 있는 바로 그 장소만큼이나 싫어한다네." 친구가 용기와 명예를 잃지 않게 해야 하고 또 깊은 동정을 해야 당연했지만, 바이런은 그런 애매한 소리를 늘어놓았다. "나는 자네의 용감한 행동을 칭찬하며 [자네는] 그 팸플릿을 쓰는 것 외엔 달리 방법이 없었다고 생각하네—그러나 왜 헌트와 코베트(William Cobbett)가 하는 일에 뛰어들었나?—그리고 톰 페인(Tom Paine) 뼈다귀나 할 일에? …자네는 신중한 사람이라는 평가를 받아왔네…. 그러나 내 생각엔 자네는 적어도 정치적인 문제에 조금 성급했어." 바이런은 홉하우스가 저속한 급진주의자들과 한통속이 된 것을 불쾌하게 여겨 오던 참이 아니었던가.

홉하우스는 사려 깊던 옛날의 홉하우스가 아니었다. 그는 불의(不義)를 혁파한다고 휘그당을 선동했고, 자유를 위해 자기 자신을 기꺼이 희생시키려 했다. 그러나 바이런은 폭도들을 불신했으며, 민주적, 프롤레타리아적 정부, 심지어 중산층의 정부 수립이나 참여를 아니꼽게 보아왔었다. 그런 점에서 홉하우스와는 입장이 달랐다.

홉하우스는 바로 하층민을 위한 개혁을 기치로 출마하였지만 낙선한 것이었다. 바이런은 그런 개혁운동이 천박하고 보수주의의 품격을 잃는다고 보았다. 그러나 홉하우스에게 행운이 찾아왔다. 3월 25일에 그는 웨스트민스터 선거구에서 국회의원으로 당선되어 이제 버데트의 동지로서 당당하게 의회에 입성하였다. 코베트는 이때, 버데트가 돈키호테라면 홉하우스는 산초 판자(Sancho Panza)라는 말을 했다. 이처럼 홉하우스에게는 이제 바이런보다 버데트가 더 중요했다. 그는 그 후 교도소 개혁, 명예훼손법 개정 등 자유주의자들의 정강정책을 온몸으로 신봉하기 시작하였다. 그는 슈롭셔(Shropshire), 비숍스게이트(Bishop's Gate)에서 역시 국회의원으로 당선되어 돌아온 키네어드와 단짝이 되어 개혁의 최선봉에 섰다. 상원에서 그들의 창(槍)이었던 바이런은 이제 애인의 치마폭에 폭 싸여 세상모르고 있었다. 그는 테레사와 아웅다웅 사랑싸움하고, 화해하고, 사랑을 나누고, 발자국 소리에 귀를 쫑긋 곤두세우는, 비루한 연인 신세로 전락해 있었다.

홉하우스

바이런은 홉하우스가 기질적으로 가장 친한 친구지만 조롱하고 싶었다. 그는 3월 23일에 휘그당을 버리고 폭도와 합세한 그를 조롱하는 발라드 「나의 소년 호비 오」(My Boy Hobbie, O)를 썼다. "어떻게 그대는 홉(Hob)의 유치장으로 몸을 식히러 왔는가/ 이 친구 호비 오?"

이 시는 1792년에 발표되어 하이든의 곡이 붙은 발라드 「나의 소년, 태미 오」(My boy, Tammy O)의 패러디였다. 바이런은 홉하우스를 "호비 오"(Hobbie O)로 불렀다. 스코틀랜드의 한 발라드에서는, 화자가 태미 오에게 종일 어디에 쏘다녔느냐고 물으니 그 답이 아가씨를 찾아 쏘다녔다는 것이었다. 이 풍자시에서는 홉하우스가 쓸데없는 쏘다니다가 교도소에 들어갔다고 조롱했다. 바이런은 이 시를 머리에게 먼저 주었더니 그는 주변 사람들 모두에게 보여주어 홉하우스는 완전히 웃음가마리가 되어버렸다.

홉하우스가 그 발라드를 본 것은 교도소에서 풀려나 국회의원으로 당선된 후였다. 그는 한마디로 친구가 괘씸하기 짝이 없었다. 사람들이 자기 모르게 그 시를 돌려 보았다는 사실에 더 분통이 터졌다. 뿐만 아니라 그 원고가 토리당의 『모닝 포스트』에까지 게재되어 홉하우스는 모든 사람의 조롱거리가 되어버리지 않았는가.

그는 일기장에 이렇게 썼다. "모든 싸움에서 제 편을 들어줬고, 친구의 역할을 한 번도 거절한 적이 없는 사람을, 흙탕물에 집어넣기 위해 [그런 것을] 쓰지 않고는 못 견디는 그런 행위는─슬프게도 감정이 결여한 증거요, 또… 원칙이 결여한 증거이다." 홉하우스는 분해서 바이런과의 의절을 결심했다. 4월 21일에 그는 바이런에게 보낼 편지 첫머리에 이렇게 썼다. "아 더러운 친구─자네는 그렇게 사람이 의기소침해 있을 때 두들겨 패는가? 그러나 나는 자네가, 내가 읽기 전에 사람들이 50번지[머리의 출판사 사무실] 독서실에서 그 더러운 시를 읽게 하고, 『모닝 포스트』에 들어가도록 했다고는 [절대] 믿지 않네."

그러나 홉하우스는 역시 도량이 넓었다. 그는 우정이 그 더러운 시 한 편보다 중요하다고 생각하여 바이런에게 주려고 쓴 편지를 곧 불에 던져버렸다. 그것이 그의 정신적인 복수였다. 그런 영웅적인 도량이 있었기에 그는 젊은 나이에 국회의원 선거에서 당선의 영광을 얻었으리라. 바이런의 편지가 와서 보니 그를 은근히 놀리는, 그러나 우정이 담뿍 담긴 편지였다. 그것을 읽으니 아직 마음에 남아 있던 앙금도 눈 녹듯 녹아내렸다.

바이런은 애인 치마폭에만 싸여 있었던 것은 아니었다. 그도 로마냐에서 혁명을 꿈꾸었다. 그에 관한 정보는 귀치올리궁에서 빠져나가 일일이 바티칸에 보고되었다. 알보르게티 백작이 확인해 보니 바이런은 이미 교회와 국가의 적(敵)으로 낙인 찍혀 있었다. 당시 로마냐는 많은 사람들이 정치적인 탄압을 받은 만큼 정치적으로 불안정한 나라였다. 바이런도 자칫하면 이 나라에서 추방될 수 있었다. 충분한 증거가 있었다면 체포도 면치 못했으리라.

바이런은 그 전해 9월부터 라미라에서 『돈 주앙』 제3, 4편을 쓰면서 자기작품에 대한 비난을 잘 파악하고 있었다. 그는 머리에게 이들 작품들을 정말 발표해도 좋을지 의문이 든다고 하였다. 제3편이 너무 길고 또 지루할까 봐 둘로 쪼갰는데, 인세를 두 배로 받기 위해서 그런 것은 아니라고 머리에게 변명했다. 이 두 편을 머리에게 보낸 것은 2월 19일이었다.

『돈 주앙』 제3편을 보자. 하이데의 아버지는 죽지 않고 자기 섬에 돌아오니 놀랍게도 자기 집에서는 큰 잔치가 벌어지고 있었다. 하이데와 주앙은 신부 신랑처럼 화려한 옷을 입고 주인 자리를 차지하고 있었다. 그들은 한 노래를 주의 깊게 경청했는데, 그 노랫말은 그리스엔 애국심이 없다는 것을 개탄하는 유명한 바이런의 시 「그리스의 섬들」(The Isles of Greece)이었다. 여기서도 바이런은 또 사우디, 워즈워스, 콜리지 등을 야유한다. 이야기는 줄거리에서 벗어난다. 저녁노을에서 경건한 종교적 정서가 우러나오고, 바이런은 우주를 경영하는 것은 신(神)이 아니라 "위대한 전체"라는 자신 생각을 끼워 넣는다.

하이데의 아버지가 하이데에게 나타나는 것은 제4편에서인데, 이 시편에서 하이데와 주앙이 비극을 맞는다. 어느 날 하이데가 악몽에 시달리다가 깨 보니, 아버지가 살아와 그녀를 노려보고 있었다. 하이데는 주앙이 아버지 부하들에 의해 상처를 입고, 배로 끌려가는 것을 보고 기절해버린다. 결국 아버지가 주앙을 노예선으로 보내버리자 하이데는 슬픔을 이기지 못하고 죽음을 맞이한다.

주앙이 탄 배에는 콘스탄티노플에서 팔 노예들이 실려 있었다. 이 시편에서도 바이런은 자신의 의견, 베네치아에서 본 오페라 가수들, 트로이 근방의 탐사, 라벤나의 단테 무덤과 그 지방의 아름다운 자연, 영국의 여류문인(bluestocking) 등을 주제로 자유분방하게 넘나든다.

바이런은 『돈 주앙』의 두 시편 외에도 『단테의 예언』, 『더 위대한 모르간테』의 제1편 번역, 『신곡』 『지옥편』의 리미니의 프란체스카 이야기의 번역 등을 머리에게 보냈다. 그가 이 『지옥편』에서 가져온 그 연인들은 바로 자신의 삶을 간접적으로 보여주는 것이기도 했다. 그 이야기는 프란체스카가 애인이면서 시동생이면서 가정교사인 파울로와 벌인 밀애에 관한 것이며, 그 밀애가 발각되자 그녀의 남편은 그 두 연인을 살해한다는 내용이다.

바이런은 딸을 보니 참 대견했다. 그러나 테레사와 하인들에게는 버릇이 없었다. 바이런은 3월 31일에 호프너에게 이렇게 썼다. "알레그라는 더 예뻐졌다고 생각하지만, 당나귀처럼 고집이 세고, 독수리처럼 탐욕스럽다네. 안색을 보면 건강은 좋고, 성격은 참을 만하지만, 허영과 고집이 예외라네. 이 애는 자기가 잘 났고 고집대로 다 할 수 있다고 생각하나 봐."

바이런은 테레사와의 관계가 안정이 되자 생활도 규칙적이 되었다. 늦게 일어나서는 숲으로 승마를 하고, 극장이나 집에서 테레사와 저녁을 보내고, 이른 새벽 시간엔 글을 썼다. 그는 많은 작품을 구상하고 또 써서는, 한 부는 꼭 베껴두고 머리에게 부쳐 보냈다. 바이런은 잘 받았다는 답장이 없으면 연방 또 편지를 써서 어떻게 되었느냐고 따져 물었다.

그는 『블랙우즈 매거진』에 실린 자기 시에 대한 비평을 보고 3월 15일에 「『블랙우즈 매거진』의 논평에 대한 고찰」(Some Observations upon an Article in Blackwoods's Magazine)이라는 글을 썼다. 그 글에서 그는 '호수파 시인들'(Lake Poets)을 조롱하고, 당시의 어떤 시인보다도 포프와 드라이든이 더 훌륭한 시인임을 입증하려고 하였다. 그러나 자신의 작품은 진지한 노력의 결과가 아니라는 점에서 포프를 따를 수 없어 안타깝다고 하였다. "내가 쓴 거의 모든 것은 단순한 열정이었다…. 글쓰기가 여자가 바람피우는 것처럼 [점점] 습관이 돼 간다." 그리고 그는 키츠에 일격을 날렸는데, 그는 "호수지방의 한 마리 올챙이"에 불과하였기 때문이었다. 키츠가 「잠과 시」(Sleep and Poetry)라는 시집에서, 포프를 모방하는 것은 쉬운 일이라고 말한 것을 보고 바이런이 적잖게 분개했다. 그러나 그는 키츠가 죽었을 때 혹평한 것을 후회하였다.

테레사의 아버지 감바 백작은 오스트리아의 정치에 반기를 드는 애국자면서 자유주의자였다. 바이런은 그와 대화를 나누면서 카르보나리에 점점 더 관심을 가졌다. 카르보나리는 이탈리아 통일을 추구하는 비밀결사 조직이었다. 그는 3월 16일에 머리에게 편지를 썼다. "나는 이탈리아인들이 [역사적으로 이탈리아를 침략한] 모든 나라의 야만인들을 그들의 소굴로 되돌려 쫓아 보낸 것은, 세계에서 단연 가장 재미있는 광경이고 순간이라고 느껴요. …그러나 그들[이탈리아인들]은 연합 국가를 원하고… 아마 [그것을 위해] 노력할 것이고, 노력을 한다면 좋은 운동이 될 거예요." 바이런은 유구한 역사의 이탈리아가 오스트리아나 바티칸의 통치에서 벗어나 여러 나라가 한데 뭉친 연합국으로 탄생하기를 원했다.

귀치올리는 이미 테레사가 밉기 그지없었지만 살해는 불가능함을 알았으리라. 4월 2일 아침에 테레사가 일어나 보니 남편이 자기 서랍을 다 뒤져 자기 편지를 다 읽었음을 알았다. 그녀는 얼마 전 남편이 제기했던 별거문제를 다시 거론했다. 그녀는 남편이 점점 더 난폭해져 가고, 애인마저 자기를 버릴 것 같아 거의 광기에 사로잡혔다. 그녀는 그런 스트레스를 받으면 언제나 꼭 몸에 이상이 생겼다. 온몸에 심한 단독(丹毒)이 퍼져 얼굴과 몸이 벌겋게 달아올랐다.

바이런은 그녀의 병을 보고는 그녀에게서 가버리겠다고 한 말을 뉘우쳤다. 그런 병고 속에서도 테레사는 바이런에게는 따뜻한 마음을 잃지 않았다. 바이런은 테레사에게 음탕한 비유로 능청을 떨었다. "'살 꽂이'는 피부 깊숙이 들어가기만 할 뿐 그대 병에는 해를 입히지 않으니 언제 만날까요, 내일?" 얼마 후 바이런은 늦은 오후 솔밭으로 그녀와 같이 승마를 떠나니 그들 사랑에도 다시 봄이 찾아온 듯했다. 바이런은 다시 자신감이 샘솟았다.

바이런은 한 번도 시도하지 않았던 장르를 한번 실험해 보기로 했다. 그는 마리노 팔리에로 도제의 생애를 다루는 비극 한 편을 쓰기로 하였다. 이 작품은 1820년 4월 4일에 시작하여 그해 7월 16일에 완성하고, 7월 24일에서 8월 17일 사이에 머리에게 보냈으리라. 『마리노 팔리에로』(Marino Faliero, Doge of Venice)는 역사적으로 잘 고증된 5막의 무운시 사극이다. 즉 운은 없으나 운문으로 된 비극이어서 그 점이나 인간의 내면에 대한 통찰이 있다는 점에서 셰익스피어를 닮아 있다. 그러나 이 작품만큼 바이런 개인의 견해를 직접 노출시키는 작품도 드물 것이다. 이 작품을 쓴 동기와 그 역사적 배경을 저자는 「서문」과 「부록」에서 충분히 밝힌다.

두칼레궁 대회의실
'The Chamber of the Great Council' by Riccardo Lelli via Wikimedia Commons under CC BY-SA 3.0.

 그「서문」에 따르면 바이런은 두칼레(Ducale) 궁의 대의회실을 방문해 보니 거기에는 역대 도제의 초상화가 걸려 있었다. 그러나 팔리에로는 기록말살 형에 처해졌기 때문에 그 자리엔 검은색 천이 드리워져 있었고, 천 위에는 라틴어로 "이 자리는 참수형을 당한 마리노 팔리에로[의 초상화]가 있던 자리이다."라고 쓰여 있었다. 그는 또 팔리에로의 도제 대관식이 거행되고, 또 유죄로 판명난 후 참수 당한 바로 그 스칼라데이지간티 계단도 유심히 둘러보았다. 그는 내친김에 1819년에는 산죠바니 에파올로(San Giovanni e San Paolo) 성당을 찾아가 그의 관묘도 찾아보았다.

 이 드라마는 1355년 베네치아에서 일어난 친위쿠데타 이야기이다. 대사는 장중하며 전편에 서스펜스가 넘친다. 주인공 마리노 팔리에로는 베네치아 공화국의 장군 또는 외교관으로 큰 공을 세워 베네치아의 도제로 추대되었다. 그는 우연히 스테노(Steno)라는 귀족의 비위를 거스르자 그가 앙심을 품고 도제 옥좌에 '도제는 오쟁이 진 놈'이라고 적어 두었다. 스테노는 재판에 넘겨져 1개월 징역형을 받았지만 팔리에로는 도저히 그것만으로 분을 삭일 수 없었다. 이때 베네치아에는 구 귀족체제를

도제 마리노 팔리에로

무너뜨리고 새로운 자유체제로 가려는 개혁세력이 있었다. 그 세력이 병력까지 준비한 뒤에 팔리에로를 찾아와 동참을 권유했다. 팔리에로는 사실 정부요직의 다른 귀족과 친하지 못했고, 귀족들이 민중에 가하는 가혹한 억압을 언젠가는 시정해야 한다는 생각을 전부터 가지고 있었다. 팔리에로는 심복인 조카와 같이 그 세력에 가담하였다. 그러나 그것이 발각되어 가담자 전원이 처형당하고 팔리에로도 대관식을 한 바로 그 자리에서 망나니의 칼을 맞았다.

바이런은 점점 이탈리아 독립과 번영에 대한 소망이 커져갔다. 그만큼 추기경과의 관계는 점점 멀어졌다. 그 추기경은 독실한 신앙인이었지만, 오스트리아인들이 그의 세속적인 권력을 강화해 주자 그 달콤함에 빠져있었다. 4월 23일에 그는 머리에게 이렇게 말한다. "여기에 곧 시끄러운 일이 벌어질 것 같아요. 어젯밤 저들은 성벽에다 '공화국 수립을!'과 '교황을 없애자!' 등 구호를 써놓았어요…. 이런 것은 런던에서는 아무것도 아니지요. 그러나 여기는 달라요." 바이런은 24일에 또 이렇게 쓴다. "경찰은 밤낮 그 구호 쓴 사람을 잡으려고 혈안이 되었지만 아직 아무도 못 잡았대요. 밤새도록 잡으러 다녔는데…. '귀족 타도'도 있어요…. 나는 오스트리아인들을 싫어하며, 이탈리아인들은 그들이 받은 압박에 대한 원한이 크다오."

바이런에게는 이제 딸의 교육문제가 중요하게 다가왔다. 딸은 이제 세 살을 넘었지만 그 주변은 늘 어수선했고 불안정하였다. 이제 안정된 보호와 제대로 된 교육이 필요했다. 바이런은 딸을 보고 싶다는 클레어에 대해선 언제나 냉정했다. 그녀는 딸을 못 본 지 2년이나 되었다.

여름 동안 바이런은 클레어의 감언이설과 위협이 들어 있는 편지를 받았다. 골치가 아팠다. 그녀는 딸을 피사로 보내 주면 딸과 함께 시원한 산속인 바니디루카(Bagni di Lucca)로 비접을 떠날 것이라고 했다. 바이런은 셸리에게 이런 부탁을 했다. "나는 차라리 당신에게서 소식을 듣는 것이 낫겠소―조리란 손톱만큼도 없고, 부아만 돋우는 클레어와는 모든 서신왕래를 단절해야겠소." 셸리는 그녀가 불쌍하고 지금 건강도 나쁘니 그녀가 딸을 보도록 해 달라고 간곡하게 부탁했다.

클레어는 아이를 피사에 있는 셸리의 집으로 좀 보내 달라고 했다. 호프너 부부도 뒤늦게 클레어의 뜻을 전하자 바이런은 이렇게 잘라 말했다. "나는 아이를 그들 집에 데려가는 것은 절대 반대예요. 아이가 병원으로 가는 것이 눈에 선하거든. 안 그런가요? 애를 키워나 봤나요? 지금까지 저 애의 건강은 아주 좋아요. 성정도 나쁘지 않고. 가끔 허영심을 부리고 고집이 세지만 언제나 깨끗하고 명랑해요. 그리고 1, 2년만 있으면 영국으로 보내거나… 수녀원에 보낼 테니까…. 가까이 있어 올 수만 있다면, 제 어머니가 언제든지 아이를 데리고 있을 수는 있겠지만 달리는 안 돼요." 클레어는 이 말을 듣고 속이 타서 급기야 라벤나로 직접 달려가겠다고 했다. 그러나 그럴 돈이 있어야지.

5월 15일경 귀치올리의 시기심이 극에 달했다. 그는 테레사가 바이런에게 다정스럽게 대하는 것을 보고 더 이상 분노를 감출 수 없었다. 테레사는, 남편이 바이런 때문에 성직자들로부터 조롱을 당했고, 그 성직자들이 바이런을 라벤나에서 내쫓으려 한다는 말을 그에게 귀띔해 주었다.

5, 6월 동안 바이런은 귀치올리궁 2층에서 그의 동물과 놀고, 하인 모렐리(Luigi Morelli)가 계단에서 망을 보아 주는 동안 테레사를 비밀리에 만났고, 저녁 늦게 글을 쓰는 일상을 계속하였다. 어느 날 귀치올리가 귀가하여 보니 테레사가 바이런과 같이 있었다. 이때는 다행히 순수한 만남이었지만 그런 만남을 보자 귀치올리는 화가 났다. 다짜고짜 바이런을 보자고 하더니 종전에는 그의 1층 출입을 허용했지만, 이제는 도저히 그것도 더 이상 참을 수 없다고 말했다. 바이런은 아무 말도 하지 않고 2층으로 올라갔고 백작은 테레사에게 포악한 승냥이처럼 덤벼들었다. 바이

런이 제일 먼저 걱정된 것은 테레사의 안전이었다.

이튿날 테레사는 친정아버지와 동생을 불러 백작과는 도저히 더 이상 못 살겠으니, 친정으로 데려가 달라고 했다. 이런 일이 처음이 아니었고, 그 때마다 바이런과의 관계는 낭만적이고 플라토닉한 우정 관계라고 했다.

라벤나의 정치적 기상이 바뀌고 있었다. 시칠리아(Sicilia)와 칼라브리아(Calabria)에서 왕정에 반대하는 군사봉기가 일어났다는 소식이 나폴리에서부터 퍼져 나갔다. 그 군사봉기는 이탈리아 전역에 독립 의지에 기름을 붓는 효과가 있었다. 로마냐에서도 오스트리아의 전제통치에 대한 반감이 새삼 크게 부각되었다. 새로 생긴 비밀협회가 기존의 카르보나리와 연대하여 활동을 시작하였다. 기존단체들도 더 많은 동조자를 불러 모아 모임을 활성화하였다. 한편 정부에서는 이들 불순분자들의 집에 스파이를 심어 그들의 활동을 일일이 파악하였다. 그 비밀협회는 전혀 '비밀' 협회가 아니었다. 경찰은 곳곳에 스파이를 심어 '비밀'은 경찰이 더 먼저 알아냈다.

바이런은 6월 9일 무어에게 이렇게 썼다. "나는 교황의 기총병(騎銃兵), 즉 헌병과 한판 시비가 붙었어요. 그들은 내 하인들의 제복이 그들의 그 볼품없는 제복과 너무 닮았다고 추기경에게 진정을 했기 때문이었다오…. 우리들 제복은 나의 문장(紋章)에 맞춘 색깔이고 1066년 이래 우리 가문 색깔이 아니겠어요. 나는 날카로운 답변을 보냈어요. …어느 한 병사라도 내 하인을 모욕한다면, 나도 똑같이 그들의 용감한 사령관을 모욕하겠다 했지요. 나는 전부 여섯 명인, 상당히 사나운… [내 하인들]에게, 공격을 받거든 적극 방어하라고 시켜뒀지요." 바이런은 6월 20일에 모체니고궁을 계약 해지하고 곤돌라도 처분하여 베네치아의 살림은 말끔히 정리했다.

바이런은 6월 1일 무어에게 이렇게 이야기했다. "[테레사의] 별거에 대한 논란이 계속되고, 사제와 추기경을 포함한 모든 사람들이 다 [이 별거 문제에] 편이 갈려져 있어요. 여론은 그 남편을 거칠게 비난하는데… 그 남편은 [테레사의 부정(不貞)의] 증거를 얻으려고 애를 썼으나 충분한 것을 얻을 수 없었어요. 영국에서는 이혼을 50번 시켜 줄 증거도 여기서는 인정이 안 돼요. 그녀의 친척들도 그에 대한 반감은 커요. [그녀의 아버지는] 경호 없이 소나무 숲의 긴 승마 길로는 절대 가지 말라고 경고를 해 줬어요. 그래서 나는 매일 승마하러 나갈 때에는 단도와 쌍권총을 소지한답니다. 나는 문제가 어느 쪽이로든 해결될 때까지 이 장소에서 절대 움직이지 않을 겁니다…. 그들은 그[귀치올리]가 바보 아니면 악한이라고 하는데, 지금까지 [우리] 연애[의 증거를 발견하지 못했으니 바보요. 알고는 있되 [우리에게] 나쁜 결과가 나오도록 기다렸다가 그 사실을 폭로하려고 한다면 악한인 거지요…. 그는 20스쿠디(scudi)를 쓸 용기가 없다는 거예요. 일처리 깔끔한 자객 하나 사는 평균 가격이 그 정도라나요. 나는 저녁마다 숲 주위로 승마를 하기 때문에 [나를 살해할] 기회가 없는 것이 아니라오."

 프랑스가 점령한 후부터 귀치올리는 정치적으로 양다리를 걸치고 있었다. 이때 고위성직자인 마리니(Marini) 신부가 귀치올리를 찾아와 부디 라벤나에서 바이런을 쫓아내 달라고 했다. 그러나 바이런은 반정부적인 기미만 보였지 추방시킬 만한 결정적인 일을 한 것이 없었다. 더구나 그는 이탈리아의 부르봉 왕조를 지키기로 약속한 영국 귀족이 아닌가. 그 신부는 백작에게 바이런더러 집을 비우게 해보라고 암시를 줬다. 귀치올리는 바로 바이런에 대한 태도를 바꿨다. 바이런은 이때 그들의 사랑이 탄로 난 것은 아닐까 가슴이 뜨끔했다. 테레사에게 슬쩍 물어 보니 절대 그런 것은 아니라고 했다.

 5월에 테레사의 아버지 감바 백작이 가만히 보고만 있을 수 없었다. 딸이 귀치올리와는 죽어도 못 살겠다고 하니까 아버지로서는 딸을 별거시킬 수밖에 없었다. 그는 사위가 말을 듣지 않자 결투까지 신청했다. 그는 바티칸의 고위층에 든든한 연줄이 있어서 비록 카르보나리를 돕긴 했지만 누구도 그를 당장 어떻게 할 수는 없었다. 그의 장인장모의 결혼은 이몰라(Imola) 주교가 주례했는데, 그 주교가 그 당시에는 피우스 7세 교황이 되어 있었다. 그러니 귀치올리가 무슨 간담으로 감바 백작의 사위나 다름없는 바이런을 내쫓을 수 있겠나. 감바 백작은 교황에게 딸의 별거를 윤허해 달라고 정식 청원서를 올렸다.

그런 조치가 귀치올리에게는 큰 타격이 아닐 수 없었다. 만약 별거를 한다면 그는 엄청난 재산손해를 입어야 했다. 감바 가족은 당연히 귀치올리에게 생활비, 결혼지참금과 그 이자를 청구하고, 테레사가 개인소지품을 가지고 나올 권리를 요구했다. 귀치올리는 테레사의 부정을 입증만 하면 쾌재를 불렀을 것이다. 그는 전력을 다해 별거를 반대했다. 만약 별거 결정이 내려온다면 테레사는 일 년에 1,000파운드에 해당하는 월 100스쿠디의 돈을 생활비로 받을 수 있었다. 그 외에 일용품, 동산, 마차 등도 공급받을 수 있었다. 그러니 남편은 테레사를 위협하고 회유했다. 증인을 내세우면 그녀의 간통을 충분히 입증할 수 있고 또 다 용서할 테니 딱 바이런만 포기하라고 했다. 이탈리아에서는 이혼은 불가능하였고 또 이 나라 법정은 간통의 증인이나 증거는 거의 인정치 않았다. 그녀의 아버지는, 테레사가 남편에게서 해방되는 것이 너무 기뻐 맨몸으로 뛰쳐나와 버릴까 봐, 걱정이 되었다. 그는 바이런의 명예를 위해서라도 돈은 꼭 챙겨 나와야 한다고 신신당부를 하였다. 그렇게 해야 부정한 여인이라는 불명예도 씻어낼 수 있지 않겠나.

교황이 정식 별거를 윤허한 것은 두 달 뒤 7월 12일이었고, 14일에 정식 문서가 도착하였다. 물론 교황이 테레사가 바이런과 동거해도 좋다고 임프리마투르(허가장)를 내준 것이 아니었다. 교황의 칙령은 "백작부인은 남편의 집을 떠나 친정아버지의 집에 가서, 남편과 별거하는 존경스럽고 점잖은 귀부인의 모범적인 몸가짐으로 살아갈 것"을 허용하는 내용이었다. 귀치올리가 교황의 칙령에 따르려면 돈이 들어야 하므로 그녀가 집을 못 나가게 할지 몰랐다. 친정아버지는 7월 14일 딸에게 몰래 짐을 싸서 그 이튿날 모시에 모처로 나오면 자기가 데려가겠다고 했다. 아니나 다를까 귀치올리는 그때부터는 자기 집에서 말 한 마리, 마차 한 대 못 빠져 나간다고 엄포를 놓았다.

그녀는 15일 오후 네 시에 집을 탈출해서 아버지를 만나자, 아버지는 딸을 라벤나 남서쪽 24km에 있는 그의 필레토(Filetto) 별장으로 데려갔다. 그녀의 별거 조건에 따르면 그녀는 애인과 동거해서는 안 되고, 아버지의 지붕 아래 살든지 아니면 수녀원에 들어가야 했다.

테레사가 나갔지만 바이런은 여전히 그 집에 그대로 남아 있었다. 바이런은 이제 카발리에레 세르벤테에서, "남편과 별거하는 존경스럽고 점잖은 귀부인"의 애인으로 '강등'되었다. 귀치올리는 바이런에게 정탐꾼을 붙여서, 혹시 테레사가 바이런에게 오면 어떻게든 증거를 꼭 확보하라고 하였다. 바이런은 필레토 별장에서 그녀를 공식적으로 만나는 아주 제한된 시간 외에는 절대 만나서는 안 되었다.

귀치올리가 생각하니 바이런에 관한 한 하나도 뜻대로 된 것이 없었다. 이가 갈렸다. 원수를 한 지붕 밑에 둘 이유가 없었다. 그는 바이런에게 나가라고 했다. 그러나 바이런은 이유는 말하지 않은 채 절대 나가지 않겠다고 버텼다. 그다음 1년 동안 한 여인의 남편과 애인은 그 여인이 없는 한 집에서 극도의 서먹함과 불편함을 겪으며 살아야 했다. 집주인은 바이런의 동물들 즉 고양이, 개, 새, 원숭이와 그의 딸 알레그라가 내는 갖가지 울음소리가 다 자기를 조롱하는 듯하여 생각하면 생각할수록 분통이 터졌다.

제 23 장
카르보나리
(1820년)

    테레사가 집에서 나가던 날, 바이런은 저녁 승마를 마친 후 자기 요리사 발레리아노(Valeriano)에게 테레사의 시종 모렐리와 함께 그녀를 철저히 경호하라고 지시했다. 그는 또한 쪽지도 보냈다. "당신은 내 사랑을 의심해선 안 되오—당신 사랑이나 잘 유지토록 하시오—아버님인 감바 백작에게 안부 전해 주시오…. 산타키아라의 가장 훌륭한 문체로 답장해 주오."
    바이런은 테레사가 남편의 요구에 너무 잘 따라준다는 생각이나 그 남편에 대한 시기심은 이제 더 이상 가질 필요가 없었다. 이제 그가 실질적인 남편이 아닌가. 그는 그렇게 생각하니 열정이 살아났다. 그녀 또한 떨어져 있어도 강하게 그를 끌어당기지 않는가.
    알레그라는 테레사를 "마미나"라고 부르며 마미나가 달래 주지 않으면 울음을 그치지 않았다. 테레사는 바이런이 솔밭에서 살해를 당하지 않을까 여간 걱정이 되지 않았다. 그가 그녀를 찾는 횟수가 점점 뜸해졌고 편지에도 열정이 식어 갔다. 바이런은 은밀한 '연애'에서, 또 여자의 강한 요구에서 해방되니, 점점 시가 쓰이고 정치에도 관심이 생겼다. 테레사가 집을 떠나는 바로 그 이튿날 그는 『마리노 팔리에로』를 탈고하였다고 앞에서 이야기하였다. 그러나 그 후에도 성실하게 그 작품에 살을 붙여나갔다.

테레사의 아버지가 많이 바뀌었다. 그는 이때부터 진정으로 바이런에게 호감을 보였다. 그도 젊은 영국 귀족의 마법에서 자유로울 수 없었다. 그는 바이런이, 수전노 같은 늙다리보다 백 배 나은 사윗감이라고 생각하였으리라. 더구나 바이런은 모든 일에 그와 상의했으며, 테레사의 명예와 행복을 위해서는 무엇이든지 다 하였다. 거기다가 정치적인 이상이 자신과 같지 않는가.

바이런은 성직자를 일단 조심해야 했다. 그를 로마냐 밖으로 내쫓을 기회를 잡으려고 눈을 시퍼렇게 뜨고 있는 집단이 바로 그들이었다. 그들이 바이런을 내쫓는 한 가지 방법은 누구든 그의 이탈리아 하인을 고의로 집적거려 문제를 일으켜서 그것을 빌미로 그를 추방시키는 것이었다. 바이런이 가장 신임하는 하인은, 한때 귀치올리가 데리고 있었으나 베네치아에서부터 바이런의 서기로 일하는, 또 파니의 애인이기도 한 레가 잠벨리(Lega Zambelli)와, 난폭하게 생겼지만 마음은 비단 같은 곤돌라 사공 "티타"였는데, 저쪽에서는 그들을 표적 삼아 고의로 집적거렸다.

라벤나의 7월 더위도 예사가 아니었지만 바이런은 시원한 궁에 틀어박혀 강한 집중력으로 글을 썼다. 그는 공연장이나 사교모임에도 나가지 않았다. 거의 돌보지 못했던 딸에도 관심을 돌렸다. 딸이 더위를 이기지 못해 자주 보챘다.

알레그라가 7월에 또 말라리아에 걸렸다. 바이런은 이 비위생적인 도시에서 벗어나야겠다고 생각하여 별장을 물색하다가 8월에 바치네티(Bacinetti) 별장을 구했는데, 이 별장은 테레사의 필레토 집과 14km, 라벤나와는 10km 떨어진 곳에 있었다. 바이런은 "두 작은 소녀 때문에" 그 집을 얻었다고 했다. 바이런의 눈에는 테레사도 아직 아담한 소녀였다. 아이부터 옮긴 후 두 하녀가 돌보니 병세가 조금씩 호전되었다. 바이런은 "두 소녀"를 보러 자주 못 가자, 큰 "소녀"가 자기의 어릴 때의 장난감을 챙겨 작은 "소녀"를 찾아갔다. 알레그라는 '마미나'에게 유행가를 불

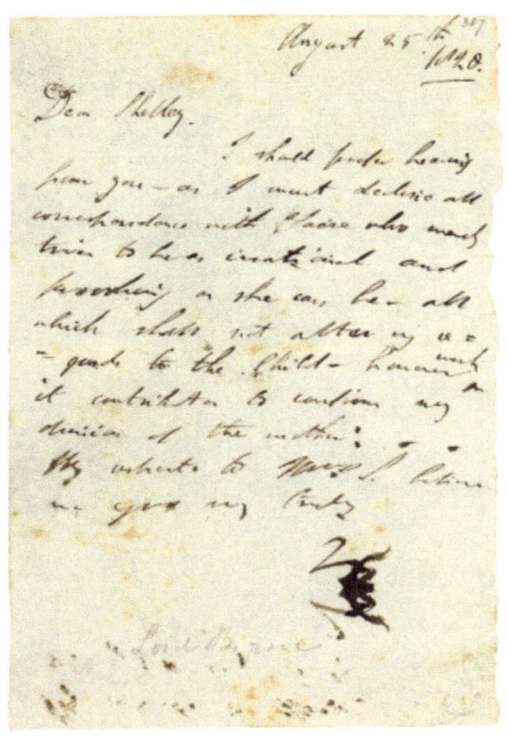

바이런이 1820년 8월에 셸리에게 쓴 편지

러주고, 플레처 같은 하인을 흉내 내어, 좌중이 폭소를 터뜨렸다. 알레그라의 머릿속에는 '마미나'는 테레사였고, 그 테레사가 곧 어머니였다.

바이런이 테레사를 보러 가는 데는 뚜렷한 명분이 필요했다. 그가 필레토에 처음 간 것은 8월 16일이었는데, 그날은 그 멋진 17세기 석조 건물에서 비밀협회가 열렸고, 바이런이 그 협회에 가입한다는 명분이 있었다. 그러나 그는 한번 그 별장에 발을 들여놓자 여름과 가을 동안 방문이 심심찮게 이어졌다.

바이런은 필레토에서 또 따뜻한 가정을 느낄 수 있었다. 감바 가족은 모두 예절이 발랐고 가슴이 따뜻했다. 바이런이 옥스퍼드 귀부인의 저택에서 그녀의 가족을 좋아했듯이, 거기서도 테레사의 여동생들을 좋아했다. 그는 마치 그들 가족의 일원이 된 것처럼.

바이런은 알보르게티 백작이 들려주는 단편적인 정보를 두고 요모조모 꿰어 맞춰 보았다. 알보르게티는 바이런이 라벤나에 처음 왔을 때부터 그에게 많은 도움을 주었다. 그는 테레사의 별거에 관한 칙령도 미리 알려주었을 뿐만 아니라, 그녀가 합의서를 어겼을 때 수녀원에 집어넣으려는 남편의 음험한 책동, 바이런 자신에 대한 바티칸의 사찰 내용, 혁명 봉기를 진압할 오스트리아군의 부대 이동 등 일급비밀까지도 많이 알려주었다. 심지어 바티칸이 적극적으로 오스트리아의 괴뢰 정부를 지원한다는 비밀까지도 흘려주었다. 바이런은 아보르게티가 그런 일급비밀 정

제23장 카르보나리 **611**

보를 알려주는 대신, 자기의 활동에 관한 정보도 뜯어가는 것이 아닌가 하는 의혹이 들었다.

감바 백작은 열일곱 살의 아들 피에트로가 로마에서 공부를 마치고 돌아오자, 바이런을 만나보라고 보냈다. 피에트로가 자형 귀치올리의 이야기만 듣고 바이런을 악마 같은 인간이라고 단정하고 있던 터였는데, 막상 만나보니 정반대였다. 그는 금방 매료되었다. 그는 그 이후 평생 그를 숭배하는 친구, 아니 평생 그를 따르는 사도(使徒)가 된다. 바이런도 이상(理想)을 추구하는 미남 청년이 자기를 찾아온 것을 대단한 행운으로 여겼다. "나는 당신 남동생이 대단히 마음에 드오─

피에트로 감바

그는 인격과 재능이 있소─커다란 눈썹! 내 생각엔 당신 키를 가져가 훤칠한 키…. 그의 머리는 혁명을 하기엔 약간 너무 뜨겁소─그는 성급하면 안 될 것이오." 바이런이 훌륭한 사도를 얻자 곧 그의 정치적인 야심에 다시 불이 붙기 시작하였다. 두 친구는 내면에 도사린 '정치적 시(詩)'를 어떻게 세상에 구현하는가에 대해 이야기하였다. 그들은 이미 시로서는 그들의 자유주의 이상을 추구했지만, 그 이상을 어떻게 현실에 옮겨 놓을 것인가는 쉽지 않은 숙제였다. 바이런은 이탈리아 해방을 위해 일어선 신성한 십자군 속에서, 피를 나눈 동생 하나를 찾은 기분이었다.

로마냐에서는 나폴레옹 치세 때부터 독립을 위한 비밀협회가 결성되었고, 감바 가문 사람들이 앞장서서 카르보나리 불꽃을 지켜 왔다. 테레사의 아버지 루게로 백작이 그 지도자였고, 지금은 그의 아들과 조카까지도 그를 도왔다. 이 세 사람은 당연히 경찰의 엄중한 사찰을 받았다. 바이런이 그해 여름과 가을에 로마냐의 비밀협회 회의에 참석할 수 있었던 것은 그 협회의 핵심 지도자가 바로 감바 부자였기 때문이었다. 그 모임은 낭만적 이름을 비롯하여, 보초가 서는 방이나 숲에서의 야간 집회, 암호와 신비로운 의식 등 매력적인 요소가 있었으나, 엉성하기가 아이들 장난 같았다. 7월에 바이런은 대부분 노동자들로 구성된 '투르바'(Turba, '폭도'의 뜻)와도 연계했는데, 혁명을 실제로 감행할 수 있는 소부대는 사실 이들이었다. 그 소부대에는 대장장이, 여관주인, 상인, 모험가 등 다양한 사람이 소속되어 있었다. 물론 그 안에 빼놓을 수 없는 것이 정탐꾼이었다. 바이런은 그 소부대에서 명예 '카포'(Capo) 즉 회장으로 선출되었다. '카포'로서 바이런이 한 역할이란 테레사의 아버지와 함께 젊은 과격분자들의 무모한 계획을 좀 더 유기적이 되도록 조정하는 일이었다. 바이런은 홉하우스가 폭도와 연대한 사실을 두고 그를 조롱했지만, 자신도 그런 사람들과 관계를 맺고 또 그 사실을 자랑으로 여겼으니, 자기모순이고 홉하우스와는 피장파장이었다. 그러나 바이런의 폭도는 재미있는 사람들이고, 그를 지도자로, 또 후엔 무기 공급자로 인정해주어, 그들과의 관계에서 뜨뜻한 동지애를 느꼈다.

피에트로는 나폴리 부르봉 왕조의 저항 '혁명'이 어떻게 용두사미로 끝났는가를 생생하게 이야기해줬다. 나폴리에서 오스트리아의 괴뢰 군주 페르디난드 1세(Ferdinand I)에 반대하여 봉기가 일어난 것은 1820년 7월 2일이었고, 사흘 뒤에 페르디난드는 나폴리 시민들이 자신을 견제하기 위해 만든 새 헌법을 인정할 수밖에 없었다.

필레토 별장에서 테레사도 바이런 없이는 외로워 견딜 수가 없었다. 그녀는 매일 그에게 편지를 썼고 그는 주위의 눈을 피해 그녀를 방문했다. 바이런이 약속 날짜에 오지 않으면 원망을 했다. 바이런은 그들의 만남은 별거조건 위반이 되어, 전 가족이 위험에 처할 수 있음을 왜 모르냐고 그녀에게 주의를 줬다. 위험한 현실을 더 잘 인식한 쪽은 바이런이었다.

바이런은 8월에 테레사가 외로움을 해소하라고 불어로 된 책을 많이 보내줬다. 그중의 한 권이 벤자민 콘스탄트(Benjamin Constant)의 『아돌프』(Adolphe)라는 소설이었다. 그 소설의 젊은 남자 주인공은 끈질기게 달라붙는 애인이 싫증나서 결국 그녀를 버리게 된다는 내용이었다.

그것은 테레사에게는 일종의 경고를 하는 의미가 있었다. 아니나 다를까 그녀는 그 소설을 읽자마자 심통이 나서 "바이런-왜 당신은 이 책을 내게 보냈지요?" 하고 앙칼지게 따져 물었다.

9월 말에 바이런은 머리에게 자신이 '유령'이 된 황당한 이야기를 들려준다. 바이런의 해로 동기동창이고 훗날 총리가 되는 필이라는 친구가 있었다. 바이런은 1811년에 귀국했고 그 전해에는 튀르키예에 있었다. 바이런이 귀국해서 1811년 말에 그 친구를 만났더니 그는 1810년에 세인트제임스(St. James's) 가에서 바이런이 아무 말 없이 스쳐지나가는 것을 보았다고 하였다. 그 친구가 길 맞은편에 걸어가는 바이런을 보고, "바이런이 저기 가네."라고 하자 같이 가던 그의 동생도 "그래, 바이런이야, 다른 사람은 아니야."라고 말했다는 것이다. 또 조지 3세가 정신이상이라고 공격을 받을 때, 그의 건강을 기원하는 사람의 명부에 바이런도 이름을 적고 있더라고도 했다. 이때 바이런은 파트라에서 말라리아로 정신을 잃고 끙끙거릴 때였다. 그의 몸은 그리스 파트라에 있었는데 그의 유령이 런던에 돌아다녔다는 이야기가 된다.

루크레티우스(Lucretius)의 견해에 따르면, 우리 몸의 표면이 양파의 껍질처럼 몸에서 벗겨져 나가 가끔 다른 곳에서 우리 형상을 짓는다고 한다. 그렇기 때문에 산 사람이든 죽은 사람이든, 그의 형체와 그림자가 자주 다른 곳에 나타날 수 있는 것이다. 바이런은 이렇게 말했다. "사람이 그렇게 나타난다면 코트나 조끼도 보일까요? 나는 사인(死因)에 따라서는 무의식 과정으로 인해 우리가 둘이 될 수 있는 것을 안 믿는 것은 아니지만, 이 둘 중 진짜 내가 어디에 들어 있는가는 당신이 결정해 주기 바라요. 다른 나도 행동이 신사답기만 바랄 뿐이오."

10월 1일 나폴리 의회가 개원하더니 오스트리아에 대해 선전포고를 하였다. 이것은 이탈리아 전 국민들에겐 경천동지할 희소식이었다. 바이런도 들떠서 라벤나에서 비밀회동만 할 것이 아니라 빨리 전쟁의 현장으로 달려가야 한다고 생각하였다. 바이런은 나폴리 국민들에게 보내는 편지를 이탈리아어로 써서 나폴리 정부에 전달하려 했으나 문제가 생겼다. 바이런이 믿고 돈과 서신을 맡긴 지간테(Giuseppe Gigante)라는 사람이,

나폴리 정부인사가 아니라 교황정부의 밀정 같았다. 그 서신에서 바이런은 자유의 수호자인 한 영국인이, 나폴리인들은 비록 외국인이지만 그들의 좋은 운동에 동참하는 것을 허용해 주리라 믿고, 기꺼이 1,000루이를 헌금하고 싶으니 받아 주면 영광이겠다고 했다. 비록 적은 액수지만, 그 것이 영국인들로부터 받을 마지막 헌금은 결코 아닐 것이라고 했다. 또 바이런 자신은 나폴리 정부가 지시하는 곳이면 어디든지 가겠으며, 거기서 어떤 명령이라도 또 어떤 위험이 닥쳐도 기꺼이 수행하겠다고 했다.

바이런이 반도(叛徒)들에게 보급품과 돈을 대 준다는 정보가 관계당국에 흘러 들어갔다. 새로 부임한 루스코니(Rusconi) 추기경은 전임자보다 더 영리하고 반도들에게 더 철저하였다. 그가 볼로냐에 있는 스피나(Spina) 추기경에게 쓴 편지이다. "그리고 유명한 바이런 경도 이 엄청난 음모에 가담했으리라는 의혹이 제기되고 있습니다…. 이 문제에 대해 나는 국무장관 추기경님께 정보를 제공했습니다만, 지금까지 최고정부는 그에게 아무런 조치를 내리지 않고 있습니다." 이처럼 바이런도 루스코니의 정보망에는 단단히 걸려 있었지만 그때까지 직접적인 불이익은 없었다.

나폴리에서 들려오는 소식은 여전히 불안한 내용이었다. 그 내용은 10월에 유럽 강대국이 참여한 트로파우(Troppau) 회의에서 비밀 의정서를 조인하였는데, 각국은 자국 내 위험 혁명세력을 짓눌러 전체 "유럽"의 권리를 되찾자는 것이었다. 안타깝게도 영국과 프랑스는 나폴리 혁명을 짓밟은 오스트리아의 반혁명적 무력행사에 대해서 중립적이거나 묵인했다. 페르디난드 왕은, 입헌정부를 세우려는 과격한 요구를 봉쇄하기 위해 소집된 라이바흐(Laibach) 회의에 초청 받고 있었다. 이런 사실들을 모르고 있던 로마냐의 애국자들은, 나폴리 혁명이 꼭 그들에게 유리할 것이라는 헛된 희망에 부풀려 있었다.

테레사는 『돈 주앙』의 불어 번역판을 읽을 때까지 바이런의 시를 읽지 못했다. 그녀는 불어로 번역된 그의 작품을 읽고 큰 충격을 받았다. 바이런은 머리에게 이렇게 썼다. "나는 『돈 주앙』에 대해 신경을 쓰기 싫어졌어요. 매우 예쁜 이탈리아 숙녀가 전날 내게 무슨 말을 했는지 아세요?

그녀는 불어판을 읽고는 그것에 대한 칭찬과 결점을 이야기했어요. 나는 그녀가 말한 것이 맞다고 말했지만, 그것[『돈 주앙』]이 『차일드 해롤드의 순례』보다 더 오래 갈 것이라고 말했어요. (그녀는 말했어요.) '아, 그러나 [나는] 『돈 주앙』의 영원성보다는 『차일드 해롤드의 순례』의 3년간의 명성을 원해요!'"

같은 편지에서 바이런은 머리가 월터 스콧의 소설 『수도원장』 (Abbot)을 보내 줘서 고맙다는 인사를 하고, 자기 외가 쪽 조상이 그 소설에 나오는 매리 여왕과 관계가 있다고 하였다. 그 역사적 내용을 그는 10월 25일자 편지에서는 수정하였지만, 그 내용은 대체로 다음과 같다. "그 수도원장에 대해 나는 보통 이상으로 관심 가지고 있어요. 외가 쪽의 보가짓트(Bogagicht)의 존 고든 경(Sir John Gordon)이 그 시대에는 가장 잘나가는 인물이었는데, 매리 여왕 때 반역하여 애버딘 단두대에서 돌아가셨어요. 그는 여왕의 친척일 뿐만 아니라 정부(情夫)였다고들 해요. (후에 내용을 수정할 때 이 사실을 확신하지 못한다고 했다.) 그의 운명은 당시 연대기에 많이 나와요. …내 어머니는 그 스튜어트 가문의 후손이고, 옛 고든 가문의 후예이기 [때문에]… 마왕처럼 건방졌던 거예요. 어머니는 내게 자신의 고든 가문이 남쪽의 바이런 가문보다 더 훌륭한 귀족임을 일깨워 주려 했었지요. 외가의 고든 가문은 어머니에게 [재산과 지위를] 상속했던 것처럼 여자들에게도 상속을 하지만, 노르만(Norman) 계(系)인 우리는 여자에게 전혀 상속하지 않고 남자에게만 상속하는데도 말이에요."

10월 17일 바이런은 무어에게 편지를 쓴다. "나는 당신에게 이탈리아에 대해 아무 말도 못 하겠어요. 왜냐하면 정부가 나를 의심의 눈초리로 보고 있다는 것을 내가 잘 알기 때문이오. 예쁜 놈들, 마치 이 외로운 이방인이 장난이라도 칠까 봐 그러지요. 내가 믿기론 내가 소총, 권총 사격을 좋아하기 때문이에요. 내가 소비하는 탄창의 양을 보고 경계를 한다니, 겉똑똑이 같은 놈이라고!"

바이런은 머리가 보내 준 평문을 보고 불만이 고조됐다. 『쿼터리 리뷰』의 한 글에서 바울즈가 감히 포프를 비난하였기 때문이었다. 바이런은 기가 막혀 머리에게 편지를 썼다. "[바울즈 같은 시인들은] 모든 시인들 중, 또 거의 모든 인간들 중, 가장 결점 없는 포프를 깎아내림으로써 제 얼굴에 똥칠하고 하느님을 부정한다오." 바이런은 평생토록 포프가 공격을 받으면 절대 참는 법이 없었다.

『에든버러 리뷰』도 그를 화나게 했다. 거기 실린 글 한 편이 포프를 불손하게 대하면서 키츠의 시를 두둔하였기 때문이었다. 그는 이렇게 썼다. "『에든버러 리뷰』가 그 이름이 잭 키츠인지 케치인지 그 무엇이든지 간에 그를 두둔했어요. 왜 그의 시가 시의 수음(手淫)이 아닌가요." 그리고 다음 편지에서 이 문제를 다시 거론했다. "그런 글은 일종의 정신적 수음이에요―그는 언제나 상상력을 끌어오지요. 나는 그가 상스럽다는 뜻이 아니라, 고약한 방법으로 아이디어를 끌어다 어떤 상황만 만들어낼 뿐인데, 그것은 시도, 다른 어떤 것도 아니고, 생 돼지고기와 아편이 만들어내는 미친놈 환상이에요."

머리는 바이런에게 『돈 주앙』의 새 시편에 껄끄러운 데가 있으니 좀 다듬어 주면 좋겠다고 했다. 그러나 바이런은 냉담하였다. 그는 문학작품은 창조의 불길에서 갓 나왔을 때가 최고라면서 11월 18일 머리에게 이렇게 답했다. "『주앙』과 『힌트』에 다시 손댈 것을 말씀하셨는데 그대로가 좋습니다. 나는 덧칠은 안 합니다. [포에지에서] 나는 호랑이와 같으며, 내가 첫 공격에 놓쳐버리면 으르렁거리면서 내 정글로 들어가고 말아요. 둘째 공격은 없어요. 고칠 수 없어요…. 고쳐서 성공한 사람은 여태 아무도 못 보았어요. 타소는 그의 『예루살렘』 전부를 개작했는데 그 개작을 누가 읽기라도 하나요? 사람들은 모두 첫 작품을 찾습니다…."

11월이 되자 테레사는 더 이상 외롭고 난방도 되지 않아 아버지를 졸라 자기를 라벤나 친정집으로 데려가 달라고 했다. 바이런은 테레사에게 닥칠 위험을 잘 알고 있었다. 별거 칙령의 한 가지 조건이 아버지 지붕 밑에서 존경스럽게 살아야 하는 것인데 친정 본가로 들어가면 그곳으로 자신을 맞이할 것이 틀림없기 때문이었다. 친정에는 지금까지 바이런을 맞이한 어떤 방보다 더 사치스런 방이 있었다. 또 그 방에는 귀치올리의 방과는 달리 얼마든지 그들만의 시간이 가능했다. 바이런은 불규칙적으로 그 집을 방문하였다.

제23장 카르보나리 **617**

바이런의 생활이 안정되어 갔다. 이른 오후에 일어나 글을 쓰거나 승마를 하고 피에리노(Pierino)와 같이 사격을 하러 갔다가 비밀협회 동지들을 만나 정보를 들었다. 저녁에 테레사가 있는 감바궁에 가서 테레사 가족을 만나고 이슥할 때까지 테레사 방에 머물렀다. 이처럼 테레사는 유부녀의 특권을 다 찾아 누렸고, 바이런의 얼굴에도 환한 꽃이 피었다.

라벤나 거리에서 자주 총격전이 벌어졌다. 시민군, 경찰, 용병이 투입되어 카르보나리와 불온한 시민을 색출하느라 벌인 총격전이었다. 바이런은 겉으론 점점 안정되고 행복한 나날이었으나 신경 쓰이는 데가 한두가지가 아니었다. 테레사 방문을 조심하는 것은 물론이고 정부 측의 생각이 어떤 것인지도 알보르게티를 통해 파악해둘 필요가 있었다. 그 백작은 추기경의 우편물에서 정보를 빼내 흘려줬는데, 그중에 중요한 것은 오스트리아인들의 동정과 자기와 애인에 관한 것들이었다. 그는 그들이 자기를 손금 보듯이 다 파악하고 있는 데 놀랐다. 키네어드에게 편지를 썼다. "그들은 나를 곤경에 빠뜨리려고, 내 하인과 고의로 실랑이를 벌이려 하고, 최근에는 마담 귀치올리를 수녀원에 가두려고 위협했다네." 그는 분노로 몸이 달았다. "만약에 그들이 이탈리아의 다른 백작부인들이 수천 년간 해온 [외간 남자와의] 사교를, 이 불쌍한 아가씨가 나와 한다고 하여 수녀원에 집어넣기라도 한다면… 나는 여기서 나갈 수밖에 없는데, 이유는 그들이 진정 원하는 것이 내가 나가는 것이기 때문이야."

바이런에게 조용한 시간이 찾아왔다. 그는 추억을 되살려 원고지 18장의 『회고록』의 속편을 써서 12월 9일에 무어에게 보냈다. 그는 또 무어에게 독자들이 읽기에 너무 진지한 것이라면, 한두 가지 정도는 원고를 적절히 고쳐도 좋다고 재량권도 부여했다. "왜냐하면 나의 첫째 목표는 내가 희생당하더라도 진실[의 기록]이니까." 파리에 있던 무어는 바이런이 죽은 후에 출판하기로 하고 이 회고록을 누구에게 팔겠다고 했다. 빚쟁이를 피해 해외에 머물고 있던 그에게 그 원고가 돈이 될 수 있다 보니까 요긴한 선물이었다. 무어는 훗날 1821년 7월 27일에 그것을 2,000기니에 머리에게 팔았다. 팔기 전에 파리에 있는 거의 모든 사람에게 분명히 그것을 읽혔으리라. 홉하우스가 보기엔 무어와 머리의 거래가 속물스러웠다.

12월 9일 저녁에 드디어 터질 것이 터졌다. 창밖에서 갑자기 총성이 들렸다. 바이런이 티타와 같이 달려 나가 보니, 군 사령관인 핀토(Luigi Dal Pinto)가 다섯 군데 총상을 입고 숨을 거두고 있었다. 그는 카르보나리로 의심받는 인물이었지만, 세력이 커서 감히 어느 누구도 체포를 못 했는데 이날 암살된 것이었다. 바이런은 바로 그날 밤 무어에게 편지를 썼다. "아무도 고함치고 기도하는 것 외엔… 그를 옮기려고 손가락 하나 까딱하지 않았으므로, 나는 분통이 터졌어요—내 하인과 두어 명의 폭도에게 시신을 들어 달라 했고… 이 소식을 전하도록 디에고(Diego)를 추기경에게로 급파했고, 그 사령관[의 유해]은 위층 내 방으로 옮기게 했어요. 그러나 너무 늦어 그는 숨을 거두고 말았어요…. 불쌍한 친구! 그는 용감한 장교였으나 사람들의 미움을 많이 받았지요. 개인적으로 나는 그를 알았고… 몇 번 만나기도 했었지요."

이날 바이런의 집은 군인, 용기병, 의사, 사제 등 온갖 사람들로 북적거렸다. 그 이튿날에 시신을 옮겨갔고 도시는 혼란에 빠졌다. 바이런은 "내가 그 시신을 거두지 않았으면 그들은 그 이튿날 오전까지 그대로 두었을 것이다. 나는…개 한 마리라도 구조해 주지 않고 놔 둘 수 없었다."라고 말했다. 바이런은 『돈 주앙』 제5편에서 이때의 암살 장면을 사실적으로 묘사한다.

연말이 가까워 오자 바이런은 밤에 꼭 테레사를 방문하였는데, 그녀만큼 그녀의 아버지나 동생 피에트로와 이야기하는 것도 즐거웠다. 그는 또 탈출을 꿈꾸었다. 동시에 귀국이나 아니면 어떤 영웅적인 행동을 꿈꾸었다. 그러나 그는 영국으로 돌아갈 수 없다는 것을 잘 알았다. 자신이 너무 많이 변했기 때문에.

바이런은 자비(自費)로 산 무기를 카르보나리 단원에게 많이 공급하였다. 그러나 무기를 소유한 사람은 반군으로 처리한다는 칙령이 공표되어 있었기 때문에, 만약 누가 바이런을 고발했다면 그는 잡혀갔을 것이며, 잡혀갔다면 당연히 오스트리아나 교황의 교도소에 갇혔을 것이다. 바이런의 이탈리아 하인들은 그를 고발하지 않았고, 또 정부도 그 골치 아픈 영국 귀족을 사법처리하는 것이 부담스러웠으리라. 바이런으로부터 무기를 공급받은 비밀협회 회원들이 귀치올리궁으로 달려와서 바이런에게 소총을 제발 도로 받아달라고 했다. 그가 승마를 하고 돌아와 보니 그의 방은 무기고가 되어 있었다. 정부에서는 바이런을 직접 체포하기보다는, 감바 가족을 추방함으로써 바이런을 그 지역 밖으로 내쫓을 생각을 했다. 감바 가족이 어디로 가든 테레사가 따라갈 것이고, 그녀가 가면 바늘에 실 가듯이 바이런이 따라갈 테니까.

12월 28일 바이런은 애너벨러의 편지를 받았다. 그것이 아내에게서 받은 마지막 편지였다. 그녀는 오거스터와 그 자녀들에게 잘 대해 주겠다고 약속했다. 같은 날 『돈 주앙』 제5편을 키네어드에게 보냈다. 그는 이 시편을 10월 16일까지는 15연을 썼지만 곧 149연까지 써서 완성을 보았으며 12월 9일까지는 베껴 놓은 일도 마쳤다.

이 시편은 튀르키예의 노예시장과 튀르키예 술탄의 구중궁궐에서 일어난 사건을 다룬다. 이 두 장면의 흥미진진한 스토리는 물론 바이런이 콘스탄티노플을 방문했을 때 직접 본 광경에 근거한 것이었다. 돈 주앙은 노예시장에서 영국인 노예 존슨(Johnson)을 만나 같이 신세타령을 하다가, 튀르키예 왕궁에서 나온 한 흑인 환관에게 팔려가게 된다. 환관은 존슨을 다른 곳으로 보내고, 돈 주앙은 완벽하게 여장시켜 하렘의 한 여자로 만든 뒤 술탄의 넷째 왕비 굴베이아즈(Gulbeyaz)에게 인도한다. 이 젊은 왕비는 돈 주앙에게 은밀히 사랑을 강요하지만, 돈 주앙은 가련한 하이데가 생각나서 왕비의 사랑을 사양한다. 물론 목숨이 위태로운 것을 모르는 바가 아니었다. 왕비는 운다. 그때 술탄이 납신다는 외침이 들리고, 곧 시종을 거느린 술탄이 나타나, 돈 주앙을 보고 기독교인인데 꽤 예쁘다는 말을 남긴다.

이 시편에서도 바이런은 자유로이 자신의 사적인 이야기를 하거나, 이 시편을 쓸 때 일어났던 사건을 느닷없이 집어넣는다. 예컨대 12월 9일 밤에 군 사령관 핀토가 피살당한 이야기가 들어간다. 또 그때그때의 기분을 반영하는 여담이다. 반짝이는 위트를 섞어 시가 생물처럼 파닥거리게 한다.

제 24 장
위험한 혁명당원
(1821년)

　(1821년) 새해 벽두에 오스트리아가 나폴리 침입을 위한 만반의 준비를 마쳤다는 소식이 들려왔다. 바이런과 혁명당원들의 불안이 어느 때보다 컸고, 혁명당원들은 벌집을 쑤셔놓은 듯했다. 그런데 그것이 바이런의 창작에는 큰 자극이 되었다. 그는 그 자신 말대로 악마에 의해 글쓰기에 빠져들지만 실제로 그것은 언제나 고통스러운 작업이었다. 그는 사회적이든 개인적이든 고통을 없애려고 창작을 하였다. 그는 무어에게 이렇게 털어놓았다. "나는 내 마음을 비우려고 쓰는 것이며 그게 안 된다면 나는 미칠 거예요. 당신이 당신 친구에게 이야기한 규칙적인 또 간단없는 글쓰기의 사랑, 나는 그런 것은 전혀 이해가 안 돼요. 나는 그것[글쓰기]이 반드시 없애야 할 고문으로 느껴지지, 결코 즐거움은 못 된단 말이오."

　그는 1월 4일부터 일기를 쓰기 시작하였다. 1816년 알프스를 등반한 이후 처음 쓰는 일기였다. 그는 그때처럼 스타카토로 중요한 목록만 나열하였다. "1821년 1월 5일. 시계가 쳤다. 사랑하러 외출. 다소 위험하지만 나쁘진 않다. 메모―오늘 새 병풍을 쳤다. 꽤 오래된 것이지만 조금만 수리하면 쓸 만하다. 11시 9분. 귀치올리 백작부인 방문⋯. 사령관이 죽을 때 내가 마지막 순간 도와 준 데 대하여 로마에 있는 그의 형 핀토(Alessio del Pinto)가 감사의 편지를 보냈지만, 나는 이탈리아인이 아니어서 토스카나어 이디엄을 잘 구사하지 못하기 때문에 귀치올리 부인에게 더 순수한 이탈리아어로 내 답장을 [대신] 써 달라고 했더니 막 쓰기 시작하는 것을 보았음."

1월 6일에 그는 작은 동물원이라고 해야 할 정도로 여러 가지 동물을 기른다고 쓴 후 이렇게 적었다. "까마귀가 다리 하나를 전다─어떻게 이런 일이 일어났나─바보가 발가락을 밟았다는 생각이 든다. 매는 매우 활발하다─소리 내는 큰 고양이들─훈련 받느라 고생했기 때문에 날씨 추워진 후론 보지 못했던 원숭이들. 아직 [땅이] 엄청 질다─이탈리아 겨울은 슬프지만 다른 계절은 매력적이다."

이때 바이런의 유일한 사교는 저녁에 테레사와 그 가족을 방문하는 일이었다. 그녀의 위험한 입장 때문에 그녀와 자유로이 극장, 무도회, 축제에 나돌아 다닐 수 없었다. 날이 좋으면 그는 매일 네 시에 승마를 하는데, 혼자 가거나 피에트로와 같이 갔다.

"1821년 1월 7일 여전히 비─안개─눈─이슬비─그리고 무수한 기후의 조합…. 여덟 시에 좌담회에 갔다…. 검은 눈의 테레사와 같은 나이의 예쁜 여자 그러나 테레사가 더 예뻤다. 피에트로 감바 백작이 나를 옆으로 데려가서… 오늘 밤 정부와 그 도당은 [혁명당원에게] 일격을 가하려고 한다─이곳 추기경은 몇 명을 곧 체포하라는 명령을 받고 있고, 그 결과 자유주의자들이 무장을 하고, 거리를 순찰하고, 경계령을 발령하고, 공격해 오거든 싸우라는 명령을 받고 있다고 알려 주었다. 그는 내게 '어떻게 할까요?' 하고 물었다─나는 '사소한 일에 매이지 말고 싸우라.'라고 답하고, 만약 그들 중 누구라도 체포될 것 같아 [숨으려고] (방어 가능한) 내 집에 들어오면 받아 줄 것이고, 가능한 한 오랫동안 내 하인들과 함께 (우리는 무기와 화약이 있으므로) 자체 방어를 하고─야음을 틈타 도망가도록 노력해 [도와] 주겠다고 했다. 집에 와서 내가… 피스톨을 그에게 줬더니─사양하고 사고가 나면 그때 다시 오겠다고 했다."

불길할 정도로 고요했다. 바이런은 밤늦게까지 자지 않고 있었으나 체포나 소요는 일어나지 않았다. 그 이튿날 아침 오스트리아군이 진군해 오고 있다는 소문이 돌았다. 그러나 그 정보는 엉터리였다. 이날 일기를 이렇게 썼다. "한밤까지는 반 시간이 남았는데 비가 온다…. 지금 당장 사건이 터지지 않는다 하더라도 터지긴 곧 터질 것이다…. 북소리와 소총소리가 날 것을 기다렸다. (왜냐하면 그들은 저항할 것을 맹세했고 또 그게 옳다.)—그러나 여태 아무것도 들리지 않는다. 추적추적 빗소리와 강풍 소리 외에는…. 이곳 카르보나리는 [오스트리아] 군대를 이길 만큼 충분히 강하다."

그 이튿날 아침 오스트리아군이 전쟁 수당을 올리고 진군해 오고 있다는 소문이 다시 파다하게 퍼졌지만 그 정보도 엉터리였다. 신성연합국 군주들이 모인 오스트리아 라이바흐(Laibach) 회의에서, 그들은 앞으로 입헌주의자들을 더 억압할 것이라고 했다. 오스트리아군의 진격을 돕기 위해 교황정부도 혁명지도자들을 짓밟았다. 경찰은 은닉한 무기를 찾아내려고 가택을 수색하고 사람을 체포해 갔다.

바이런은 이런 와중에서 어떻게 『사르다나팔루스』라는 작품을 구상할 수 있었을까? 그는 열두 살 때부터 사르다나팔루스라는 아시리아(Assyria) 왕의 이야기를 알고 있었다. 그는 진정한 비극에 과연 사랑이 최고의 주제가 될 수 있을까에 대해 테레사와 논쟁을 벌였지만, 결국 그녀의 뜻에 따라 이 비극에 사랑의 요소를 넣기로 했다.

1월 14일부터 그는 그 비극을 쓰기 시작하였다. 그날은 안개가 끼고 비가 왔다. 수 마일 승마를 하고 돌아와 저녁을 먹고 그 비극에 매달렸다. 이 작품은 2월 14일엔 1막을 마쳤고, 5월 13일부터 3, 4, 5막을 써서 5월 31일에 탈고하여 머리에게 보낼 수 있었다. 마지막 세 막은 쓰는 데 20일이 안 걸렸다. 출판은 그해 12월 19일에 하게 된다.

이 작품의 배경은 아시리아 왕국의 수도 니네베(Nineveh)이고 사르다나팔루스는 성경의 '존귀한 오스납발'(Osnappar)이라는 사람으로 그 왕국의 마지막 왕이었다. 이 작품은 그와 그의 나라의 멸망을 다루는 무운시로 되어 있다.

사르다나팔루스 왕은 사치와 노름에 빠져 나라를 제대로 통치하지 못

했다. 그 나라가 나라로서 명맥을 유지할 수 있었던 것은 왕의 처남 살레메네스(Salemenes)의 충정이 있었기 때문이었다. 곳곳에 역모의 기미가 보였지만 왕은 피를 흘려가며 엄하게 국문하기보다는 관대하게 대했다. 살레메네스가 충심으로 나라를 걱정하자, 왕은 그에게 모든 국정을 맡겼다. 그리고 자신은 애첩 뮈라(Myrrha)와 같이 유프라테스(Euphrates) 강가에서 연회를 열 생각만 했다. 뮈라 역시 역모가 있을지 모르니까 궁을 떠나서는 안 된다고 아뢰었다.

점성술가 벨레세스(Beleses)는 사르다나팔루스 왕의 몰락을 예견하고는 태수 아르바세스(Arbaces)과 함께 모반을 도모한다. 왕은 이 두 태수의 역모 사실을 애써 외면해 버리지만 살레메네스와 뮈라는 엄한 처벌로 기강을 바로 잡을 것을 주장한다. 사르다나팔루스가 화려한 연회를 베풀고 있을 때 두 태수가 쳐들어 온다. 왕이 출정을 하려고 무장하는 장면이다.

스페로: 폐하, 무장(武裝)을 대령했습니다.
사르다나팔루스: (무장을 하면서) 흉갑을 가져와―그래. 내 어깨띠도. 자.
    내 검. 투구를 잊었네―그게 어디 있지?
    됐어―아니, 그건 너무 무겁다네. …둘레에 보석을 박은
    투구를 가져와야지.
스페로: 폐하, 소신의 생각으로는
    그 투구는 보석 때문에 너무 눈에 띄어
    용안이 위태로울 수 있습니다―소신을 믿으십시오….
    이 쇠로 된 것이 덜 화려하고 덜 위험합니다.
사르다나팔루스: …너무 늦었어―나는 투구 없이 나가련다.
스페로: 아무리 그래도 이건 쓰셔야지요.
사르다나팔루스: 코카서스 산을 쓰라고! 어, 내 머리에
    산을 하나 얹으라고.
스페로: 폐하, 아무리 졸병이라도
    전장에 맨 머리로 나가진 않습니다….
    모든 사람이 폐하를 알아볼 것입니다….

사르다나팔루스: 나는 사람들이 알아보라고 나가는 거야….
  (나가다가 딱 멈춰 스페로에게 향해) 스페로ㅡ잊었는데ㅡ거울을 가져와.
스페로: 거울이라고요? 폐하.
  ……
  (스페로 거울을 가지고 등장)
사르다나팔루스: (거울을 보며) 이 흉갑은 잘 어울리고
  어깨띠는 더 잘 어울리고, 투구는 전혀 안 어울려.

여기서 드러나는 것은 이 절체절명의 위기에도 왕은 여성처럼 무장이 아니라 멋진 치장을 하려고 한다. 가장 잘 어울리는 갑옷을 입고 있는가를 거울을 들여다보고 확인하는 것이다. 완전히 여성적 취향이다. 그는 궁 밖에서는 아무도 몰랐지만 순전히 여성의 삶을 살았다. 그는 후궁들과 어울려 자주색 의상을 짓고, 부드러운 양모로 수를 놓고, 여자 옷을 입고, 미백의 효과가 있는 화장품을 써서 어떤 여성보다도 부드러운 피부를 가졌고, 목소리도 여자 목소리를 냈다.

사르다나팔루스가 전투에서 약간 다치긴 해도 그와 살레메네스는 승리를 거두었다. 그가 밤에 악몽에 시달리다 깨어나니 살레메네스는 자기 누이 즉 왕비를 데리고 나타났다. 오랜 기간 소박 당했던 왕비 자리나(Zarina)가 나타나 여전히 왕을 일편단심으로 사랑한다고 하였다. 왕은 그녀와 사이에 난 자녀들을 안전한 곳으로 늦지 않게 피난시킨다.

왕의 군대가 궤멸되자 살레메네스는 창을 맞고 죽고, 반역자 아르바세스가 왕에게 항복을 강요한다. 왕은 화장용(火葬用) 나무를 탑처럼 쌓아올리고 그 꼭대기에 올라간다. 뮈라가 그 나뭇더미에 불을 붙이자 불길은 1,300년의 니네베 왕조를 잿더미로 만들고 연극은 막은 내린다. 앞에서 말했듯이 이 작품은 테레사의 요청으로 역사적 사실에는 없는 사랑을 집어넣었다. 역사에서는 왕이 양성애자였지만 그대로 다루지 않은 것은 테레사가 그것을 반도덕적으로 보았기 때문이었다.

바이런은 자신의 『마리노 팔리에로』가 런던에서 상연된다는 소식을 듣고 깜짝 놀랐다. 그는 1월 19일에 머리에게 이렇게 써 보냈다. "그건 공연용이 아니에요. 또 그들 목적에 맞지도 않고 당신 매상도 형편없을 거예요…. 한 사람의 작품을 그 돌팔이 같은 자가 마음대로 [고쳐] 쓰겠다고 고집하는 것은 예의에 어긋나고, 또 신사적이라고 볼 수도 없어요."

바이런은 자신의 이탈리아 해방과 혁명에 대한 열망이 수포로 돌아가는 것 같았다. 반정부세력이 패배하여 추방당할 것 같았기 때문이었다. 그는 23일 감바 집에서 돌아와 이렇게 일기를 썼다. "카르보나리는 아무 계획이 없는 것 같다―어떻게, 언제, 무엇을 할 것인가에 대해 그들 사이에 전혀 정해진 것이 없다." 적이 바로 포강까지 왔지만 축제가 벌어져 시민들은 노래하고 춤추느라 정신이 없고, 감바 부자와 다른 카르보나리 지도자들은 사냥을 떠나 아무도 제자리에 없었다. 이게 혁명하려는 사람들인가."

바이런은 다시 훌쩍 떠나고 싶은 충동에 사로잡혔다. 다시 이오니아 제도로 가버릴까. 코르푸 섬에서는 시드니 오스본 경(Lord Sidney Osborne)이 오라고 초청했다. 그는 바이런의 큰어머니 즉 오거스터 어머니의 양자였으니 바이런에게 완전히 남은 아니었다. 피 한 방울 안 섞였지만 형제라고도 할 수 있었다. 그러나 그는 만약 테레사가 원치 않는다면 갈 수 없다는 것도 잘 알고 있었다.

바이런은 1월 28일 일기에 이렇게 썼다. "오스트리아 짐승들이 내―3, 4파운드의 영국 화약을 압수한 것 같다. 나쁜 놈들!―나는 그 화약이 들어간 포탄으로 그런 [절취] 행위를 갚아주고 싶다. 땅거미 질 때까지 승마했다."

라벤나의 혁명주의자들은 오스트리아군이 포강을 건너는 날인 1821년 2월 15일을 봉기일로 정했다. 그러나 그 정보가 새 나가자 정부군은 먼저 카르보나리의 본부를 급습해 버렸다. 오스트리아군이 포강을 넘은 것은 그보다 앞선 2월 9일이었다.

바이런은 오스트리아군에 대해선 이탈리아인 이상으로 경계하였다. 그는 이탈리아인 쪽에서 어떤 영웅적인 활동이 있기를 무척 고대했다. 일단 도화선에 불만 당겨주면 기꺼이 자신이 참여할 준비도 해놓고,

전부터 반정부군에게 금전, 무기, 인력을 제공해 왔다. 그는 수중에 있던 2,500스쿠디를 내어놓았지만, 혁명 세력은 북쪽에서도 총 한 발 쏘지 못하고 구름처럼 허무하게 흩어져버렸다.

정부가 무기를 은닉한 자는 누구든 체포하겠다고 하니, 바이런의 친구와 애국자들이 갑자기 또 예고도 없이 바이런의 집에 들이닥쳐 총과 화약을 모두 돌려주었다. 2월 18일에 그는 일기에 이렇게 썼다. "내 낮은 층의 방에는 그들의 총검, 수발총(燧發銃) 탄창 등이 가득하다. 내 생각엔 그들은 [내 집을] 사건이 터지면 [맨 먼저] 희생시켜야 할 병참기지 정도로 생각한다. 이탈리아가 해방만 될 수 있다면 누가 또 무엇이 희생되든 큰 문제는 아니다…."

포강을 넘은 43,000명의 오스트리아군은 나폴리까지 파죽지세로 내려갔다. 3월 7일에 오스트리아군이 나폴리에 접근했을 때, 리에티(Rieti) 평원에 모인 74,000명의 나폴리군은 오스트리아군보다 두 배도 넘었지만 총 한 발 쏘지 않았는데도 다 도망을 갔다.

이때 이 혁명세력과 나폴리군에게 가장 큰 타격을 안긴 것은 오스트리아군이 아니었다. 2월 24일 교황은 모든 선량한 가톨릭에게 반정부적 활동은 교회와, 또 암묵적으로 신에 대한 공격이라는 내용의 칙령을 발표하였다. 그 칙령을 들은 양심적인 가톨릭들은 신을 공격할 수는 없었다. 많은 카르보나리는 잘못 발을 들여놓았다고 믿고 카르보나리를 떠나버렸다. 새로 선출된 입헌의회 간부들도 혁명에 대한 열망은 식어버렸다. 그렇게 하는 것만이 신과 양심을 따르는 길이었다. 가슴이 뜨거웠던 혁명세력은 이런 교황의 논리에 대적할 명분이나 반대 논리를 전혀 찾지 못했다.

오스트리아군이 나폴리에 무혈입성한 것은 3월 23일이었다. 그렇게 이탈리아 반도를 들끓게 했던 '혁명'은 말하기조차 민망한 것이 되어버렸다. 페르디난드는 오스트리아의 힘을 믿고 전제체제를 재확립하였으며, 자유주의자와 카르보나리를 색출하여 처형할 수 있는 든든한 입지를 구축했다. 오스트리아군은 그 여세를 몰아 라벤나에서도 혁명의 혐의가 있는 자들을 거침없이 잡아들였다.

바이런의 혁명에 대한 희망도 시들고 말았다. 그는 이렇게 말했다.

"이렇게 세상이 돌아가는군. 이렇게 이탈리아 사람들은 자중지란으로 패배를 자초하는군." 그는 카르보나리를 원망하지 않았다. 교황의 칙령을 너무 쉽게 받아들이는 이탈리아인들의 순진성이 문제였다. 그는 후일 무어에게 이렇게 글을 썼다. "몇 밤 전에 대단한 미인(테레사)이 눈물을 흘리면서 하프시코드에 앉아서 내게 이렇게 말했어요. '아, 이탈리아인들은 오페라나 만들고 살아야겠군요.' 나는 그것과 마카로니가 그들의 강점이고 '얼룩덜룩한 옷[광대 옷]이 유일한 옷'이라고 생각해요."

3월 1일에 바이런은 딸 알레그라를 라벤나에서 십여 마일 밖의 바냐카발로(Bagnacavallo)의 산죠바니바티스타(San Giovanni Battista) 수녀원에 넣었다. 앞날이 불확실하고 정치적 소요가 있으면 바이런의 집도 안전하지 못할 것 같았기 때문이었다. 수녀들이 여학교를 만들어 인근의 상류층 가문에서 학생을 데려오고 있었다. 라벤나의 기후가 건강에 좋지 않다고 알려진 만큼, 바냐카발로도 늪지에 있어 건강에 좋은 곳은 아니었다. 그 수녀원의 음식과 청결도 자주 도마에 올랐다.

바이런은 딸을 이 학교에 넣으면서 남의 손을 빌렸다. 그와 테레사는 다른 데 정신이 팔려서 그 수녀원에 가 보지도 않고, 은행가 펠레그리노 기지(Pellegrino Ghigi)의 이야기만 듣고 결정했다. 그는 기지에게 알레그라를 학교에 넣어 달라고 부탁했다. 그 어린 나이에 딸을 보내는 것은 이미 "그 애의 성격이 어느 정도 비뚤어져 있고," 어떤 하녀보다도 거짓말을 잘하고, 다루기가 힘들었기 때문이었다. 알레그라는 다른 학생들보다 몇 살 나이가 적었지만, 테레사 자신이 다섯 살 때 기숙사 있는 학교로 기쁘게 수녀를 따라갔기 때문에, 바이런은 그것을 꼭 비인간적이라고 생각지 않았다.

그는 호프너에게 말했다. "내 서녀(庶女)에게 영국식 교육은 시키지 않겠네. 왜냐하면 출생에 흠결이 있고…. 해외라면 훌륭한 외국교육을 받고, 5~6,000파운드 정도만 있으면, 훌륭하게 치울 수… 있을 것일세…. 그밖에 그 애는 로마가톨릭이 될 수 있을 거야. 나는 로마가톨릭이 기독교의 다양한 종파 중 가장 오래된 종파인 만큼 훌륭한 종파라고 보거든."

4월 26일의 편지를 보면 바이런은 키츠의 사망 소식을 들었다. 머리에

존 키츠

게 그의 심정을 이렇게 토로했다. "존 키츠가 가엾게도 『쿼터리 리뷰』 때문에 로마에서 죽었다고 셸리가 편지로 알려주었는데 사실인가요? 나는 그가 시인으로서 줄을 잘못 섰다고 생각하지만…." 바이런은 그가 여린 마음에 신랄한 비평을 참지 못하여 죽었다고 생각하고 진실로 애석하게 생각했다.

그러나 바이런은 키츠를 높이 평가하지 않았다. 그는 키츠의 내성적인 시를 세상을 마주하기 싫어하는 심정에서 나온 것이며, 자위적인 불임(不姙)의 이미지를 "침대에 오줌 지리듯" 지린 시라고 하였다. 또 시인 키츠를 "그의 상상력과 그 짓 하는" 사람이라고 폄하했다. 셸리는 키츠가 『쿼터리 리뷰』에 실린 『엔디미언』(Endymion)에 대한 야만적인 혹평을 읽다가 혈관 파열로 세상을 떠났다고 알고 있었다. 키츠에 대한 평은 그랬지만 바이런은 그런 비참한 환경에서 죽은 동료시인에게 애틋한 동정심이 없을 리 없었다.

바이런과 테레사가 떨어져 산 네 달이 감미로운 목가처럼 흘러갔다. 1821년 5월에 테레사의 이혼문제가 다시 불거졌는데 그녀는 이혼을 마다하지 않았다. 그녀는 로마냐에서 애인을 가지도록 허락받지 못한 여자는 자기뿐인 것이 억울하고 수치스럽다고 항변했다. 만약 남편이 애인을 가지는 것을 허락하지 않는다면 남편과 같이 살 이유가 없다고 했다. 그녀의 가족도 그녀 편이었다.

반정부 세력을 완전히 누른 바티칸은 여세를 몰아 교황의 나라에서 불온한 사상을 품은 자는 모조리 잡아들이기로 했다. 그러나 그곳 정부는 또 바이런과 직접 부딪히지 않고 바이런을 곤란하게 만들 작전을 펼쳤다. 6월 22일 그의 하인 티타는 피스토치(Pistocchi)라는 군 장교와 말다툼을 벌여 칼과 피스톨까지 뽑았지만 실제로 쓰지는 않았다. 그러나 그들은 티타를 무기소지죄로 체포하였다. 그가 쉽게 풀려나지 않아 바이런은 추기경에게 직접 탄원서를 올렸다. "만약 저들이 저를 제거할 의도라면—그건 안 될 일입니다—왜냐하면 저는 아무 잘못이 없으며—어떤 억압에도 굴하지 않을 것이기 때문입니다." 이 사건은 세 주를 끈 뒤 결국 알보르게티가 그를 빼내 주었다.

바이런은 정부가 자신들에게 직접 어떤 억울한 누명을 씌우는 것은 시간문제라고 생각하였다. 그는 호프너에게 "석 달 전에 그들은 나를 자유주의자의 영수라고 지목하고, 나를 암살하도록 사람들을 부추기는 대자보까지 붙였다네. 그러나 그런 행위로 나의 의견을 잠재우거나 위협하지는 못할 거야."라고 편지를 썼다.

이즈음 바이런은 『돈 주앙』을 쓸 밑그림을 염두에 두고 있었지만, '존 불'(John Bull)의 격려에 크게 고무되었다. 그는 머리가 보내준 '존 불'이라고 서명한 익명의 글을 읽었었다. 존 불은 존 깁슨 록하트(John Gibson Lockhart)라는 사람으로 나중에 『쿼터리 리뷰』의 편집자가 되는 평론가였다. 록하트는 바이런이 자신의 장점을 포프와 비교해서 너무 과소평가하는 것을 안타까워했다. 그는 사람들의 말만 듣고 위축당하지 말라고 격려했다. "『돈 주앙』에 매달려라. 그것이 당신이 쓴 유일한 작품이다…. 그것이 단연 최고로 생생하고, 최고로 직접적이고, 최고로 재미있

존 깁슨 록하트

고, 최고로 시적이다…. 나는 [당신] 문제의 가장 큰 매력은 이 세상의 어떤 다른 시의 문제와도 조금도 같지 않다는 점이라고 생각한다…. 당신의 돈 주앙은 강하고, 호색적이고, 격렬하고, 우스운 사람으로 그려져 있다. …천재성이나 난봉에서 일류가 아니면 그 어느 누구도 그런 것을 쓸 수 없다…. 방탕하고, 간악하고, 불가항력적이고, 매력적인 악마." 『돈 주앙』에 대한 비난의 말만 들어 왔던 바이런으로서는 여간 기쁜 일이 아니었다.

그러나 바이런은 애인에게는 정말 약했다. 그 애인이 존 불처럼 시대를 초월할 수 있는 사람이었으면 얼마나 좋았겠냐마는, 그녀는 일반교양인 안식에 그쳤다. 테레사는 그가 『돈 주앙』을 계속 쓰는 것을 반대했다. 그녀가 바이런의 도덕성에 관한 견해를 가진 것은 밀라노의 『가제타』(Gazzetta)가 영국의 신문과 서평에서 인용한 글을 읽었고, 불어판의 첫 두 시편을 읽었기에 가능했다. 바이런은 어리석게도 그녀의 평가에 대해선 꼼짝도 못 했다. 그는 그녀가 허락할 때까지 절대 그런 시는 더 쓰지 않기로 맹세하고 말았다.

시시각각 신변에 위험이 다가왔지만 그의 창작은 전혀 영향을 받지 않았다. 그는 1821년 6월 12일에서 7월 9일까지 한 달이 안 되는 기간에 『두 포스카리』(Two Foscari: An Historical Tragedy)를 썼다. 원래 이 작품을 스코트 경에게 헌정하려 했으나 실제는 『카인』(Cain)을 그에게 헌정하고, 이 작품은 아무에게도 헌정하지 않았다. 그는 대신 이 시에 부록을 붙였는데 거기서 또 계관시인 사우디를 위선자라고 공격하였다. 사우디가 한 런던 신문에 그것에 대한 반응이라고 할 글을 발표하자, 바이런은 처음에는 그를 결투에 불러내려고 했으나, 결국 『그 심판의 환상』(The Vision of Judgment)이라는 시 작품으로 시원하게 복수했다.

『두 포스카리』는 5막의 시극(詩劇)으로 배경은 15세기 베네치아이다. 역사적 인물인 프란체스코 포스카리(Francesco Foscari)와 그 아들 야코포 포스카리(Jacopo Foscari)를 다룬다. 아버지 프란체스코는 베네치아의 도제이다. 아들은 한 번은 부패 혐의로, 또 한 번은 살인사건에 연루되어 외국에 추방되었다. 또 역모의 혐의까지 드러나 종신추방형을 선고받았다.

아들을 추방하는 아버지 포스카리

　팔순의 아버지이자 도제인 프란체스코는 아들의 심한 고문과 추방령을 보고 가슴이 미어터지지만, 사정(私情)을 억누르고 형 집행 명령서에 서명한다. 아들은 그를 구해주지 않는 아버지를 조금도 원망하지 않는다. 그는 외국으로의 종신추방보다는 차라리 조국 베네치아에서 사형을 당하겠다고 고집한다. 그의 아내는 남편에게 가혹한 고문과 형을 내리게 한 로렌다노(Lorendano)라는 자에게 피맺힌 원한의 말을 퍼붓는다. 로렌다노는 자기 아버지 형제의 죽음을 도제 프란체스코의 탓으로 돌려, 이번 사건을 아버지의 복수를 할 기회로 삼았던 것이다. 아들은 추방되어 배를 타기 전에 숨을 거둔다. 아버지도 도제의 지위를 내려놓고 퇴장해 달라는 10인위원회의 강요에 맞서 보지만 역시 쓰러져 죽는다. 이런 비극적 플롯을 다루는 언어는 통렬하고, 비감과 원한의 독이 들어 있어 읽으면 살이 떨린다.

　드디어 로마냐 추기경의 집무실에서는 눈엣가시 바이런을 추방할 구체적인 계획을 세웠다. 일차로 감바 가족을 먼저 추방하면 바이런이 분명히 그들을 따라갈 것이라고 보았다. 테레사의 아버지는 고령이고 집안의 일도 보아야 하기 때문에 추방까지는 하지 않을 것이라고 기대했으나, 그도 24시간 내에 떠나야 했다. 테레사가 아버지의 지붕 밑에 있어야 하므로, 바티칸은 그녀의 애인을 내쫓기 위해서 그녀를 내쫓고, 그녀를 내쫓기 위해 그녀의 아버지를 내쫓은 것이었다.

테레사는 그 사실을 바이런에게 알렸다. 그는 그때 자기 운명이 테레사 가문과 엮여 있으니 그들을 따라갈 수밖에 없었다. 7월 10일 저녁에 피에트로가 극장에서 돌아오다가 체포되어 변경에서 영원히 추방당하는 사태가 벌어졌다.

테레사의 남편은 남편대로 복안이 있었다. 그는 7월 23일에 테레사가 다음 화요일 이전에 라벤나를 떠나 자기 품으로 돌아오든지, 아니면 수녀원에 들어가라고 통고했다. 그녀는 야밤에 도망가기로 했다. 아직 여권은 뺏기지 않았으니 얼마나 다행인가. 그녀는 절규했다. "바이런! 나는 절망에 빠졌어요!—만약 내가 언제 다시 당신을 볼지…. 저들은 나를 수녀원에 집어넣으려고 해요. 저는 죽어버릴 거예요." 수녀원에 들어가야 하는 것은 평생 속세를 버리는 것과 같았다.

테레사는 정신적으로는 기절상태였고 몸에는 또 마비가 왔다. 그녀는 아버지에게 혼자 떠나라고 하고, 만약 라벤나에 바이런만 남겨두면 그의 생명이 위태롭기 때문에 자기도 꼼짝하지 않겠다고 했다. 이때 테레사를 볼로냐로 따라가도록 설득한 사람은 또 바이런이었다. 그녀는 7월 27일 울며 라벤나를 떠났다.

테레사는 볼로냐에 도착하자 다시 걷잡을 수 없는 절망에 함몰되어 기절하고 이성을 잃었다. 바이런이 있는 라벤나로 되돌아가야 한다고 떼를 썼다. 이 이야기를 들은 바이런은 편지로 버럭 화를 냈다. 그런 바보짓을 하여 일을 꼬이게 만들면 '자기'가 수녀원에 넣어버리겠다고 했다. 그녀는 8월 2일 하는 수없이 피렌체로 가서 아버지와 동생을 만났다. 바이런이 안도의 숨을 내쉬면서도 이 철없는 감바 가족을 챙겨야 하는 것이 전적으로 자기 책임임을 깨달았다. 저들을 어디로 데려가야 한다? 저 철부지 '소녀'는 어떻게 해야 한다? 그는 이탈리아를 좀 아는, 그때 피사에 와 있는 셸리를 불러 의논하기로 했다. 여비를 부담할 테니 급히 라벤나로 오셔서 부디 나를 도와주시오.

테레사가 떠난 후에도 바이런은 그대로 남아 있었다. 정부가 광기를 부려 로마냐 전역에서 천 명 이상을 체포했고, 그들을 기소나 재판 없이 닥치는 대로 추방하고 감금하였다. 바이런은 자신이 추방되지 않았음을 보여주기 위해서라도 그곳에 더 있어야 했다. 그는 그 지역에 대한 애착도 컸다. 테레사는 바이런이 혼자 있어 목숨이 위태롭다는 것을 알았지만 그는 요지부동이었다. 그는 오히려 추방당한 가족들을 도로 불러오겠다고 백방으로 뛰어다녔다.

바이런은 감바 가족을 위한 대책을 고민했다. 그는 7월 23일 호프너에게 도로 스위스로 가고 싶으니 집을 좀 알아봐 달라고 편지를 썼다. 제네바 호수의 쥐라 쪽에 집 두 채를 빌리되 한 채는 자기가 살고 다른 한 채에는 감바 가족 셋이 살 것이라고 했다. 그의 집은 말 여덟 필이 들어갈 마구간이 있어야 하고 알레그라도 데려갈 것이라고 했다.

바이런이 다시 생각해 보니 제네바는 물가가 비싸고, 영국 사람이 득실거리고, 왠지 스위스 사람이 싫었다. 그러나 피에트로는 스위스를 이상적인 망명지로 생각하였다. 바이런은 셸리에게 부디 테레사가 스위스 행을 포기하도록 설득해 달라고 했다. 셸리는 그녀에게 자신과 바이런이 스위스 제네바 호반에 있었을 때 얼마나 고생을 했는가, 특히 얼마나 중상모략에 시달렸는가를 편지로 자세히 이야기하였다.

셸리가 바이런 집에 온 것이 8월 6일이었다. 그는 밤 열 시에 도착하여 바이런과 아침 다섯 시까지 회포를 풀었다. 셸리가 베네치아를 방문한 1818년 이후로 그들은 서로 만나지 못했기 때문에 밀린 이야기가 많았고, 바이런은 그곳을 떠나온 후 영국 친구들과 거의 연락이 단절되다시피 하여, 그를 보니 두 곱으로 반가웠다. 셸리는 늘 클레어를 염두에 두다 보니 알레그라가 걱정이 되어, 이번에 겸사겸사 알레그라가 들어가 있는 환경도 직접 보고 갈 참이었다.

셸리는 이튿날 우편물 수거하기 전에 서둘러 매리에게 편지를 썼다. "바이런 경은 베네치아에 있을 때 신체를 다 망쳤었지요. 그때 너무 허약해서 음식소화가 불가능했어요. 그의 체력은… 소진되었고…. 가엾던 친구! 그러나 지금은 아주 건강하며 정치와 문학에 빠져 있다오." 셸리는 바이런이 완전히 건강을 회복했으며, 베네치아에서 하던 생활과는 전혀 다른 생활을 하는데, 그것은 테레사 덕분이라고 말했다.

셸리는 바이런이 읽어 보라고 편지 한 통을 주어 그것을 읽고는 충격에 빠졌다. 그 편지는 호프너가 바이런에게 한 편지로, 거기엔 셸리와 클레어 사이에 아이가 있다고 하였다. 그 소문은 호프너 부부가 엘리제를 통해 들었다고 했다. 셸리는 분노가 치밀었다. 왜 바이런은 도착 첫날 밤에 이 추문을 그에게 전했을까? 셸리는 매리에게 호프너 부부 앞으로 반박 편지를 한 통 쓰되, 그것을 바이런도 볼 수 있도록 라벤나로 부치라고 일렀다.

셸리의 8월 15일자 편지이다. "우리는 저녁에 바다와 도시 사이의 소나무 숲에서 말을 탔어요. 우리의 생활방식은 그런 것이고 나는 어려움 없이 그런 생활에 익숙해졌어요―바이런 경은 [오후] 두 시에 기상하여―식사하고―우리는 여섯 시까지 이야기나 독서 등을 하고―여덟 시에 말을 타고 저녁을 먹은 후, 아침 너덧 시까지 앉아 이야기를 했어요. 나는 12시에 일어났고 그가 일어날 때까지 그 시간에 당신에게 편지를 쓰는 거라오…. 그것[그의 수입]은 연 사천 파운드 정도 되는데 천 파운드는 자선사업에 쓴다오…. 그는… 어진 사람이 되어 가고 있어요."

바이런은 『돈 주앙』의 제5편을 셸리에게 큰 소리로 읽어 주었다. 목소리와 동작을 실감 있게 해서 주인공을 완전히 살려내니 셸리는 적잖게 놀랐다. 셸리는 갑자기 바이런에게서 찬란한 빛이 발산되는 것을 느껴서 매리에게 이렇게 이야기했다. "그는 『돈 주앙』의 미발표 시편을 내게 읽어 주었는데 놀랄 정도로 좋았어요. 그 작품으로 그는 이 시대의 어떤 시인보다 훌륭한, 아니 훨씬 훌륭한 시인이 되었어요. 낱말 하나하나에 불멸의 도장이 찍혀 있어요. 인간의 존엄성을 매우 엄히 주장하는 사람이라면 한 낱말도 뺄 수 없을 거예요…. 여기 바이런 경은 이탈리아에서 가장 부유한 사람 중의 한 사람이었던, [귀치올리] 궁의 화려한 방에 살고 있다오. 그녀[테레사]는 연 12,000크라운의 생활비를 받고 이혼당했는데―연수 12만 크라운이 되는 사람에게는 다라운 돈이지요."

셸리는 피콕(Peacock)에게도 "바이런 경은 하인 외에, 말 열 마리, 커다란 개 다섯 마리, 원숭이 세 마리, 고양이 다섯 마리, 독수리 한 마리, 까마귀 한 마리, 매 한 마리로 가정을 이룬다오. 말을 빼고 이 모든 짐승이 마치 저들이 주인인 것처럼, 집 주변을 돌아다니는데, 이따금 서로 싸우는 소리로 집안이 떠들썩하답니다."라고 편지를 썼다. 그는 "불가사의할 정도로 검은 턱수염을 가진…두세 사람을 칼로 찌른 적이 있지만, 내가 본 중에는 가장 착해 보이는" 티타의 안내를 받아, 바이런의 귀족 문장이 그려진 큰 마차를 타고 라벤나의 기념비와 교회 몇 군데를 구경하였다.

영국의 기성문단에 관해서는 바이런과 셸리의 견해가 달랐다. 그들은 영국의 모든 작가, 시인, 비평가, 편집자들에 대해 이야기를 나누다 보니 문단이 양분되어졌다. 분단선은 고전주의와 낭만주의 사이에 그어졌다. 바이런처럼 영국문학의 황금기의 기수로 포프와 드라이든을 내세우는 "고전주의자"가 있는가 하면, 자연을 찬미하는 "낭만주의자"가 있었다. 바이런이 생각하는 악당(惡黨)의 전당(殿堂)에는 워즈워스, 콜리지, 사우디 삼인조가 높은 자리를 잡았고 그 밑에 "호수지방의 올챙이", 몇 주 전에 타계한 키츠가 자리 잡았다.

셸리는 바이런에게 감바 가족과 테레사를 데리고 차라리 피사로 오라고 설득했다. 그 자신이 직접 테레사에게 편지를 써서 보내니, 테레사는 바이런만 그리로 간다면 못 갈 이유가 없다고 하면서, 바이런을 데리고 나올 형편이 안 되거든 꼭 라벤나에 같이 있어 달라고 신신당부했다.

셸리는 한 묘안이 떠올랐다. 그것은 자기가 살고 있는 피사에, 추방당한 영국인의 공동체를 만들어, 문예 및 정치 관련 새 정기간행물을 창간해 보면 어떨까 하는 생각이었다. 그는 바이런만 끌어넣으면 그의 돈, 명예, 작위가 추방된 영국인들의 안전과 안정을 담보해 주리라는 생각에 이르렀다. 더 구체적인 생각은 영국의 리 헌트와 그의 가족을 피사로 불러들여 바이런과 함께 『자유주의자』(The Liberal)라는 문예지를 창간하는 것이었다. 리 헌트 자신도 시와 평론을 쓰고, 편집은 『이그재미너』를 편집하는 그의 형 존 헌트(John Hunt)와 함께하면 되고, 바이런이 재정적 책임만 져 준다면 만사가 잘 풀릴 것 같았다.

이러한 계획은 바이런을 라벤나에서 빼낼 한 가지 방도가 되었다. 그러나 바이런은 이사를 앞두고 몇 달을 미적거렸다. 바이런은 몸이 가볍지 못했다. 그가 이사하는 것은, 단순히 거대한 양의 물건을 이동하는 것뿐만 아니라, 새로운 환경에 맞게 삶의 방식과 습관도 바꾸는 것이기 때문이었다. 베네치아, 라벤나, 피사 등은 각기 요구하는 생활방식이 달랐다. 그 두 친구는 저녁에 말을 탔고 호박을 올려놓고 사격을 즐겼다. 그러다 보니 셸리마저도 쉽게 그곳을 빠져 나갈 수가 없었고, 바이런은 테레사나 셸리가 없다면 금방 옛날처럼 방탕해질 것 같았다.

그때 셸리는 매리에게 바이런 가족이 들어갈 근사한 저택을 알아보라고 하였다. 계획을 일사천리로 진척시켜야 할 것 같았다. 셸리 부부는 의논하여 곧 룽가르노(Lung'Arno) 가에 있는 란프란끼장(Casa Lanfranchi莊)의 주인과 합의를 보았다. 이 저택은 아르노(Arno) 강가에 있는 16세기 르네상스식 저택으로 카라라의 고급 대리석으로 지은 건물이었다. 이 건물은 지금도 그 강가에 토스카넬리궁(Palazzo Toscanelli)이란 이름으로 남아 있으며 유명한 사탑과도 크게 멀지 않다. 정면엔 대리석을 바른 발코니가 있었는데 대리석이 나

피사의 란프란끼장

Palazzo Lanfranchi-Toscanelli by Taccolamat via Wikipedia under Public Domain.
https://en.wikipedia.org/wiki/Palazzo_Lanfranchi-Toscanelli

이를 먹자 황금색을 띠기 시작했다. 계단은 미켈란젤로의 작품이라는 설이 있었다.

셸리는 8월 14일에 수녀원에 가서 알레그라를 찾아보았다. 그는 가긴 했으나 정작 아버지가 오지 않은 것은 아이의 불길한 운명을 예고한 것이었을까? 아이의 성질이 난폭해져 귀엽게 봐 줄 수 없었던 바이런은, 셸리가 자기 대신 가주니 마음이 놓였다. 셸리는 클레어의 간곡한 부탁도 받았으리라. 셸리는 세 시간을 그 아이와 같이 보냈다.

그는 매리에게 편지를 썼다. "그 애는 생각이 깊고… 시중드는 사람의 뜻에 즉각 따르는 복종심을 보건대 규율이 대단히 엄격했다는 것을 알 수 있어요…. 그 애의 주된 단점은 특별대우와 허영을 좋아한다는 점이에요." 그 점에서 바이런을 닮았다. 그 애는 처음엔 부끄러움을 탔으나, 셸리가 선물을 주자 금방 친해졌다. 셸리 전에 유일하게 테레사의 조부모가 다녀갔다고 했다. 그들은 바이런의 딸이 가톨릭교육을 받는 것이 하도 신기하여 보러 왔었다고 했다. 그 애는 상당한 자제력을 가졌지만 아직도 버릇이 없었다. 셸리는 "그렇게 예쁜 아이가 열여섯이 될 때까지 그런 쓰레기 속에서 교육을 받아야 한다는 생각"을 하니 갑자기 가슴이 서늘해졌다고 했다.

그런데 정 많은 바이런이 이 딸에게는 왜 그리 비정했을까? 남들이 찾아보는데도 정작 아버지는 가지 않은 것은 무슨 이유 때문이었을까? 그는 그 애의 기질과 성격이 자신의 성격 중 한 면을 닮았음을 알았을 때, 그 딸이 이상하게 싫어졌으며, 자기 눈앞에서 사라지기를 바랐다. 그 애가 또 어머니를 연상시켜서 싫었을 수도 있었으리라.

셸리가 아빠한테 전할 말이 있느냐고 묻자 "아빠가 잠깐 와 주셨으면, 또 엄마를 데리고 왔으면…."이라고 했다. 아이의 말이지만 얼마나 한 맺힌 말이냐. 이때부터 1년 8개월 후 이 가여운 아이는 아빠와 엄마의 품을 그리워하며 그 적막한 수녀원에서 세상을 떠나게 된다. 셸리는 그 아이의 말을 차마 "아빠"에게 전할 수 없었다. 두 살이 채 안 되었을 때인 1818년 8월 이후로 진짜 엄마를 보지 못했으므로 이때의 엄마는 물론 테레사였다.

셸리는 8월 18일인가 19일에 라벤나를 떠났다. 피사로 가는 길에 피렌체에서 테레사를 만났는데 이 두 사람은 이미 편지 교환을 해서 잘 알고 있었다. 셸리나 테레사는 상대방에 대해 호감을 가졌다. 셸리는 그녀가 바이런에게 쓴 편지에서 보인 매력이 그녀의 자품에 그대로 배어남을 확인했다. 테레사는 셸리에 비하면 자기 애인은 대단한 속물이라고 느꼈다. 셸리는 몸은 야위었고, 옷은 소년 옷을 입어 조숙한 여린 소년 같았다. 그들은 최대한 조속히 바이런을 라벤나에서 빼내자는 데에 뜻을 같이했다.

바이런은 계속 라벤나에서 나올 생각이 없었다. 곧 테레사를 따라가야 했지만 이미 길들여진 생활습관을 깨기가 어려웠다. 또 추방된 사람들이 사면되어 돌아올 수 있다는 희미한 희망도 있었고, 한편으로는 영국으로 가 버릴까 하는 생각도 있었다. 그러나 그는 자기를 사랑하는 사람들을 편안하게 해 주고 그들 가까이 가는 것이 옳았다. 테레사에게 가리라.

귀치올리궁의 깊은 정적은 작품 쓰는 데는 더없이 좋았다. 그가 예정설, 운명, 자유의지, 악의 문제 등을 천착하면서, 카인에 대해 깊은 사색을 녹여 넣은 드라마가 『카인』이었다. 성경의 내용을 빌려오긴 했지만, 목표는 단순한 성경의 사건을 극화하는 데 있는 것이 아니었다. 그는 이 작품을 7월 16일에 쓰기 시작하여 9월 9일에 탈고하고, 그 이튿날 「서문」을 쓴다. 그렇다면 『카인』은 『그 심판의 환영』을 쓰고 있던 도중에 완성한 셈이었다.

3막으로 된 이 『카인』은 성경에 나오는 카인과 아벨의 이야기를 카인의 시각에서 재구성한 것이다. 카인의 가족이 하나님께 감사의 기도를 올릴 때, 카인은 자신에게 죽을 운명을 준 하나님에게 왜 감사를 올려야 하느냐고 의문을 제기한다. 하나님이 애당초 에덴동산에 지식의 나무를 심어둔 것 자체가 부당하지 않느냐. 또 아담이 생명의 나무의 열매를 안 따 먹은 것과, 그들이 죽을 운명이 되도록 하나님이 아무 조치도 취하지 않은 것도 카인의 불만이었다. 카인의 생각은 죽음이 무엇이냐는 의문으로 발전한다. 그때까지 인류 중에 아무도 죽은 사람이 없었기 때문에, 그는 죽음을 본 적이 없었다. 그는 죽음이 인간이나 신 같은 형상일 것이라고만 생각하고 일단 그를 만나보기로 결심한다.

그는 마왕을 만나본다. 그때까지 마왕은 전혀 경계할 대상이 아니고 더구나 악의 존재도 아니었다. 그는 사랑이 없긴 해도 친절했고 능력은 하나님과는 거의 동등했다. 2막에서 이루어지는 마왕과의 긴 대화와 명부(冥府)로의 여행이 이 드라마의 압권이다. 마왕은 죽은 자들의 망령이 모여 있는 곳으로 카인을 데리고 간다. 그는 이때 자기 가족이 최초의 인간이 아님을 알게 된다. 그의 부모가 창조되기 전에 그들보다 더 우수한 인간들이 살았고, 아담 가족은 사실 이 최초 인간의 파멸에서 살아남은

"난파당한" 존재라는 것.

바이런은 당시 발견된 매머드(mammoth) 같은 화석을 보고 우리 세상 이전에 다른 세상이 존재했다고 믿어 아담과 이브 이전의 인류를 상상한 것이었다. 제3막에서 카인은 아벨의 청유로 그와 같이 하나님에게 감사의 제물을 올린다. 아벨의 정성 어린 제물은 하느님이 흠향했지만 카인의 것은 회오리를 보내 다 흩어버린다. 아벨은 빨리 다시 제물을 올리라고 재촉하지만 카인은 오히려 그와 다툰다. 카인은 이때 하느님 앞에 너무 고분고분한 아벨이 얄미워 우연히 돌로 머리를 쳤는데 놀랍게도 그는 죽고 만다. 카인 가족은 에덴 동쪽 불모의 땅으로 추방당하면서 막이 내린다.

인간창조 이전의 인간들에 대한 이야기는 바이런이 독서로 습득한 격변설(catastrophism)에 근거를 두었다. 이 설에 따르면 지구의 역사에는 대격변이 여러 번 있었는데 이때마다 식물상(植物相)·동물상(動物相)이 완전히 바뀌었다고 했다. 그래서 아담 이전의 인류는 전멸하고 다른 인간이 재창조된 것이었다.

바이런은 당시의 현대과학과 발명품에 대한 이해도 깊었다. 그는 훗날 이탈리아어로 된 편지 한 통을 메드윈 손에 쥐여 주면서 이렇게 이야기한 적이 있었다. "2~3세기 뒤에 태어났으면 하고 바라지 않는 사람이 어디 있겠습니까? 여기 볼로냐 학자가… 방향타로 풍선(風船)을 유도할 수 있는 방법을 알아냈다고 주장하였고…. 곧 우리가 공기선(空氣船)을 타고 여행할 것이라는 생각이 들어요. 끝내 대기가 부족하겠지만 달까지 가는 길도 찾아낼 거고."

바이런은 메드윈에게 말했다. "우리는 증기 힘의 한계가 어디까지라고 말할 수 있을까요? …우리는 현재 과학의 발달에서 유아기 단계에 와 있습니다…. 우리가 현재 자랑하는 발명품들은 과거에 있었던 것의 그림자이고, 과거의 희미한 이미지이고, 다른 존재가 꾼 꿈에 불과합니다. 프로메테우스와 그가 훔친 불의 우화, 또 브리아레오스(Briareus, 손이 백 개, 머리가 50개 있는 거인)와 그의 형제들의 우화는, [이전 인류가 발명한] 증기와 증기시설의 전설이 아닐까요? 혜성이 지구를 파괴하기 위하여 접근하고 있는지를 누가 알겠습니까? 혜성이 가끔 지구를 파괴하였고 앞으로도 파괴하겠지만, 혜성이 지구를 파괴하러 왔을 때 사람들은 증기를 이용하여… 그 불타는 혜성을 향하여 마구 산들을 내던지게 될지 누가 알겠습니까? 그때 우리는 다시 거인족의 전설 또 하늘과 벌인 전쟁의 전설을 갖게 될 것입니다."

셸리는 키츠의 죽음을 애도한 자신의 만가 「아도니스」(Adonais: An Elegy on the Death of John Keats) 한 부를 바이런에게 보여주었다. 바이런도 그것을 읽고 키츠에 대한 깊은 동정심을 느꼈으리라. 그는 키츠에게 심한 말을 해서 가책을 느껴서일까, "나의 어떤 원고나 이미 발표된 출판물에도 그[키츠]에 관해 [내가] 말한 것은 모두 빼시오."라고 즉각 머리에게 부탁했다. 그리고 『블랙우드 매거진』에 보낸 원고에서, 이 불행한 시인을 공격하는 구절 옆에 이렇게 주석을 달았다. "키츠 씨가 교황을 비난한 데 대한 나의 분노 때문에… 장래가 촉망되는 것은 분명했지만, 그의 천재성에 대해 거의 정당한 평가를 내리지 못했다. 그의 『하이피어리언』(Hyperion)의 단편은 실제로 거인족에서 영감을 얻은 것 같고 아이스킬로스만큼 숭고하다." 바이런의 동료시인에 대한 이런 동정심은 가슴에서 우러나온 그대로였다.

셸리가 피사에 도착하니 란프란끼장에 감바 가족과 바이런이 들어오도록 만반의 준비가 되어 있었다. 셸리는 바이런이 오기를 학수고대했다. 그는 리 헌트가 이탈리아로 오면 좋겠다는 뜻을 편지로 그에게 알렸다. 헌트가 와서 정기간행물을 출판하고, 출자자들은 원고를 그 잡지에 발표하고, 발생하는 이익을 나눠 갖자고 하는 사람이 바로 바이런이라고 헌트에게 적어 보냈다. 셸리는 바이런이 무어에게 자기 『회고록』을 선사할 정도로 선심 쓴 것처럼, 헌트에게도 그런 선심을 써 주기를 은근히 바랐다. 그러나 그것은 오판이었다. 바이런이 느끼는 무어와 헌트의 기질에는 천양지차가 있었다. 무어는 풍신은 작았지만 상대에 대한 생각이나 배려가 섬세하면서도 깊고 자상하였고, 헌트는 대인 관계가 투박하면서 자주 염량을 잃었고 희떠운 행동을 보일 때가 있었다. 셸리는 헌트의 여행비를 바이런에게 부담시켜야 하는데 그 말을 입 밖에 낼 수가 없었다.

9월 4일인가 머리는 『돈 주앙』 제3, 4, 5편에 1,000기니, 두 드라마 『사르다나팔루스』와 『두 포스카리』에 1,000기니를 제안하였다. 바이런은 키네어드에게 편지를 써서 『두 포스카리』는 월터 스코트 경에게, 『사르다나팔루스』는 괴테에게, 『마리노 팔리에로』는 키네어드에게 헌정한다는 헌사를 넣어 달라고 부탁하였다. 바이런은 금방 말을 고쳐서 스코트 경에게는 『두 포스카리』가 아니라 『카인』을 헌정하겠다고 하였다.
　귀치올리궁에 혼자 남은 바이런은 태평이었다. 그 태평이 권태감으로 바뀌어 갔지만 그는 여전히 움직이기 싫었다. 그는 피에트로와 차라리 그리스에 가고 싶었다. 이때가 바이런이 그리스로 가겠다는 생각을 최초로 피에트로에게 밝힌 때이며, 그에게 그 생각을 맨 처음 집어넣은 사람은 다름 아닌 피에트로였다. 시간이 흐르면서 그리스에 대한 추억과 동경이 커져 갔다. 이제 가면 그리스를 튀르키예로부터 독립시키는 명분을 좇을 수 있을 것 같았다. 지난 5월에 바이런은 그리스 독립전쟁이 이미 3월에 시작되었다는 소식을 접하고, 그리스의 운명에 대해 깊이 생각해 보았다. 그러나 그리스를 위한 정의와 명분이, 남편까지 버린 한 여자의 눈물을 이길 수 있을까? 그는 과연 사랑의 덫에 걸린 걸까?
　바이런이 진작 라벤나를 떠나지 못하는 이유가 이중적이었다. 그는 겉으로는 날씨, 말, 하인, 이동허가증 등등이 문제라고 이야기하였다. 이동허가증은 계속 미적거리다 보니 시효가 지나 버렸다. 그러나 진짜 이유는 이동할 때 닥칠지 모르는 불길한 예감 때문이었다. 그는 미신과 예감을 믿었고, 이사에 관한 한 점점 의지가 약해져 갔다. 그는 마지못해 떠나긴 하겠지만 그것이 테레사 가족에게 화가 될지도 모른다는 예감을 떨칠 수가 없어서 테레사에게 이렇게 썼다. "당신네 모두에게 화가 미칠 것이 예견되어서이지요―그리고 당신에게 특히."
　그는 계속 남아서 교양 있는 귀부인을 대상으로 하는 풍자시 「울적한 기분」(The Blues)을 썼다. 새로 인쇄한 『돈 주앙』의 시편을 다시 읽어보니, 그것이 자기가 쓴 것 중에 최고의 작품이라는 확신이 들었다. 그 작품을 그만 쓰겠다고 테레사에게 약속한 것이 몹시 후회되었다.
　8월 7일 조지 4세의 왕비 캐롤라인 비가 53세를 일기로 서거하여 가슴

캐롤라인 왕비

한쪽에 슬픔이 밀려왔다. 그 왕비를 생각하면 애절하고 분했다. 그 전해 즉 1820년에 새로 보위에 오른 조지 4세와 그의 내각은 당시 세자빈이었던 캐롤라인을 왕비로 인정하지 않으려 하였다. 이유는 그녀가 이탈리아에서 '유배' 같은 생활을 할 때 안내인이었던 페르가미(Pergami)와 사이에 불륜이 있었기 때문이라고 했다. 그들은 그녀를 왕과 이혼시키고 폐서인하려는 법안을 의회에 상정하였다. 이 의안이 먼저 상원에서 통과되었다. 이때 의회는 흡사 왕비의 간통 문제를 다루는 공개재판정 같았다.

진상조사단을 만들어 조사를 해보니 왕비의 불륜은 사실무근이었다.

이때 이 왕비가 한 농담이 유명한 말이 되어 온 나라에 퍼졌다. 그녀는 꼭 한 번 간통을 하긴 하였는데 상대는 피처버트 부인(Mrs. Fitzherbert)의 남편이었다고 했다. 피처버트 부인은 바로 왕의 내연녀였다. 그녀의 남편은 곧 왕이니, 왕과 꼭 한 번 간통을 한 죄밖에는 죄가 없다는 것이었다. 이런 왕의 처사를 보고 자유주의자들은 분노했다. 그들은 왕비를 버린 왕과 그 내각의 부도덕성을 문제 삼았다.

바이런은 개인적으로는 캐롤라인 왕비에 대한 좋은 추억이 있었다. 1813년에 옥스퍼드 귀부인과 같이 방문했을 때 그 왕비는 바이런을 서글서글하게 대해 주었다. 그런 그녀가 불륜의 낙인이 찍힌다는 것은 도저히 묵과할 수 없었다. 왕비는 조지 4세의 대관식 때 왕비의 신분으로 참석하려고 하였지만, 그 즉위식장인 웨스트민스터 사원은 입장을 거부했다. 그것이 화병이 되어 3주 만에 세상을 뜬 것이었다. 바이런은 『모닝 크로니클』을 통해 왕비의 장례식 기사와, 왕이 더블린에서 축제 분위기 속에서 큰 환영을 받았다는 기사를 읽으니 분노가 끓어올랐다. 그는 9월 16일엔 조지 4세에 대한 풍자시 「아일랜드 아바타에게」(To the Irish Avatar)를 썼다. 그 이튿날 그는 무어에게 이 시를 보내면서 그 시를 베껴서 친구들과 나눠 보라고 하였다. 이 시는 먼저 조지 4세를 조롱한 뒤, 서거한 왕비가 영면에 들지도 않았는데, 그 왕을 환대한 아일랜드 국민은, 노예근성에 물들지 않고서 어떻게 그런 작태를 보일 수 있느냐고 매섭게 매도하였다.

9월 24일 이삿짐을 실어갈 마차가 피사에서 도착했지만 바이런은 짐마차를 보자 또 속이 부글거렸다. 땀을 흘리며 포장 작업은 하고 침대 하나만 남겼을 때 또 우유부단하여져 일을 더 진척시키지 못했다. 거기다가 열병이 나자 그것을 구실로 삼아 또 이사를 연기하였다.

10월 1일자 무어에게 보낸 편지를 보면 그 사이 바이런은 한 여자와 데이트를 했다. "매우 어린 초승달 아래" 승마 구간이었지만 바이런은 말에서 내려 한 시뇨라(마님)와 나란히 한 시간을 걸었다. "그러나 과거의 낭만 정도는 못되었어요. 그 여자는 새 여자였고… 물론 [그날 저녁] 사랑을 해도 되는 여자였어요. 그러나 나는 단지 평범한 이야기만 나눴을 뿐이에요."

바이런은 이 편지에서 새로운 시 『그 심판의 환상』을 언급한다. 그런 우유부단한 기분 가운데서도 그는 명랑한 톤의 풍자시 하나에 온 정력을 다 쏟아붓고 있었다. 전년 봄에 조지 3세가 서거하였을 때 계관시인인 사우디가 그 왕의 서거를 미화한 시 『한 재판의 환상』(A Vision of Judgment)을 읽었다. 사우디는 임무 상, 왕의 미덕과 오랜 통치 기간, 그가 겪었던 시련 등을 극구 칭송하였다. 그는 조지 3세가 하늘에 올라가 별이 되었다고 추켜세웠다. 그는 그 시 서문에서 거명하지 않았으나 바이런을 '사탄파'(Satanic School) 작가의 두목이라는 오명을 뒤집어씌운 뒤, 이런 작가들의 작품에는 "벨리알(Belial)의 정신"과 "오만하고 뻔뻔스런 사탄의 불경스런 정신"이 숨 쉰다고 했다.

바이런은 아첨 시라고 해야 할지 어용 시라고 해야 할지 모를 그 시의 내용을 보고 속이 뒤틀릴 대로 뒤틀린 데다, 개인적인 모욕을 당했으니 절대 가만있을 수 없었다. 바이런은 일차적으로 그의 극 『두 포스카리』에 붙인 긴 주석에서 그런 모욕에 대한 대갚음을 하여 반분이라도 풀었지만, 그 후에 본 사우디의 모든 이야기는 도저히 그 정도로 묻어둘 수 없었다. 사우디가 뼈저리게 느낄 보복을 해야 했다. 일단 펜을 잡자 그에 대한 증오심이 영감이 되어 시상이 분수처럼 솟구쳐 올랐다. 그는 신 지핀

계관시인 로버트 사우디

듯이 한 행이 12음절인 영웅체이연구 8행시를 써 내려갔다. 그는 이 시를 『그 심판의 환상』이라고 제목을 달았으며, 정확히 1821년 5월 7일에 쓰기 시작하여 그 해 1821년 9월 20일과 10월 4일 사이에 탈고하였다.

이 시를 보면 사우디와 아무 관계가 없는 사람도 한 속물이 골탕을 먹는 것을 보고 참 고소하다고 느끼게 된다. 시는 천국의 문전에서 벌어진 이야기에서 시작된다. 천국의 문지기인 성 베드로가 지루한 시간을 보냈는데, 최근에 천국에 들어간 영혼이 없었기 때문이었다. 천국의 문의 열쇠는 벌써 녹이 슬었다. 천사도 할 일이 없어 노래나 불렀다. 그러나 지옥 사정은 달랐다. 그곳 기록 담당 천사는 그곳에 들어가는 영혼이 너무 많아 기록하는 데 필요한 깃촉을 자신의 날개에서 뽑아 쓰다 보니 깃털이 하나도 남아 있지 않았다. 그 천사는 그곳에 천사를 더 배치해 달라고 아우성을 쳤다. 이때 조지 3세가 죽었다. 그의 장례식에는 벨벳, 금색 치장, 놋쇠 등 화려하기 그지없었지만, 단 한 가지 없는 것이 진정한 슬픔의 눈물이었다.

가장 최근에는 프랑스의 루이 16세가 목이 잘린 채 천국 입구에 왔었

제24장 위험한 혁명당원 **645**

다. 베드로는, 그가 순교자라고 담당 성인들을 속이고는 천국에 비공식적으로 들어가 버린 것을 기억했다. 베드로는 이번에 저 영국 왕은 절대로 천국에 넣어주지 않으리라 마음을 단단히 먹었다. 그를 천국에 넣어주기 전에 자신이 지옥을 지키는 케르베로스(Cerberus)가 되겠다고 결심했다.

대천사 미카엘과 사탄은 조지 3세의 영혼을 서로 데려가려고 다툰다. 사탄은 그가 폭군의 친구이고 자유의 적이니 지옥이 마땅하다고 주장한다. 양쪽은 증인을 채택한다. 존 윌크스(John Wilkes)의 유령을 불렀지만 그는 증언을 사양한다. 다음 증인으로 주니어스(Junius)를 부르고, 마지막엔 드디어 사우디를 부른다.

그런데 사우디는 아직 살아 있어 증인이 될 수 없었다. 하는 수 없이 그를 생포해 왔다. 아스모데우스(Asmodeus)라는 악마가 그를 메고 오는데, 그는 무겁기 짝이 없어 진땀을 뺀다. 그때 모습이다.

> 그 짐[사우디의 육체]을 내려놓았을 때
> "이게 뭐요?" 하고 미카엘이 물었다. "어, 유령이 아니잖아?"
> "알아요. 그러나 이 일을 내게 맡겨만 주시면
> 이놈을 곧 유령으로 만들어버릴 거예요."라고 그 악마가 말했다.

살아 있는 사우디가 잡혀 오니 천국 문전의 군중이 모두 놀랐다. 그는 살아 있기 때문에 너무 무거워 날개를 삐쳤다고 아스모데우스는 이렇게 불평한다.

> 망할 놈의 변절자! 나는 왼쪽 날개를
> 삐었고 이놈은 지독히 무거웠어. 그의 작품 몇 개가
> 목에 쇠사슬로 걸려 있다고 생각했을 정도야.
> 그러나 요점만. 스키도(Skiddaw)(그곳에는 여전히 비가 내렸는데)의
> 가장자리를 날고 있을 때
> 멀리 내 밑에 촛불 하나 깜빡거리는 것을 보고

> *[저놈이] 성경뿐만 아니라—역사의 명예까지 훼손했기에—*
> *저놈을 덮쳐서 낚아채 온 것이야.*

"멀리 내 밑에 촛불 하나 깜빡거리는" 곳에서 사우디가 밤늦게 글 쓰고 있었다. 그가 "성경뿐만 아니라—역사의 명예까지 훼손"하는 작업을 하기에 그를 산 채 잡아온 것이었다. 그가 잡혀 간 줄도 모르고 "그의 아내는 아직 차를 마시고 있다."고 했다.

사우디는 잡혀 와서 사탄을 보더니 거기서도 아첨 버릇을 못 버린다. 그는 그 사탄의 전기를 써서 호화장정 해드리겠다고 달콤한 말을 한다. 믿음 깊은 사람들이 대거 그 전기를 구입토록 서평을 쓸 사람도 잘 골라서 멋진 서평을 쓰게 하겠다고 속물근성을 드러냈다. 사탄이라고 서평을 겁낼 필요는 전혀 없다고 감언이설을 늘어놓는다. 그러니 자기에게 전기 쓸 기초자료만 좀 달라고 했다. 그 전기가 나오면 성인 총서에 들어가는 것도 절대 보장해 드리겠다고 했다.

사우디는 그 재판정에서 왕이 얼마나 훌륭한가를 증언하기 위해 드디어 자신이 쓴 『한 재판의 환상』의 첫 3행을 낭송하였다. 전부 입에 발린 소리였다. 4행을 읽을 때 모여 있던 천사와 악마 모두가 기가 막혀 혀를 차고 가버렸다. 5행을 읽을 때 베드로가 도저히 보다 못해 열쇠 다발로 그를 내리쳐서 그를 다시 호수에 빠뜨려버렸다. 그가 호수지방에 살았기에 호수에 빠뜨린 것이었다. 조지 3세는 이때의 혼란을 틈타 재빨리 새치기하듯이 천국에 들어가고 말았다. 천국의 문전에서 일어난 이 모든 것을 바이런 자신은 망원경으로 다 잘 보았기 때문에 자세히 이야기할 수 있다고 했다.

바이런이 이 풍자시를 끝내자 또 간단없는 울기(鬱氣)가 찾아와 한동안 그것에서 헤어나지 못했다. 그럴 때마다 밀려오는 것은 오거스터에 대한 절대적인 그리움이었다. 그녀의 추억이 새록새록 떠올라 몹시 보고 싶어 가슴에는 그리움이 슬픔 덩어리로 자리했다. 그녀가 그토록 무정해진 것이 야속했다. 그는 3년 동안 지속된 테레사와의 밀애를 자상하게 털어놓았다. "3년이 지난 뒤에도, 한 여자에게 가능하리라 생각한 것보다 그녀에게 더 깊은 애착을 느낀다고 말할 수 있어요ㅡ(한 사람을 제외해야 겠는데 누군지 추측되나요?)…. 만약 바이런 귀부인과 테레사의 남편이 기꺼이 죽어준다면 (가톨릭은 이혼하더라도 결혼은 안 되니까) 아마 우리는 결혼해야 할 거라오."

바이런은 자기 자신을 돌아보는 시간이 많았다. 작품 외에는 마음을 뺏기는 데가 없었기 때문이었다. 라벤나를 떠나기가 싫었다. 큰 가구들은 이미 다 보내버린 휑뎅그렁한 저택. 자기 생각만이 소리 없는 메아리가 되어 되돌아왔다. 승마를 나갔고 아드리아해를 두 팔로 갈랐다. 우편으로 오는 소식은 하나하나가 신기했다.

바이런은 10월 9일부터 쓰기 시작한 『천국과 지상』(Heaven and Earth: A Mystery)을 14일 걸려서 완성시켰다. 바이런은 노아의 홍수 직전에 아나(Anah)와 오홀리바마(Aholibamah)가 인간과 신을 같이 사랑한 것에 주목하였다. 한편 『에녹서』(The Book of Enoch)에도 인간을 사랑한 타락천사 이야기가 자세하게 나온다. 6장에는 타락한 천사의 명단도 나오는데, 이들은 모두 사람의 딸들을 취하여 자식을 낳은 천사들로 200명에 이르렀다. 바이런은 이들 중 사미아사(Samiasa)와 아자지엘(Azaziel)을 이 드라마에 등장시킨다.

아나와 오홀리바마는 자매간으로 미색이었다. 이 자매는 아담의 장자 카인의 후손인 반면, 그 자매가 각각 사랑한 야벳(Japhet)과 이랏(Irad)은 아담의 삼자 셋(Seth)의 후손이고 노아의 아들들이었다. 그런데 그 자매는 이 노아의 아들들보다 천사 아자지엘과 사미아사를 더 사랑한다. 신은 홍수를 내려 노아의 가족과 동물 한 쌍씩을 제외하고는 지상의 모든 인간과 생명체를 멸종시키려 한다. 야벳과 이랏은 노아의 아들들이니까 당연히 방주를 탈 수 있겠지만, 카인의 후손인 두 자매는 탈 수 없었고 결국 죽음을 맞아야 한다. 한편 아자지엘과 사미아사 두 천사는 인간을 사랑하였기에 타락한 천사가 된다. 그 천사들을 바른 길로 인도하려고 대천사 가브리엘이 파견되나 그들은 두 자매에 너무 빠져 있어서 돌아갈 뜻이 없다.

노아의 아들 야벳은 목숨을 걸고 아버지에게 아나를 방주에 태워 달라고 애원하지만, 아버지는 하느님과의 약속 때문에 카인의 핏줄은 한 명도 태울 수 없다고 한다. 이것을 본 천사 아자지엘과 사미아사는 그들의 애인을 날개 밑에 품고 다른 세상으로 날아가려 하지만, 두 여성은 동행을 거부한다. 대홍수의 물이 점점 차올라 마지막 산꼭대기에 남은 야벳이 "왜 다 죽는데 나는 살아남아야 하느냐!"고 절규할 때 방주가 천천히 그에게로 다가온다.

바이런은 오지 않았지만 그의 첫 이삿짐이 피사의 란프란끼장에 도착했다. 피사는 피렌체와 같이 토스카나 공국에 속해 있었기 때문에 오스트리아 정보당국뿐만 아니라 시(市)와 토스카나 정부당국에도 비상이 걸렸다. 이 위험천만한 영국인이 거기에 오는 목적이 무엇일까? 어떻든 그들은 이 영국 귀족에 대해 엄중한 경계를 해야 했다.

바이런이 『회고록』에 자신에게 일어났던 일을 다 기록하였다면, 10월 15일엔 다른 노트에 특별히 자기의 생각들을 담기 시작하였다. 일기가 아니라 『초연한 생각』이라고 명명했다. 그것은 그의 과거를 격정이나 편견에 사로잡히지 않고 차분하게 되돌아보는 회상이고 명상이었다. 몇 가지 예를 보자.

> 아무도 삶을 다시 살지는 못한다는 것은 격언이고 진실이다… 동시에 대부분 사람들의 삶에는… 다시 가지고 싶은 순간들이 있을 것이다.

> 우리가 잠깐만 정신활동에 주의를 기울인다면, 영혼불멸에 대해선 거의 의심할 여지가 없다. 정신은 영원히 활동한다. 과거에는 회의를 했지만 사유를 하다 보니 더 잘 알게 되었다. 정신은 육체와는 매우 독립적이다. 예컨대 꿈에서는 정신이 지리멸렬하고 미쳐 있음을 인정한다. 그래도 여전히 정신이며 우리가 깨어 있을 때보다 훨씬 더 [확실한] 정신이다.… 스토아학파, 에픽테토스(Epictetus), 마르쿠스 아우렐리우스(Marcus Aurelius)는 현 상태를 '시체를 끌고 다니는 한 영혼'이라고 부른다… 정신이 영원하다는 것은 육체가 그렇지 않다는 사실만큼 가능한 일이다… 육체적 부활은 형벌을 목적으로 한 것이 아니라면 이상하고 심지어 불합리해 보인다. 형

벌이 교정하기보다는 보복하기 위한 것이면 모든 형벌은 도덕적으로 맞지 않는다. 그리고 이 세계가 종말을 맞을 때, 어떤 도덕이나 경고의 용도가, 영원한 고문에 대한 해답이 될 수 있을까? 여기서 인간은 열정 때문에 신의 교의를 거의 왜곡하지만 [신의 교의] 전체는 불가해한 것이다…. 이성으로 해결하려 하지 말고 믿으라고 말하는 것은 소용없는 일이다. 차라리 깨지 말고 자라고 말하는 것이 낫다…. 가혹한 비인간적 인간의 형법이, 많은 악한을 만드는 것인 만큼, 지옥의 위협이 악마를 만드는 것이라는 생각을 안 할 수가 없다. 인간이 열정적인 몸을 가지고 태어나지만, 정신의 원천(源泉)에는 선에 대한 애정으로 흐르는 경향이 비밀리에 내재한다. 그러나 신이여 우리 모두를 도우소서! 현재로선 그것은 슬픈 원자의 항아리다.

나는 햇빛 비친 날에는 언제나 매우 종교적이다. 마치 더 큰 빛과 순수에로의 내적 접근과, 외적 삶이라는 어둔 등(燈)에 불 켜는 자 사이에 무슨 연관이 있는 것처럼 말이다. 밤도 또한 종교적 관심사이다. 내가 달과 별을 허셀(Herschell)의 망원경으로 보고 그들도 여러 세계들이라는 것을 알 때 더욱 그렇다.

나는 가끔 인간은 이전 세계에서 난파당해서… 타락해 온 더 고등 물질의 존재나 그와 비슷한 것의 잔재일지 모른다고 생각한다. 이것은… 자연이 더 혹독해짐에 따라 현재에는 더 열악해져 있는 라플란드인(Laplanders), 에스키모인(Esquimaux) 등에서 보는 바와 같다. 그러나 이 아담 이전의, 상상의 이 고등 피조물도 그 시원과 창조주가 있었을 것이다. 왜냐하면 창조주는 우연한 원자의 조합보다는 더 자연스런 상상의 산물이기 때문이다.

생명체의 번식은 얼마나 이상한 일이냐! 갈보의 무릎에서―혹은 욕정적인 꿈의 오르가슴에서―쏟아버리는 거품 같은 씨앗이…카이사르 같은 인물이나 나폴레옹 같은 인물을 만들어낼지 모른다.

이런 우주와 불멸에 대한 깊은 사색에 빠져 있을 때 피사에서는 셸리와 테레사가 바이런이 오기만을 목이 빠져라 기다렸다. 바이런을 알았던, 혹은 그의 자선사업에서 도움을 받았던 사람들은 그가 떠난다는 소식을 듣고 슬퍼했다. 베네치아에 거주할 때부터 바이런은 돈을 아끼기 시작하였지만, 또 돈이 밑 없는 독의 물처럼 빠져 나갔지만, 그는 자선사업에는 더 많은 돈을 쏟아부었다. 그 수혜자들은 바이런이 라벤나를 못 떠나게 설득해 달라고 두 번이나 추기경에게 청원서를 올렸다.

셸리는 알레그라를 당분간 수녀원에 그대로 둘 것이라는 바이런의 말을 듣고 그보다 더 걱정을 했다. 그는 이때 딸에 대해서는 무심했다. 수녀원장은 바이런이 라벤나를 떠날 예정이라는 소식을 접하고 바냐카발로 한번 와 주기를 바란다고 편지를 보냈다. 그 편지에 그녀는 이탈리아어로 된 알레그라의 편지를 동봉했다. 알레그라는 그때 네 살이었다. "아빠에게―제가 여러 가지 하고 싶은 일이 많을 때… 아빠가 한번 와 주셨으면 좋겠어요. 아빠를 사랑하는 알레그라를 기쁘게 해 주실 수 없나요?"

바이런은 답장은 보내지 않았으리라. 남아 있는 답장이 없다. 그는 호프너에게 한 편지에서 이렇게 말했다. "충분히 진지하긴 하지만, 그렇게 나를 기분 좋게 하는 것은 아니었어―왜냐면 그 애는 아버지의 생강 빵 얻어먹는 것이 좋아서 내가 보고 싶은 것뿐이야―내 생각이야." 그는 떠나기 전 수녀원에 가서 그 애를 보려고 했었지만, 이른 아침에 북새통을 이루며 출발하는 바람에 그 기회마저도 흘려버리고 말았다. 아마 이별할 때의 슬픔과 당혹감도 많은 부담이 될 것이기 때문이었으리라.

마침내 바이런은 10월 29일 동이 트기 전에 라벤나를 떠났다. 그는 빈 방을 돌아다니면서 여전히 떠나기 싫어했다. 그는 거의 2년 전에 테레사를 따라 나폴레옹 마차로 들어왔던 이 조용한 중세도시를 딸그락딸그락 바퀴소리를 남기고 떠나갔다. 전날 밤 만감이 교차하여 밤을 새웠다.

그 전에 셸리는 피사에서 12대의 마부 딸린 짐마차를 라벤나로 보내 바이런의 짐과 동물을 미리 옮겨 놓았었다. 이날 바이런과 함께 이사한 인원과 화물은 하인 7명, 마차 다섯 대, 말 아홉 필, 원숭이 한 마리, 불도그 한 마리, 마스티프 한 마리, 고양이 두 마리, 공작 세 마리, 암탉 여러 마리 등이었다. 그의 책들은 모두 현대 작품들로 큰 도서관을 차릴 정도였다. 그는 출판물은 언제나 최상품을 구매하였다. 그 외 말안장, 소화기, 그리고 망가진 가구 등이 있었다. 뒤처리는 은행가인 기지에게 맡겼다. 그는 또 수녀원에 알레그라의 학비를 내야 했고, 다리 부러진 염소 한 마리, 못생긴 개 한 마리, 물고기만 먹는 백로처럼 생긴 새 한 마리, 사슬에 묶은 오소리 한 마리, 늙은 원숭이 두 마리 등 데려가지 않은 동물들을 어떻든 맡아야 했다.

해로의 친한 후배 클레어 경

바이런은 이동 중 이몰라(Imola)와 볼로냐 사이에서 졸다가 다가오는 마차의 한 얼굴을 보니 낯익은 얼굴이었다. 반신반의하면서 자세히 보니까 해로의 친한 친구 클레어 경이 아닌가. 그를 7~8년 못 보았다. 그러나 몇 주 전에도 바이런이 간간이 쓰던 일기장에, "'클레어'라는 말을 들을 때 심장이 쿵덕거리지 않을 때가 없다."라고 적었었다. 그는 이 우연한 만남을 『초연한 생각』에서 이렇게 말한다. "이 만남은 잠시 현재와 해로 시절 사이의 모든 기간을 일시에 지워버렸다. 그 만남은 내겐 마치 무덤에서 깨어난 것처럼 새로웠고 설명할 수 없는 느낌이었다. 클레어도 역시 크게 놀랐다…. 나는 그의 심장이 그의 손가락 끝에까지 박동하는 것을 느낄 수 있었다…. 우리는 5분간을 같이했는데 그것도 공로(公路)에서."

볼로냐의 펠레그리노 여관에서 이탈리아 여행을 하고 있던 로저스를 만났다. 하루를 그와 같이 머문 뒤 그와 아펜니노(Appennino) 산맥을 같이 넘었다. 바이런은 싣고 가는 살아 있는 짐승, 죽은 짐승으로 해서 세관

원들이 고생을 많이 하는 것을 보고 그들을 따뜻하게 위로했다. 그러나 성질이 급한 로저스는 그 이탈리아인들에 대고 욕을 해서 하마터면 싸울 뻔했다. 10월 30일 피렌체에 도착하니 영국 사람이 버글거렸다. 그 이튿날 바이런은 로저스와 같이 또 산크로체 교회를 찾아 갈릴레오, 마키아벨리, 미켈란젤로의 묘관을 구경하였다.

11월 1일 피렌체에서 로저스와 작별하고 피사를 향해 출발하였다. 엠폴리(Empoli)를 지날 때 바이런의 마차들은 피사에서 오는 역마차와 교행했다. 그 안에 검은 머리 아가씨가 자신은 보이지 않고 그를 내다보았다. 바로 피렌체로 돌아가는 클레어였다. 이것이 그녀가 아기 아빠를 본 마지막 순간이었다.

제 25 장
셸리와 피사의 친구들
(1821년~1822년)

　바이런은 11월 1일 늦게 피사에 도착하여 란프란끼장을 보니 마음에 들었다. 정원은 작았으나 쾌적해 보였다. 햇볕이 잘 들었고 높은 담장으로 둘러싸여 있었다. 1층의 너른 계단을 내려와 뒷문만 열면 오렌지를 딸 수 있었다. 그리스의 겨울 같은 지중해의 온화한 기후를 맛볼 수 있었다. 그러나 말 여덟 필과 몇 대의 마차를 들일 마구간과 마차고가 없었다. 감바 가족은 9월 23일 룽가르노가의 작은 집 파라(Parra) 장에 들어서 불편 없이 지내고 있었다. 바이런은 테레사와는 3개월간 떨어져 있었다. 그는 곧 그녀를 뒤따라오지 않은 핑계를 몇 가지 대야 했다. 그는 배배 꼬인 편지를 보내 테레사는 그가 영원히 안 올까 봐 걱정이 태산이었다. 바이런은 그녀의 원망을 풀어줄 선물로 피렌체에서 피사로 오면서 지은 시를 보여 주었다. "그녀의 빛이 내 이야기 중에 밝은 것에 맞닿아 반짝일 때/ 나는 알았네, 그것이 사랑임을, 나는 느꼈네, 그것이 영광임을." 그녀는 그 시를 듣고 기뻐서 날아갈 것 같았다. 셸리 역시 그녀 못지않게 기뻤는데 그가 만들려는 피사의 동아리가 성사될 것이기 때문이었다.
　란프란끼장을 지은 란프란끼 가문은 단테 시대에 유명했다. 그 가문은 내란 당시에는 황제당원(Ghibellines)이었으며, 단테는 그들 가문의 한 사람을 『지옥편』에서 언급하여 불후의 이름을 얻게 만들었다. 그 가문은 그 당시에 이미 쇠미해졌으나 그들의 유령은 결코 잠들지 않아 여전히 어둡고 거대한 저택에 출몰한다고 동네 사람들이 말했다. 이 소문이 바이런의 호기심을 자극했고, 플레처는 밤에 귀신이 천장에서 사발 굴리는 소리를 내서 잠을 잘 수가 없다고 했다.

그 건물은 바이런 가족에게는 너무 커서 1층만 사용하였다. 거기서 그의 생활은 평온을 되찾았다. 방담, 독서, 그리고 이따금 하는 창작이 전부였다. 시원한 오후에 마차나 말을 타고 나가 사격을 즐겼다. 그는 해가 빠진 후 한 시간이 되면 저녁을 먹고, 감바 백작 집으로 가서 테레사와 몇 시간 노닥거리다 왔다. 그 집은 그 후 다른 추방자들의 집회 장소가 되었다. 그리고 두세 시까지 책을 읽거나 글을 썼다. 때때로 그는 약이라고 생각하여 독한 술을 물로 희석시켜 마셨는데 신장염을 예방하기 위해서였다.

바이런은 셸리와 그의 친구들을 모두 초대했다. 이때 모인 사람들은 어떤 면에서 '탈선한' 즉 존경받는 기성사회에서 도피한 자들이었다. 셸리를 제외하면 부부로 살긴 하지만 제대로 결혼한 부부가 아니었다. 메이슨(Mason) 부부 중 메이슨 부인은 전에는 마운트캐셜 귀부인(Lady Mountcashell)이었고, 연하의 남편 메이슨은 전에는 조지 타이(George Tighe)라는 이름으로 살았었다.

에드워드 윌리엄스(Edward Williams)는 인도에서 중위로 근무하면서 동료 장교의 아내 제인과 눈이 맞아, 스캔들을 잠재우기 위해 제대를 하고 제인과 이탈리아에 살림을 차렸다. 연금은 적었지만 아이 둘을 낳고 편안하게 살고 있었다. 그는 인도정부에서 일할

에드워드 윌리엄스

토마스 메드윈

때 호랑이 사냥한 이야기를 하면 특히 테레사가 정신을 내려놓고 들었다. 이 부부는 셸리가 사는 집 1층에 살았다.

셸리의 사촌이며 어릴 때 친구였던 메드윈도 있었다. 그는 셸리가 출판한 시집을 보고 감격하여 그를 따라나선 사람이었다. 제네바에 살고 있던 윌리엄스 부부를 피사로 끌어들인 사람이 바로 그였는데 그는 윌리엄스와는 인도의 제8용기병 부대에서 같이 근무하였다.

윌리엄스는 또 제네바에서 존 타프(John Taafe)를 데려왔다. 그도 문학적 야심을 가진 자였다. 아일랜드중산층의 부모를 골치깨나 썩이다가 '망명'길에 오르게 된 것은 한 여자와의 연애가 비틀려버렸기 때문이었다. 그는 『단테의 주석』이라는 대작을 집필 중에 있었는데, 이것이 완성되면 자기가 번역한 『신곡』과 같이 출판할 예정이었다. 바이런은 그가 금방 마음에 들어 『단테의 주석』을 머리에게 추천하였다.

윌리엄스는 바이런을 처음 만나던 날 일기에 이렇게 썼다. 바이런은 "말라비틀어진 귀족 기질"에다 울적한 인간혐오자라는 이야기를 들었으나, "손톱만큼도 건방진 데가 없었으며… (일반적으로 믿는 것처럼) 침울한 기분이기는커녕, 햇볕과 같았고, 훌륭한 유머를 곁들인 우아한 언어와 반짝이는 위트가 가까이 있는 사람이면 누구에게든지 영감을 주었다."

이 피사의 동아리 중에도 가장 개성적인 인물은 트렐라니로, 그는 바이런이 도착한 지 3개월 뒤인 1월 14일에 합류하였다. 그도 원래는 콘월(Cornwall) 지방의 한 지주의 아들이었지만 부단히 부모의 속을 썩이다가 도저히 같이 살 수 없어 그들을 떠났었다. 그의 거쿨진 체구에다 거무스름한 피부, 검은 곱슬머리에다 검은 살쩍과 턱수염, 번들거리는 검은 눈, 빛나는 치아 등은, 그가 자기 인생을 자기 멋대로 살아왔음을 잘 보여

주었다. 잠깐 해군에 몸담았다가 이탈리아 여자와 결혼했지만 곧 아내가 죽는 슬픔을 맛보았다. 진정한 의미의 낭만주의자였고, 여자도 자기처럼 자유로운 여자를 좋아했다. 차분하고 비판적인 매리도 그를 좋아했으나 훗날 클레어를 보자 깊이 사모한다고 청혼까지 했다.

바이런이 트렐라니를 보니 정확히 자신의 작품 『해적』에 묘사해 놓은 해적이 살아나온 것 같았다. 그를 처음 만난 후 테레사에게 말했다. "나는 오늘 내가 쓴 『해적』의 주인공이 실제로 살아 있는 것을 보았는데, 그는 베개 밑에 그 시(詩) 『해적』을 넣어서 자며, 그의 과거의 모든 모험과 현재의 [살아가는] 방법들이 그런 인격을 빚어 낸 것 같소." 그는 경쟁심이 강했고 그것 때문에 난처한 상황을 만들기도 했다. 그러나 며칠 뒤에 바이런은 트렐라니를 만나도 아주 편안해졌다. 그는 거의 매일 바이런의 집으로 '출근'을 했다.

매리는 트렐라니에게서 깊은 감명을 받고 일기에서 이렇게 평했다. "젊고 이색적인 인물[이고]… 무어족 같아 보이는 얼굴(왜냐하면 그는 동양적으로 보이나 아시아계는 아닌 것 같았다), 검은 머리카락, 헤라클레스 같은 체형은 잘 어울렸으며, 특히 웃을 때 얼굴 전체에서 대단한 호인이라는 인상을 풍겼는데, 바로 그 점이 그의 가슴이 따뜻하다는 것을 확실히 말해 주었다."

트렐라니도 바이런을 처음 만났을 때 느낀 점을 이렇게 이야기했다. "[바이런은] 셸리가 가까이 있지 않으면 전혀 문학 이야기를 하지 않았다… 그의 이야기에는… 유명한 배우, 권투 선수, 도박꾼, 결투한 사람, 술주정뱅이 등등의 이야기가 섞여 있었다." 그러나 그가 바이런을 더 잘 알았을 때

에드워드 트렐라니

제25장 셸리와 피사의 친구들 **657**

이렇게 말했다. "그[바이런]와 혼자 대화를 해 보면 그는 거대한 금광과도 같다. 우리가 그의 내부 어느 쪽으로 구멍을 내든, 엄청난 금을 캐내 올 수가 있지만, 절대로 다 캐낼 수는 없다."

바이런은 이런 친구들이 자기 집에서 부담 없이 시간을 보내도록 당구대를 들여놓았다. 그는 보통 오후 2시에 아침을 먹고 나면, 세 시나 네 시에 같이 승마할 사람들이 찾아온다. 가끔 당구 한 게임을 한 뒤 성문까지 마차를 타고 가는데 그를 보려는 사람을 피해서 간다. 성문에서 말로 갈아탄다. 그러나 포르타 알라 스피아쟈(Porta alla Spiaggia)에서 동쪽으로 난 길로 가면 그들의 사격 연습장이 나온다. 그곳은 치사넬로(Cisanello)의 한 농가의 목초지였으며 바이런이 그 도시에 체류할 동안 매일 그리로 갔다. 그들은 반 시간 정도 권총 사격술을 연마한 뒤 해 지기 직전에 시내로 돌아왔다.

그 농가가 바이런의 마음에 든 이유는 그 집에 마리아(Maria)라는 검은 피부의 예쁜 아가씨가 있었기 때문이었다. 그 사격에 참여한 한 친구는 "바이런은 가장 훌륭한 사수이다. 셸리, 윌리엄스, 트렐라니 등은 가끔 그만큼 잘 쏘긴 하지만 그들은 그[바이런]만큼 확실하지 않다. 바이런은 손이 심하게 떨렸지만, 그 떨림을 감안해서 전적으로 눈만 믿고 [쏘아도] 표적을 못 맞추는 일은 없다. 한번은 표적을 없애고 가느다란 지팡이를 세웠는데 그 색깔이 주변의 자갈 색깔과 비슷하였지만, 10보 떨어진 곳에서 그것을 두 짝으로 갈라놓았다. 그는 명중했을 때 크게 기뻐했고 실패했을 때 신경질을 냈으며, 우리들이 돌아올 때 싸늘한 인사를 하느냐 기쁨에 들뜬 웃음소리를 내느냐를 보면 그날 그의 사격 성적을 알 수 있었다."라고 말하였다.

셸리 가족은 바이런이 도착하기 며칠 전에 산줄리아노(San Giuliano)의 온천에서 돌아왔었다. 그들은 란프란끼장과 같이 아르노(Arno) 강과 포르테자(Fortezza) 교(橋)가 내려다보이는 집 트레팔라지디끼에사(Tre Palazzi di Chiesa, 오늘날의 Palazzo Corsini) 장(莊)의 맨 위층에 가구를 들여놓았다.

셸리는 바이런이 도착한 직후 『카인』 원고를 읽어보고는 그의 천재성에 감탄하였다. 바이런을 보면 언제나 기분이 좋은 매리는 얼마 후 친구 마리아 기스본(Maria Gisborne)에게 이렇게 편지를 썼다. "그렇게 해서 얘, 피사는 알다시피 노래하는 새들의 작은 둥지가 되었잖니."

메드윈은 그 전에 피사에 와 있다가 2월에 다른 곳으로 갔는데, 11월 14일에 다시 온 것은 아마 바이런이 왔다는 소식을 들었기 때문이었으리라. 메드윈은 바이런을 존경하였고, 바이런도 자신의 위트와 추억담에 깊은 관심을 기울여 주는 그를 좋아하였다. 곧 메드윈도 타프와 윌리엄스처럼 바이런 집에 '출근'하였다.

12월 언젠가부터 바이런은 매주 이들 영국 친구들을 초대하여 꼭 다섯 코스 만찬을 제공했다. 초대받은 인물은 피에트로, 셸리, 윌리엄스, 메드윈, 타프, 트렐라니 등이었고, 여자들은 초대하지 않았다. 바이런은 8명의 하인으로도 모자라 사람을 더 불렀으며, 주방용기와 식기류도 빌렸다. 리보르노에서 최고의 포도주와 컬런도 주문하였다. 그러나 그 자신은 베네치아에서부터 계속 다이어트 중이어서 녹차, 비스킷, 소다수만 먹어 손님들은 늘 조금은 불편했다.

바이런은 손님들을 늘 공손하고 친절하고 명랑하게 대했다. 한 번도 점잖지 못한 도락에 빠지거나 풀이 죽는 일도 없었다. 자정 무렵에 다른 손님들은 떠났지만, 메드윈은 계속 남아 그 귀족 친구와 아침까지 술잔을 기울이면서 이야기를 나눴다. 그가 바이런이 죽은 직후 세상에 내놓은 책은 이 밤에 들은, 바이런의 신비로운 속내, 숨겨두었던 비밀 이야기를 꼭지별로 정리한 것이었다.

테레사와 매리도 자주 권총 사격장 쪽으로 승마를 했다. 매리는 이때 바이런의 지성과 매력에 푹 빠졌다. 그녀는 그가 기질적으로 또 지적으로 자신과 잘

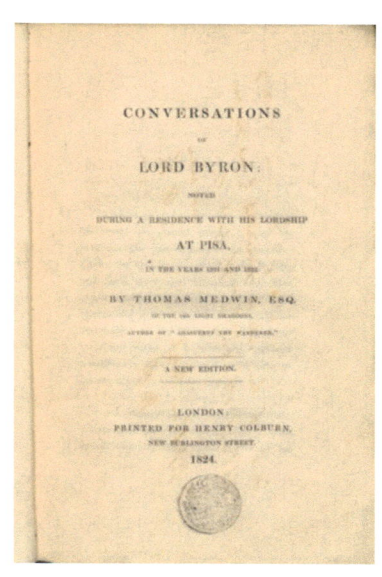

메드윈이 이때 들은 이야기를 정리하여 낸 책

맞는다고 느꼈다. 또 디오다티 별장에서의 저녁 모임과 제네바호에서의 뱃놀이는 그녀에게는 영원히 잊을 수 없는 아름답고 향기로운 추억이었다. 나중에 매리는 일기에 적었다. "어떻게 알베는 가만있는데… 무슨 힘으로 내 안에서 이토록 깊고도 동요하는 감정을 불러올까." 매리는 무의식적으로 바이런은 자신의 정신적 삶에 꼭 필요한 보완재(補完財)라고 느꼈으리라. 그녀는 자신의 깊숙한 내부에서 그의 인격에서 받는 무의식적인 감동이 미묘한 육체적인 떨림으로 발현한다는 것을 아직 깊이 깨닫지는 못했다. 그녀라고 다른 모든 여자들이 바이런과 함께 있을 때 느끼는 "거스를 수 없는" 매력을 못 느꼈을 리 있을까. 그녀가 나중에 쓴 소설에는 희미하게 가려놓긴 했지만 바이런이 주인공으로 등장하지 않는가.

존 헤이(John Hay) 대위가 또 신입회원이 되었다. 그는 나폴레옹 전쟁 후 강제 퇴역당한 바이런의 옛 친구이자, 바이런이 사랑했던 매리 더프의 친척이었다. 그는 대부분 사람들보다는 형편이 좀 나았다. 그는 피사와 바다 사이의 멧돼지 사냥터로 유명한 마렘마(Maremma) 늪지에서 사냥할 목적으로 그리로 왔다. 진수성찬에 대한 보답으로 멧돼지 고기를 내놓기도 했다.

사람들은 보통 새벽 두세 시까지 포도주를 들면서 이야기를 나눴다. 셸리는 주로 문학과 철학 이야기를 즐겼으나 화제가 세속적인 이야기로 바뀌면 그리 활발하지 못했다. 매리에게 그리스어를 가르친 적이 있는, 그리스 독립운동가 마브로코르다토스 대공(Prince Alexandros Mavrocordatos)이 그해 6월에 그리스의 독립 전쟁에 참전하기 위해 그리스로 돌아갔지만, 그의 사촌 아르지로폴리 대공(Prince Argiropoli)은 피사에 그대로 남아 있었다. 셸리가 그를 바이런에게 소개시켜 주자, 이때부터 바이런은 그리스 독립 운동에 대한 관심에 불이 붙었다. 바이런은 훗날 그리스에 갔을 때 이들 사촌들과 밀접한 관계를 맺는다.

바이런은 이 모임의 회원들의 마음에 들도록 모든 것을 준비하고 배려했다. 그의 재미있는 이야기를 노트하기 시작한 메드윈은 우선 그 시인의 따뜻한 인정에 감동받았다. 바이런은 그가 자기의 전기를 쓰려는 낌새가 있는 것을 알면서도, 자기의 삶과 사랑에 대해서는 전혀 거리낌 없이 모든 이야기를 다 털어놓았다. 이때 쓴 메드윈의 기록이다. "나는 대화가 그렇게 빛나는 사람을 만난 적이 없다. 그는 스스로를 빛나게 보이려고 노력하지 않았기 때문에 아마 더 빛났을 것이다…. 그는 무엇이건 숨기는 것이 없고 비밀에 부쳐 달라는 부탁도 없다. 그는 최소한의 스스러움도 없이 생각한 것, 행동한 것을 죄다 이야기하며, 온 세상이 다 알기를 바라는 것 같다. 그러고는 자기 실수에 대해 얼버무리는 일도 없다…. [그는] 다른 사람이 산만해지는 것을 못 참으며, 긴 이야기를 싫어하며, 자신의 이야기는 거의 되풀이하지 않는다…. 그는 논쟁을 싫어하고 이기려고 다투지 않는다…. 그는 결코 작가임을 드러내지 않고, 특히 스스로 세상 물정을 아는 상류층 인사라고 내세우지도 않지만, 삶과 살아있는 주인공들에 대해선 무궁무진한 일화를 알고 있다."

"나는 그가 점점 나태해져가는 것을 보고 가슴이 아팠다. 그는 거의 승마를 그만뒀으며 단식을 하여 비정상적으로 야위었다. 소화 능력도 나빠졌다…. 너무 쉽게 술에 빠졌고 좋아하는 술인 홀랜드[네덜란드산 진(gin)]를 거의 매일 밤 한 파인트나 마셨다. 그는 익살스럽게 내게 말했다. '메드윈, 왜 술을 안 마시지요? 물을 탄 진은 내 모든 영감이 솟아나는 곳이에요. 만약 당신이 나만큼 술을 마셨다면 나만큼 훌륭한 시를 썼을 것이오. 술에 기대십시오. 술이야말로 바로 진정한 히포크레네(Hippocrene) 샘입니다.'"

바이런은 메드윈에게 종교에 관해서도 이렇게 말했다. "나는 언제나 영국 성당예배에 큰 기쁨을 누렸어요. 그 예배는 느낌이 있는 사람이라면 신앙심을 고취시켜 주지요. 그럼에도 불구하고 기독교는 시인에게 최고의 영감의 샘은 아니지요. 시인은 직접적인 신앙고백에 묶여서는 안 됩니다. 형이상학은 광활한 영역을 열어 보이니까요. 자연과 이 세계의 기원에 대한 반모세적인 사색, 시의 넓은 범위와 자원, 기독교가 이런 것들을 차단하고 있어요."

"나는 마니교도라고 불립니다. 나는 차라리 '아무것이나 교도', '아무것이나 종파'로 불리고 싶습니다. 이런 내 종파에 대해 어떻게 생각하십니까? '아무것이나 종파' 참 듣기 좋지 않습니까? 나는 왜 내가 종교의 적이나 불신자로 간주되는지 모르겠어요…. 나는 내가 이단자(infidel)로 간주되고 있다는 것을 알아요. 아내와 누나가 힘을 합쳐 내게 기도서를 보내줬어요."

셸리도 바이런의 인품과 반짝이는 재기에 매력을 느꼈다. 그는 바이런과 같이 야외활동을 한 덕택으로 옆구리의 만성적인 통증도 사라졌지만, 그의 천재성에 너무 압도당하여 피사에 산 몇 달 동안 거의 글을 쓰지도 읽지도 못했다. 자신이 원해서 바이런을 불러 왔으나 그가 자신에게 오히려 손해를 끼치지 않는가. 훗날 그는 호러스 스미스(Horace Smith)에게 이렇게 말했다. "나는 글을 쓰지 않네―나는 바이런 경과 가까이 너무 오래 살았고 태양이 반딧불이의 불을 꺼뜨리고 말았네."

런던의 머리가 『카인』을 받아 읽으니 가슴부터 떨렸다. 그래서 부디 과격한 문장을 순화시켜 달라고 부탁했다. 바이런은 밀턴 자신도 똑같이 신성 모독한 적이 있지 않았느냐고 반론을 폈다. 그리고 신성 모독적 발언은 저자에게서 나오는 것이 아니라 등장인물 입에서 나온다고 했다.

바이런은 머리가 『돈 주앙』을 과소평가하는 것 같았고 『카인』에 대해서는 겁부터 먹자 너무 답답하다는 생각이 들었다. 그는 왜 탁 트인 문학관을 가지지 못하나? 바이런은 그에게 "불경스런" 몇 문장을 고친다고 해서, 마왕이 "링컨 주교처럼 이야기하게" 만들 수는 없지 않느냐고 물었다.

머리는 나름대로 '불온한' 『돈 주앙』에 대해 지혜를 짜내서 조심스럽게 수정을 시도하니 바이런도 다소 마음이 누그러졌다. 머리가 『돈 주앙』 세 편과, 세 드라마 즉 『사르다나팔루스』, 『두 포스카리』, 『카인』에 대해 마침내 2,500기니를 주겠다고 제안했으며, 우여곡절 끝에 12월 19일에 이 작품들이 모두 출판되었다.

바이런은 딸 에이다를 생각하면 언제나 시커먼 구름이 몰려 왔다. 12월 10일 딸의 생일에 그는 머리에게 편지로 우울한 마음을 토로했다. "오늘 이 시간 (시계는 한 시) 내 딸은 여섯 살이 되어요. 언제 다시 그 애를 볼까, 아니면 내가 그 애를 [한번] 보기라도 할까가 궁금해져요. 거의 운명이라고 해야 할 '우연'이 참 기묘해요. 어머니, 아내, 딸, 이복 누나, 누나의 어머니, 내 사생아 딸… 그리고 내 자신은 모두 외동이에요. 내 선친은 코니어즈 귀부인(Lady Conyers)과의 첫 결혼에서 누나 하나를 얻었어요. 재혼해서 하나를 더 얻었어요. 바이런 귀부인도 알다시피 외동딸인데, 자기도 하나만 낳았어요. 이것 이상하지 않아요―외동들의 얽히고설킨 이 꼴이?"

연말에 오거스터를 통해 받은 에이다의 머리카락 한 타래를 보고 바이런은 울컥 설움이 북받쳤다. 애너벨러에게 편지를 써서 오거스터가 전교토록 하려고 했지만 결국은 용기를 잃어 보내지 못했다.

피사, 1821년 11월 17일

나는 에이다의 머리카락을 잘 받았다는 것을 알려드리오. 그것은 매우 부드럽고 아름답고, 내 열두 살 때 누나가 잘라 간 것을 기억하면… 그때 내 머리카락만큼이나 검어요….

나는 또 날짜와 이름을 적어줘서 고마운데 이유를 말할까요―내 생각엔 그것이 내가 가지고 있는 당신의 필체로 된 [거의 유일한] 세 낱말이기 때문이오. 나는 [당신의] 편지는 [모두] 돌려주었고, 가계부에 두 번 쓴 두 낱말, 아니 '가정'이라는 한 낱말 외에는 나는 [당신] 필적이 없소….

이 쪽지가 대략 에이다 생일쯤 해서 당신에게 닿으리라 생각하오―12월 10일이지요. 딸은 여섯 살이 되겠지요. 열두 달쯤 더 지나면 나는 딸을 만날 기회가 있을지 몰라요―내가 업무상이든 아니든 영국에 가야 한다면 더 빨라질지 몰라요. 그러나 멀리 있든 가까이 있든 한 가지만 기억해 주시오. 우리가 멀리 떨어져 있는 나날들이, 먼 훗날 서로에 대한 감정을 더 부드럽게 할 것이라는 것 말이오.

우리 둘이 저지른 실수가 무참했지요. 그러나 지금은 끝난 일이고 회복은 불가능하오. 왜냐하면 내 쪽은 서른셋이고 당신은 몇 살 아래지요. 크게 긴 세월은 아니지만 습관과 생각 때문에 어떤 변화라도 받아들이기엔 너무 긴 세월이지요. 우리는 더 젊었을 때에도 마음이 맞지 않았으니, 지금 마음을 맞추려면 어렵겠지요.

내가 이런 말을 하는 이유는… 우리의 재결합은 별거 후 일 년 동안에는 불가능하지 않았다고 당신에게 고백하고 싶어서지요―그러나 그때 나는

희망을 완전히 또 영원히 버렸어요.…

　화를 내게 한 원인이 전적으로 내게 있든, 상호적이든, 주로 당신에게 있든, 나는 두 가지 외엔 전혀 생각하지 않아요. 즉 당신은 내 아이의 어머니이고, 또 우리는 다시 만날 것이라는 것. 만약 당신이 이 두 가지 점을 나와 관계 지어 생각해 준다면, 셋 모두에게 좋을 것이라고 생각해요.

노엘 바이런

　이 편지에서 바이런은 아내와 딸을 만나기를 기대했다. 그러나 결국 만나지 못했는데, 왜냐하면 그는 2년 5개월 후에 유명을 달리했기 때문이다. 바이런은 메드윈에게도 자기의 두 딸에 대해 애틋한 이야기를 했다. "가엾은 것, 나는 알레그라를 라벤나에 두고 오는 것이 아닌데. 내가 에이다만큼 사랑하지는 않지만, 상당히 의지가 되었어요. 그러나 재산을 똑같이 나눠 줄 것이고, 그것으로 그들은 충분할 것입니다. 나는 유언장에 알레그라는 영국인과 결혼해서는 안 된다고 적었어요. 남편으로는 영국 사람보다는 아일랜드 사람이나 스코틀랜드 사람이 더 나을 거예요."

　"에이다가 꼬마 수다쟁이라고 들었는데 아니면 좋겠어요…. 그 애가 있으면 내 이름조차 언급하지 않는다는 말도 들었어요. 보여줘서는 안 될 것인 양, 내 초상화 앞엔 언제나 녹색 커튼을 쳐 놓고, 그 애가 성년이 될 때까지 아버지가 있다는 사실조차 모르게 한대요. 물론 [그 애는] 나를

1838년의 에이다 바이런

증오하도록 교육받을 것이고 그게 교육의 초점일 거예요. 바이런 귀부인은… 언젠가 [내가] 아이를 훔쳐가거나 폭력을 써서 데려갈 것을 두려워하고 있대요. 나는 그 어느 방법도 아닌, 대법관을 통해 그 애를 데려올지 몰라요. 그렇게 해서 아이의 어머니를 불행하게 만드느니 차라리 내가 불행해지는 것이 낫겠죠. 나는 그 애를 더 못 볼지 몰라요."

이즈음을 메드윈은 이렇게 회상한다. "며칠이 지나 나는 아침시간에 그를 방문하였더니 그는 『불구자의 변신』(Deformed Transformed)을… 셸리에게 내놓으면서 말했다. '셸리, 내가 『파우스트』 같은 드라마를 쓰고 있는데 어떻게 생각해요?' 셸리는 그 작품을 주의 깊게 읽어보고는 돌려주었습니다. '그래, 괜찮아요?' '내가 보던 당신 모습이 전혀 안 들어 있네요. 『파우스트』의 어설픈 모방입니다. 게다가 사우디의 글이 통째 두 줄이 들어 있네요.' 바이런의 얼굴색이 갑자기 바뀌더니 급히 [어느 행인지를 물었다.] 셸리는 그 행을 말하고는 '그 시행은 사우디의 『케하마의 저주』(The Curse of Kehama)에 나옵니다.'라고 말해 주었다."

바이런은 곧 그 시를 불 속에 던져 넣어버렸다. 그것이 불타는 것을 보고 아깝다는 생각이 전혀 드는 것 같지 않았다. 그날 그의 대화는 여느 때보다 더 쾌활하고 활기로 넘쳤다. 일종의 자살행위라고 보아야 할 행위를 한 것이, 사우디에 대한 증오 때문인지, 아니면 셸리의 의견에 대한 존경심 때문인지, 메드윈은 구분할 수가 없었다. 그 원고가 분명히 불에 들어갔다고 생각했는데, 2년 뒤 『불구자의 변신』이라는 작품이 출판되었음을 알리는 광고를 보고 메드윈은 매우 놀랐다. 아마도 그 원고의 다른 사본을 가지고 있었거나, 아니면 그 문제의 구절만 빼고 낱말 하나 틀리지 않게 다시 썼을 것이다.

그날 저녁 바이런은 이유를 밝히지 않고 평소에 하던 사격놀이는 하지 않겠다고 말했다. 그는 첫 30분간 거의 말을 하지 않아 친구들은 그의 가슴에 뭔가 애달픈 것이 있다는 것을 알았다. 그의 울기(鬱氣)에는 신성한 것이 들어있는 듯했다. 마침내 그는 입을 열었다. "오늘이 에이다의 생일이에요. 내 생전에 가장 행복한 날이 되어야 했는데요, 보시다시피 ** 같잖아요!"

제25장 셸리와 피사의 친구들 **665**

다음 날 급사가 그에게 영국에서 온 편지를 전달하였다. 그는 편지를 메드윈에게 건네주면서 말했다. "지난 밤 나는 불길한 일이 일어날 것이라는 확신이 들었습니다. 내가 알고 있는 누군가의 죽었다는 소식이 올 것 같았어요. 결국 그렇게 되고 말았네요! 폴리도리가 세상을 떠났네요."

(1822년) 1월 2일 수요일에 바이런은 친구들을 불러 만찬을 함께했다. 이날은 그의 결혼기념일이었지만 거기 모인 사람은 아무도 그 사실을 몰랐다. 바이런은 나중에 "[내 결혼] 기념일에 대해 이야기하자면 오늘이 내 생애에서 가장 비참한 날"이라고 말하였다. 모인 사람 중의 한 사람이 바이런 귀부인에 대해 건배를 제안했고 다 같이 건배를 했다.

바이런은 이런 말을 했다. "[별거하기 때문에] 결혼을 못 한다는 사실은 옆구리에 박힌 가시와 같았고, 나의 인생이라는 잔에 [들어간] 독과 같았습니다. 장막을 쳐도 [사람들은 내] 안을 쉽게 들여다보았습니다. 나는 슬픔을 감추려고도 했으며 또 텅 빈 가슴을… 명랑한 언행으로 채우려고도 했습니다. …나는 이곳저곳으로 옮겨 다녔지만 쉴 곳이 없었습니다. 스위스, 베네치아, 라벤나, 거기다가 나는 토스카나를 더 넣겠습니다만 이들 장소가 나에게 피난처가 되지 못한 것은 내 운명일 뿐입니다."

1월 3일 바이런은 유명한 조각가 로렌조 바르톨리니(Lorenzo Bartolini)가 자기 흉상을 만들도록 포즈를 취해 주었다. 이 대리석 흉상은 그해 9월에야 완성된다. 그는 서른네 번째 생일을 맞아 과거를 뒤돌아보았다. 마음으로

로렌조 바르톨리니의 바이런 흉상

'Lorenzo bartolini, ritratto di george gordon byron'
Photo by Sailko via Wikimedia Commons under Creative
Commons Attribution 3.0 Unported license.

는 그는 이미 한평생을 거의 다 살았고, 그의 청춘도 끝났다는 생각이 들었다. 그는 그때부터라도 무리 없이 살면서 더 이상 정력을 송두리째 뺏어가는 열정은 접고 싶었다. 테레사와의 사랑도 이제는 뜸이 잘 들었으니 어디든 조용하게 정착하는 것이 좋으리라. 그러나 테레사는 바이런이 느끼지 못하는 불안을 느꼈다. 그녀는 집과 친구로부터 멀리 떨어져서 가슴 아픈 데다, 바이런이 점점 자기로부터 멀어져 가는 것 같아 어떻게든 그를 꼭꼭 매어 두어야 했다.

윌리엄스와 셸리가 보트를 한 척 만들어서 오는 여름을 스페지아(Spezia) 만에서 뱃놀이를 즐기기로 했다. 그들은 그 계획을 몇 주째 다듬고 있었는데, 트렐라니가 그 이야기를 듣더니 그 계획에 완전히 반해 버렸다. 바이런도 이 계획을 듣더니 자기도 배를 한 척 만들기로 하였다.

바이런은 트렐라니에게 자기 배의 건조는 제노바에 있는 트렐라니의 친구 퇴역 해군장교 로버츠(Daniel Roberts)에게 맡기라고 했다. 그는 선박 설계와 건조가 전공이었다. 선실을 크게 만들되 그 배가 "완벽한 미인"이 되도록 돈을 아끼지 말라고 했다. "선실은 식량, 포도주, 도서, 탁자, 소파, 피스톨과 라이플 걸이 등 모든 종류의 비품과 시설을 갖추면서 매우 호화스러워야 해요. 도색을 아름답게 하되 야하지 않아야 하니 흰색과 푸른색이 어때요?" 그는 선명(船名)을 '귀치올리 백작부인'호로 하려다가 볼리바르(Bolivar) 호로 바꾸었다. 바이런은 콜롬비아(Columbia)와 베네수엘라(Venezuela)를 스페인의 통치로부터 독립시킨 애국자 볼리바르(Simon Bolivar)의 활동에 너무 감격한 나머지, 이탈리아의 폭정에 항의하는 의미로 그렇게 부르기로 했다. 그러나 그는 나중에 돈을 아끼지 말라고 했던 말을 후회했는데, 왜냐하면 그렇게 만들 경우 배의 견적은 생각보다 거의 열 배나 더 나왔기 때문이었다. 하는 수 없이 셸리가 나서 17피트나 18피트의 작은 보트를 만들도록 주문을 수정했다.

테레사는 박학다식한 매리가 부러웠다. 자기도 그녀처럼 박학다식하다면 바이런의 사랑을 더 많이 받을 것이라고 생각했다. 바이런은 그녀가 단테와 다른 작가에 대한 교양을 가진 것만 해도 얼마나 매력적으로 보았던가. 그러나 사실 바이런은 이미 애너벨러 같은 "지성파 여성"에 대해 염증을 느꼈고, 젊음의 아름다움과 천진난만한 매력의 바탕 위에 고전의 교양을 갖춘 테레사가 백번 더 귀여웠다.

바이런은 머리가 점점 마음에 들지 않았다. 조용히 그와는 앞으로 거래를 끊기로 하였다. 그는 머리가 『카인』을 출판하면 고발당할까 봐 걱정한다는 말을 듣고는, 그 겁쟁이 출판업자를 한편으로 꾸짖으면서 한편으로는 달래는 편지를 썼다. "당신에게 불리한 어떤 일도 책임을 부디 나에게 떠넘기고…. 만약 당신이 출판으로 손해를 보면, 내가 어떤 부분 혹은 전부 변상해 주겠다고 말하겠어요…. 만약 기소를 당하는 일이 벌어지면 내가 영국으로 갈 겁니다."

바이런이 이 편지를 쓸 때 밖은 2월 8일 겨울 달이 휘영청 밝았다. 자기 서재에서 달빛 비친 밖을 내다보고는 그 편지를 이렇게 끝맺었다. "이 '여름' 달이 (왜냐하면 우리 겨울은 당신의 개 같은 날보다 더 청명하니까) 휘감아 나가는 아르노강을 비추고, 강가의 건물과 다리는 너무 조용하고 고요한데, 나는 일련의 나쁜 감정과 어처구니없는 일 때문에, 당신에게 이런 글을 쓸 수밖에 없다오. 우리는 얼마나 허무한 존재들인가! 이 가장 작은 별들 앞에서!" 바이런이 2월의 달을 '여름 달'이라고 부른 것은, 피사의 2월의 달이 영국의 가장 좋은 달인 여름 달보다 낫다는 의미였으리라.

2월 28일 친구들과 하인들이 다 모인 가운데 바이런이 말하였다. "방금 장모님이 운명하셨다는 부고를 받았어요. 바이런 귀부인이 가엾어서 우울하다오. 나는 그녀가 어머니를 너무 존경했기 때문에 대단히 고통스러워하리라는 것을 잘 알고 있소. 세상 사람들은 이 부음을 듣고 내가 좋아할 것이라고 생각하겠지만 틀렸소. 나는 한 번도 [처가댁] 유산을 기대해 본 적이 없소. 나는 웬트워스 재산이 없어도 충분합니다. 나는 바이런 귀부인에게 그녀가 생각하는 가장 사랑스런 말, 즉 '나의 사랑하는 바이런 귀부인에게'로 시작하는, 애도의 편지를 썼어요." 이날 메드윈이 바이런의 집에 갔더니, 바이런은 모든 하인들에게 상복을 입혀 두었다. 수천 리 밖에서 마음으로는 장모의 장례를 치르고 있었다.

"장모님은 유언장에서, 내 초상화는 케이스에 넣어 외손녀가 성년이 될 때까지 감춰 두고, 성년이 된 뒤에도 바이런 귀부인이 살아 있는 동안 열 수 없게 하라고 했대요. 내가 마음만 먹었다면 나는 처갓집 재산 전부를 내 평생 소유했겠습니다만, 분배과정을 전부 대커 경(Lord Dacre)과 프란시스 버데트 경에게 맡기기로 했습니다. 이 일의 모든 관리를 그들에게 위임했어요. 바이런 귀부인에게 재산을 다 주는 일이 있더라도 나는 [다른] 제안이나 반대는 하지 않을 거예요."

처외삼촌 웬트워스 경은 랭커셔의 토지에서 나오는 수익금을 여동생 즉 바이런의 장모에게 넘겼고, 이제 장모가 돌아가셨으니 그 딸에게 넘어가게 되었고, 당연히 바이런도 그 일부를 받을 권리가 있었다. 처외가의 부동산에서 연수가 대략 10,000파운드 정도 나오는데, 그 수입은 바이런가와 그 처가(妻家) 양가(兩家)에서 지정한 중재인들이 나누도록 부부재산계약서에 명기되어 있었다. 핸슨이 계산한 연 부동산 수입은 6,336파운드였다. 유지비와 다른 비용을 모두 제하니 바이런의 몫은 약 2,500파운드 정도는 되었다. 바이런의 총수입은, 이때 자신의 기금에서 나오는 것과 이 웬트워스 수입금을 합해, 연 6,000파운드 조금 넘는 수준이었다. 거기다가 원고료로 연 2,000파운드 이상을 받았지만 이 수입은 차츰 감소할 수밖에 없었다. 연 8,000파운드를 이탈리아에서 쓰면 호화롭게 살 수 있었다. 그리고 웬트워스 경의 유언장에 의해, 바이런은 노엘가의 문장도 가지기로 되어 있어, 그는 처음으로 "노엘 바이런"으로 서명했다.

셸리의 시 「인디언 소녀의 노래」(The Indian Girl's Song)를 읽은 사람은 그 상큼한 맛을 쉽게 잊지 못한다. 셸리가 이 시를 쓰게 된 데에는 사연이 있었다. 피사의 오페라하우스에 신클레어(George Sinclair)라는 사람이 있었는데, 그는 인디언의 멜로디를 들려주면서 누가 그 멜로디에 맞을 시를 써 주면 좋겠다고 하였다. 바이런과 셸리가 각기 시를 썼다. 셸리가 쓴 시는 그의 대표작 중의 하나라고 해도 좋을 만큼 깔끔하였다. 바이런도 1월 22일에 어렵게 하나를 썼다. 테레사는 그 시의 뜻도 잘 모르면서 그 시를 알레그로 곡에 붙이려고 애를 썼다. 바이런은 자기 시가 그 곡에 잘 맞는다고 하였지만, 사실 너무 눈물에 호소하는 것이 되어버렸다. 결국 그는 그 시를 내어놓지 못했다.

셸리는 바이런 앞에서 자꾸 무력해지는 것을 느껴서 그것을 만회할 한 가지 방법은 리 헌트를 피사로 불러들여 그와 바이런에게 정기간행물 『자유주의자』를 발간케 하는 것이었다. 그렇게 하면 그와 바이런 간에 다소 균형이 잡힐 것 같았다.

바이런은 리 헌트가 형편이 어렵다는 셸리의 말을 듣고 그를 도울 마음의 준비는 하고 있었다. 헌트는 병든 아내와 많은 식솔을 데리고 플리머스에서 어렵게 겨울을 난다고 했다. 그가 셸리에게 도움을 요청하자 셸리는 150파운드를 보내줬다. 헌트는 자기 여행비를 왜 직접 바이런에게 요구하지 않았느냐고 물었다. 헌트는 다소 뻔뻔스러운 데가 있었다.

헌트는 1월 27일 플리머스에서 바이런에게 과도할 정도로 듣기 좋은 말로 편지를 썼다. 골자는 셸리가 보내 준 자기 여비를 꼭 바이런이 갚아 주기를 바란다는 것이었다. 그는 바이런이 멋쟁이이고 낭만적인 인물이라고 한껏 치켜세운 후 "정당하게 당신의 도움을 청하는 바이오. 가능하다면 (여행 외에 다른 용도도 있으니) 기한을 2년으로 하고 많겠지만 250파운드를 대부해 줬으면 해요." 하고 적어 보냈다. 아마도 셸리가 그에게 "노엘 귀부인이 죽어서 바이런 경은 [원래] 부자인데 더 부자가 됐어요." 라고 이야기해 주었을 것이다.

바이런 주변을 경계하던 피사의 경찰이 이 피사의 동아리뿐만 아니라 그 주변 인물까지 경계했다. 당국은 감바 가족을 정치적 망명자로 보고, 다른 외국인과는 달리 단 두 달간의 체류만 허용하였다. 주된 이유는 바이런에게 있었다. 바이런의 체제 전복적인 자유사상이 피사 대학교 학생들에게 나쁜 영향을 줄 수 있다고 염려했기 때문이었다. 경찰은 바이런의 하인 중에 스파이까지 하나 심어 동태를 파악하였지만, 요리사인 그 스파이는 그들의 모임이 부유층의 친목모임이지 정치적인 목적은 없다고 당국에 보고했다.

바이런의 문제는 다른 데 있었다. 2월 18일 클레어는 이제 딸에 대한 한(恨)이 분노로 폭발했다. 그녀는 바이런이 알레그라를 데려오지도 않고, 또 라벤나를 떠날 때 한번 가보지도 않고 수녀원에 그대로 방치한 것은 인륜의 문제라고 생각하였다. 클레어는 고민 끝에 한 가지 계획을 세웠다. 자기는 딸을 볼 허락을 바이런에게서 얻지 못할 것이니까, 수녀원에서 딸을 납치해 오는 것이었다. 셸리 부부가 이 엄청난 계획을 찬성할 리 없었다. 그 대신 그 부부는 바이런의 욕을 함으로써 클레어의 분을 삭여줄 뿐이었다. 그 부부도 여윳돈을 싹싹 긁어 헌트에게 보낸 후라 어떻게 해볼 도리가 없었다.

클레어

바이런은 클레어에게서 온 두 통의 편지의 내용을 또 묵살했다. 한 통은 알레그라를 피사로 데려와 양가(養家)를 정해 거기서 키우라는 내용이었고, 다른 한 통은 그녀가 오빠를 만나러 빈으로 가서 거기서 일자리를 얻으려고 하니 떠나기 전에 딸을 한 번만 보게 해 달라는 내용이었다. 바이런은 클레어가 동정심에 호소할 때에는 언제나 거칠게 대하여 기대를 뿌리째 뽑아 놓았다.

4월 15일 클레어가 납치 아닌 방법으로 딸을 수녀원에서 데려올 계획을 세워 피사로 왔으나 아무도 그 계획을 바이런에게 전해 주지 않았다. 셸리는 그녀가 왔다는 것조차 바이런에게 이야기하지 않았다. 그러나 셸리 부부는 클레어가 측은했다. 제 새끼를 보호하려는 것은 천륜이 아닌가. 셸리는 보다 못해 그녀가 피렌체로 돌아가기 전에 바이런을 찾아갔다. 그는 클레어가 대단히 불안을 겪고 있으니 그녀의 마음을 풀어주기 위해 무엇인가를 한 가지는 꼭 들어 주라고 빌었다. 바이런은 그 말조차 듣기 거북하다는 듯이 어깨를 으쓱 치켜올리고는 "여자들은 왜 야단법석을 떨지 않고는 못 사는가."라고만 하였다. 그 냉정한 모습을 보고 셸리

제25장 셸리와 피사의 친구들 **671**

는 너무나 화가 나서 그를 한 방에 날려 버리고 싶었지만 참았다. 나중에 이렇게 말했다. "그에게 화를 내면 나만 바보가 돼요. 저쪽 문이 문으로만 있어야 하는 것처럼, 그는 그 모양 그대로를 절대 바꾸지 못하기 때문이죠."

그러나 셸리는 마음의 상처를 입었다. 바이런은 무서운 사람이었다. 그와 허물없이 지내왔지만 앞으로 그런 관계에서 한 발 물러서고 싶었다. 그러나 헌트까지 불러놓은 마당에 절교는 절대 안 될 일이었다. 그러나 묘했다. 가까이 있으면 매리가 바이런을 온몸으로 느끼듯이 셸리도 그의 매력을 피해 나갈 수가 없었다. 그는 바보처럼 일방적으로 바이런 칭찬만 해 주는 것 외에 다른 방도가 없었다.

바이런은 이런 와중에도 밤을 새우며 시극을 썼다. 그의 작품 『워너』(Werner)는 그의 작품 중 가장 잘 짜인 드라마이다. 그는 이 작품을 전해 12월 18일부터 쓰기 시작하여 이해 1월 20일에 완성하여 매리에게 정서하라고 넘겼다. 매리는 1월 말에 정서를 마쳐 바이런에 돌려주니 바이런은 다시 조심스럽게 수정을 가했다. 이때 바이런은 머리에 대해 나빴던 기분이 다소 풀려 그 작품을 그에게 보냈다. 이 작품은 머리가 출판한 바이런의 마지막 작품이며 1822년 11월 23일에야 출판된다.

바이런은 『워너』 제1막의 초고는 훨씬 전인 1815년 11월에 이미 썼었다. 그러나 그때 결혼문제로 심한 갈등을 빚을 때라 더 진척을 보지 못했다. 이 작품은 해리어트 리(Harriet Lee)의 『독일인 이야기』(The German's Tale)에서 많은 것을 가져왔으며, 데본셔 공작부인 조지아나가 쓴 『헝가리인』(The Hungarian)에서 차용한 것도 많았다.

연극이 시작되면 주인공 워너가 아내와 같이 변방의 한 낡은 성에서 가난하게 살고 있다. 그는 원래 당당한 귀족 가문의 아들로 태어났지만, 아버지의 눈 밖에 나가 평생 집에서 쫓겨난 신세로 살아왔다. 그는 울릭(Ulric)이라는 아들이 있었지만 워너의 아버지가 그 아이마저 데려가서 키웠다. 그런데 그 아이는 여덟 살 때 온데간데없이 사라졌다. 워너의 아버지가 죽자 먼 친족인 시트랄렌하임(Stralenheim) 남작이 그들의 영지를 다스렸다. 아무도 워너와 울릭의 행방을 몰랐고, 그 남작은 그들이 나타나기만 하면 적당히 처치해버릴 생각을 가지고 있었다.

시트랄렌하임이 자기 영토를 순방하다가 강에 마차가 빠졌을 때 그를 구한 사람이 울릭과 게이버(Gabor)라는 젊은이였다. 그들이 그 남작을 치료키 위해 옮겨 간 곳이 바로 인근의 워너의 성이었다. 이때 그 남작은 워너를 알아보고 그를 은밀히 해치우려고 했다. 물론 워너도 남작을 모를 리 없었다. 워너의 방과 남작이 자는 방에는 비밀 통로가 있어, 워너가 먼저 밤중에 그를 죽이러 그 통로를 통해 가긴 했으나, 그의 금화 한 닢을 절취하면서 그것으로 살해를 대신한다. 그 이튿날 남작은 득달같이 그 금화의 절도범을 잡아들이라고 엄명을 내린다.

워너 부부는 이때 아들 울릭도 알아보고, 그를 불러 시트랄렌하임에게 첩첩이 쌓인 원한을 이야기해 준다. 절도의 누명은 게이버가 덮어쓰자 워너는 위험에 처한 그 결백한 젊은이를 그 비밀 통로에 숨겨 준다. 게이버는 그 비밀 통로를 통해 그 남작의 방으로 가 보니, 놀랍게도 그는 이미 살해되어 있었다. 게이버가 살인범 누명을 쓰도록 용의주도한 계략을 짰던 사람은 울릭이었다.

게이버가 억울하다고 워너를 찾아와서는, 살인자는 울릭이라고 주장하면서 울릭이 어떤 인간인지를 이야기한다. 울릭은 변방에서 노략질을 일삼는 수만 명의 화적 "검은 무리"의 두목이라는 놀라운 사실도 이때 이야기한다. 워너는 정의와 명예를 모르는 아들을 보고 크게 실망하면서 막이 내린다.

이 작품은 19세기에는 바이런의 드라마 중에 가장 인기가 높았다. 1828년에 뉴욕에서 올린 초연을 필두로 1851년까지 77회 공연을 하였으나 20세기에 들어와서는 인기가 수그러들었다.

훗날 '피사의 난투극'이라고 이름 붙인 사건이 터진 것은 3월 24일이었다. 평상시처럼 바이런 일행은 일요일 승마를 하였다. 그의 동료들은 일몰이 가까워 올 때 천천히 성문을 향해 돌아오고 있었다. 바이런을 위시하여 셸리, 트렐라니, 타프, 헤이, 피에트로 등이 함께 말을 타고 오고, 테레사와 매리는 얼마만큼 앞서서 마차로 왔다. 이때 갑자기 경기병 부대의 한 용기병이 뒤에서 미친 듯이 달려와 타프와 도랑 사이의 좁은 공간을 뚫고 돌진해 갔다. 그는 토스카나 경기병대의 마시(Stefani Masi)라는 준위[혹은 원사]였으며 점호에 늦을까 봐 황급히 귀대하는 중이었다. 타프의 말이 주춤하며 바이런의 말 뒤로 밀렸다. 타프가 바이런에게 "이런 무례한 놈을 참고 넘어갈까요?" 하고 물었다. 바이런이 발끈했다.

모두가 달려가서 앞서가던 여자들의 마차를 추월하여 성문 앞에서 그 병사를 에워쌌다. 셸리가 이탈리아어로 정중하게 그게 무슨 행동이냐고 물었지만 지독한 욕설이 튀어 나왔다. 바이런이 그가 장교이고 신사임을 안다고 하고서 명함을 던지면서 정식으로 결투를 신청했다. 그는 성문 초병들에게 "이 죽일 영국놈들"을 다 체포하라고 명령을 내렸다. 바이런은 부리나케 그 현장을 벗어나라고 손짓하고는 성문을 통과해 시내로 달려왔다.

그러나 피에트로는 마시를 채찍으로 내리쳤다. 그러자 그 용기병은 셸리를 말에서 떨어뜨려 그는 얼마간 정신을 잃었다. 또 헤이에게는 사브르를 휘둘러 코와 이마에 상처를 냈다. 사고의 발단이 된 타프는 떨어진 모자를 찾아 먼지만 털고 우두커니 서 있었다. 마시는 그 정도의 보복으로 만족하여 그의 부대로 말을 타고 가 버렸다.

바이런은 먼저 란프란끼장에 와서 하인 잠벨리를 경찰서에 보내 이 사건을 보고토록 지시하고는, 일행이 돌아오는 것을 보지도 않은 채 속에 칼이 든 지팡이를 들고 다시 성문으로 향했다. 그는 가는 길에 그 용기병과 맞닥뜨려 두 사람 사이에 거친 말이 오가자 구경꾼들이 모여들었다. 바이런은 할 만큼 했다고 생각하여 마시를 치려고 와 있던 하인들을 말렸다.

집 안에 들어가 보니 테레사가 경련을 일으켜 매리가 진정시키고 있었다. 바이런은 그의 피사 주치의 바카(Vacca) 의사와 연락을 취한 뒤 두 여인을 감바 집으로 데려다주러 나갔다. 그때 마시가 말을 타고 다시 란프란끼장 앞을 지나가자, 바이런의 하인 하나가 건초용 쇠스랑을 가지고 나와 그 용기병의 옆구리를 찔러버렸다. 마시는 몇 발 못 가서 말에서 떨어졌다.

바이런이 돌아와서 마시가 부상당해 쓰러졌다는 이야기를 들었고, 그 광경을 본 사람들은 흥분했다. 바이런은 이탈리아 법에 따라 자신들이

고발당할 것을 잘 알았다. 그는 그날 밤부터 자기 쪽 사람을 한 사람씩 차례로 경찰서에 보내 사건의 전말을 이야기하도록 하였다. 자신은 귀족이니까 집에서 증언할 권리가 있었다. 이튿날 바이런은 영국 의사를 보내 자기 부담으로 마시를 치료해 주라고 했다. 의사는 상처는 가벼우나 그가 다 죽어간다는 소문이 퍼져버려 영국인에 대한 시민들의 분노가 충천했다고 했다. 바이런은 자기 집 앞에서 여론을 무마시키려고 선물들을 나눠주고, 말을 타고 갈 때에는 꼭 동료들과 동행했다.

바이런의 하인 티타와 마부 빈첸조 파피(Vincenzo Papi)가 살인기도 혐의로 체포되었다. 경찰이 이 사건을 수사하는 동안 마시의 용기병들이 몰려와 바이런의 집을 에워쌌으며 문을 부수겠다고 위협했다. 바이런은 티타에게 감방 죄수들과 같이 먹으라고 열두 코스의 저녁 식사를 넣어줬다. 바이런은 피렌체 주재 영국 대리대사 에드워드 도킨즈(Edward Dawkins)에게, 이 사건에 연루된 영국인의 증언서 사본을 첨부한 편지를 보내면서 상부에 보고하라고 했다. 그는 도킨즈에게 마시를 찌른 사람이 누구인지 모른다고 했지만, 바이런뿐만 아니라 몇몇 사람은 파피가 그랬다는 것을 잘 알고 있었다.

도킨즈는 토스카나 법정이 이 사건을 바이런과 감바 가족을 압박하는 데 더없이 좋은 빌미로 악용할 것을 잘 알았다. 그러나 바이런은 그의 하인부터 보호해야 했다. 아이러니하게도 파피는 신문을 받고 풀려난 반면, 시커먼 수염 때문에 인상이 험악한 티타는 법정에까지 칼과 권총 멜빵을 휴대하고 들어가는 바람에 풀려나지 못했다.

마시는 회복되었지만 4, 5월 두 달 동안 경찰들은 치졸한 조치들을 취했다. 경찰은 바이런과 감바 백작을 추방하는 것이 아니라 하인들을 괴롭혔다. 당일 마차를 몰았던 테레사의 하인까지 구금하였다. 그들은 티타에게는 경찰호송 아래 국경을 넘어야 하는 추방령을 내렸다. 바이런의 다른 이탈리아인 하인 스트라우스(Strauss), 말루첼리(Maluccelli), 파피도 5월 22일에 피사에서 추방되었으며, 테레사의 동생과 이 사건과 아무 관련이 없는 그녀의 아버지까지도 추방되었다.

피사 모임이 시들해졌다. 대부분의 회원들은 타프를 따돌리고 그에게

"폴스 타프"(엉터리 타프) 즉 "폴스타프"란 별명을 붙였다. 란프란끼장의 파티에는 냉랭한 기류가 흘렀다. 메드윈은 곧 귀국한다고 그 모임에 안 나왔고, 헤이도 4월에 귀국한다고 하였고, 셸리와 윌리엄스 부부는 여름에 떠날까 고려 중이었다.

두푸이 별장

4월 9일 바이런은 거기서도 별장 한 채를 세 얻었다. 피사에서 약 7킬로미터쯤 떨어진 리보르노(Livorno)에 있는 두푸이 별장(Villa Dupuy)을 5월에서 10월까지 임대하였다. 그곳은 리보르노 항구와 지중해를 일망무제로 바라다볼 수 있어서 부유한 영국 사람들이 선호하는 곳이었다. 올리브 나무 사이로 리보르노의 하얀 집들과, 멀리 엘바와 코르시카 섬까지 보였다. 이 별장은 지금도 올리브나무 가운데 연어색 담장으로 둘러싸인 채 적막을 지키고 있다.

바이런의 창작은 간단없었다. 그는 테레사에게 『돈 주앙』을 쓰게 허락해 달라고 졸랐다. 테레사는 돈 주앙의 성격을 고치겠다는 바이런의 서약을 받고서 허락을 내주었다. 4월 14일에 윌리엄스가 보니 그는 제6편을 쓰고 있었다.

제6편에서는 제5편의 이야기가 계속된다. 이 하렘에는 1,500명의 후궁이 있었는데 그중에서 가장 예쁜 여성은 롤라(Lolah), 카틴카(Katinka), 두두(Dudu)였다. 이 모든 후궁을 관리하는 "어머니" 상궁은 주앙을 주아나(Juanna)로 부르면서 두두 방에 자게 했다. 열일곱 살의 예

쁘고 순진한 두두는 주아나를 반갑게 맞이하여 함께 잠을 잔다. 두두가 꿈을 꾸면서 비명을 지르자 주변 사람들이 다 모였다. 이 사실을 환관 바바가 왕비 굴베이아즈에게 보고하자, 왕비는 아직 주아나에 대한 앙심이 남아 있던 터여서, 주아나와 두두를 자루에 넣어 바다에 던져 후환을 없애버릴 것을 바바에게 눈짓으로 지시한다.

4월 20일에 피렌체에서 만났던 로저스가 로마로 가던 길에 다시 바이런에게 들렀다. 그가 란프란끼장에 들어왔을 때 바이런의 방문 앞의 불도그로부터 겁을 먹고 있었는데, 트렐라니가 그를 구해주지 않았다면 곤욕을 치를 뻔했다. 바이런은 그의 손님이 겁에 질리는 모습을 즐기는 악동의 취미가 있었으리라. 그러나 그는 정중히 로저스를 맞았다.

4월 13일 라벤나의 은행원 기지는 알레그라가 아프다는 소식을 전했다. 수도원에서 일어난 일은 기지가 플레처나 잠벨리를 통해 보고하였다. 수녀원장의 말로는 "가벼운" 열병이 재발하였는데, 그 병은 그 전해에 앓았던 것과 유사한 것이라고 했다. 수도원장은 바이런의 귀한 딸을 특별히 배려하여, 시골 의사에 보내지 않고 라벤나의 라시(Rasi) 의사에게 보냈더니, 의사는 피를 세 번 뽑아냈다.

이틀 뒤의 알레그라가 아프다는 두 번째 보고는 분명히 아버지에게 전달되었다. 이 두 번째 보고 전에 이미 아이는 위험한 고비를 넘겼다. 아이가 위험에서 벗어나자 기지가 바이런에게 솔직히 아이의 병세를 말할 수 있었다. 그가 직접 수녀원에 가 보니, 그때까지도 아이의 병세는 마음을 놓을 정도가 아니어서, 의사 세 명과 모든 수녀가 붙어서 치료와 간호에 정신이 없었다. "잘못이 있다면 너무 돌본 것이 잘못일 것입니다."라고 그는 결론을 냈으나, 출혈 외엔 어떤 치료를 했는지는 알 수 없었다.

바이런은 딸 이야기를 듣고 "무서울 정도로 흥분했으나", 테레사 외에는 아무에게도 그런 마음을 보이지 않았다. 또 아픈 딸에게 직접 가 보려고도 하지 않았다. 그는 심부름꾼을 통해서 자세한 이야기를 듣고 싶어 했고, 수녀들에게 필요하면 볼로냐의 톰마시니(Tommasini) 교수를 모셔오라고 했다.

그러나 그럴 필요가 없었다. 4월 19일 10시에 알레그라는 아버지를 보

4세 때 알레그라

고 싶은 한을 가슴에 묻고 숨지고 말았다. 학질이 재발한 데에다 폐렴이 와서 짧은 이승의 삶을 마감한 것이었다. 수녀들이 "대단한 고통"을 느꼈다고 기지가 잠벨리에게 편지로 알려왔다. 우연일까, 어린 가슴에 서린 한(恨) 때문일까, 아빠를 애타도록 보고 싶어 하던 이 비운의 딸은 2년 뒤 꼭 그날에 아버지를 데려간다.

이 소식은 특별 사자가 4월 22일에 피사에 와서 잠벨리에게 전했고, 잠벨리는 테레사에게 이 소식을 전해 달라고 했다. 테레사가 바이런에게 그 참담한 소식을 알렸다. 테레사의 기록이다. "그의 사생아 딸이 죽던 날 나는 그의… 극진한 부정(父情)을 보았다…. 그는 딸이 아프다는 것을 알고 무서울 정도로 동요를 일으켰다. 뒤에 그 애가 죽었다는 소식이 [내게] 전해지자, 나는 그 소식을 그에게 알려야 하는 참담한 역할을 맡아야 했다. 그 무서운 순간의 기억이 내 마음에 찍혀 지워지지 않는다. 며칠 저녁을 집에서 나오지 않아 내가 그에게로 갔다…. 짧은 긴장의 순간이 지난 후… 최대한 조심하여 그 애의 회복이 불가능하다는 것을 알렸다. 그는 '알아ー 그만하면 충분해, 더 말하지 말아요.'라고 말했다. 죽음의 창백한 빛이 그의 얼굴에 퍼졌으며 그는 온몸에 힘이 빠져 털썩 의자에 앉았다. 그의 시선은 고정되어 있었으며… 그가 제 정신일까 하는 걱정이 들었다. 그는 눈물 한 방울 흘리지 않았으며, 안색은 너무나 절망적이고, 슬픔은 깊고 엄숙하여, 그 순간 그는 인간을 초월한 자연의 어떤 존재 같아 보였다. 그는 한 시간 동안 움직이지 않고 똑같은 자세로 앉아 있었으며, 내가 건네려는 어떤 위안의 말도… 귓전에 닿을 것 같지 않았다…. '그 애는 우리보다 행복하다오. 게다가 이승에서 그 애의 처지는 거의 행복을 바랄 수 없게 되어 있었어요. 하나님의 뜻이에요ー더 이상 이야기하지 말아요.'"

4월 22일에 바이런은 머리에게 이렇게 말했다. "그 애의 유해를 내가 한때 묻히고 싶었던 영국의 해로 교회 지하 묘소로 운구하는 것이 현재의 내 뜻이고…. 나는 그 장례가 매우 사적(私的)이기를 바라오…. 리보르노에서 출발할 것이고 도착 시 적절한 지시를 내려 주지 않겠어요?"

알레그라가 바냐카발로에 재학한 기간은 13개월 반이었다. 바이런인들 왜 한과 후회가 없었겠는가. 우리 속담에 자식이 죽으면 가슴에 묻는다고 하지 않는가. 궂힌 딸이 무거운 한이 되어 납덩어리처럼 그의 가슴을 눌렀다. 그가 더 산 2년 동안 어느 한순간인들 이 딸을 잊을 수 있었겠나.

바이런은 기지에게 부탁하여 유해를 값비싼 향유처리를 해서 목곽에 넣고 다시 납관에 넣으라고 했다. 기지는 자신이 피사에 갈 수 없어 두 사람을 보내 일을 처리케 했다. 그 일을 하는 사람들은 바이런에게 아이의 마지막 며칠의 이야기를 들려주고, 딸에 대한 바이런의 소원이 어떤 것인지 물어보려고 했다. 그러나 바이런은 그들을 보지 않으려 했고 집에 들여 주지도 않았다. 그는 냉정했다. 기지는 "백작님은 너무 예민해져서 슬픔을 이기지 못하지만… 슬픔 때문에 다른 사람에 대한 예절까지도 무시하는 것은 안 될 일이 아니오."라고 불만을 털어놓았다.

바이런의 이 딸에 대한 감정은 사실 복합적이었다. 가끔 그는 그 애를 자아의 연장으로 보았으며, 다른 사람들이 그 애를 보고 감탄하면 기분이 좋았다. 그러나 그 애의 기질과 성격이 자기 성격 중, 부정적인 면을 닮고 있다는 것을 알았을 때, 그 애가 싫어졌으며 자기 눈앞에 보이지 않기를 원했다. 그 애가 또 어머니를 연상시킨다는 점에서, 그의 증오가 증폭되었을 수 있었다. 다시는 볼 수 없는 큰딸 때문에 일종의 분노도 생겨 있었으리라.

바이런은 셸리에게는 딸의 소식을 알려야 했다. 그 소식이 온 그 이튿날 그에게 편지로 알렸으나, 그때 바이런은 클레어가 부근에 와 있다는 것을 전혀 알 리 없었다. 셸리 부부는 일단 클레어를, 새로 임대한 레리치(Lerici) 만(灣) 건너편에 있는 마니(Magni) 장(莊)으로 데려갔다. 그들 부부는 그 엄청난 비보를 어떻게 전할까 전전긍긍하다가 클레어에게 그 소식을 전했다. 클레어도 그들이 무엇을 이야기하려는지 감으로 알았다.

그래서 예상보다 태연했다. 그러나 그다음 날에 들이닥친 그녀의 슬픔과 분노는 필설로 묘사할 수 없는 것이었다.

클레어는 바이런에 대한 원한을 풀 길이 없었다. 또 편지를 썼다. 바이런이 자기 모녀에 대해 얼마나 모질었는가를 피눈물로 이야기했다. 그녀는 아이의 관이 영국으로 떠나기 전에 딸의 세밀화와 머리카락을 달라고 요구했고, 또 리보르노에서 마지막으로 딸을 보겠다고 했다. 이 모두를 들어줬다. 그러나 딸을 마지막으로 보는 것은 셸리가 극구 말려서 클레어는 눈물과 한숨만으로 몸과 마음을 추슬러야 했다.

그 아이의 관은 리보르노항에서 영국으로 보내졌다. 5월 26일 머리에게 또 편지를 보냈다. "내가 그 애를 기념해서 묘비라도 세우고 싶지만 그 유해는 교회 안에 매장하는 것이 좋겠소. 문 가까이, 들어갈 때 왼손 편에…, 라고 묘비명을 새긴 석판 기념비가 있어요…. 나는… 그 기념비 가까이 알레그라를 묻기를 바라며, 벽에는 이런 글을 새긴 대리석판을 붙이고 싶소."

> 다섯 살 삼 개월로
> 1822년 4월 20일 이탈리아
> 바냐카발로에서 죽은
> G G 바이런 경의 딸
> 알레그라를 기념하여.
> '나는 그녀에게 갈 것이지만 그녀는 내게 돌아오지 않으리.'
> 사무엘후서 12장 23절

그들은 바이런이 바라는 대로 알레그라를 해로 교회에 묻었다. 그러나 묘비는 세우지 않았다. 그 아이는 교회 안 입구에서 몇 피트 되는 곳의 아무 표지가 없는 묘관 속에서 이승의 한을 잠재웠다.

바이런은 마시 사건이 잠잠해질 때까지 감바 가족을 자기 여름별장에 옮겨두기로 했다. 5월 중순 바이런은 대부분의 가재도구와 감바 백작의 가재도구를 먼저 두푸이 별장으로 옮기고 5월 21일 그 가족을 옮겼다. 그가 별장으로 옮겨간 것은 5월 29일이다. 거기서 테레사와 함께 지중해를 바라보았고, 장미, 자스민, 월하향, 네덜란드 수선화가 핀 정원에서 한가로운 저녁을 보낼 수 있었다.

그러나 그는 여전히 불안을 떨쳐버릴 수 없었다. 감바 가족은 공식적인 체재 기간이 만료되면 그곳을 떠나야 했으며, 어디로 가야 할지 또 고민해야 했다. 그 가족은 오스트리아 지배하에 있는 이탈리아의 어느 나라에서도 망명처를 찾기가 어려웠다. 떠오른 것은 또 남아메리카였다.

알레그라가 묻혀 있는 해로 교회

'Parish Church of St Mary, Harrow on the Hill' by Bernard Burns via Wikimedia Commons under CC BY-SA 3.0.

한편 바이런은 하인 티타를 구하는 데도 온 신경을 다 썼다. 피렌체 교도소로 끌려온 티타는 그 두려움을 주는 수염부터 강제로 깎였다. 당국은 그를 추방하는 장소를 볼로냐에서 루카(Lucca)로 바꾸었다. 거기서 그는 토스카나 국경 밖으로 추방되어야 했다. 그는 추방된 후 일단 마니장 셸리 부부에게 가서 몸을 기탁도록 주선해 주었다.

제25장 셸리와 피사의 친구들 **681**

제 26 장
셸리의 익사
(1822년)

　트렐라니는 새로 건조한 바이런의 볼리바르호를 5월 18일에 리보르노에 끌고 왔다. 돛 셋 달린 미국 스쿠너의 축소형이었다. 그 배의 건조에 100파운드 정도 들 것을 예상했으나 결국 1,000파운드나 들었다. 바이런이 주문한 대로 선실은 매우 사치스럽고 편리했다. 그는 배 앞 갑판에 장식용 포를 한 문 장착하였는데, 토스카나 당국이 그것을 보고 더 의혹을 증폭시켰다. "좋은 정부(Buon Governo)"를 지향하는 푸치니(Puccini) 대통령은, 바이런은 배를 아무 해안에 댈 수 없고, 꼭 리보르노 해안에만 대야 하며, 위생법을 엄격하게 지켜야 한다는 엄중 명령을 내렸다. 그 명령은 그 스쿠너를 거의 무용지물에 가깝게 했다. 바이런은 너무 화가 나고 너무 우울하니까 그 비싸게 만든 배를 어디에다 쓸까가 전혀 머리에 떠오르지 않았다.
　바이런이 두푸이 별장에 와 있을 때, 미국의 지중해 소함대가 리보르노 항구에 정박 중이었다. 그는 미국 프리깃함을 보고 싶다는 전갈을 보냈더니, 5월 21일 컨스티튜션(Constitution) 호를 사열해 달라는 제이콥 존스(Jacob Jones) 준장의 정중한 초대장이 왔다. 바이런이 그 함대를 방

미국 전함 컨스티튜션호

문했더니, 존스 장군이 바이런을 데리고 컨스티튜션호를 비롯하여 여러 전함을 구경시켰다. 바이런은 젊은 미국인들의 열렬한 인사를 받자 한층 더 편안하고 솔직해졌다. 컨스티튜션호로부터 온타리오(Ontario) 호로 넘어갔는데, 그곳의 선장은 그의 예쁜 미국판 시집을 보여줬다. 기분은 더 좋아졌다. 그 선장은 미국으로 오기만 하면 무료로 선편을 제공하겠다고 했다.

하버드 출신으로 막 독일에서 공부를 끝내고 돌아온, 나중에는 유명한 미국 역사학자가 되는, 스물두 살의 조지 뱅크로프트(George Bancroft)가 이 바이런의 방문을 지켜보았다. 그 이튿날 그는 바이런을 방문했다. 바이런은 이때 『뉴욕 니커보커의 역사』(Knickerbocker's History of New York)의 저자인 워싱턴 어빙

미국 역사학자 조지 뱅크로프트

제26장 셸리의 익사 **683**

(Washington Irving)에 대해 궁금한 것을 다 물어 보았다. 밴크로프트는 괴테와도 이야기를 나눈 적이 있었다. 그는 그 대시인이 "생명과 천재성으로 가득 찬" 『맨프레드』와 『돈 주앙』에 대해 대단히 감탄을 하더라는 이야기를 전해 주었다. 바이런은 『사르다나팔루스』에서 없애버린 괴테에게 바친다는 헌사를 나중에 다시 집어넣기로 마음먹었다. 바이런은 이 밴크로프트 같은 똑똑한 젊은이를 테레사에게 꼭 소개해야 할 것 같아서 소개하였다.

5월 12일 기다리던 셸리의 배가 레리치에 도착하였다. 그러나 셸리 부부는 주범(主帆)에 '돈 주앙'(Don Juan)이라는 선명이 쓰여 있는 것을 보고 언짢은 기분이 들었다. 그 이름은 그 부부가 결정한 적은 있었지만, 그 뒤 셸리가 매리의 제안대로 '에어리얼'(Aeriel)로 하는 것이 더 낫다고 생각했기 때문이었다. 셸리와 윌리엄스는 그 부분을 잘라냈는데, 셸리가 바이런에게서 조금은 벗어나고 싶은 욕망이 있었기 때문에 그렇게 했으리라. 그러나 매리와 셸리를 비롯한 다른 모든 사람들은 그 배를 계속 '돈 주앙'이라고 불렀다.

6월 12일 바이런은 엘리스(Edward Ellice)에게 편지로 남아메리카 볼리비아로 이민 가는 것에 대해 여러 가지를 물어 봤다. "나는 수년 간 대서양을 넘어가는 이민 계획을 세워왔습니다. 내가 당신에게 바라는 것은 이것을 추진할 최선의 방법에 대한 정보와, 내가 안고스튜라(Angostura)를 향해 항해할 때 필요한 추천장입니다. 나는 땅이 싸다고 들었으며… 처분 가능한 돈은 많지 않지만, 내 수입만 그대로 써도 (영국을 제외하면) 어떤 나라에서도 안락한 생활이나 조금은 사치스런 생활까지 해도 부족하지 않을 것입니다. 그곳의 전쟁은 끝났으며, 나는 투기 목적으로 가지 않고, 독립과 일반적인 시민의 권리를 누리는 것 외에 다른 목적 없이 [그냥] 정착을 바랍니다…. 수천 달러로 큰 땅덩어리를 살 수 있는 것이 정말입니까?"

엘리스는 이 질문에 대한 답을 보냈다. 한마디로 이민을 가지 말라고 하였다. 스페인 사람들이 컬럼비아라고 부르는 나라는 아직 체계가 없으며, 평온과 고요, 또 자신과 재산의 안전을 바라는 사람이 결코 갈 곳이 못 된다고 했다. 볼리바르가 죽은 후에도 투쟁과 혼란의 시기는 꼭 올 것이라고 했다.

바이런은 8월 27일자 편지에서 이렇게 말한다. "나는 과거에도 지금에도 남아메리카로 갈 생각이 있었으며, 지금 생각은 그곳과 그리스를 두고 오락가락합니다. 나는 오래전에 백작부인과의 관계만 없었더라면 그 두 곳 중의 한 곳에 갔을 겁니다…. 그녀도 기꺼이 가기를 원할 거예요. 그러나 나는 그녀를 오랜 항해로 고생시키지 않겠고, 그녀도… 사람이 거의 살지 않는 나라에서는 절대 살지 않으려 한다오."

6월 20일 셸리는 헌트가 제노바에 도착하여 곧 리보르노로 올 것이라는 소식을 들었다. 셸리는 그를 만나러 리보르노 바이런의 별장으로 오겠다고 했다. 그러나 매리가 병을 내어 7월 1일까지 집에 그대로 눌러 있어야 했다. 셸리는 헌트와 바이런의 관계나 또 새로 기획하는 문예지의 여러 가지 문제를 생각하니, 걱정되는 것이 한두 가지가 아니었다. 그는 어렵사리 바이런과 헌트를 연결시키기는 했으나 그 둘의 관계가 돈독할 것 같지 않았다. 그는 파리에 있는 스미스에게 이렇게 이야기하였다. "우리끼리 이야기지만, 나는 이들의 관계가 안 좋을까 걱정이 되네. 왜냐하면 나는 벼락방망이 두 개를 묶어놓은 밧줄 이상은 못 되며, 지금은 그 정도도 못 된다고 보네―그리고 굴뚝새와 독수리 사이의 연맹 관계가 얼마나 갈까, 아무것도 장담할 수 없다네."

아마 헌트는 바이런으로부터 250파운드를 받아서 가솔을 이끌고 영국을 떠났을 수 있었으리라. 그들이 리보르노에 도착한 것은 찌는 듯한 6월 30일이거나 7월 1일이었다. 그는 병이 난 아내와 6명의 아이들을 데리고 리보르노에 내려 두푸이 별장으로 향했다. 가뜩이나 더운데 그 집은 연어색 담장이어서 더 더워 보였다. 우연히도 이날은 이 별장에서 큰 싸움이 벌어지던 날이었다.

날이 가물어 이 별장에 물이 말라버렸다. 물은 한 시간쯤 언덕을 올라가야 하는 샘에서 길러 노새에 실어 와야 했다. 이 일이 과중하다 보니 감바 쪽 하인과 바이런 쪽 하인이 신경전을 벌여 끝내는 터지고 말았다. 바이런의 하인 파피가 물 길으러 가지 않겠다고 배짱을 내밀었다. 그는 내

친김에 부자와 귀족의 특권에 대해 성토하고, 평등과 형제애를 내세우며 계층 간 불평등에 대해 분노하였다. 다른 하인들이 몰려들었다.

고함소리를 듣고 현장에 나간 피에트로가 파피를 보고 시킨 대로 일을 하라고 명령했다. 이 말을 듣자 파피는 칼을 뽑아 피에트로의 팔에 상처를 냈다. 피에트로는 피스톨을 뽑아 자기 집 하인 중 한 사람을 겨누니까, 누군가가 비명을 질렀으며 그 소리를 듣고 바이런이 발코니로 달려 나왔다. 바이런도 아래에 있는 모두를 쏘아버리겠다고 위협을 해서 가까스로 싸움을 진정시켰다. 이 사건을 보고받은 경찰은, 이 사건은 토스카나 공국의 평화와 질서를 크게 해친다고 판단하여, 감바 가족이 4일 내로 그곳을 떠나지 않으면 공식적으로 추방하겠다고 나왔다.

헌트가 병든 아내와 아이들을 데리고 찾아온 것은 이런 와중에서였다. 헌트는 어리둥절했으나 바이런을 보니 너무 뚱뚱해져서 거의 알아볼 수 없었다. 헐렁한 남경목면으로 만든 상의와 하얀 바지, 풀어젖힌 넥타이, 그리고 머리카락은 몇 가닥씩 동그랗게 말려서 목까지 내려와 있었다. 헌트가 영국에서 알았던 곱슬머리의 미남은 어디에도 없었.

바이런은 헌트를 테레사에게 소개했다. 그녀는 바로 직전 싸움 때문에 마음을 진정시키지 못하고 있었다. 곧 팔걸이 붕대를 감은 그녀의 남동생이 씩씩거리며 들어와서는 다 죽여 버리겠다고 현관에 나가 어느 놈이라도 나오기만 하면 해치우겠다고 고래고래 고함을 질렀다. 그러나 이 비극적인 상황은, 파피가 갑자기 벤치에 푹 쓰러져서 닭똥 같은 눈물을 흘리면서 자기 과오를 용서해 달라고 싹싹 비는 것으로 끝이 났다. 결국 그는 해고당했다. 7월 3일 바이런은 헌트 가족에게 셸리를 붙여 피사의 란프란끼장으로 보내고 헌트만 다시 돌아오라고 했다.

란프란끼장은 헌트 가족이 들어와 살아도 불편 없을 정도로 넓었다. 바이런은 헌트 가족에게 1층을 쓰라고 하였다. 방에 가구가 필요해서 훌륭하고 근사하지만 그리 비싸지 않는 것으로 채웠다. 매리가 가서 직접 골라 왔고 가구값은 물론 바이런이 치렀다.

바이런이 『돈 주앙』 제7편을 쓴 것은 이즈음이었다. 이 시편은 『돈 주앙』을 비난하는 자에게 주는 변명으로 시작된다. 삶은 원래 허무한 것이고, 솔로몬(Solomon), 단테, 스위프트 등도 그 허무함을 드러내는 작업을 했는데, 바이런 자신도 결국 같은 작업을 하고 있지 않느냐고 묻는다. 무공(武功)이란 무모한 유혈의 전쟁에서 나오는 것이며, 전쟁도 허무한 일 중의 하나라고 냉소한다. 그는 그 예로 이스마일(Ismail) 전투를 끄집어낸다.

이 전투는 1790년 12월에 실제로 있었던, 러시아군이 다뉴브(Danube) 강에서 튀르키예의 이스마일 요새를 공격한 전쟁이었다. 이 전투 직전에 러시아의 수보로프(Alexander Suvorov) 장군이 발령받아 오게 되자 러시아군은 활력을 얻는다. 어느 날 러시아군이 부대 근처에 떠돌던 이상한 남녀 5명을 잡아 왔는데 이들은 튀르키예인 복색을 하고 있었다. 그들 중 남자 둘은 돈 주앙과 영국인 존슨, 그리고 여성 둘은 두두와 카틴카, 그리고 남자도 여자도 아닌 인물이 바로 환관 바바였다. 그들은 목숨을 구하기 위해 튀르키예의 왕궁을 구사일생으로 탈출했던 것이었다. 수바로프 장군은 과거에 자기 휘하에 있었던 존슨을 잘 기억하고 있었다. 그들은 어떻게 해서 이 전쟁터를 찾아왔을까.

이즈음 바이런은 스토르넬로(Stornello) 여섯 편을 썼다. 스토르넬로란 이탈리아 중부의 3행으로 된 민요조 노래인데, 바이런은 테레사를 위해 이탈리아어로 썼다. 내용은 소박한 습작시 같다. "달과 별 가까이 태양이 있네./ 테레사 그녀는 내 한(恨)을 듣지 못하네./ 이별을 고하려니 눈에서 눈물 비치네.// 토마소와 쥬세페가 싸워/ 피에리노 꽃이 다쳤다네./ 하마터면 죽을 뻔했다네." '피에리노'는 피에트로를 암시하는 것을 보면, 이 노래는 바로 얼마 전에 있었던 하인들의 하극상 사건을 다룬 것이 아닌가.

감바 가족은 6월 29일에 토스카나 공국을 떠나라는 토스카나 정부의 정식 명령을 받았으나 7월 2일에 다시 리보르노 법정에 출두하라는 소환장을 받았다. 거기서 그 부자는 4일 이내 토스카나를 떠나라는 명령을 받았다. 바이런은 이런 결정은 자신에 대한 도발로 받아들였다. 그들은 갈 곳으로 제네바와 남아메리카를 생각하다가 그 두 곳보다는 제노바가 더 나을 듯했다. 바이런은 적극적으로 당국에 청탁하여 7월 8일까지 떠나도록 며칠간 여유를 얻어냈다. 한편 바이런은 6월 말부터 미국의 화가 윌리

윌리엄 웨스트가 그린 바이런

엄 웨스트(William Edward West)에게 자신의 초상화를 그리게 했다.

헌트는 셸리가 제안한 잡지만 제대로 발행하면 생계비는 나올 수 있다고 생각하였다. 그는 바이런과 셸리가 마련해 준 선금 400파운드를 이미 다 쓰고 빚을 내야 했다. 그의 사정을 하나하나 보살펴야 하는 것은 바이런의 몫이 되었지만, 그것보다는 피사를 떠나야 하는 감바 가족 문제가 더 컸다.

셸리는 바이런을 부추겨 『그 심판의 환상』을 새 잡지에 싣고 판권도 헌트에게 주자고 하였다. 그것만 되면 잡지가 충분한 관심을 불러 일으킬 것이고, 헌트도 돈의 기갈에서 좀 벗어날 것이라고 생각하였다. 바이런은 문제가 있는 그 작품을 출판할 사람을 못 찾던 터라 그 제의를 신중하게 받아들였다.

바이런은 헌트가 불편 없도록 여러 가지로 배려해 주었다. 그에게 모두 합쳐 약 500파운드를 갖게 했고, 그 작품의 판권도 주었고, 가족 모두가 그의 저택 1층에 기거하

리 헌트

면서 식사까지 무료로 제공받게 해주었다. 바이런은 솔직히 아이들이 시끄러워 귀찮았고, 그 아버지가 아첨을 해 가며 돈을 우려내는 방법도 마음에 안 들었다. 그들 사이에는 긴장이 흘렀다.

헌트는 돈을 줄 때 집사가 몇 파운드씩 주어 자존심이 상하였다. 또 다른 불평은 헌트가 바이런의 방 앞을 자유로이 못 지나다녔는데, 그 문 앞에는 언제나 무서운 불도그가 지키고 있었기 때문이었다. 바이런에게는 시끄러운 아이들의 접근을 막는 데 불도그만 한 것이 없었다. 헌트는 그때부터 바이런에 대한 불편한 진실을 담아 한 권의 책 『바이런 경과 그의 몇몇 동시대인들』(Lord Byron and Some of His Contemporaries)을 썼다. 바이런에 대한 감사의 염(念)은 별로 보이지 않는다.

바이런은 언짢은 마음만 가라앉으면 기꺼이 헌트와 문학에 관해 담소를 나누었다. 헌트도 나름대로 그를 기분 좋게 대해 주었고, 또 피사의 새 삶은 전적으로 새 포대에 담아야 한다고 마음먹은 듯했다.

테레사와 헌트의 아내 사이도 팽팽했다. 테레사는 영어를 못 했고, 헌트 아내는 이탈리아어를 알지도 배우려고도 하지 않았고 또 셸리 주변 사람들과 어울리지도 않았다. 더구나 그녀는 붙임성이 없었고 바이런과 그의 애인에 대해서는 슬그머니 도덕적 잣대를 갖다 댔다. 또 천성적으

로 입이 날카롭고 사나웠다. 자기 아이 서넛이 벽에 낙서 조금 한 것을 두고 잔소리하는 사람이 과연 '시인'이랄 수 있느냐 하고 바이런을 직격했다. 심지어 테레사의 교태가 가소롭다고 입을 삐쭉거렸다. 테레사는 헌트 부부의 속물근성을 보고, 인간이 원숭이에서 진화했다는 새로운 이론이 참으로 맞는 말이라는 판단이 들었다.

셸리는 7월 7일에 피사에 와서 새 정기간행물의 준비상황을 점검했다. 제일 중요한 것은 헌트를 돕겠다는 바이런의 확약이었다. 그 일만 끝내면 아들을 데리고 그들의 새 배로 리보르노에서 레리치로 돌아가기로 했다. 바이런은 헌트 일에 셸리가 나서는 것이 마음에 들지 않았지만, 혹여 헌트가 의욕을 잃을까 봐 그에게 솔직한 이야기는 일단 보류키로 했다. 그는 머리에게 편지로 풀치의 번역과 다른 산문 원고도 존 헌트에게 꼭 넘기라고 부탁하였다. 그러나 『돈 주앙』을 다시 쓴다고 하면서도, 그 원고까지 헌트의 새 잡지에 주겠다고는 하지 않았다.

피에트로 부자는 7월 8일에 루카에 가서 테레사에게 몇 가지 사실을 편지로 알렸다. 바티칸이 이미 그녀에게 갈 남편의 수당을 끊었다고 했다. 그녀와 바이런은 공개적으로 두푸이 별장에서 동거하기 때문에 당국이 테레사를 잡아서 억류시킬 수 있다고 했다. 전에는 테레사가 친정아버지 집 지붕 아래 살면서 교황의 칙령을 준수토록 바이런이 꼼꼼히 챙겼지만, 이즈음에는 신경을 쓰지 못했다. 테레사의 남편이 테레사가 바이런과 한 집에 산다고 교황에게 알렸고, 교황은 그런 상태에서 남편이 더 이상 생활비를 댈 필요가 없다고 하였다. 바이런은 감바 가족이 갈 곳은 이탈리아에서는 유일하게 제노바밖에 없다는 것을 알았다.

그런 대로 바이런의 란프란끼장에서의 생활은 안정되어 갔다. 헌트는 가까이서 바이런을 보고 이렇게 회상했다. "바이런 경은 (진을 마시고 그 취기로) 『돈 주앙』을 쓰느라 밤에 거의 잠을 자지 않아 늦게 일어난다. 조반을 먹고 책을 읽는다. 좀 어슬렁거리다가 주로 로시니(Gioacchino Rossini)의 아리아를 부르는데 작고 베일에 가린 듯한 목소리지만 꽤 뽐내는 투다. 그러고는 목욕을 하고, 옷을 갈아입고, 아래층으로 내려오면 [이내] 노래는 안마당에서 들리고…. 내 서재는 구석에 있는 작은 방인데,

창으로 오렌지 나무가 [나를] 들여다보고…. 나는 그가 내려올 때 보통 글을 쓰고 있다가, 일어서거나 아니면 창문에서 몇 마디 이야기를 나누는 것이… 내가 보여주는 인사치레다…. 우리가 같이 어슬렁거리거나 앉아서 이야기를 하면, 마담 귀치올리가 화장을 끝내고 매끈한 머리로 내려와 함께 이야기를 거든다." 오후 승마에 헌트도 트렐라니와 같이 나갈 때도 있었다.

감바 가족이 마음 한구석에 걱정거리로 남아 있었지만 바이런은 그런대로 즐거운 나날을 보냈다. 그 평온이 깨진 것은 7월 11일에 트렐라니가 바이런에게 불길한 소식을 전했을 때였다. 트렐라니는 사흘 전 이야기를 했다. 셸리는 윌리엄스와 같이 자기 배로 리보르노에서 레리치로 가기로 했었다. 그러나 셸리와 윌리엄스가 만나기로 약속했던 트렐라니를 거기서 만나지 못했다. 그들은 7월 8일 정오를 지나 돈주앙호에 선원으로 찰스 비비엔(Charles Vivien)이라는 영국 소년을 태워 레리치를 향해 "마녀처럼 빠르게" 리보르노를 출항하였다. 이것이 새 배의 시승식인 셈이었다.

세 시쯤에 돌풍 즉 템포랄레(temporale)가 불어오더니 강한 폭풍으로 바뀌었다. 방파제에서 그 배를 지켜보고 있던 로버츠는 레리치와 리보르노 한 중간에 있는 비아레죠(Viareggio) 바깥 16km 정도에서 그들이 주범을 마는 것까지 확인하였다. 그리고 그 배는 해무 사이로 사라져 버렸다. 폭풍이 물러갔을 때 그와 트렐라니가 그들을 찾아보았으나 바다 어디에도 그 배는 보이지 않았다. 어부들에게 물었으나 아무도 아는 사람이 없었다.

트렐라니는 그들이 안전하게 마니장에 도착하여 혹시 바이런에게 보낸 편지가 있을까 싶어 허겁지겁 바이런에게로 달려왔던 것이었다. 그는 먼저 헌트에게 이 걱정거리를 이야기하고선 같이 위층의 바이런에게 갔다. 이야기를 듣더니 바이런은 파르르 입술을 떨더니 무엇을 물을 때는 말을 더듬거렸다.

헌트는 셸리가 안전하게 마니장에 가 있을지도 모른다는 생각을 하여, 안전하다면 빨리 답장을 보내라는 쪽지를 그리로 보냈다. 그 이튿날 매리와 제인 윌리엄스가 이 쪽지를 보고 낯빛이 완전히 흙빛이 되어 진

동걸음으로 피사로 달려왔다. 그들은 한밤에 란프란끼장에 들이닥쳤지만 바이런이 달리 무슨 해 줄 말이 있었겠나. 그 두 여인은 새벽 두 시에 리보르노로 내려가서 최후의 목격자인 로버츠를 깨워 출발할 때 이야기를 자세히 들었다. 트렐라니는 허둥대는 부인들을 마차에 실어 도로 마니장으로 데려다주었다. 그는 해변을 따라가면서 지나가는 사람마다 붙잡고 물었다. 그때 배 한 척과 돈주앙호에서 나온 물통이 발견되었다. 폭풍 중에 배가 뒤집힌 것이 틀림없었다. 바이런은 로버츠에게 해변을 수색하는 데 볼리바르호를 마음대로 쓰라고 하였다.

그 후 며칠간 바이런도 아르노강과 세르쵸(Serchio) 강 하구를 샅샅이 뒤졌다. 그들이 사라진 지 열흘이 지난 7월 18일에 셸리, 윌리엄스, 그리고 그들의 열여덟 살의 보조수 찰스 비비엔의 시체가 비아레죠와 마사(Massa)의 중간 해안에 파도에 떠밀려 왔다. 관헌이 시신을 모래에 묻기 전에 트렐라니가 도착하여 그들의 신원을 확인했다. 셸리의 얼굴과 팔은 벌써 무엇이 뜯어 먹었지만 그의 유해는 남경목면 상의와 흰 바지의 천조각으로 확인할 수 있었다. 한 호주머니에는 키츠의 시집 『상인하사』(上人下蛇, Lamia)가 들어 있었다. 그의 유해는 너무 부패하여 옮길 수가 없어 먼저 화장부터 해야 했다. 트렐라니가 그 소식을 마니장의 두 여인에 전하고 곧 가서 두 여인을 데리고 다시 피사로 왔다.

셸리의 죽음은 바이런에게 감당하기 힘든 충격이었다. 딸이 죽은 지 석 달이 채 되지 않았다. 셸리의 깊은 우정을 잘 헤아리지 못한 점과 마지막 피사 방문 때 신경질을 냈던 일이 몹시 마음에 걸렸으리라. 또 그의 죽음은 바이런에게 슬픔도 슬픔이지만, 그를 이해하지 못하는 세상 사람들에 대한 분노가 더 컸다. 그는 매리에 대해 깊은 정은 없었지만, 이제는 친절을 베풀어 보상하고픈 심정뿐이었다. 그 뒤 바이런과 테레사는 자주 매리를 찾아 위로하고 음으로 양으로 가계를 도왔다. 바이런은 이 비극적 사건을 머리에게 보고하면서 이렇게 말했다. "당신은 셸리를 짐승이라고 잘못 짚고 있어요. 그는 내가 아는 사람 중에 가장 훌륭하고, 또 이기심이 없다는 데에는 군말이 있을 수 없어요. 그와 비교해 볼 때 짐승 아닌 사람이 누가 있나요."

헌트는 셸리가 비명으로 가버리자 직감적으로 자신의 장래까지도 흔들림을 느꼈다. 그는 출판사업이 잘될 것 같지 않아 "내 안의 심장이 죽어버렸다."라고 썼다. 바이런은 셸리를 생각해서라도 헌트에게도 잘 해 주고 싶었지만, 자신도 토스카나에서 반 추방당한 마당에 헌트가 너무 자기만 의존하는 것이 부담스러웠다. 트렐라니가 처음 그들을 방문했을 때, "열세 살에서 기는 아이까지 [헌트의 자녀] 모두가 거대한 대리석 계단과 입구 홀에 흩어져 놀고 있었다." 헌트의 교육관은 아이가 이성을 가지고 행동할 때까지 그대로 놓아두는 것이었다. 그러나 바이런은 나중에 헌트의 아이들을 '꼬마 야후'(yahoo)라고 부를 만큼 그 아이들이 귀찮았다.

트렐라니가 친구들의 재앙에 발 벗고 나섰다. 그는 화장(火葬) 등 모든 궂은일을 떠맡았다. 매리는 셸리의 유해를 로마의 개신교 묘지 그들의 아들 윌리엄 옆에 묻고 싶었다. 그들의 아들 윌리엄도 딸 클라라처럼 학질인지 장티푸스인지 모를 병으로 죽어서 그 전에 로마의 개신교 묘지에 묻었었다. 그렇게 하려면 그는 토스카나와 루카의 보건당국과 협상을 벌여야 했다. 토스카나와 루카의 방역법에 따르면 시체는 발견된 해변에 석회로 매장해야 했다. 트렐라니가 결국 허가를 받아냈는데 셸리와 윌리엄스의 유해를 해변에서 화장해서 그 재만 반출하기로 하였다.

그 허가가 떨어진 것은 그들이 죽은 지 한 달 후였고, 트렐라니가 그 끔찍한 화장 준비에 착수한 것은 8월 14일이었다. 트렐라니는 꼭 그 일을 완수하려고 이 세상에 태어난 사람 같았다. 해안에는 화목으로 쓸 나무가 많았다. 그 장소도 화장과 장례 의식에 안성맞춤이었다. 그곳은 스페치아 만을 오른쪽에 끼고 리보르노를 왼쪽에 낀 그 한가운데로, 바닷속으로 쑥 내민 곶[岬]이었다. 바다에는 몇 개의 섬이 보였고 뒤에는 아펜니노산맥의 검은 숲과 낭떠러지가 가로막아 주었다. 트렐라니는 고인이 반기독교도였으므로 화장에도 이교도식 장례가 더 맞는다고 생각하였으리라.

트렐라니는 리보르노에서 화장에 쓸 거대한 쇠 화로를 하나를 제작하였다. 시신을 그 화로 위에 올려 태울 계획이었다. 그는 그 화로를 볼리바르호에 실어 운송해 왔고, 유골함으로 겉은 오크를 댄 두 납 상자도 함께 주문 제작하였는데 그것은 피사에서 바이런이 찾아오기로 하였다. 바이

화장장면을 그린 그림. 그러나 본서의 내용과 다름.

런은 헌트와 함께 자신의 마차로 화장장까지 이동했다.

화장일 8월 15일은 청명하였다. 세 사람의 목숨을 앗아간 바다는 언제 그랬냐는 듯이 고요하였다. 트렐라니는 이교도의식을 준비하면서 등골이 오싹해지는 쾌감을 느꼈으리라. 그는 유향과 포도주도 잊지 않았다. 바이런이 정오에 맞춰 화장장에 도착해 보니 트렐라니는 모래 속에서 막 윌리엄스의 시신을 캐내고 있었다. 시신은 부패가 심하고 분리되어 있어서 확인할 수 있는 것이란 이빨뿐이었다. 바이런이 뜨거운 모래를 밟고 가 그 시체를 확인하였다. 바이런이 말했다. "우리도 저런 식이 될까?-내 보기로는 양의 시체나 다름이 없어." 그리고 검은 손수건을 가리키며 "이 낡은 천 조각이 죽은 시체보다 더 오래 형체를 가지네-얼마나 구역질나고 무참한 광경인가!"

큰 화로에 불을 지피자 바이런은 다른 사람들과 함께 한 움큼씩 향료, 소금, 설탕, 그리고 포도주를 던져 넣었다. 그것을 넙죽넙죽 받아먹은 불꽃은 나선형으로 활활 타올랐다. 시신은 분리된 채로 여러 번 화로에 올려졌으리라. 바이런은 친구들의 목숨을 앗아간 파도의 힘을 직접 시험해 보겠다고 옷을 훌훌 벗고 바다에 뛰어들어 시체가 떠밀리어 온 바다 안으로 헤엄쳐 갔다. 그러나 그것은 사실 더위, 시취, 또 시체에서 오는 두려움을 이길 수 없어 시원한 해류 속에 몸을 던진 것이었으리라. 화장이 끝나자 트렐라니는 그 큰 화로 안을 헤집더니 전혀 타지 않은 턱뼈를 발견했다. 그는 그것을 상자에 넣어 바이런에게 주면서 피사에 가져가라고 했다.

그 이튿날 8월 16일 셸리 화장도 같은 방식으로 진행됐다. 시체를 파내려고 할 때 바이런이 도착하였다. 그런데 시체는 금방 찾을 수 없었다. 결국 삽을 찔러 두개골을 확인한 뒤에 땅을 팠다. 트렐라니는 장작불 위에서 이교도처럼 무슨 주문인지 멋지게 주문을 외워서 바이런이 칭찬해주었다. "나는 자네가 이교도인 것은 알았지만 이교도 사제인 줄은 몰랐다네. 이 일 멋지게 하네." 헌트는 너무 속이 거북해 마차에서 내릴 수가 없었고, 바이런도 셸리의 퍼런 살덩이가 하얀 재로 바뀌는 것을 차마 오래 지켜볼 수 없었다. 이번에도 바다에 뛰어들어 2.4km 밖에 닻을 내린 볼리바르호까지 헤엄쳐 갔다. 아직 한 번도 타 본 적이 없는 호화 유람선이 장례용으로 맨 먼저 이용되다니!

바이런은 셸리의 두개골을 자기에게 달라고 했다. 그러나 그것은 옮기는 순간 으스러져버렸다. 그것과는 달리 심장은 크게 상하지 않아 완전히 성골 대접을 받았다. 트렐라니는 그것을 보관했다가 나중에 헌트에게 줬는데, 그는 그 심장의 주인이 아니지 않느냐는 말썽이 일자 매리에게 넘겨줘야 했다. 그들은 불이 붙지 않은 심장을 술에 담가서 보존하였다.

드디어 재를 담은 두 유골함을 바이런의 마차에 실었다. 그 마차로 모두 비아레죠까지 가서 식사는 조금 하고 대신 술을 엄청나게 마셨다. 덜컹거리며 피사까지 소나무 숲을 지나갈 때 끔찍한 일을 한 데서 오는 긴장과 안도, 공포, 취기, 피로, 끔찍한 장면의 잔상 등이 뒤엉켜 그 화장에 참여한 사람들이 거의 발작을 일으켰다. 곧 그 발작은 이상한 환희로 바뀌었다. 취하지 않은 자가 없었다. 노래 부르고 괴성을 지르며 숲속으로 질주하였다. 4인승 포장마차는 이승의 참담한 장면, 무거운 고통, 허무감을 날려 보내기 위하여 미친 듯 내달렸다.

바이런은 땡볕 아래 세 시간 동안 바다에 떠 있었기 때문에 온몸이 물집투성이였다. 그 뒤 살갗은 허물을 벗었다. 밤에는 따가워서 바로든 모로든 누울 수가 없었다. 8월 27일에 바이런은 바카 의사에게 화상에 대한 약물 처방을 받았고 무어에게 편지를 썼다. "일은 다 끝났고 나는 새 피부를 가졌다오. 허물 벗은 뱀처럼 빤질빤질하다오."

즐거웠던 피사 모임은 이제 한낱 추억이 되었다. 셸리의 죽음에 대한 충격은 뜨거운 여름날보다 더 뜨겁게 친구의 가슴에 맺혔다. 회원들은 뿔뿔이 헤어졌고 승마, 사격, 만찬도 더 이상 없었다. 대신 바이런과 테레사는 한 지붕 아래에서 사실상 부부 생활을 했다. 그녀의 아버지와 동생은 이제 멀리 가 있었다. 그들은 자주 슬픔에 젖어 있는 셸리의 미망인과 그녀의 두 살배기 아들을 찾아가 위로하였다. 매리는 이제 쓸쓸하고 막막한 삶을 혼자 감당해야 했다. 다른 미망인 제인 윌리엄스는 영국으로 돌아갈 것이라고 했다.

바이런이 이런 고통과 환란 속에서도 『돈 주앙』의 제8편을 쓴 것은 정상이 아니었다라고밖에 말할 수 없으리라. 아마도 시취 물씬 나는 생사의 고통을 잊기 위하여 더 창작에 매달렸을지 모른다. 죽음에 대한 고통을 시에 몰두함으로써 잊으려 했을까. 그는 그 작품을 쓰도록 허락해준 테레사에게 고마움을 표하기 위하여 그녀의 즐거운 학창 시절을 『돈 주앙』에 담았다. 그녀가 산타키아라에 있을 때 한 연극에서 구애 장면을 연기하기 위해 동생의 옷을 빌려 입었던 기억을 『돈 주앙』 제6, 7편에 살려냈다.

이 시편에서는 실제로 있었던 참혹한 이스마일 전투와, 이 전투에서 보여준 돈 주앙과 존슨의 활약상을 그린다. 돈 주앙은 전쟁의 경험이 없었지만 최전선에서 용감히 싸운다. 러시아군이 그 성에 입성하여 무차별적 학살과 약탈을 자행한다. 돈 주앙은 러시아의 한 병사가 열 살의 소녀 레일라(Leila)를 죽이려 하자 그를 오히려 베고 그 소녀를 구해낸다.

한편 이 이스마일 성을 지키던 파샤가 아들 다섯과 함께 장렬하게 전사하는 장면이 감동적으로 그려진다. 이 파샤는 아무리 전투가 격렬해도 긴 파이프로 담배를 피우면서 조금도 마음의 동요를 보이지 않는다. 러시아군이 목숨을 살려 주겠다고 했으나 그는 아들들이 하나씩 죽어가는 것을 지켜보면서도 결코 항복하지 않고 초연하게 죽음을 맞는다. 그들은 이교도와 함께 싸우다가 죽으면 천국에선 순결한, 그러나 관능적인 천녀(houri)들이 그들을 맞이한다는 믿음을 가졌기에 전장에서의 죽음이 오히려 영광스러웠으리라.

바이런의 장래도 불안해지기 시작하였다. 감바 가족은 제노바로 가기를 바랐고, 그곳 정부는 그들이 그곳에 오면 절대 간섭하는 일은 없을 것이라고 했다. 바이런은 이탈리아에 온 지 5년 만에 테레사와 함께하기 위하여 네 번째 이사를 가기로 했다. 가긴 가겠지만 영원히 살고 싶지는 않았다. 그는 이탈리아만 빠져나가면 가슴의 답답함에서 벗어날 것 같았다. 테레사와 함께하는 가정생활이 따분하기도 했지만 아직은 그녀만큼 푸근한 곳이 없었다. 그는 헌트 가족은 그대로 피사에 있어도 좋지 않겠느냐고 했지만 헌트는 '숙주'와 절대 떨어지지 않으려 했다.

바이런은 재정적인 압박이 왔다. 반년 치 수입이 아직 오지 않았다. 그는 자기 때문에 남편의 생활비가 끊겼으니 이제부터 테레사도 완전히 부양해야 했다. 그러나 그는 키네어드를 안심시켰다. "나의 탐욕—혹은 연애 기질—을 자제 안 하는 것은 아닐세—왜냐하면 내 식사에는 하루에 4실링도 안 들기 때문이네—그리고 말에 드는 돈과 각종 애국자들을 도와주는 돈을 제외하면—(나는 오래전에 돈 많이 들던 갈보는 포기했어) 나는 큰 지출은 없다네—그러나 나는 그리스나 미국에 가도록 돈을 모아 둘 필요는 있어—그리고 좋은 일 하기 위해서도."

바이런은 란프란끼장 시원한 곳에 푹 파묻혀 지냈다. 1월에 그곳을 떠났던 메드윈이 8월 19일에 되돌아와서 29일까지 바이런 집에 머물렀다. 바이런은 테레사와 같이 2층에 살면서 매우 가정적이 되었다. 메드윈은 "바이런이 삼 년간 한 여자만 대한 것을 보면, 생각만큼 전적으로 다룰 수 없는 인물이 아니라는 것이 입증된 셈이다…."라고 기록을 남겼다.

바이런이 제노바로 이사 갈 준비를 하고 있을 때인 9월 15일에 홉하우스가 여동생들과 함께 찾아왔다. 얼마 만인가. 그들은 1818년 1월에 베네치아에서 헤어진 후로 보지 못했다. 테레사는 이 재회에서의 바이런의 감정을 이렇게 표현했다. "그의 뺨 위로 무서울 정도의 창백한 표정이 지나갔다. 친구를 껴안았을 때 눈물을 흘렸다. 감정에 북받쳐 풀썩 앉아버리고 말았다." 그러나 그들이 옛날의 마음자리로 돌아가는 것은 어려웠다. 헌트의 존재가 홉하우스를 더욱 뻣뻣하게 만들었는데, 왜냐하면 홉하우스는 바이런이 셸리가 데려온 헌트 같은 자와 일을 같이 도모하는 것이 못마땅했기 때문이었다. 홉하우스는 바이런에게 헌트와의 동업관계를 그만두게 하려고 설득하였다.

바이런은 홉하우스에게 로마냐에서 있었던 일들을 이야기해줬다. 그가 정기적으로 카르보나리 모임에 참석했지만 피에몬테 사람들과 나폴리 사람들이 오스트리아군에게 패배하는 바람에 그 단체가 해체되어 버린 것, 천 명 이상의 사람들이 교황의 영지에서 추방당한 것, 자주 그들은 이탈리아 정부의 강압에 못 이겨 주거지를 바꾸지 않으면 안 되었던 것 등. 홉하우스는 카르보나리 활동은 경솔했다고 말하는가 하면, 테레사와의 동거도 탐탁잖게 여겼다. 바이런은 "이것이 이탈리아 도덕이야."라고 가볍게 응수했다.

홉하우스

그 이튿날 홉하우스는 여동생들과 함께 바이런의 마차를 타고 사탑 등 시내 관광을 했다. 바이런은 오랜만에 만난 친구와 승마를 했는데 천둥번개를 만나 포도원 오두막집에서 비를 피했다. 홉하우스는 바이런이 또 모험을 했고 "시골 여자들의" 도덕성을 폄하하는 기록을 남겼다. 바이런의 불미스런 행동을 덮고 있는 것이었다.

그러나 하루 이틀이 지난 후 바이런과 홉하우스는 허물없었던 옛날로 되돌아갔다. 바이런은 홉하우스가 『카인』이 싫다고 말한 편지가 자기를 거의 미치게 만들었다고 솔직히 말했다. 홉하우스는 바이런이 한 말을 고대로 일기에 기록해뒀다. "카인이 200년 동안 아벨과 함께 사는 싫증을 떨쳐버리려고 그를 죽인 것은 잘한 일이야."

9월 17일 바이런은 홉하우스와 같이 승마를 하고, 같이 저녁을 먹으면서 이야기를 나눴다. 바이런은 처음엔 자신이 사정을 잘 몰라서 홉하우스의 국회의원 출마를 반대했다고 했다. 그는 또 풍자시 「나의 소년 호비 오」를 쓴 것에 대해 거듭 사과하였다. 그는 최근 『에든버러 리뷰』에서 『사르다나팔루스』, 『두 포스카리』, 『카인』에 대해 제프리가 쓴 시평을 읽고 몹시 속이 상했다고 털어놓았다. 또 『돈 주앙』의 새 시편에서 웰링턴에 반대하는 내용을 읽어 주고, 캐슬리(Castlereagh)에 반대하는 글도 썼다고 이야기했다. 이날 그리스 사람 니콜라스 카르벨라스(Nicolas Karvellas)가 찾아와 그리스 독립운동에 관한 이야기를 하고 갔다.

18일 이사 갈 준비를 하느라 란프란끼장이 소란스러웠다. 헌트 가족은 그 소란을 피해 여관을 정해 나가 있었다. 매리는 피사를 떠나고 싶었지만 바이런이 영국에는 가지 말라고 하여 그의 충고엔 다소곳해졌다. 그녀는 하나에서 열까지 바이런의 배려에 감사하다고 말했으나 테레사까지 넣어 감사하는 일은 없었다. 그녀는 헌트 가족이 제노바에서 같은 집에 살자는 제안을 받아들였다. 매리는 그 전에 제노바에 가서 집 두 채를 보아두었는데, 한 채는 방 44개가 있어 자기와 헌트 가족, 어른 3명과 아이 9명이 살 집이고, 다른 한 채는 3.2km 떨어진 곳에 바이런과 감바 가족이 살 집이었다. 바이런은 같은 집에 살았던 시끄러운 아이들과는 떨어지게 되어 속이 후련했지만, 그렇다고 결코 책임에서 벗어난 것은 아니었다.

9월 20일 천둥과 번개가 쳐서 승마를 하지 못하고 바이런과 홉하우스는 집에 죽치고 있었다. 바이런은 봄이 오면 귀국하겠다고 했다. 홉하우스는 이제 제법 국회의원 때가 묻어서, 조심스런 태도로 캐슬리의 죽음에 대한 경구(驚句)는 발표하지 않는 것이 좋겠다고 하였다.

이별할 시간이 다가왔다. 바이런은 형제보다도 더 가까운 친구와 이별하자니 또 감정이 북받쳤다. "자네가 오지를 말든지, 왔으면 떠나지를 말든지 해야지." 바이런은 친구를 더는 보지 못할 것이라는 불길한 예감이 스쳤다. 아르노강에 물이 불어 흘러가던 날 아홉 시 반에 홉하우스는 피사를 떠났다. 홉하우스가 그 친구를 다시 만난 것은 바이런이 싸늘한 시신이 되어 영국에 돌아왔을 때였다.

바이런은 『돈 주앙』 제9편도 피사에서 8, 9월에 완성한 듯하다. 이 시편의 1연에서 10연까지는 오래전 1819년 9월 10일에 그가 아직 베네치아에 있을 때 썼지만 그 뒷부분을 피사에서 완성하였다.

『돈 주앙』 제9편만큼 이야기가 옆길로 많이 흐르는 시편도 없으리라. 산만하기 짝이 없다. 이 시편은 여러 헝겊을 이어 붙인 피륙 같아 줄거리가 거의 잡히지 않지만, 겨우 잡히는 것은 돈 주앙이 수바로프 장군의 명을 받아 이스마일의 승전보를 수도 페테르부르크의 여제(女帝) 예카테리나(Yekaterina)에게 전하는 것이 전부이다. 바이런은 워털루 전투를 승리로 이끈 웰링턴이 국가로부터 너무 많은 상여금을 받은 것을 비난하면서, 그를 '웰링턴'이 아니라 악당이라는 뜻의 "villain"이라는 낱말을 넣어 '빌런턴'(Villainton)이라고 불렀다.

또 이야기가 옆길로 흘러, 삶이 공허하다고 하는가 하면, 뚱보가 된 당시 영국 왕 조지 4세를 조롱하기도 한다. 아무 계획 없이 내키는 대로 이야기한다. 여제의 정부(情夫) 란스코이(Lanskoi)를 씹다가, 여성의 성기(性器)에 생각이 옮겨 붙는다. 그것은 "삶과 죽음의 문이고… 우리의 출구요, 입구가 되는 곳"이라고 한 뒤, 전쟁이 그것 때문에 일어난다고 하지만 "결국 우리는 그곳에서 왔으며 그곳으로 돌아가며, 일단 그곳에 도달하기만 하면 성벽을 부수고 세상을 황폐케 하는 일은 없지 않는가?" 하고 묻는다.

돈 주앙은 자기가 구해준 소녀와 함께 여제를 알현하게 된다. 바람기 있는 여제는 진홍색 예복을 입은 주앙을 보자 그 젊고 늠름한 자태에 정신을 잃어, 잠시 승전보 편지를 뜯어보는 것조차 잊어버렸다. 주변의 총신들이 그를 시기 어린 눈으로 쏘아본다. 그 여제가 전황(前皇)인 남편이 시해되는 것을 알고도 묵인했고, 지금도 여러 정부(情夫)를 두고 있음을 암시한다.

진짜 제노바로 이사 갈 때가 오자 바이런 마음에 휑하니 찬바람이 일었다. 연초에 주문했던 자신과 테레사의 흉상을 바르톨리니가 완성했는데 바이런이 보고 실망하였다. 머리에게 말했다. "어느 쪽이 닮았는지 모르지만, 꼭 병들어 버쩍 마른 제수이트 수사 같아요."

이사 전날 밤 바이런은 착잡했다. 그가 가려고 하는 제노바는 인생의 중간 역이라는 것이 확실했지만, 그 너머의 길이 전혀 보이지 않았다. 그러나 걱정은 대부분 돈 때문이었다. 반년 동안 그의 총 수입을 보여주는 키네어드의 계산서가 오지 않았다. 그는 노엘가의 유산, 애너벨러의 생명보험료, 정부 펀드 가입의 유·불리, 로치데일 매각 문제, 마지막으로 『돈 주앙』 새 시편에 머리가 내놓을 인세 등이 다 오리무중 공중에 떠 있었다.

9월 29일 마침내 바이런은 나폴레옹 마차로 피사를 떠났다. 다른 마차 두 대도 같이 떠났는데 그중 한 대는 남쪽으로 리보르노로 내려갔다. 리보르노에서 바이런의 하인은 소형 배에 화물을 실었다. 트렐라니가 볼리바르호에 바이런의 서적, 원고, 쟁반 등을 실어 레리치까지 몰기로 했다. 바이런의 동물원에는 미카엘 축일에 잡아먹으려고 제쳐 둔 큰 거위가 세 마리가 있었는데, 그들이 점점 바이런의 마음에 들어 잡지 못하고 어리에 넣어 마차 뒤에 실었다. 헌트와 그 가족은 다른 마차로 리보르노로 내려가지 않고 바로 북행하여 레리치로 갔다. 바이런은 또 다른 길로 내륙에 쑥 들어가 있는 루카로 향했다.

루카에서 바이런은 테레사의 아버지와 동생을 만났고, 거기서 레리치로 가서 해변을 따라온 헌트 가족과 바다로 온 트렐라니를 만났다. 트렐라니는 바이런을 보더니 기분전환으로 수영시합을 하자고 했다. 바이런과 트렐라니는 레리치 만에 정박한 볼리바르호까지 5km를 헤엄쳐 갔다. 헤엄 중에 바이런은 쥐가 났지만 배에 도착하자 두 사람은 음식과 맥주를 진탕 먹고 마셔 피로를 날려 보냈다. 바이런은 땡볕에 스쿠너 사닥다리에서 몇 분 쉰 뒤 다시 육지까지 헤엄쳐 왔다.

다이어트로 허약해진 바이런에게 그 수영은 엄청난 부담이었다. 그는 몸살이 나서 나흘 밤 침대 신세를 져야 했다. "레리치 최악의 여관, 최악

제26장 셸리의 익사 *701*

의 방에서 심한 류마티스와 담즙분비과다증, 변비, 그리고 악마나 알 수 있는 병명으로 [무척]…"고생했다. 트렐라니가 좀 어떠냐고 묻자 고함을 쳤다. "어떠냐고? 제기랄! 그렇게 날뛰던 녀석이 바위에 쇠사슬로 묶여 있는 심정이야. 독수리들이 횡격막을 쪼아 먹고 창자도 [쪼아먹고], 왜냐면 나는 간이 없어졌거든." 경련이 일어나자 또 소리를 질렀다. "죽음이 무섭진 않지만, 이건 못 참아! 농담할 마음이 아니야, 플레처를 불러. 이 고통을 끝낼 뭔가를 줘. 아니면 나를 끝내버리든지!" 플레처가 에테르와 아편제를 가져와서 통증을 가라앉혔다. 나흘을 시르죽어 있다가 겨우 기동은 했다. 이사를 하던 너덧 일행이 아무도 더 나아가지 못하고 같이 묶여 있을 수밖에 없었다.

거기서는 육로로는 아펜니노산맥 때문에 길이 험했기에 배로 이동했다. 바이런과 테레사가 한 배에, 헌트 가족이 다른 배에 타고, 트렐라니는 볼리바르호를 몰았다. 마차도 모두 소형범선에 실었다. 그들이 상륙한 곳은 세스트리(Sestri)라는 곳이었다. 바이런은 머리에게 이렇게 말했다. "가장 형편없는 여관의 가장 형편없는 방에서 나흘간 침대에 박혀 있었으며…온갖 종류의 약의 부작용을 다 겪은 후 5일째 신나게 침대에서 일어나 세스트리 만을 건넜지요. 바다가 금방 나를 소생시켰으며, 나는 선원들의 찬 생선을 먹었고, 시골 포도주를 일 갈론이나 마셨고, 세스트리에 상륙한 바로 그날 밤엔 제노바에 도착하였고…." 세스트리부터 마차로 이동하여 제노바 항구 위로 높이 솟은 알바로(Albaro) 언덕 위, 궁전 같은 살루조장(Casa Saluzzo)에 도착한 것은 10월 2일 늦은 밤이었다. 마차 뒤에 매단 거위가 꽥꽥거려 공허한 저택이 쩌렁쩌렁했다.

제 27 장
제노바의 지친 삶
(1822년~1823년)

그 저택은 성문 바로 밖의 알바로 마을의 높은 큰길가에 지금도 서있다. 매리는 이번에도 집을 잘 골랐다. 17세기에 세워진 이 석조 건물은 프랑스식 지붕과 천장이 높은 응접실에다 방이 많았다. 감바 가족과 한 집에 들었지만, 바이런 가족과는 떨어진 곳에 방을 정했다. 발코니에서 보면 항구와 지중해가 한눈에 들어왔다. 집세는 연 24파운드. 헌트와 매리 가족은 네그로토장(Casa Negroto)을 얻어 짐을 풀었다. 바이런과 테레사는 헌트 아내의 도덕적 눈초리와 그 자식들의 소란을 피할 수 있어 다행이었다.

그것이 바이런에게는 이탈리아에서 네 번째 집이면서 마지막 집이었다. 바이런은 11개월 동안 이곳의 삶이 피곤하기도 했지만 어느 때보다 규칙적이고 명랑한 나날을 맞았다. 라벤나에 살 때보다 걱정에 휘말릴 일이 훨씬 적었다. 시는 적게 썼으나 이따금 런던에서 온 손님을 반갑게 맞았다. 그가 피사를 떠나자 그를 사찰하던 정보원 토렐리(Torelli)는 안도의 한숨을 내쉬면서 이렇게 보고했다. "바이런 경은 드디어 제노바로 가기로 결정했다. 그는 이미 애첩 귀치올리가 싫증나고 물려 한다는 말

살루조장
'Villa Saluzzo Bombrini' by Twice25 & Rinina25 via Wikimedia Commons under CC BY 2.5

이 돈다. 그러나 그는 제노바에 머물지 않고 그리스 사람의 숭배를 받으러 아테네로 갈 의향을 표했다."

테레사는 바이런에게 자주 바가지를 긁었다. 만약 테레사가 젊음이 한창 꽃피었을 때 바가지를 긁었더라면 그 바가지 소리도 음악처럼 아름다웠을 것이다. 그러나 한창때는 지나갔고 그녀도 지쳤다. 만약 바이런이 그녀와 헤어지고 싶었다면 이때가 기회였을 것이다. 그러나 그는 새 집으로 들어가 다시 한 지붕 밑에서 그녀를 맞았다.

바이런은 헌트의 집 네그로토장에는 가지 않았다. 매리가 내왕하면서 정서한 원고를 갖다 주고 받아 갔다. 바이런은 계속 그녀에게 정서하는 일거리를 주면서, 그녀의 가계도 자기 책임이라는 것을 잊지 않았다.

매리는 한 달에 한 번 테레사만 만났을 뿐 사람들과는 거의 접촉이 없었다. 찬 바람이 불자 네그로토장에 쓸 수 있는 벽난로가 하나뿐이어서 하는 수 없이 매리는 시끄러운 아이들과 같이 지내야 했다. 헌트는 매리를 데리고 앉아, 매리가 남편 생전에 남편에게 얼마나 쌀쌀맞게 대했는지 등 쓸데없는 소리를 서털구털 풀어놓았다. 헌트는 바이런에게 빌붙어 있는 것이 자존심 상하였지만, 자기보다 더 가련한 그녀가 있었으니 그런 말이나마 멋대로 주절거릴 수 있었다.

매리는 자기 연민, 자기 정당화, 그리고 바이런에 대한 비난도 섞인 긴 편지를 써서 바이런에게 보냈다. 중요한 것은 내용이 아니라 그 편지에 촉촉하게 배어있는 감정이었다. 그러나 바이런의 답장은 건조하고 간결했다. 그는 매리에게 도움이 되는 것이면 무엇이든지 해줬다. 도착 직후 그는 셸리의 소파를 자기가 샀다고 매리에게 편지를 썼다. "나는 셸리의 물건 하나라도, 헌트 아이들의 벽 안

매리 셸리

에 두는 것이 특별히 마음에 걸렸습니다. 그 아이들은 야후족보다도 더 더럽고 장난이 심합니다. 그 아이들은 때를 묻혀 못 쓰게 만들지 않으면 손가락으로 [긁어] 못 쓰게 만들 것입니다…. 돈에 대한 어떤 어려움이 닥치더라도, 이 상태가 끝날 때까지 당신의 가계를 돌봐 드릴 것을 거듭 말씀드립니다."

바이런의 목소리는 잠들어있는 매리의 여러 가지 추억을 불러냈다. 그 추억 끝에는 묘한 희열이 섞인 우수(憂愁)가 묻어 있었다. 그녀는 이렇게 일기에 썼다. "나는 어떤 사람의 목소리도 알베의 목소리만큼 우수를 불러내는 힘을 가지고 있다고 생각지 않는다…. 그리고 나는 아직 전적으로 고통만은 아닌, 말할 수 없는 우수에 젖어 그 목소리를 듣는다."

바이런은 셸리의 유작집행인의 자격으로 셸리의 아버지에게 편지를 썼다. 비록 아들은 죽었지만 며느리와 그의 손자를 위해 셸리에게 주던 생활비를 그녀에게 계속 부쳐 주면 좋겠다는 내용이었다. 매리는 마음의 갈피를 잡지 못해 영국으로 간다 안 간다를 대여섯 번이나 반복했다. 헌

트는 이제 떨어져 있긴 했지만 바이런의 부아를 돋우기는 마찬가지였다. 돈을 요구할 때 그의 편지는 교활하기도 하고 뻔뻔하기도 했다. 그는 무시로 바이런에게 들이닥쳤다.

새 집에서 일주일이 채 못 되어, 바이런은 머리에게 『돈 주앙』의 제10편을 10월 5일에 탈고하고 제11편을 시작했다고 편지에 썼다. 이제 그는 주앙을 영국으로 데려간다. 이상하게도 제노바에 오니 시에 대한 새로운 힘이 솟았다.

『돈 주앙』 제10편 역시 잡다한 방담으로 흘러가고 줄거리는 실낱처럼 이어진다. 여제(女帝)의 정신(廷臣)이 된 돈 주앙은 화려한 궁중생활이 권태로워 곧 난봉에 빠진다. 그가 병을 얻어도 의사들은 병을 알지 못하고, 막연히 기후가 좋은 나라에 가서 살기를 권장한다. 당시 러시아는 영국과 외교적으로 풀어야 할 중요한 현안이 있었으며 그 협상 책임자로 돈 주앙을 내보낸다. 주앙은 여제가 준 엄청난 보물과 돈을 지참하고 자기에게 딸린 소녀 레일라, 서기, 종복들과 함께 폴란드, 독일, 네덜란드 등을 거치고, 도버(Dover)를 건너 영국에 상륙한다. 시는 기행시(紀行詩)의 성격을 띤다.

주앙이 캔터베리를 거쳐 런던에 도착하면서, 영국을 풍자하기 시작한다. 그에게 그 나라는 "지구의 반을 도륙하고 나머지 반을 괴롭힌" 나라였다. 바이런은 그런 독설을 풀어 영국에서 패각추방 당하여 돌아가지 못하는 유랑인의 한을 달래려는 것 같았다.

10월 17일에 완성한 『돈 주앙』 제11편의 줄거리는 돈 주앙이 런던의 상류 사회에 편입되는 과정을 몇몇 에피소드로 꾸며낸다. 그가 런던 근교의 한 언덕에서 런던 시가를 내려다보고 있는데 한 괴한이 칼을 들이대고 돈을 내겠는가, 아니면 목숨을 내겠는가 하고 묻는다. 전쟁터에서 단련된 주앙은 본능적으로 피스톨을 꺼내 그 괴한을 쏘아 쓰러뜨린다. 그는 특사의 신임장을 관계 요로에 제정하고 상류사회 사교계에 등장한다. 혜성 같은 그의 등장에 뭇 여성들이 가슴을 설렌다.

이 시편은 돈 주앙 자신의 이야기보다는 런던의 상류사회, 그중에서도 영국문단을 날카롭게 풍자한다. 여성 문학가 즉 블루스타킹들 사이에서도 돈 주앙은 인기가 대단하다. 아이러니하게도 그가 영국문학에 대한 이해가 천박하기 때문에 더 인기가 높다. 그러나 그는 당시 최고의 문인들과 교우하면서 그들의 천박스러움, 위선, 가식, 이기심 등을 예리하게 찍어낸다. 또 사우디도 끄집어내어 짓씹는다.

이 시편의 문체 또한 충격적이다. 칼을 든 괴한을 묘사하면서 하류층의 은어와 비속어를 쓰는가 하면, 지성인을 풍자할 때에는 현대의 파운드(Ezra Pound)나 엘리엇(T. S. Eliot) 못지않게 많은 인유를 끌어와 유식함을 자랑한다. 바이런은 그가 영국을 떠난 지 8년이라는 세월을 보내고 보니 떠날 때 나름대로 존경했던 '인걸'은 간데없음을, 또 세상살이 허무함을 이 시편에서 애잔하게 그려낸다.

런던에서 존 헌트가 『자유주의자』의 창간호 원고를 하나하나 챙겼다. 『그 심판의 환상』의 원고가 이미 그의 손에 들어와 있었고 그 내용은 얼마간 세상에 알려졌다. 바이런의 친한 친구들은 그 정기간행물의 출판에 대해 불편한 심기를 드러냈다. 그들은 바이런이 패륜아 셸리와 얽힌 것이나, 또 헌트와 동업하는 것을 못마땅하게 여겼다. 바이런의 명성을 지켜주려던 몇몇 사람들은 이런 일련의 일로 실망하여 그와의 관계를 끊으려고까지 했다.

『자유주의자』의 창간호는 10월 15일에 나왔다. 바이런은 처음에는 그 계간지의 제호를 『헤스페리데스』(Hesperides)로 하자고 제안했으나 결국은 『자유주의자』로 결정했다. 바이런의 글은 맨 앞의 『그 심판의 환상』 외에도 「「내 할머니의 리뷰」의 편집자에게 부치는 서한」(A Letter to the Editor of 'My Grandmother's Review')과 「캐슬리 경에 대한 경구(驚句)」(Epigrams on Lord Castlereagh)가 실렸다. 그 밖의 대부분의 글은 헌트 혼자서 썼다. 바이런은 무어한테 글을 받자고 했으나, 헌트와 다른 영국 친구들은 그렇게 "코크니들"(cockneys)과 "잡된 결탁"을 하다 보면 바이런의 선명성이 떨어진다고 반대하였다.

바이런은 『그 심판의 환상』의 원고를 머리에게 먼저 보냈지만 머리는 보통 영리한 사람이 아니었다. 그것이 위험한 원고라는 것을 대번에 알고, 그 원고를 존 헌트에게 넘겼다. 이때 머리는 원고의 「서문」을 빠뜨리고 주지 않았다. 결국 헌트는 "사우디의 시는 '터무니없는 아첨이고, 배짱 내미는 후안무치이고, 배교자의 편협심이고, 불경한 양아치의 언어'"라고 바이런이 말한 「서문」은 싣지 못했다. 그러나 바이런은, 자신이 헌트 형제와 친한 것을 알고, 머리가 고의로 그 「서문」을 넘겨주지 않았던 것은 아닐까 하는 의심이 들었다. 저자 이름도 바이런이 아니라 "부활한 퀘베도"(Quevedo Redivivus)라고 했다.

이 풍자시가 발표되자 문단은 두 패로 나뉘었다. 『쿠리어』(The Courier)지는 바이런이란 인간은 "머리는 천국에서 가져왔지만 가슴은 지옥에서 가져왔다."고 하고서, 세상 사람들은 "천재가 종교와, 도덕과, 인간성에서 분리되면, 얼마나… 유해한 존재인가를 바이런을 보면 알 수 있다."고 했다. 그러나 반대로 괴테는 "천국적이야! 추종을 불허해!"라고 격찬했다. 이 패러디 작품은 불후의 성공을 얻음으로, 사우디의 명성은 결국 그 조롱과 모멸에서 회복되지 못했다.

바이런이 그 원고를 대하는 머리의 약은 행동을 보니 괘씸했다. 그는 머리와의 모든 출판 관계를 끊고 모든 원고를 되찾기로 마음먹었다. 리 헌트가 그런 사정을 듣고는 너무나 고소하여 형에게 이렇게 써 보냈다. "머리는 불쌍하게도 사실 형편없게 되었어요…. 그는 '만약 바이런 경께서 종전처럼 그… 작품을 [저에게서] 출판케 해 주실 만큼 도량이 넓으시다면 얼마나 기쁘겠습니까.'라고 바이런 경에게 편지를 썼대요. (이 아첨하는 말 속에 숨어 있는 후안무치는 박수쳐 줄 만하지 않은가요.) 그리고 그는 또 다른 편지에서 '아침에 몇 시간씩 고귀하신 바이런 경의 사진을 보며 앉아 있어요!'라고 덧보탰대요. 그 지긋지긋한 출판업자를 상상이나 해 보아요."

셸리가 중간에 있어서 시작하긴 했지만 바이런에게도 『자유주의자』의 공동 출판은 달가운 것이 아니었다. 바이런은 그 출판물에 자기 이름이 얹히는 것도 바라지 않았다. 발행인이 존 헌트였기에 창간호가 나오자 바이런의 친구들은 일제히 경고의 메시지를 보냈다. 바이런의 『그 심판의 환상』도 위험 수위를 넘었다고 했다. 키네어드, 홉하우스, 머리, 특히 무어가 바이런이 두 과격한 시인 셸리와 리 헌트와 같이 일을 도모했으니, 명성에 큰 손상을 입을 것이라고 우려했다. 그러자 바이런은 "당신이라면 그[리 헌트]를 가족과 함께 거리로 나앉으라고 말할 수 있겠어요?"라고 무어에게 되물었다. 바이런은 이때 사방 돌아봐도 자신이 돌보아 주어야 할 사람밖에 보이지 않았다. 헌트 가족, 매리 모자, 그리고 감바 가족 등. 바이런이 헌트 가족은 영국으로 돌아가는 것이 좋겠다고 운을 떼보니, 헌트는 바이런이 그와 가족을 영원히 책임져 주기를 바란다는 속내를 비쳤다. 그 뜻을 알아듣자 바이런은 은근히 화가 났다.

바이런 친구들의 우려가 현실이 되었다. 바이런의 시 『그 심판의 환상』이 국왕과 왕실의 명예를 훼손했다고 당국이 발행인을 기소하려 했다. 아이러니하게도 이 시에는 현 왕인 조지 4세에 대한 풍자나 조롱은 전혀 없는데도 왕가가 들고 일어났다. 그렇게 된 데에는 머리의 책임이 컸다. 앞에서 말했듯이 머리가 헌트에게 원고를 건네줄 때 그 시를 쓰게 된 동기를 밝히는 「서문」 부분을 빠뜨렸고, 또 『두 포스카리』에서도 중요한 주석을 빼먹었기 때문이었다. 바이런은 그 주석에서, 사우디가 자신에게 한 중상모략들, 즉 자신이 "사탄 학파"의 우두머리이고, 자신과 셸리는 "근친상간 연맹"에 가입했다는 등의 비난과, 또 그 전에 있었던 자신의 명예훼손의 경우들도 열거했었다. 그 주석만 제대로 들어갔더라면 그 『그 심판의 환상』의 사우디에 대한 조롱은, 바이런이 받은 중상모략과 명예훼손에 대한 방어차원이라는 것이 충분히 입증될 수 있었으리라. 그러나 어떻든 결과적으로 바이런은 존 헌트에게 미안하여, 런던에 가서 헌트 대신 자신이 재판을 받겠다고 했다. 이 제안이 받아들여지지 않자 대신 모든 소송비용을 전담하겠다고 했다.

바이런은 그 전해에 쓴 『천국과 지상』을 출판할 다른 출판사를 찾아보았다. 그가 메드윈에게 한 말이다. "[그 원고를] 머리에게 주었는데, 그는 하느님 밑의 출판업자 중에 가장 겁 많은 자여서 제목만 보고도 놀랐대요. 그는 세 음절 낱말 '미스터리'(Mystery)를 싫어하고, 이유는 모르겠지만 그것이 또 다른 『카인』이 될 것이라고 했대요." 머리는 『카인』을 출판한 후 필화를 입지 않으려고 보신(保身)에만 급급했다. 성경에 대한 또 하나의 도전적 해석인 『천국과 지상』을 보고도 머리는 머리부터 절레절레 흔들었다.

바이런은 이제 상당히 구두쇠가 되었다. 그는 가끔 가계부를 보고 재정 담당인 잠벨리를 야단쳤다. 로버츠가 볼리바르호의 두 선원에게 제복을 입혀야 한다고 말하자 일언지하에 거절하였다. 헌트는 바이런이 매리를 심하게 대한다고, 매리는 그가 헌트를 너무 심하게 대한다고 각자 바이런에게 와서 불만을 토로하였다. 돈 문제 등 여러 문제에 바이런이 너무 엄격하게 대한다는 말이리라.

바이런은 10월 20일 오거스터에게 편지를 썼다. 대륙에 살면 물가가 싸서 돈이 많이 들지 않으니 그녀, 남편, 그리고 아이들을 모두 데리고 나와서 니스(Nice) 같은 곳에 가서 살자고 했다. 생활비 일체는 자기가 대겠다고 했다. 아직도 가슴속에 그녀에 대한 연민이 남아있었.

10월 24일 돈이 몹시 궁한 헌트가 편지로 또 희떠운 소리를 해 왔다. "성가시겠지만 '에누리 없는 100파운드'만 부탁드리오니 급히 한 번만 더 들어주시기 바라오." 바이런이 그를 가끔 "경애하는 리"로 다소 격식을 차려 부를 때가 있었는데, 그럴 때마다 그는 이렇게 능청을 떨어 허물없는 관계로 만들었다. "당신이 나를 '리'라고 불러 주니 애정을 느끼며, 그래서 나는 아가씨 같아지며, 당신이 우리 집에 한 번 놀러 왔으면 좋겠어요." 이 말의 뒷부분은 화류계 여성이 자기 집에 오라는 소리처럼 들렸다. 실제로 바이런은 그의 집에 놀러간 적이 한 번도 없었다. 얼마나 가난하게 사는가를 와서 보란 뜻이었으리라.

10월 30일에 매리는 바이런에게 『돈 주앙』의 몇 개 시편과 『불구자의 변신』을 정서하여 보내면서 쪽지 하나를 첨부했는데 그것이 아직 남아 있다. "저는 이 드라마『불구자의 변신』를 정서하는 것보다 더 마음에 드는 일을 하지 못했어요. 이 작품 마무리 잘하세요. 제 마음에 쏙 들어요." 이 사실을 볼 때 바이런은 이 작품을 1822년 1월 혹은 2월에 쓰기 시작하여 10월에 일부를 마쳐서 그녀에게 정서를 맡긴 것 같다. 그러나 이 작품은 미완성이고, 미완성인 채로 1824년 바이런이 죽기 두 달 전인 2월 24일에 존 헌트에 의해 발표되었다.

이 드라마의 첫머리를 읽으면 다른 작품과는 다른 가슴 찡한 감동을 느낄 수 있다. 주인공 아놀드(Arnold)는 보기 흉한 꼽추이다. 어머니가 화가 나면 제 자식을 꼽추라고 심한 욕을 하면서 눈앞에서 당장 사라지라고 소리친다. 바이런이 어릴 때 어머니에게서 듣던 "병신자식!"이라는 폭언과 다르지 않다. 아놀드는 흉물로 사느니 차라리 죽기로 결심한다.

이때 한 낯선 사람이 나타나 자살을 말리면서 그의 못난 풍모를 바꿔 볼 생각이 없느냐고 묻는다. 그는 영웅 카이사르 등 몇 사람의 외형을 환상으로 보여 주며 하나를 고르면 그 외형을 입혀주겠다고 했다. 아놀드는 가장 멋진 아킬레스의 체형을 고른다. 그 낯선 사람은 곧 붉은 흙으로 아킬레스 상을 만들고는 주문을 외어 육체에 생명을 불어넣는다. 그런데 그 주문이 아주 멋진 시이다. "뺨에 장미가/ 피어 아름다울 때/ 그대 흙이여 빛을 발하라." 오랑캐꽃은 눈이 되고, 햇빛 가득한 물은 피가 되고, 히아신스 가지는 머리카락이 되고, 대리석은 심장이 되고, 참나무 속의 새소리가 목소리가 되어라고 주문이 읊어진다. 아놀드는 쓰러져 의식을 잃었는데, 그때 그의 영혼이 이 아름다운 새 육체에 이입된다. 그런데 그 낯선 사람은 아놀드가 벗어놓은 육체를 자기가 입겠다고 하고는 그 육체를 입는다. 이 낯선 사람은 사실은 마왕의 화신인데 인간의 탈을 써야만 인간의 행동을 할 수 있기 때문에 그의 육체를 받아 입은 것이다. 그는 자신의 이름을 카이사르(Cæsar)로 짓고 아놀드는 백작으로 만들어서 스스로 아놀드 백작의 종자(從者)가 된다. 아놀드는 후에 자기 영혼을 꼭 그 마왕에게 넘겨야 함을 물론 잘 안다.

그들이 벌인 첫 "순례"는 1527년에 일어난 로마 정복 전쟁이었다. 아놀드는 침략군들이 온통 약탈에 정신이 팔려 있는 것을 본다. 그때 침략군들이 미모의 올림피아(Olimpia)를 겁탈하려 들자 아놀드와 카이사르가 그녀를 구출해 준다.

3막은 전쟁이 끝난 평화로운 농촌 마을에 합창소리가 울려 퍼지지만, 이 작품은 여기에서 중단되고 만다. 그러나 이 원고에는 조각 글과 바이런의 메모가 발견되었는데, 그것에 따르면 올림피아는, 비록 늙은 불구의 몸이지만 지성이 아주 뛰어난 카이사르와 사랑에 빠진다. 당연히 아놀드가 질투심으로 고민한다. 바이런이 이 작품을 어떻게 종결지으려고 했는지는 알 수 없다. 그는 서문에서 이 작품은 피커스길(Joshua

Pickersgill)의 소설 『삼형제』(The Three Brothers)와 괴테의 『파우스트』의 영향을 받았다고만 스스로 밝혔다. 물론 『파우스트』와 비슷한 데가 있지만 실제는 독창적인 작품이나 다름없고, 무어는 이 작품은 저자 자신의 발에 대한 콤플렉스에서 나온 것이라고 설명했다.

제노바의 가을이 깊어갔다. 그러나 그곳은 지중해성 기후라 겨울엔 일기가 불순하고 비도 많이 왔다. 비가 폭우로 바뀌고 큰물이 졌다. 물이 폭포처럼 살루조장의 철대문 앞으로 흘러 들어왔다. 바이런과 테레사가 항구에 자욱하게 내리는 뇌우를 보고 있을 때 창문에 벼락이 때려 바이런은 전류의 일부가 자신을 통과하는 것을 느꼈다. 테레사는 파랗게 겁을 먹었다.

테레사와 함께하는 시간은 상당히 형식적이 되어 갔다. 테레사는 정원에서 짧게 같이 산책을 하거나 바이런이 초대했을 때만 초저녁에 바이런의 방으로 갔다. 두 사람은 딴 방을 쓰며 감바 가족과 바이런은 딴 살림을 살았다. 바이런은 서재에 틀어박혀서 물이 떨어지는 레몬나무를 멍하니 응시할 때가 많았다. 아니면 영국영사 힐이나, 새 은행가 찰스 배리(Charles Barry)와 식사하러 시내로 나가곤 했다. 힐은 사르데냐에서 만났던 외교관이었다. 그가 귀가하면 테레사에게 쪽지로 알렸다. 사랑이 불탔을 땐 사랑의 언어인 이탈리아어를 배우는 데 정신이 없었지만, 이제는 반대로 테레사가 바이런을 잃어버릴까 걱정이 되어 그의 생각을 조금이라도 더 알아내려고 영어를 배우는 데 열을 올렸다.

바이런은 이제 일상이 너무 따분하였다. 일상궤도를 탈출하고 싶었다. 트렐라니가 바이런을 보고 한 이야기이다. "그의 마음의 저류는 언제나 동방으로 흘러가고 있었어요…. 그의 생각은 그의 첫사랑 격인 그리스 제도와 그 나라의 독립으로 흘러가고…."

바이런이 돈을 아껴 저축한 것도 그리스에서 쓰기 위해서였다. 그는 정월 초하루까지는 자유로이 쓸 수 있는 돈이 9,000파운드 내지 10,000파운드가 확보되기를 바랐다. 그는 볼리바르호에 돈을 너무 많이 들여서 그것을 팔려고 내놓았고, 말도 팔고, 하인도 내보냈다. 그는 그리스 군도의 섬 하나나 칠레나 페루의 지방 하나를 살 생각도 해보았다.

11월에 바이런에게 마누라 자랑뿐이던 웹스터가 찾아왔다. 그 아내 프랜시스 귀부인은 결국 바람이 나서 그와는 별거 중이라고 했다. 1813년 바이런이 프랜시스 귀부인과 위험한 '플라토닉 사랑'을 하는 동안 웹스터는 우습게도 하디 제독(Admiral Hardy)의 아내 하디 귀부인(Lady Hardy)을 집요하게 따라다녔었다. 하디 귀부인이 제노바에 와서 털어놓은 이야기였다.

바이런은 『돈 주앙』 제12편을 12월 7일에 탈고하여 14일엔 키네어드에게 보냈다. 이 시편에서도 주인공 돈 주앙의 이야기는 거의 없고 잠깐 그가 데리고 있던, 그래서 누구에게 맡겨 키워야 할 레일라에 관한 이야기뿐이다. 주앙은 이 아이를 어머니처럼 돌봐줄 점잖은 여성을 구하면서도 영국과 특히 상류층 여성들을 풍자하고 냉소한다.

이 시편 첫 부분은 이제 35세가 된 바이런의 답답한 울기가 비쳐져 나온다. "우리 머리가 희어지고/ 우리가 있는 곳은 과거의 그곳이 아니다." 그는 돈이 가져다주는 즐거움을 노래하면서 그것으로 세상을 지배하고, 사랑도 얻을 수 있다고 한다. 그는 곧 최고 인기시인으로 인기를 한몸에 받았을 때와, 그것의 후유증으로 뼈저리게 고생했던 때를 떠올린다. 한 아가씨가 사교계에서 각광을 받다가 중매로 결혼하게 되는 과정을, 결혼한 후 결국은 외로움에 시달리게 됨을, 애너벨러를 어렴풋이 떠올리면서 이야기한다. 반대로 젊은 남성이 한 여성과 여섯 번만 이야기하면, 그녀의 오빠가 나타나 의도가 무엇이냐고 따져 물어 결혼하지 않으면 안 된다고 불평한다. 그냥 넘어갈 남녀 간의 일이라도 영국에서는 미주알고주알 캐묻고 결국 송사로 끌고 가고 만다고 한다. 아름답지도 않은 영국 여성은 품속에 얼음이 들어 있어 잘 웃을 줄도 모르지만 한번 열정에 빠지기만 하면 가히 "토네이도"가 된다고 한다.

바이런은 마음이 산란하고 오거스터가 그리워 12월 22일 그녀에게 지난번과 똑같은 이야기를 썼다. '대륙에 살면 물가가 싸서 돈이 많이 들지 않는다. 그녀, 남편, 그리고 아이들을 모두 데리고 나오시라. 생활비는 일체 자기가 대겠다. 헌트 가족을 피해 프랑스 니스 같은 곳에 가서 살자.'

리 헌트는 12월 초에 『자유주의자』 2호 원고를 형에게 보냈다. 바이런은 머리에게 그가 보관하고 있는 모든 원고를 헌트에게 넘기라고 말했지만, 머리는 그 말을 듣기 전인 11월 23일에 이미 『워너』를 2,000부 인쇄해 버렸다. 독일 멜로드라마에 근거했지만 바이런식 주인공이 나오는 『워너』는 나흘 만에 6,000부가 팔리는 대성공을 거두었다. 이런 일련의 조치 또한 머리의 약삭빠른 상술이었다.

『천국과 지상』 때문에 걱정했던 머리는 바이런에게 직접 편지를 썼다. 그는 그 작품과 『돈 주앙』 세 편을 출판하였으나 제대로 평가를 받지 못했다는 점, 『자유주의자』에 바이런이 직접 참여하는 데에 대해 여론이 좋지 않다는 점을 이야기했다. 그러니 부디 "사회에서 추방당한 그런 자들"과는 관계를 끊으라고 했다. "키네어드 씨가 내게 『돈 주앙』의 세 편을 보내왔는데… 나라면 출판하지 않을 거예요—제발 수정하세요…. 당신의 종전 작품도 매상고가 상당히 떨어지고 있어요. 나보다 더 순수한 애정을 가진 친구를 찾기는 불가능할 것이오…. 주앙을 『베포』의 톤으로 낮춰 주세요." 그는 그런 도전적인 글을 쓴다면 오거스터에게도 화가 미쳐 결국 궁정의 일자리를 잃을지 모른다고 암시했다.

바이런은 단도직입적으로 이렇게 답장을 썼다. "여러 가지 면을 고려할 때… 발행인으로서 당신과의 관계를 그만두려 하오. 모든 일에 행운을 빌어요." 그러나 바이런은 머리가 겁이 많고 또 자신을 무시하기는 했지만, 헌트보다는 더 살뜰한 데가 있어, 관계를 완전히 끊지는 않았다. 그 대신 친구들에게 머리가 비겁, 부정직, 경솔, 위선, 배은망덕하다고 사방에 나팔을 불어놓았다.

머리는 『천국과 지상』도 걱정이 되자 그 위험한 시를 『자유주의자』에 실으라고 헌트에게 넘겼다. 그 전에 10월 31일에 이미 바이런은 존 헌트에게 『돈 주앙』 6편, 『워너』, 『천국과 지상』을 출판하겠느냐고 물어본 적이 있었고, 존 헌트는 그 작품들이 말 그대로 천금 같았다.

『천국과 지상』은 1823년 1월 1일에 발간된 『자유주의자』 제2호에 실린다. 존 헌트는 바이런의 작품이 있으니 많이 팔릴 것을 예상하고 6,000부나 인쇄하였다. 『천국과 지상』은 결과적으로 『돈 주앙』과 『그 심판의 환상』과 자매 작품이라는 오해를 받았다. 이 작품은 사실 종교계가 싫어할 표현은 전혀 없고, 창세기와 배치되는 내용이 한 구절도 없었지만, 문학사에서는 단지 속되다는 이유만으로 지금까지 홀대받아 왔다.

예상대로『그 심판의 환상』이 출판된 지 몇 달 뒤에 존 헌트가 조지 4세에 대한 불경죄로 걸려 100파운드 벌금을 물어야 했다. 그 소식을 듣자 바이런은 황당했지만 기꺼이 법적 도움을 주겠고, 필요하다면 법정에 서기 위해 영국으로 가겠다는 의사를 밝혔다. 머리는 이런 것을 예견하고 화근을 잘 따돌렸으니 참으로 영리한 사람이 아닌가.

수녀원에서 알레그라를 구해 오려고 클레어가 계획을 짤 때 그녀를 도왔던 메이슨 부인은, 클레어가 빈에서 직장을 잃었으니 그녀를 도와주라고 바이런에게 호소해 왔다. 알레그라가 살았으면 그 아이에게 갈 돈을 대신 클레어에게 보내면 어떻겠느냐는 뜻이었다. 바이런은 만약 클레어가 그와 편지 내왕을 고집하지 않는다면 기꺼이 도울 생각도 있었다. 그는 만약 매리가 자기 대신 클레어에게 돈을 부쳐주기만 하면, 언제든지 그 돈을 갚아주겠다고 매리의 마음을 떠 봤다. 매리는 화를 냈는데 그 이유가 묘했다. 바이런이 자기를 단순히 연결고리로 이용하려는 것은 그녀의 입장에서는 자신을 무시하는 처사라는 것. 그녀는 은근히 바이런이 친구 이상으로 대해주기를 바랐지만 바이런은 언제나 그렇게 사무적으로만 대했다.

바이런의 창작 열기는 식지 않았다.『청동시대』(The Age of Bronze)는 1822년 12월에 쓰기 시작하여 그 이듬해 1월 10일에 탈고한 750행의 장시였다. 역시 매리에게 정서를 부탁했다. 바이런 스스로 그 작품은 일반적인 시사 문제를 다루되, 초기의『영국 시인과 스코틀랜드 평론가』스타일로 쓴 시라고 말하였다. 고전과 역사에서 온 인유가 많아 주석이 필요하고 오늘날에 읽으면 당시의 시사문제라 난해할 수밖에 없다. 존 헌트가 그해 4월 1일에 이것을 익명으로 발표하였다.

여기서 '청동시대'는 1822년을 말하며, 이 시는 그 해의 국제정치와 영국의 사회문제를 주로 다룬다. 그해는 나폴레옹이 죽은 그 이듬해이고 스페인에 혁명이 일어나 그것에 대처하기 위해 베로나에서 회의가 열렸던 해였다. 그 회의에는 러시아, 오스트리아, 프러시아, 영국, 프랑스, 시칠리아, 사르데냐의 대표 및 나폴레옹의 전처(前妻) 마리 루이즈(Marie Louise) 등이 참석하였다.

또 그해에 라스 카즈(Las Cases)의 『세인트헬레나의 회고록』(Memorial de Ste Hélène)이라는 책과, 나폴레옹을 지근에서 관찰하고 대화한 오미라(Barry O'Meara)의 『나폴레옹의 유배』(Napoleon in Exile)라는 책이 나와, 나폴레옹의 감춰져 있었던 많은 일화들이 알려지기도 했다. 물론 이런 사건들을 이 작품에서 절대 놓치지 않는다. 바이런은 이런 유럽 각국의 상황뿐만 아니라, 자유와 공화정이 잘 이루어지는 미국의 정황도 살폈고, 특히 영국의 경제상황에도 깊은 관심을 보였다.

바이런은 『청동시대』와 거의 동시에 『돈 주앙』 제13편을 써서 2월 19일에 탈고하였다. 이 시편도 스토리의 진전은 거의 없다. 다만 돈 주앙이 앞으로 사귈 여성이자, 레일라의 보호자인 아델린 귀부인(Lady Adeline)과 그녀의 남편 헨리 경(Lord Henry)을 자세히 소개한다. 이 시편은 이들과 그 주변 인물을 통해 영국 귀족의 습속을 풍자한다. 그 부부는 런던에 주택이 있지만 시골에도 노먼 애비(Norman Abbey)라는 유서 깊은 저택이 있다. 이 저택의 파사드(façade)의 감실에 동정녀와 아기 예수가 조각되어 있는 것을 보면 바이런의 뉴스테드 애비를 모델로 했음을 알 수 있다. 그 밖에도 호수, 숲, 사냥터 등도 그 저택과 주변 숲을 그대로 옮겨 놓은 것 같다.

바이런은 극작가 콩그리브(William Congreve)나 풍자소설가 필딩(Henry Fielding)을 잠깐 인유한 뒤에 아델린 부부가 시골 저택에 초청한 손님들에 관해 이야기한다. 손님 한 사람씩 특징을 묘사하는데 그들은 바이런이 접촉했던 인물들을 살짝 가리어 놓아서 실제로 누구인지 거의 다 알 수 있다.

한편 바이런은 오늘날까지 여러 문학작품과 영화의 소재가 되는 '바운티(Bounty) 호의 반란' 이야기에 관심을 가졌다. 그의 장시(長詩) 『섬』은 이 사건에 근거하여 재창조한 작품이다. 역사적 사실은 이렇다. 영국 해군 함정 바운티호의 선장 블라이(William Bligh)는 1787년에 빵나무 모종을 타히티에서 서인도로 싣고 갈 목적으로 영국에서 출항하였다. 그가 빵나무 모종을 싣고 항해를 시작한 지 3주가 지났을 때 선상 반란이 일어났다. 크리스천(Christian)이 이끄는 일군의 선원이 선장을 묶고 배를 탈취한다. 선장 일행은 바다에 버려졌지만 구사일생으로 영국에 돌아오게 된다. 반란자들 일부는 영국에서 특파된 영국군에 체포되어 끌려오고 일부는 투부아이(Tubuai), 타히티, 핏케언 섬(Pitcairn Island) 등에 흩어져 숨어 산다. 바이런은 물론 블라이 선장의 수기 『남양(南洋)으로의 항해』(A Voyage to the South Sea)와, 매리너(William Mariner)의 『통가 섬의 이야기』(Account of the Tonga Islands)를 읽었었다.

바운티호의 블라이 선장 등 일부 선원이 반도들에 의해 바다에 버려지는 장면을 그린 그림

바이런은 이들 이야기를 재구성한다. 제1편에서는 선상반란이 일어난 경위를 대체로 사실대로 이야기하지만, 2, 3, 4편에는 실제 사건들을 희미하게 암시하면서 하나의 허구를 만든다. 예컨대 주인공 토킬(Torquil)은 반란 주동자 크리스천을 따라 다시 타이티로 돌아왔지만, 상상력을 보태 재창조해낸다. 이 청년은 아름다운 처녀 네우하(Neuha)와

제27장 제노바의 지친 삶 **717**

"종려나무 아래 오막살이집"에서 살림을 차리면서, 이 타히티 아가씨의 매혹적인 노래에, 죽음의 열락(悅樂)을 느끼고 온몸으로 사랑을 발산한다. 그런데 문제가 생긴다. 동료 벤 분팅(Ben Bunting)이 찾아와 지금 항구에는 영국에서 반란자를 잡으러 배가 한 척 와 있다고 한다. 3편은 그 배와의 교전이 끝난 후의 이야기이다. 모든 반란자 중 네 명만이 살아남아 대책을 논의한다. 그때 수평선 위로 두 척의 카누가 나타나더니, 한 배에서 네우하가 뛰어내린다. 그들은 두 보트에 나눠 타고 그곳을 떠나는데 토킬과 네우하 부부만 한배에 탄다. 뒤에 영국군이 추격해 온다.

한 바위섬에 다다라 네우하가 토킬에게 꼭 자기만 따라오라고 하면서 바닷속으로 뛰어든다. 토킬도 뒤따라 뛰어든다. 그 부부는 한 비밀 동굴에 들어가는데 그 입구는 물속에 감춰져 있었다. 영국군은 물에 들어간 사람을 잡으려고 아무리 기다려도 안 나와 죽었다고 단정해 버린다. 네우하는 이런 일이 벌어질 것을 예상하고 그 동굴 안에는 미리 생필품을 갖다 두었었다. 이튿날 마을 사람들은 무사 귀환한 부부를 크게 환영하고 축제를 벌인다.

바이런은 1823년 1월 11일에서 2월 10일 사이에 이 작품을 써서, 원고를 『청동시대』와 같이 존 헌트에게 맡겨 그해 6월 26일에 출판한다. 그는 이 원고를 『자유주의자』에는 발표하지 말라고 하였는데, 점차 자신의 인기가 하락하기 때문에, 그 정기간행물과 더 깊은 관계를 맺어놓으면 아무래도 그 간행물에 누를 끼칠 것이라고 생각했기 때문이었으리라. 그러나 리 헌트는 바이런의 작품으로 해서 그 간행물을 꼭 살려내겠다고 필사적으로 매달렸다. 바이런은 그런 리 헌트와 그 가족에게는 미안했지만 어떻게든 그들과의 관계에서는 빠져 나오고 싶었다.

바이런은 3월 4일에 『돈 주앙』 제14편을 탈고한다. 이 시편에서 바이런은 시를 쓸 때 자신만이 가지는 몇 가지 특징을 이야기하여 또 얼마간 옆길로 들어선다.

돈 주앙은 영국의 각계각층의 사람들과 친해지며, 크게 그들의 환심을 산다. 여성들이 큰 관심을 보이며, 마치 "완전히 성장한 큐피드"가 살아난 것 같다고들 했다. 그중 가장 관심을 많이 보인 여성은 사교계에서 음모를 잘 꾸미기로 소문난 피츠풀크 공작부인(Duchess Fitz-Fulke)이었다. 그녀의 남편은 그녀의 사교계에서 멀찍이 떨어져 있는 만큼, 그녀는 피츠플랜태저넷 경(Lord Augustus Fitz-Plantagenet)의 흠모의 대상이었다. 그런데 이 공작부인이 엉뚱하게도 돈 주앙에게 관심을 보이는 것 아닌가. 이것을 아델린 귀부인은 도저히 묵과할 수 없었다.

아델린 귀부인은 남편과 금슬이 좋긴 했으나 그 남편은 부인이 좋아할 "영혼"은 아니었다. 사실 이 아델린 귀부인도 진정한 사랑에 빠져 본 적이 없기 때문에 내면은 텅 비어 있었다. 그녀와 돈 주앙 사이에 곧 무슨 일이 벌어질 것 같지만, 바이런은 다음 시편에서 이 둘 사이에 어떤 일이 벌어질지 독자는 함부로 예단하지 말라고 하면서 이 시편을 끝낸다.

바이런은 3월 2일자 홉하우스의 편지를 받았다. 오거스터의 안부가 들어 있어 가슴이 뭉클했다. "리 부인은 [해외로 나오라는] 자네의 고마운 제의를 듣고 너무 감사했고, 그 제안을 받아들이면서 갖게 될 엄청난 불안을 내게 이야기했네ㅡ그러나 자네도 알다시피 그녀는 세인트제임스 궁에서 일을 해야 하고 그 일자리를 계속 갖는 것이 매우 중요하며 만약 해외여행을 한다면 그 일자리를 잃지 않겠나."

바이런은 3월 17일에 『자유주의자』 3호 출간에 맞춰 시 「울적한 기분」을 존 헌트에게 보냈고, 3월 25일엔 『돈 주앙』 제15편을 탈고하였다. 이 시편은 바이런 자신의 허술한 인생관을 잡담처럼 이야기한 뒤 돈 주앙의 성격에 대해 보충설명을 한다. 돈 주앙의 매너는 자연스러워 가식이 없고, 초연한 데가 있어 그에 대한 어떤 의혹도 일어날 수 없다고 하였다.

바이런은 또 옆길로 빠져 자기 시에 대해 이야기를 한다. 그가 쓰는 시는 높은 목표나 예술성이 없으며 "말 탄 사람이든 보행 중인 사람이든… 입에서 나오는 대로 지껄인 것"을 그대로 적은 것이라고 하였다. 그렇지만 자존심이 있어 절대 비평가의 눈치를 살피지 않으며 언제나 약자의 편을 든다고 하였다.

여기서 아델린 귀부인의 이야기로 돌아간다. 아델린은 돈 주앙을 결혼시키기로 하고 중매에 나선다. 그녀는 여러 신붓감을 본 뒤 결국 밀폰드(Millpond) 양을 고른다. 그녀의 성격을 바이런의 아내 애너벨러와 비숫하게 함으로 또 아내를 냉소하게 한다. 오로라 래비(Aurora Raby)라는 열여섯 살의 순진한 아가씨는 누가 자기를 돈 주앙에게 소개시켜 주지 않아 조바심을 낸다.

돈 주앙이 아델린가의 만찬 초대를 받아 가서 주로 아델린 귀부인과 결혼 이야기를 나눈다. 이 만찬에 나오는 다양한 요리를 13연에 걸쳐 이야기하는데, 그 내용은 바이런이 읽은 『프랑스 요리, 체계화한 요리의 유행, 실제, 경제』(The French Cook, a System of Fashionable, Practical and Economical Cookery)라는 책을 참고하였다. 이 책은 루이 16세의 셰프였던 유데(Louis Eustache Ude)가 영국으로 건너와 저술한 것을, 머리가 1813년에 책으로 출판하였다. 바이런은 이 요리 책 덕택으로 요리에 관련한 어휘와 문체를 유감없이 보여준다.

돈 주앙은 이 성대한 요리상 앞에 우연히 아델린과 오로라 곁에 앉게 된다. 그런데 그의 이야기에 오로라가 전혀 관심을 보이지 않자 돈 주앙은 잘생긴 용모와 매너를 십분 발휘하여 그녀의 관심을 얻는 데 가까스로 성공한다. 바이런이 『돈 주앙』의 제15편을 키네어드에게 보낸 것은 3월 말경이었다.

3월 말에서 4월 초에 영국에서 손님이 몇 명 찾아왔다. 홀랜드의 아들인 헨리 폭스(Henry Fox)가 3월 31일에 방문했는데, 그도 다리를 절었기 때문이었을까 바이런은 그가 마음에 들었다. 이 시기에 도착하여 그보다 더 오래 머문 손님이 블레싱턴 귀부인 일행이었다. 이 일행이 제노바의 알베르고 델라 빌라(Albergo della Villa)에 도착한 것도 3월 31일이었고 바로 그 이튿날 이들은 바이런의 살루조장을 방문하였다. 그 일행 중에는 예술애호가인 남편 블레싱턴 백작(Earl of Blessington), 여동생 매리 앤 파워(Mary Ann Power), 그들의 친구인 멋쟁이 돌세이 백작(Count Alfred D'Orsay) 등이 들어있었다. 프랑스 귀족 돌세이 백작은 블레싱턴 귀부인의 애인이라고 했다.

바이런보다 한 살 아래였지만 블레싱턴 백작부인은 한창때를 맞고 있었다. 겉으론 구김살이 없었지만 그녀도 청소년기 때 이미 산전수전을 다 겪었다. 그러나 순전히 미모, 친절, 지적 매력으로 런던 사교계에서 명성을 얻어 세인트제임스 광장 10번지 그녀의 저택에는 홀랜드가에 못지않게 내로라 하는 인사들이 들락거렸다.

블레싱턴 귀부인은 바이런에게 깊은 인상을 줬다. 바이런은 우선 그녀의 미모에 끌렸지만 그녀를 소유하고 싶다는 생각은 없었다. 그녀도 다른 사람들처럼 바이런의 첫인상에 실망했다. "그는 위트가 넘치고, 냉소적이고, 대단히 활달하다…. 그러나 예상했던 우수에 젖은 시

블레싱턴 귀부인

인의 모습은 전혀 없다. 암갈색 곱슬머리 사이로 이미 은색 머리카락이 많이 보인다. 그 질은 명주 같고, 이마가 조금 벗겨져서 시원하게 보이지만, 머리의 옆과 뒤에는 숱이 많다…. 너무 야위어서 몸이 거의 소년 같은 인상을 준다…. 그가 다리를 저는 약점을… 너무 의식함으로 내 관심을 불러일으켰지만, 그러지 않았더라면 나는 저는 것을 전혀 알지도 못했을 것이다."

돌세이 백작은 아직 미소년의 용모에다 자연스런 멋이 있어 바이런에게 호감을 주었다. 겉보기로는 그와 블레싱턴 귀부인의 남편 사이에 삼각관계가 성립되었지만, 거의 평생 계속된 그와 그 귀부인 사이의 우정은, 여자 쪽만큼 남자 쪽도 플라토닉한 것이라고 바이런은 순진하게 생각했다.

블레싱턴 귀부인은 제노바에 체재하는 8주 동안 많은 시간을 바이런과 보냈다. 살루조장에서 만찬을 내면 알베르고 델라 빌라에서 답례했다. 그들은 로멜릴니(Lomellini) 공원을 승마하거나 산책하였다. 이때 백작부인이 놀란 것은 바이런의 이야기가 대단히 솔직하고 재미있다는 점이었다. 그녀의 저술인 『바이런 경의 블레싱턴 백작부인과의 대화』

(Conversations of Lord Byron with the Countess of Blessington)를 읽어 보면 바이런은 다른 나라, 다른 언어 속에 혼자 고립된 한 비극적 인간으로 그려진다. '외부' 소식에 목말라하는 죄수처럼 그는 영국의 소식과 런던 이야기에 굶주린 듯했다. 바이런은 바이런대로 테레사에 대한 사랑이 빛을 잃을 때여서 그녀와의 대화가 더욱 재미있었으리라. 당연히 테레사가 시기했다.

　런던의 홉하우스는 그리스 독립을 지원하는 단체인 런던그리스위원회(London Greek Committee)에 입회했다. 그 런던그리스위원회는 단체라기보다는 엉성한 동호인 모임이었다. 홉하우스는 바이런에게 물어보지도 않고 그리스 독립에 대한 의견을 담은 바이런의 편지 한 통을 그 위원회에 넘겼더니, 그 위원회의 위원장 존 보링(John Bowring)은 바이런에게 그 위원회를 잘 대변해 주어 감사하다고 편지를 보냈다. 얼마 후 3월 말에 바이런은 한 통의 편지를 받았는데 그 위원회의 특사 에드워드 블라키에(Edward Blaquiere) 대위와 그리스 대표 안드레아스 루리오티스(Andreas Luriottis)가 바이런을 찾아갈 것이라고 했다. 그들이 실제로 바이런을 찾아온 것은 4월 5일이었다. 바이런이 그리스 독립운동에 대한 관심을 본격적으로 보인 것은 그들을 통해서였다.

　바이런은 오래전부터 그리스인들을 해방시켜야 한다고 시에서 시사해왔다. 그는 이미 14년 전에 『차일드 해롤드의 순례』 제2편 73연에서 '누가 그리스 사람들을 노예 신분에서 자유로 이끌 것인가?'를 다섯 번이나 물었다. 그 답을 그는 다섯 번이나 '바이런'이라고 여백에 갈겨써 놓았다. 2년 전 그러니까 1821년 봄에 그리스 독립전쟁이 펠로폰네소스에서부터 일어나자 그해 9월에 그는 머리에게 갑자기 그리스를 어떻게 생각하느냐고 물었다. 그리스에 대한 향수 때문이었으리라. 피에트로는 "[바이런은] 가끔 글쓰기 외에 어떤 다른 직업을 원했으며, 독자들은 [이미] 자기 글에 지쳤고, 자기는 분명히 더 지쳤고… 그래서 1823년 2월에 그는 생각을 그리스 쪽으로 돌렸다."라고 기록을 남겼다.

　살루조장을 방문한 루리오티스는 막 개시된 그리스의 영웅적인 전투 이야기를 하여 바이런의 의협심을 자극하였다. 바이런은 도움이 된다면 올 7월에 새로 수립될 그리스 임시정부를 방문하겠다고 말했다. 바이런이 정식으로 런던그리스위원회의 회원으로 선임된 것은 4월 29일이었다.

그러나 바이런의 가장 큰 걱정은 테레사였다. 그녀는 1819년에 그의 귀국도 막을 정도로 완강하였으니, 그가 그리스로 간다면 길바닥에 드러누울 것이 뻔했다. 그러나 그리스 계획은 점점 바이런의 깊은 곳으로 뿌리를 내렸다. 그는 자신의 은행원 배리를 통해 그리스로 갈 배편을 알아보라고 했고, 키네어드에게는 그리스 원정에 필요한 자금을 긁어모으라고 일렀다. 그러나 여전히 그 계획을 테레사에게는 말할 용기가 나지 않았다. 한바탕의 소용돌이를 어떻게 감당하지?

블레싱턴 귀부인은 바이런이 자기를 자상하게 대해주고, 승마할 때 만나는 사람들에게 점잖게 대하는 것을 보고 감명을 받았다. 그녀는 바이런과의 대화가 재미있었다. 바이런이 말했다. "활기찬 대화는 샴페인만큼 내게 큰 영향을 주지요─그런 대화는 기분을 상승시켜 나를 어지럽게도 하지요." 그녀는 그의 변덕은 재빠른 "두뇌회전"에 있지 않나 하고 생각해 보았다. 바이런 자신은 자기 성격에 대해 이렇게 분석했다. "자, 내가 나 자신을 알고 있다면, 나는 전혀 성격이 없다고 말하겠어요…. 그러나 그건 농담이고… 나는 변화가 많아서 하나씩 다른 성격으로 바뀌다 보니 어느 한 성격도 오래 가지지는 못해요─나는 이상하게 선악이 잘 혼합되어 있어서 나를 기술하기란 어렵겠지요. 내게는 변하지 않는 두 가지가 있는데─[하나는] 강한 자유에 대한 애정이고 다른 하나는 위선적인 말에 대한 증오인데, 그 어느 것도 친구를 얻는 데는 별로 도움이 안 되죠."

바이런은 5월 6일 『돈 주앙』 제16편을 탈고했다. 이 시편은 다른 시편보다 조금 길며 다른 시편에 비해 덜 산만하다. 바이런이 죽기 1년 전에 썼지만 그의 상상력이 쇠퇴하거나 고갈된 흔적은 전혀 찾아볼 수 없다. 네 부분으로 나눌 수 있는데 첫 부분은 유령 이야기이며 마지막 부분도 유령 이야기여서 시종(始終) 아귀가 맞는다. 제15편에는 초대된 인사들의 저녁 식사 이야기가 계속된다. 돈 주앙은 파티에서 물러나 침실에 들어갔지만 불안하고 당황스러워 잠을 이룰 수 없었다. 청순한 오로라 생각에 보름달이 휘영청 미칠 듯이 밝았다. 그는 죽은 자의 초상화가 가득

제27장 제노바의 지친 삶

걸려 있는 으스스한 복도를 걸었다. 그때 한 수사(修士)의 유령과 맞닥뜨린다. 고깔 달린 수사의 옷을 입은 유령은 세 번이나 그를 스쳐 지나가서 그는 온몸의 피가 다 얼어붙었다. 아침이 되어도 그는 그 공포에서 벗어날 수 없었다.

헨리 경의 시골에서의 일과가 두 번째 부분을 이룬다. 그는 손님들에게 그레이하운드 개와 젊은 경주마의 달리기 시합을 구경시킨다. 화상(畵商)이 와서 그에게 그림 감정을 의뢰하는가 하면, 건축사가 와서 노먼 애비를 리모델링하기 위한 설계도를 내놓는다. 그는 그 지방 치안판사이기 때문에 두 명의 밀렵꾼과 임신한 미혼모 문제도 처리한다. 세 번째 부분은 그의 '오픈 하우스'(open house) 이야기이다. 선거 때 표를 의식하여 지방 신사들을 집으로 초대하여 큰 잔치를 베푼다. 넷째 부분에서는 돈 주앙이 잠자리에서 또 오로라 생각에 잠 못 이룬다. 그때 스르르 문이 열리고 검은 수사 유령이 들어온다. 그는 피가 얼어붙는 공포를 느꼈으나 곧 분노가 솟구쳤다. 그 유령에게 손을 뻗쳤더니 사람의 살이 아닌가. 유령은 정체를 밝혔는데 다름 아닌 피츠풀크 공작부인이 아닌가. 그날 밤에 그들은 어떻게 되었을까. 옛 수도원에 수사의 유령이 나타나는 이야기는 원래 뉴스테드 애비의 전설이었다.

돈 주앙은 유령의 탈을 쓰고 들어온 피츠풀크 공작부인과 진한 사랑을 나눴을까, 아니면 청순한 오로라에 대한 일념으로 점잖게 돌려보냈을까, 알 길이 없다. 그 이튿날 아침 식사 때 돈 주앙은 지쳐 있었고, 공작부인도 "꾸중 들은 듯한" 모습으로 가늘게 몸을 떠는 것을 보면 아마 밤새도록 몸이 닳도록 사랑을 나눴을 것이다. 그들의 표정에도 진한 사랑을 나눈 뒤에 오는 후회와 우울증 같은 것이 서려 있었다. 이 시편은 정서도 하지 않았으며 1903년에야 첫 출판을 하게 된다.

바이런은 제노바에 온 후 가장 심혈을 기울인 작품이 『돈 주앙』이었다. 그는 이 시편들을 "과거에 대한 추억"이라고 부른 만큼 그 기반은 과거의 추억에 있었다. 5월 8일에는 마지막 미완성 시편인 제17편을 쓰기 시작하지만 14연밖에 쓰지를 못한다.

홉하우스에게서 편지가 왔다. "17일자 자네 편지에서 [자네가] 직접 그 이방인의 땅에 가려고 진지하게 생각하고 있다는 것을 알았네. 그것은 매우 영광스럽고 위대한 공적이 될 것이며… 이 독립운동에 가장 큰 효과를 낼 것임을 의심치 않네…. 우리가 그리스에서 오는 모든 통신을 종합해 볼 때 잘 훈련된 기독교 국가의 군대보다는, 옛날 우리들 친구들이었던 비적(匪賊)에 가까운 비정규 전사들이 [더 낫다는 생각이 드네]…. 나는 곧 그들[위원회]에게 지금의 자네 결심을 전하려 하는데 위원회는 쌍수로 환영할 것을 확신하네…. 즉시 정확하게 어떻게, 언제, 어디로 갈 것인지를 알려주기 바라네…. 키네어드에게 자네의 재정 문제를 물었더니―그가 문제없다고 했네."

5월 중순 바이런은 "내 첫 소망은 그리스에 직접 가는 것이죠."라고 블라키에게 말했다. 그는 그리스 독립전쟁에 참전했던 두 독일 지원병을 만나 장시간 이야기를 듣고 그 내용을 정리해서 런던에 보고했다. 야전 포병대, 화약, 의약품 등 주로 열악한 부분에 관한 이야기였다. 그리스 정부는 독립에 필요한 지원을 얻으려고 필사적으로 노력하고 있었다.

바이런은 위원회에 편지를 썼다. 자신에게 임무를 맡기면 그 임무가 마음에 들든 안 들든, 또 개인적으로 위험하든 안 하든, 정확하게 그 임무를 수행할 것이라고 약속했다. 그러나 그는 그리스 임시정부나 주민들의 외국지원병에 대한 처우 및 태도, 각 부족의 족장(族將)과 그 휘하 군대의 성격 등 부정적인 면모는 일체 언급하지 않았다.

바이런이 자주 블레싱턴 귀부인과 승마를 하자 테레사는 절망에 빠졌다. 바이런은 테레사를 안 후 한 번도 그녀를 실망시키는 일이 없었다 보니 그녀가 보기엔 바이런이 사랑에 빠진 게 분명하였다. 이때 바이런이 하디 귀부인에게 쓴 편지가 남아 있는데, 거기서 테레사는 "이탈리아인의 격정적인 질투심으로 발작을 일으켜 온몸을 부르르 떨었으며, 상상할 수 없을 정도로 이성을 잃었으며, 마음도 배배 꼬여버렸다."고 했다. 그러나 그는 블레싱턴 귀부인과는 문자 그대로 문학적인 이야기만 나누는 친구 사이였다.

바이런은 피에트로에게 자신의 계획을 조금씩 누나에게 전하라고 했다. 그는 우선 그곳 생활이 너무 답답하여 어딘가로 훌쩍 탈출하고 싶었다. 유일한 방법은 굳어버린 습관과, 그를 옭매고 있는 사람 간의 관계를 해체하는 것이었다. 바이런은 한 여자의 정서적 요구에 성실하게 또 아버지처럼 보살펴줘야 하는, 그녀에게 단단히 길들여져 있는 자신의 처지가 한심했다. 그는 그녀가 눈물을 보이면 철석같은 결심도 다 무너져 버린다는 것도 잘 알고 있었다. 그러나 '자유 청년' 피에트로는 바이런보다 더 떠나고 싶어 안달이었다. 그는 그 자신의 열망이 너무 강했기 때문에 누나의 충격을 원만하게 완화시킬 것 같지 않았다. 결국 테레사는 그 계획을 듣자 "사형선고도 이보다는 덜 무서웠을 것이다."라고 하면서 죽어도 사지(死地)에 바이런을 혼자 보낼 수는 없다고 했다. 바이런이 자기 "명예"만 위해 모든 것을 희생시킨다고 그를 맹렬히 비난도 했다. 한 편지 끝에 그녀는 "우리는 다시 못 볼 것이라는" 슬픈 예감도 적었다.

바이런은 테레사를 떠나는 것이 죄를 짓는 것이라고 느꼈다. 그는 그녀로부터 '사랑'이라는 무형의 선물을 분에 넘치도록 받았기에, 어떻게든 '유형'의 선물로 보답하고 싶었다. 하루는 머리가 돌려 준 『마리노 팔리에로』와 『돈 주앙』 제14, 15편의 원고 뭉치를 그녀에게 주면서 이렇게 말했다. "아마 언젠가 이 원고를 사람들은 탐낼 거예요!" 바이런은 옳았다. 훗날 그 원고가 팔렸을 때 그것은 엄청난 가격이었다. 이 원고는 오늘날 뉴욕공립도서관(New York Public Library) 버그문고(Berg Collection)에 소중하게 소장되어 있다.

블레싱턴 귀부인은 바이런의 그리스 참전은 경솔한 결정이라고 했다. 그가 그리스 독립전쟁 참전을 진지하게 이야기하다가 나중엔 능글맞게 우스갯거리로 이야기하였기 때문이기도 했다. 그리고 자기는 그리스에서 죽을 것이라는 예감도 이야기했다. "나는 전사(戰死)를 바라는데, 왜냐면 그렇게 되면 매우 슬픈 인생에 멋진 피날레가 되기 때문이지요. 나는 침대에서 죽는 것은 질색이에요."

바이런은 블레싱턴 가족이 5월 말에 제노바를 떠날 것이라는 이야기를 듣고 매일 지펴온 희망의 불꽃이 꺼지는 것 같았다. 그들과 하던 승마는 이제 필수적인 일과가 되었다. 또 그녀는 영국에서의 가장 즐거웠던 시절을 떠올리게 해주어 그녀가 곧 추억의 상징이 되지 않았는가.

바이런은 블레싱턴 일행이 6월 2일에 나폴리로 떠날 때 그녀와 아주 감상적인 이별을 했다. 그녀는 바이런이 그녀의 아라비아산 애마를 값을 깎아 사려고 하자 화를 냈다. 그녀는 '우리의 우정이 그 정도란 말인가?'라고 꾸짖듯이 묻고, 그리스 갈 때 타고 가라고 그 말을 그냥 줬다. 그녀는 그녀의 남편에게 바이런이 팔지 못해 전전긍긍하던 요트 볼리바르호를 사라고 강권했다. 그는 400기니에 샀지만 오랫동안 그 뱃값을 치러주지 않았다.

송별 파티가 열렸다. 바이런의 고별사는 우울한 것이었다. "여기 우리 모두 모여 있어요—그러나 우린 언제 어디서 다시 만날까요? 나는 우리의 이번 만남이 마지막이라는 예감이 듭니다. 뭔가 [나에게] 나는 그리스에서 결코 못 돌아올 것이라고 말하고 있어요." 그는 소파 팔걸이에 머리를 기댄 채 참을 수 없는 감정에 북받쳐 울먹였다. 그러고는 마음 약해진 것을 부끄럽게 여기고는 아주 어색한 웃음을 지어 보였다.

그는 파티에 참석한 사람들에게 작별선물을 하나씩 주었다. 책, 바르톨리니가 그린 자신의 흉상 그림 등. 블레싱턴 귀부인에게는 책장에 친필로 몇 자 적은 아르메니아어 문법책을 선사했다. 바이런은 그녀가 착용하고 있는 것 중에서 하찮은 것이라도 하나 선물로 달라고 하였더니 그녀는 서슴없이 반지를 빼줬다. 그것에 대한 보답으로 그는 가슴에서 핀을 하나 떼어냈는데 거기엔 나폴레옹의 카메오가 달려 있었다. 그것을 선물했다. 그러나 그 뒤 그는 이런 쪽지를 써서 보냈다. "저는 미신을 믿는데, 침이 달린 기념품은 불길한 것이라 하니, 그 핀 대신에 이 목걸이 케이스를 받으십시오…. 제가 착용한 것을 원하시므로 이것은 그것보다 더 자주 오래 착용했습니다…. 또 반지도 하나 넣었으니… 그 핀은 돌려주시면 하룻밤 당신이 지녔던 만큼 [앞으로] 훨씬 더 소중하게 간직하겠습니다."

바이런은 블레싱턴에 관한 세 편의 시를 남겼다. 그녀에 대한 세 가지 다른 감정이 녹아 있다. 첫째 시 「즉흥시」(Impromptu)는 그녀의 매력을 밀도 있게 표현하며, 블레싱턴 시선 아래에는 낙원이 펼쳐진다고 하였다. 그녀와의 관계는 플라토닉인 것이다. 그러나 새 이브 즉 그 귀부인이 사과를 따먹고 싶어 안달한다면, 악마가 되는 한이 있더라도 어느 누가 그 사과를 안 따주겠느냐고 묻는다.

둘째 것 「블레싱턴 백작 부인에게」(To the Countess of Blessington)는 그녀가 써 달라고 해서 써 준 시로 다소 싱겁다. 그러나 셋째 것 「----에게」(To -----)라는 시는 밝히지는 않았지만 블레싱턴을 염두에 두고 쓴 것이 분명하다. "그대 운명과 내 운명을 가르는/ 수많은 장벽들,/ 나의 감정들 각각이 깨어나 다투었지요./ 그러나―여전히 그대에겐 평화가 깃들이길!―" 그녀에 대한 감정이 모두 깨어나 서로 다툰다고 하는 데에서 사랑의 선을 넘고 싶은 마음에서 오는 갈등이 아니겠는가. 그녀와 깊은 사랑에 푹 빠지고 싶은 염원이 비춰져 있다.

바이런이 그리스로 가려고 한 이유 중의 하나는 그의 시의 인기가 절정을 넘어 기울고 있었기 때문이기도 했다. 『자유주의자』는 실패였다. 그가 기고한 얼마의 글은 훌륭했지만 다른 글은 그것만 못했다. 그는 세상 사람들이 자신에게 환호하는 일에 이제 지쳤을 것이라고 생각했다. 그러나 명예는 숨 쉬는 공기처럼 없어서는 안 될 것이었고, 그 명예를 건져다 줄 힘이 아직 그에게 남아 있었다.

블레싱턴 가족이 떠난 후 바이런은 본격적으로 출정 준비를 했다. 5월 말경 블라키에는 자킨토스에서 그리로 꼭 오라고 편지를 보내 왔다. 이때 바이런은 동방의 바다에서 잔뼈가 굵은 탐험가 트렐라니가 필요하다는 것을 떠올렸다. 그는 6월 중순 트렐라니에게 편지를 써서 자기를 도와 달라고 했는데 그 역시 그리스 독립운동에 대해선 몸이 근질거려 못 견디는 자가 아니었던가. 그는 마렘마에서 사냥을 하고 잠시 로마에 머물고 있었다. 그는 셸리의 묘 옆에 자기 묫자리도 하나 확보해 두고, 클레어에게 눈물 젖은, 철자가 엉망인, 그야말로 해적인 쓴 듯한 편지를 써 보내서 구혼에 열을 올렸다. 클레어는 바이런에 관한 가슴 아픈 추억이라도 트렐라니의 열렬한 구애보다 몇 배 더 소중히 여겼다. 트렐라니는 그 실연의 아픔을 그리스의 전쟁으로 씻어버리고자 하였다.

바이런은 키네어드로부터 4,000파운드 신용장을 받았다. 수중의 2,000파운드와 합하면 당장 필요한 준비는 할 수 있어, 참전에 필요한 물품들을 구입하기로 했다. 알렉산더(Alexander) 의사를 통해 "2년간 1,000명" 분의 의료품을 구입했다. 또 리보르노의 영국 상인 헨리 던(Henry Dunn)을 통해 화약을 구입하고 배를 한 척 전세 내기로 했다.

배리는 헤라클레스(Hercules) 호가 리보르노에 갔다 돌아오면 전세 낼 수 있다고 알려 줬다. 피사의 유명한 의사인 바카가 추천한, 막 대학을 나온 브루노(Francesco Bruno)라는 젊은 의사를 고용했다. 트렐라니는 바이런과 함께 그리스로 간다는 생각에 흥분되어 잠이 오지 않았다.

6월 11일 홉하우스는 바이런에게 그리스위원회의 의견을 전하는 편지를 냈다. 그것은 그 위원회가 바이런에게 그리스로 가 달라고 하는 정식 요청이나 다름없었다. 그의 방문은 영국민이 그들의 독립운동에 관심이 많음을 보여주고, 또 정보를 얻기 위해서였다. 오래 체류할 필요는 없고 자금이 넉넉지 않으니 본부에 가서 주변만 살피고 오는 성의만 보여 주면 된다고 했다.

7월 8일에 홉하우스는 바이런에게 또 편지를 썼다. "자네는 공식적으로는 그리스의 자유를 위한 영국 후원자들의 대표로 임명되었다네…. 목적은 자네더러 싸우라는 것이 아니라, 국민들의 열의를 불러일으키자는 것이며…. 나도 자네 원정에 끼일 수 있도록 하느님에게 기도하겠네."

바이런은 영웅적 참전을 머리에 그리다 보니 자신과 참모가 입을 영웅에 걸맞은 군복이 필요했다. 그는 그리스 해안에 첫발을 내디딜 때 입을 군복 일습을 진홍색과 황금색이 들어간 휘황찬란한 것으로 맞췄다. 그는 또 제노바의 장인에게 부탁하여 투구 세 개를 주문하였다. 피에트로의 것은 창기병의 모자 형태를 본떠 깃털을 앞에 달고 녹색 천을 대고, 검은 가죽에 모표로 아테네상을 붙였다. 바이런 자신과 트렐라니의 것은 호메로스식 깃털을 높게 단 황금 투구였다. 자기 것은 그 깃털 밑에 자기 문장(紋章)과 모토 "바이런을 믿어라."를 새겨 넣었다. 턱 밑으로 넓은 끈을 묶어 고정시키도록 하였다. '자유 청년' 피에트로는 그 투구를 보고 감탄했으나, 트렐라니는 유치하기 짝이 없다고 비웃기만 했다. 그는 자신도 낭만적인 페르소나를 가졌지만 군복과 투구가 너무 웃긴다면서 착용조차 하지 않았다. 바이런은 군복 주문을 취소하고 투구는 핑크색 상자에

바이런이 주문제작한 황금투구

Lord Byron's helmet (National Historical Museum of Greece). Photo by PostScriptum via Wikimedia Commons under the Creative Commons Attribution-Share Alike 1.0 Generic license.

넣어버렸다. 6월 18일에 120톤급 쌍돛대 범선 헤라클레스호를 2개월 빌리는 계약을 맺었다. 트렐라니가 와서 배를 보더니 "석탄 운반선으로 지은 욕조" 같은 배라고 빈정댔다.

그들의 투구를 보고 주위 사람들 모두가 웃었지만 그것이 바이런다운 행동이 아닌가. 그것은 바이런이 어릴 때부터 간직해 온 군대에 대한 환상과 허영심의 발로였다. 그가 아홉 살쯤 되었을 때 자신은 지휘관으로서, 또 영웅으로서 세상 사람들을 놀라게 할 것이라고 말했었다. 그는 그때 "나는 언젠가는 한 부대를 창설할 것이다ㅡ그 군사들은 검은 군복에다 검은 말을 탈 것이며 [사람들은] '바이런의 흑군(黑軍)'이라고 부를 것이다. 당신들은 용맹한 그들의 신화를 듣게 될 것이다."라고 말했었다.

바이런이 테레사와 헤어지자니 고통이 컸다. 사실 처음엔 이오니아 군도에서, 다음엔 본토에서, 정찰대를 만들어서 정찰만 한 뒤, 몇 달 뒤에 돌아오려고 하였다. 그러나 그리스인들이 환영해 주고 그들에게 그가 실제로 도움이 된다면 더 오래 주둔할 수도 있었다. 홉하우스는 그더러 위원회에 필요한 정보를 구해주되, 그리스 독립운동에 그의 명성과 권위를 충분히 이용하라고 했다.

헌트는 바이런이 그리스로 가면 자기와의 관계가 끝난다는 것을 알고 사전에 챙겨야 할 것을 잊지 않았다. 바이런이 테레사에 대한 죄송한 감을 주체할 수 없었을 때 헌트가 들이닥쳐, 그의 마음을 완전히 뒤집어놓았다. 헌트는 바이런이 매리와 그를 돕겠다고 한 약속부터 빨리 실천하라고 다그쳤다.

물론 바이런은 매리의 자존심을 상하지 않게 도와야 함을 잘 알고 있었다. 매리가 자기 돈을 받도록 무슨 수라도 써야 했다. 그때가 6월 28일이었으며 그녀는 7월 초면 영국으로 떠난다고 했다. 그러나 매리는 헌트로부터 바이런이 자기 부부에 관한 험담을 했다는 말을 전해 듣고는, 우정이 없는 그의 돈은 절대 받지 않겠다고 하였다. 바이런은 헌트에게 편지를 써서 돈을 헌트 계좌로 넣을 테니까 매리가 헌트의 계좌에서 파내 가도록 해 보라고 했다. 매리는 바이런의 도움을 받아서까지 영국으로 돌아가지는 않으려 했기 때문이었다. 동시에 바이런은 자신을 셸리의 유작관리자로 지정해 달라는 요청을 했고, 셸리의 인세에서 받을 그의 유서에 명시된 2,000파운드를 사양하겠다고 했다.

바이런은 헌트 편지로부터, 매리가 자기 돈은 안 받으면서 트렐라니에게 대부 신청을 했다는 이야기를 들었다. 헌트는 또 바이런이 그와 매리에게 섭섭하게 했던 일을 끄집어내어 이야기하고는, 자기 가족이 피렌체로 갈 경비 50파운드만 지원하라고 했다. 또 영국에서 건너올 때 빌린 250파운드를 "없던 일로 해 주고", 바이런과 셸리가 내기를 해서 바이런이 졌기 때문에 그때 걸었던 돈 1,000파운드도 잊지 말고 매리에게 꼭 갚아야 한다고 했다. 바이런은 편지를 읽고 기가 찼지만 성을 낼 수 없어 그를 달래는 편지를 써서 보냈다. 헌트가 피렌체가 아니라 영국이라도 가겠다면 필요한 돈은 다 대겠다고 약속했다. 바이런은 매리의 귀국 여비로 30파운드를 헌트가 찾아가도록 배리에게 맡겨 두었는데, 나중에 배리에게 들어보니 헌트가 그 돈을 현금으로 찾아갔지만 매리에게 전해주지 않았다고 했다.

헌트는 바이런뿐만 아니라 매리도 화나게 만드는 말전주였다. 그러나 매리는 "그분[바이런]이 작은 우정의 표시를 하고 다시 기꺼이 절 도와주신다면, 그분에게 진 신세를 잊지 않고 감사를 느낄 것이다."라고 쓴 것을 보면 바이런에 대해 깊은 원망은 없었다. 바이런은 매리가 출항하기 전에 마음을 풀도록 따뜻한 쪽지를 써서 보냈다.

『자유주의자』는 이 해 7월에 나온 제4호가 마지막 호였다. 바이런은 그 잡지를 그만둠으로써 헌트와의 관계를 더 가질 필요가 없어졌다. 그들 사이에 우정이 있었다면 그것은 오래전에 이미 시들어 버렸다.

바이런은 은행 대리인인 키네어드와 제노바의 배리가 한없이 고마웠다. 키네어드는 현금과 대부 합해서 9,000파운드를 확보했고, 배리는 헤라클레스호에 실을 세세한 비품과, 가져갈 물품을 구입하는 실무를 맡아 깔끔하게 처리해줬다. 그는 또 바이런과 이탈리아의 그리스인들 사이에 가교 역할도 잘 해 주었다.

블라키에는 바이런에게 편지를 써서 바이런의 향후 계획수립에 필요한 몇 가지 정보를 제공했다. 그는 바이런이 자킨토스나, 아니면 다른 이오니아해의 한 섬을 거쳐 본토로 들어가라고 충고했다. 그 중간 지점에서 그리스 정세를 잘 파악해야 하며, 아무 정보 없이 본토에 들어가면, 여러 파벌이 정부 주도권을 잡으려고 싸우기 때문에 그들 사이에 끼여 자칫 곤욕을 치를 수 있다고 하였다. 블라키에 자신도 정보를 얻기 위해 펠로폰네소스의 수도 트리폴리짜 (Tripolitza, 지금의 트리폴리스)에 가 있으며, 자기가 확실한 정보를 보낼 때까지 제노바에서 움직이지 않는 것이 좋겠다고 하였다.

바이런은 서부 그리스의 지도자 마브로코르다토스의 동생 콘스탄틴 마브로코르다토스 (Constantine Mavrocordatos)가 보낸 편지도 읽었다. 그 동생은 자기 형이 엉성하지만 연합 정부를 만들어 가는 중이며, 바이런에게 튀르키예 해군이 눈독을 들이는 요충지 메솔롱기로 진출해 주면 좋겠다고 하였다.

콘스탄틴 마브로코르다토스

테레사의 아버지 감바 백작은 드디어 라벤나로 돌아갈 수 있는 여권을 받아서 딸에게 함께 가자고 했다. 그녀는 바이런이 돌아올 때까지 제노바에서 기다릴 방도를 찾았지만 마땅치 않아 결국 아버지를 따라가기로 마음먹었다.

7월 13일 바이런은 살루조장을 떠날 만반의 준비를 마쳤다. 테레사는 "운명의 날이 왔다."고 기록했다. 바이런과 그 일행이 헤라클레스호에 승선하기 몇 시간 전에 벌써 그녀는 슬픔과 절망으로 반쯤 실성했다. 그녀는 마지막으로 애인이 자기 방에 와 주기를 애타게 기다렸다. 바이런은 그 이튿날 아침에 돛을 올리기 위해, 이날 오후 다섯 시에 집을 떠나 배에서 자야 했다. 그는 세 시에서 다섯 시까지 테레사 곁에 있을 수 있었다. 그는 출발할 때 그녀를 혼자 둘 수 없어서 매리에게 와 달라고 부탁을 했더니, 매리가 테레사를 위로하고 달랬지만 별 소용이 없었다.

태양이 아직 열기를 뿜고 있는 이른 저녁에 테레사와 매리는 살루조장 정원에서 멀리 바다에 작은 배가 여덟 명을 태우고 헤라클레스호에 접근하는 것을 보았다. 바이런, 피에트로, 트렐라니, 브루노, 그리고 네 명의 하인 즉 플레처, 티타, 집사 잠벨리, (곧 바이런이 고용하게 될) 트렐라니의 미국인 흑인 마부 등. 그 외에도 4명 정도가 더 갔으리라. 바이런의 동물 중에 개 두 마리 즉 모레토와 새로 구입한 라이언도 태웠다. 선상에 임시로 마련한 마구간에 말 여덟 마리를 넣었다. 배는 바람이 없었다.

매리도 가버리자 테레사만 남았다. 그녀는 1819년 바이런을 만난 이후로 바이런이 글을 써오던 작은 노트에 무언가를 써서 슬픔을 달래려고 하였다. 이튿날 새벽에 배리가 그녀를 아버지의 마차에 태워주려고 왔을 때 그녀는 정신을 가다듬어 하늘을 바라보고 풍향을 살폈다. 그리고 떠났다. 그녀는 그 후 영원히 바이런을 만나지 못했다. 훗날 바이런과의 여러 가지 추억을 모아 『바이런 경의 이탈리아의 삶』(Lord Byron's Life in Italy)이란 책을 남기게 된다.

14일 10시에도 전혀 바람이 없었다. 그들은 다시 내렸으나 배리가 테레사는 이미 떠났다고 하자, 바이런은 살루조장 빈집에 돌아가 볼 마음이 없어졌다. 그는 블레싱턴 귀부인과 자주 승마하던 먼 세스트리와 로

멜리나 별장에 일행과 함께 가보고 왔다. 다시는 보지 못할 장소. 로멜리나 정원에서 저녁으로 치즈와 과일을 먹고 다시 승선했다.

    7월 15일 그들은 항구를 벗어나 봤지만 여전히 바람이 없었다. 헤라클레스호는 거울 같은 바다 위에 종일 떠 있기만 했다. 그러자 물쿠던 날씨에 스콜이 들이닥쳤다. 배가 갑자기 격렬하게 요동쳤고 승객 특히 피에트로가 멀미를 했다. 밤에는 바람이 불어서 물통이 뒹굴었고, 덩달아 말이 칸막이 안에서 날뛰었다. 폭풍을 맞으며 바이런은 밤새도록 갑판을 지켰다. 배가 상당히 부서져 수리를 하지 않으면 안 되었다. 다시 제노바항으로 돌아가, 트렐라니가 파괴된 마구간을 수리하는 것을 감독하고, 다른 사람들은 다시 상륙했다. 바이런은 살루조장에 가보았다. 텅 빈 방. 메아리만 남은 방. 바이런은 테레사가 나와 반기지 않으니 눈물이 났다. 바이런은 이틀 전에 테레사가 비명을 지르며 아버지의 마차에 올랐을 광경을 상상으로 그려 보았다.

    바이런은 배리와 감동적인 이별을 했다. 그는 이렇게 기록했다. "남작님, 전 남작님을 안 것이 너무나 자랑스러워서 진정으로 이별이 아쉽습니다. 저는 양복쟁이 아이처럼 엉엉 울 수는 없으나… 남작님의 제노바의 귀환이 멀지 않기를 바랍니다." 그는 바이런이 소유했다는 이유로 바이런의 가구와 책을 사두었다. 바이런은 그에게 몇 가지 육필 원고와, 화가 나서 출판하지 않기로 마음먹은 몇 꼭지의 원고도 선물로 주었다.

    7월 16일은 선박 수리에 하루가 다 갔다. 그날 저녁에야 배는 겨우 출항을 하여 닷새 만인 7월 21일에 리보르노항에 도착했다.

제 28 장
케팔로니아에서 전황을 살피다
(1823년)

　7월 24일에 리보르노에서 닻을 올리기 전에 승객 세 사람을 더 태웠다. 마브로코르다토스의 친척인 쉴리지(M. Schilizzi)와 젊은 스코틀랜드인 제임스 해밀턴 브라운(James Hamilton Browne)과 비탈리(Vitali) 선장이었다. 브라운은 이오니아 제도에서 그리스의 독립운동을 공개적으로 지원하다 중립성을 지켜야만 하는 규율을 어겼기에 군에서 쫓겨난 인물이었다. 그는 이탈리아어와 그리스어를 알았으며 그 군도의 지도층 영국 사람도 많이 알았다.
　바이런이 리보르노를 막 출항하려 할 때에 스털링(Sterling)이라는 사람이 나타나서 괴테의 시를 전해 주었다. 그 시에서 괴테는 "남녘에서 보낸 우정의 낱말에 다른 낱말이 이어져 영혼의 교류가 이루어진다오."고 하였다. 남쪽에서 온 바이런의 낱말들 덕택으로 그들은 자유로운 영혼이 되어 지고한 사념 사이를 거닐 수 있다는 뜻이었으리라. 괴테는 부디 바이런이 자기 스스로를 존중하는 사람이 되기를 바란다고 하였다.
　바이런은 황송하였다. 그러나 정식 편지지에 정중한 답장을 쓸 겨를이 없었다. "젊은 친구 스털링 씨가 전해 준 시에 대해 선생님이 [당연히]

받아야 할 감사를, 저는 전할 수가 없습니다. 제가, 오십 년간 이론(異論) 없이 유럽 문학의 거두로 존경받는 선생님과 시를 교환하는 흉내를 내는 것은 제겐 어울리지 않을 뿐입니다. 선생님께서는 진지한 저의 산문, 그 것도 황급히 쓴 산문 답장을 받으시겠지요. 왜냐하면 저는 지금 다시 그 리스로 항해하고 있으며, 경황이 없어 감사와 경탄을 표현할 한순간의 여유도 없습니다…. 저는 작은 도움이라도 될까 싶어 그리스로 가고 있 으며, 돌아올 땐 바이마르에 들러 선생님의 수백만의 찬미자 중의 한 사 람으로 극진한 존경을 표할 것입니다."

괴테는 바이런이 시인으로 출발했을 때부터 그를 예의주시해 왔다. 바이런도 독일의 이 노시인이 자기를 주시하고 칭찬한다는 사실을 알고 있었다. 『사르다나팔루스』가 출간되었을 때 그 비극을 그에게 헌정한다 는 헌사를 넣었지만 출간이 늦어지는 바람에 그것이 빠져 버렸다. 재판 이 나올 때서야 그 헌사를 다시 넣을 수 있었다.

괴테

바이런은 그에 대한 감사와 존경 을 자신의 비극 『워너』 앞에서도 표 했다. 괴테는 유명한 영국 시인으로 부터 찬사를 듣는 것은 예상외의 영 예이어서, 영감을 준 젊은 시인에게 존경을 표하고 싶었다. 그해 봄에 제노바에서 바이마르(Weimar)로 여행하는 스털링이라는 사람을 만 나 그 인편에 몇 자 시를 급히 써서 보낸 것이었다. 그때 그는 바이런 이 그리스에 가서 숭고하지만 위험 천만한 일을 하려 한다는 소문을 듣 고, 더 애틋한 마음이 들었다. 스털 링이 그 시를 가지고 제노바에 도착 하긴 했지만 시간이 늦었다. 그러나 폭풍을 만나 바이런의 배가 늦어지 는 바람에 간신히 그 시를 리보르노에서 전할 수 있었다.

출항한 배가 스트롬볼리(Stromboli) 섬 쪽으로 향할 때에는 까치놀 위에 부서지는 달빛은 아주 조요했다. 바이런은 트렐라니, 브라운과 함께 귀신 이야기를 즐기면서 밤을 새웠다. 그는 선실로 내려가면서 트렐라니에게 말했다. "만약 내가 일 년만 더 산다면 자네는 이 장면을 내 『차일드 해롤드의 순례』 제5편에서 보게 될 걸세." 그는 왜 느닷없이 이런 불길한 말을 했을까? 그는 이때부터 1년을 더 살지 못했다. 그곳을 통과하는 동안 바이런은 주로 스위프트의 글을 읽는 것을 보아서 『돈 주앙』의 한 편을 더 쓸 준비를 하고 있는 듯했다. 그러나 가끔씩 편지를 쓰는 것 외엔 무료한 시간을 독서로 보냈다. 브라운은 그가 몽테뉴(Montaigne), 볼테르, 그림(Grimm)의 『서간문』(Correspondence), 라로슈푸코(La Rochefoucauld) 등의 책을 읽는 것을 보았다.

브라운은 바이런에게 목적지를 이오니아해의 일곱 개 섬 중에서 가장 큰 섬인 자킨토스가 아니라 그 다음으로 큰 섬인 케팔로니아로 가라고 종용했다. 그곳의 영국 주재공사인 찰스 네이피어(Charles Napier) 대령은 공식적으론 중립성을 지켜야 하는 의무에도 불구하고, 그리스 대민사업을 헌신적으로 하였기에 바이런을 적극적으로 도울 것이라고 했다.

케팔로니아는 1807년부터 프랑스가 점령했으나 1809년 바이런이 그 근처를 여행할 때부터는 영국이 뺏어 다스려 오고 있었다. 이 당시 영국은 섬마다 작은 임시 정부를 차리고, 또 이오니아의 모든 섬들은 묶어 이오니아 제도 연방국을 만들었으나 실제로는 영국보호령으로 통치해오고 있었다. 그러나 영국 외교정책 상, 반군 즉 그리스군을 돕는 바이런의 공식적인 원정은, 보호령 당국을 당혹케 할 소지가 있었다. 따라서 바이런은 가능하면 당국

찰스 네이피어

을 자극하지 않도록 신중하게 행동해야 했다.

네이피어는 직업군인이었지만 대민 사업에는 머리가 비상하였다. 그는 케팔로니아의 발전과 번영을 위하여 몸과 마음을 아끼지 않고 도로, 시장, 항만 공사 등을 해냈다. 그는 새로 오는 사람에게 그리스인들을 지원할 가치가 있다. 심지어는 목숨도 버릴 가치가 있다, 라는 신념을 철저히 심어주었다.

배는 이탈리아 반도와 시칠리아의 사이인 메시나(Messina) 해협으로 향했다. 날은 쾌청하였다. 사람들은 갑판 위에 나와 고요한 바다를 바라보았다. 이것이 바이런의 인생에서 가장 행복했던, 또 가장 생산적이었던 이탈리아의 체류를 마감하는 순간이었다.

배는 이탈리아 반도를 돌아 이오니아해에 들어갔다. 그 바다도 고요했다. 매일 정오에 바이런과 트렐라니는 상어의 두려움을 무릅쓰고 갑판에서 내려가 수영을 즐겼다. 가끔 그들은 기분이 넘치도록 좋아 아이들처럼 야단법석을 피우기도 했다. 그들은 거위와 오리와 개를 바다에 풀어놓고 그것들을 쫓아다니며 헤엄치기도 했다.

8월 2일 그들은 케팔로니아 섬과 자킨토스 섬이 보이는 곳에서 케팔로니아 섬으로 가기로 최종 결정을 내렸다. 바이런이 멀리 모레아산맥을 보고는 말했다. "나는… 처음 그리스에 와서 배서스트 친구와 그의 군함을 타고 그리스 군도 사이를 미끄러져 간 후, 지난 11년간의 고통이 훌훌 벗겨지는 것 같아." 그날 밤 그들은 그 섬 앞바다에 머물렀다가, 이튿날 아침 그 섬의 수도인 아르고스톨리(Argostoli) 가까이 닻을 내렸다.

그 섬의 주재공사이면서 총독인 네이피어는 그때 섬에 없었다. 비서인 케네디(John Pitt Kennedy) 대위가 바이런의 일행을 맞으러 승선했다. 주재공사는 그리스와 튀르키예 사이의 전쟁에 엄격한 중립을 지켜야 한다는 조건하에서 그들을 맞을 것이라고 그 비서가 미리 귀띔해 주었다.

배가 닻을 내리자 난장판이 벌어졌다. 수십 명의 알바니아 술리오트인들이 뱃전으로 기어올랐다. 트렐라니는 이렇게 기억했다. "우리가 도착한 날 아침에 한 무리의 굶주린 줄리오[술리오트] 난민이, 바이런의 돈이 탐나서 우리 갑판으로 우르르 올라왔다. 철저한 수전노인 집사 잠벨리가 돈궤를 독사처럼 옹크려 껴안았다. 우리의 건장한 선장은 지렛대로 그들을 내쫓아야 한다고 했다. 이 야만적인 모습과 야성적인 옷차림을 보고 바이런은 기분이 좋았다. 그는 그들을 [고용할 것이며] 정상 급료보다 더 많은 돈을 [주겠다고] 약속했다."

바이런은 술리오트인들이 우수하고 용감하다는 선입견이 있었고, 또 그 종족에 대한 낭만적인 추억 때문에 그는 그들 중 약 40명쯤을 뽑아 개인 군대를 만들기로 했다. 바이런은 기질적으로 술리오트족(族)을 무척 좋아하였다. 그는 지난 여행에서 데리고 다닌 두 술리오트인 하인은 얼마나 용감하고 충직한 사람이었던가. 햇볕에 그을린 얼굴과 특이한 복장을 한 바로 저들이, 장차 그가 지휘할 용감한 군인이라고 속으로 미리 정해 놓았으리라.

그러나 그 술리오트인들은 밤낮 자칼 떼처럼 바이런을 졸졸 따라다녔으며 마침내 그는 궁지에 몰린 사자 꼴이 되었다. 그들은 무법적으로 물건을 강탈하려고까지 했다. 그들로부터 벗어나기 위해 그들을 육지로 내보냈다. 한 달 봉급 외에 본토 아카르나니아(Acarnania)까지의 뱃삯까지 더 얹어 주고, 장비를 지급할 테니 술리오트군의 족장(族將) 마르코 보짜리스(Marco Botsaris)를 찾아가 그와 함께 메솔롱기 방어에 힘을 보태라고 당부하였다.

술리오트인들은 1820년 알리 파샤를 도와 튀르키예에 대항하였으나 패배하였다. 그 후 그들은 뿔뿔이 헤어졌으며 그 일부가 케팔로니아에 피난 와 있었다. 훗날 이들은 그리스 독립운동을 도왔으며, 보짜리스는 술리오트군의 족장이 되어 그들을 이끌며 튀르키예에 대항하였다. 메솔롱기가 튀르키예에 떨어지지 않는 것은 보짜리스의 용기와 전투력 덕택이라고 해도 과언이 아니었다.

네이피어가 섬으로 돌아온 것은 헤라클레스호가 닻을 내린 지 이틀 후였다. 그는 소문대로 바이런처럼 그리스 독립을 위한 "원숙한 열정"을 지닌 사람이었다. 그는 1822년에 거친 술리오트 전사들이 알바니아 남부의 고향을 떠나 가족과 함께 케팔로니아로 피난 올 때 고생했던 이야기를 했다. 바이런도 전에 그들이 용감하다는 것을 들은 적이 있어 『차일드 해롤드의 순례』에서 그들에게 찬사를 아끼지 않았었다. 그들은 그 섬 전역에 흩어져 살았으나 많은 숫자가 보짜리스 휘하에서 대튀르키예전에 참전하고 있었다.

5개월 동안 바이런은 이 섬에 머물면서, 그리스의 독립전쟁에서 자기가 할 일을 찾아보았다. 그는 사람들의 이야기를 듣고 질문하였고, 특사와 자칭 전문가들을 만났고, 보고서를 읽고 또 썼다.『돈 주앙』17편을 미완성으로 가져왔는데 그것은 손도 대지 못했다.

알렉산드로스 마브로코르다토스는 동방 달력으로 1822년 1월 1일에 공포된 에피다우루스(Epidaurus) 헌법에 의해 초대 대통령으로 선출되었었다. 그러나 정부의 힘은 미약했다. 그 뒤 패전을 겪었고 파벌 간 갈등 또한 심하여 한 민족으로서의 활동은 침체를 면치 못했다. 1823년 2월에 2차 국회가 열렸을 때 의원들은 두 쪽으로 갈렸다. 한편은 콜로코트로니스(Theodoros Kolokotronis) 같은 군부가 주도하는 당이었고, 다른 편은 대주교와, 바이런이 1809년에 만난 안드레아

군부 실세 콜로코트로니스

스 론도스나 마브로코르다토스 같은 민간인이 주도하는 당이었다. 마브로코르다토스는 이번엔 대통령이 아니라 국무장관직을 맡았다. 행정위원회와 상원은 펠로폰네소스의 평원 한가운데에 있는 트리폴리짜를 정부가 들어설 자리로 정했다. 그러나 마브로코르다토스가 6월에 입법위원회의 사회를 맡으라고 해서 갔더니 군부의 영수 콜로코트로니스가 그를 위협하였다. 그는 놀라서 그 장관직을 버리고 이드라(Hydra)에 피신해 있었다.

바이런이 정보를 얻기 위해 접촉을 시도한 인물은 보짜리스였다. 그는

리보르노에 추방당해 있던 그리스 아르타(Arta)의 대주교 이그나티우스(Ignatius)가 꼭 만나보라고 추천한 인물이었다. 보짜리스는 메솔롱기 북쪽 아카르나니아에서 그리스군을 지휘하며 튀르키예와 교전 중에 있었다.

바이런 일행은 얼마 동안 보호령 당국에 폐를 끼치지 않으려고 헤라클레스호에서 선상생활을 했다. 그는 말만 배에 싣고 나와 매일 규칙적으로 승마를 했다. 그때 바이런이 특별 제작한 그 찬란한 투구를 썼는데, 그때 그 모습을 본 사람들은 "높은 깃털(아마 그의 호메로스식 투구)과 은빛 견장을 달아서" 타타르인 같았다고 기억했다.

그곳에 근무하는 대부분 영국 장교는 바이런의 시를 읽은 터라, 그 유명한 시인이 케팔로니아에 왔다는 사실에 놀랐다. 여기서 바이런이 친했던 사람은, 아르고스톨리(Argostoli)의 보건담당 의사 헨리 뮤어(Henry Muir)였다. 그를 통해서 바이런은 열렬한 복음주의자이자 의무장교인 케네디(James Kennedy)를 알게 되었다. 케네디는 바이런을 "사탄파" 우두머리로 보고 그를 기독교도로 개종하는 것을 곧 자신의 임무로 정했다.

바이런이 케네디와 성경에 관한 이야기를 나눌 때, 그가 성경과 주석의 세세한 부분도 잘 알고 있어서, 케네디뿐만 아니라 거기 모인 사람들을 다 놀라게 했다. 그러나 그의 모든 주제에 대한 추리는 본능적이었고, 추상적인 명제를 쉽게 받아들이지 않는 것이었다. 케네디가 오히려 엄격한 스코틀랜드 장로교파인 바이런에게 휘둘렸다. 바이런은 독실하다고는 말할 수는 없었지만, 영혼의 건강이나 행복의 문제에 있어서는 누구보다도 통찰과 사색이 깊었다. 그는 많은 일을 충동적으로 처리했으며 쉽사리 신을 찬미하지 않았다. 그런 바이런이 케네디의 위선을 간파하는 데는 오랜 시간이 걸리지 않았다.

케네디는 여러 사람 앞에서 강의를 했다. 그가 첫 강의를 마치면 기독교 기본교리를 요약한 글을 읽어 주었다. 바이런은 그 교리에 배어있는 정서가 곧 케네디 자신의 정서와 같은 것인가를 물었고, 케네디는 같은 것이라고 대답하였다. 또 작은 한두 가지를 제외하면 건전한 일반 기독교인의 정서와도 같다고 말하였다. 바이런은 그의 일반적이며 모범적인 신앙 형태에 대해 의심이 들었다. 일반적인 신앙 형태는 개인의 간증과는 다를 수 있기 때문이었다. 이때 바이런은 결론적으로 "우리가 원하는 것은 성경이 진실임을 확신하는 일입니다. 우리가 그것만 믿을 수 있다면, 성경의 모든 교리에 대한 믿음은 당연지사가 되기 때문입니다."라고 말했다.

그날 저녁 바이런은 자신은 어렸을 때 어머니의 엄격한 교육을 받았으며, 신학 책을 많이 읽었고 또 규칙적으로 교회에도 나갔다고 하면서, 자신은 성경을 부정하는 불신앙의 악마는 절대 아니라고 했다. 자기는 종교적 주관이 불안하고 확고하지 못하여 종교에서 아무 행복을 느끼지 못하지만, 믿음을 꼭 가져야 한다는 생각은 변함없다고 하였다.

바이런은 자신의 두 가지 견해를 이야기했다. 케네디가 하나님의 통치권을 이야기하면서 도기장수와 태토(胎土) 이야기를 하자, 바이런은 만약 자신이 산산조각 깨어진다면 자기는 도기장수에게 "왜 저를 이런 식으로 취급하죠?" 하고 묻겠다고 했다. 다른 한 가지는 만약 온 세상이 다 지옥에 떨어진다면 자기는 혼자 천국에 가기보다는 함께 지옥에 가겠다고 했다. 이런 태도를 보고 케네디가 당황했으리라.

이들의 마지막 모임에서는 식사를 곁들였다. 이때는 분위기가 산만하였고, 바이런의 말은 일률성이 없었고 흐트러지기도 했다. 그는 말장난이나 웃기는 이야기를 할 기회가 되면 그것을 놓치지 않으려고 애를 썼다. 그는 케네디에게 말했다. "내가 거의 성 바울과 한 부류가 되어 있는 것 아십니까? 왜냐면 바울은 유대인과 그리스인 사이에는 차이가 없다고 말했지요. 나도 정확히 같은 의견인데 [오늘날] 두 민족은 똑같이 못돼 있다는 점에서 차이가 없지요."

바이런이 본토의 사정을 파악하려고 그 섬에 체류하는 동안, 호메로스의 오디세우스와 연관이 있는 인근 신화의 섬 이타카를 탐사해 보기로 하였다. 8월 11일에 출발한 이 탐방은 엿새나 걸렸다. 그 이타카 섬은 좁은 해협을 사이에 두고 케팔로니아와 떨어져 있었다. 바이런, 트렐라니, 피에트로, 브루노, 브라운, 그리고 몇몇 하인들로 이루어진 탐사단은 이날 이슬바심에 출발하여 작열하는 태양을 안고 11시간이나 노새를 타고 가 케팔로니아 섬 북단에 도착하였다. 그들은 노가 넷 달린 배로 해협을 건너서 해 질 무렵에 이타카 섬에 도착하였다. 이 섬은 개미처럼 허리가 잘록하였고 양쪽은 다 산악지대였다. 그들을 맞이하는 사람이 없어서 바이런은 해안 동굴에서 하룻밤을 지내자고 제안했으나 피에트로가 한 상인의 집을 찾아내어 그곳을 숙소로 삼았다.

그 이튿날 그 섬의 수도 바시(Vathy)로 가니 영국 주재공사 녹스(Knox) 대위가 그들을 맞았다. 그 공사의 집에서 저녁을 먹은 후, 바이런은 토마스 스미스(Thomas Smith)라는 영국인을 만나 자기 작품, 애너벨러, 딸 에이다에 대해 오래 이야기를 나눴다.

다음 날 일행은 바시 남쪽 8km에 있는 이른바 아레투사(Arethusa) 샘과 동굴을 찾았다. 전설에 따르면 오디세우스가 파에시아인(Phæacians)의 선물을 그 동굴 안에 갈무리했다고 한다. 바이런은 그 동굴까지는 올라갔으나 성의 잔해가 있는 더 높은 곳은 오르지 못했다. 그는 동굴에 앉아서 책을 읽다가 잠이 들었다. 다른 사람이 내려와서 그를 깨우니 단꿈을 꾸던 중이라, 그 꿈이 너무 아깝다고 안타까워했다.

8월 14일 일행은 섬의 북쪽에 있는 '호메로스 학교' 유적지를 탐사하였다. 바이런은 수년 전 리바디아에서 알았던 한 주교를 우연히 거기서 만나, 그로부터 그리스의 전세(戰勢)를 자세히 들었다. 그들은 페넬로페(Penelope)의 목욕탕도 찾았는데, 그런 장소가 아무리 의심이 가도 그 주민들에게는 절대 그런 내색을 하지는 않았다.

8월 15일 떠나기 전 바이런은 본토에서 쫓겨 온 피난민을 보고 큰 충격을 받았다. 그는 곧 그들을 구호할 모금운동에 헌금했다. 그는 파트라에서 온 거지나 다름없는 한 가족을 케팔로니아로 데리고 와서 살 집과 양식을 마련해줬다. 이 가족은 남편을 잃은 한 여성과 세 딸이 전부였고, 맏아들 루카스 찰란드리차노스(Loukas Chalandritsanos)는 열다섯 살인데도 산에 들어가 족장(族將)으로부터 군사훈련을 받고 있다고 했다.

그때 본 장녀는 훗날 이타카에 세운 학교의 교장이 된다.

일행은 당나귀를 타고 선착장까지 이동했다. 배를 기다리는 동안 바이런은 물에 뛰어들어 자신의 수영 실력을 또 과시했다. 뜨거운 햇빛을 받으며 바다를 건너 산타에우페미아(Santa Euphemia)에 도착하였는데, 이날 이동거리는 바이런의 허약한 체질에는 강행군이었다. 땅거미 질 때 그날 밤 묵을 곳인 산꼭대기의 수도원에 도착하자 바이런은 심한 과로로 발작을 일으켰다. 수도원장이 환영의 말을 할 때 그는 제 정신이 아니었다. 램프를 잡고 "내 머리가 화끈거려. 누가 이 미친 역질(疫疾)을 좀 고쳐줄 수 없나?"라고 소리쳤다. 그는 약물을 거절하고 가까이 있는 모든 사람에게 으르렁거리며 덤비려 했고, 미친 사람처럼 침대의 이불과 옷을 다 찢었다. 브루노가 가까스로 그를 달래 약을 먹였다.

이튿날 아침 그는 제 정신이 돌아와서 수도원을 나설 때 원장에게 각근히 인사했다. 아르고스톨리로 말을 타고 가는 산길에서 그는 "무어의 노랫가락과 유행가 이것저것을 섞어가면서 힘차게 노래를 불렀다." 다섯 시에 아르고스톨리에 도착하여 다시 보트를 타고 가 배의 숙소에 들었다.

영국이나 이탈리아에서는 아무 소식이 없었다. 바이런은 완전히 공중에 떠버린 것 같았다. 그의 일상은 승마, 수영을 하거나, 네이피어 대령이나 다른 제8연대 장교가 내는 만찬을 드는 것뿐이었다. 그는 전쟁 치러 온 사람 같지 않았다. 피에트로는 누나에게 편지를 써서 근황을 알렸다. 그는 이타카로의 즐거운 여행에 대해 이야기를 하자, 추신에 바이런이 영어로 몇 자 적어 넣었다.

바이런이 보짜리스의 충정 어린 편지를 받은 것은 8월 22일이었다. 무료하던 섬 생활에 변화가 생겼다. 술리오트족 족장(族將)인 그는 소규모 병력으로 메솔롱기 위 계곡을 타고 내려오는 튀르키예군을 막는 일에 전력투구하고 있었다. 그의 편지의 일부이다. "각하의 편지와 존경하는 이그나지오(Ignazio)의 편지는 저에게 큰 기쁨을 주었습니다. 각하는 우리가 필요로 하는 인물입니다…. 적은 수적으로 큰 위협입니다. 그러나 신(神)과 각하의 도움으로 그들은 상당한 저항을 받을 것입니다. 저는 이 지역 가까이 진을 치고 있는 6~7천 명의 부대를 대적해서 오늘밤 할 일이 많습니다. 모레는 정예군이 각하를 모시러 출발할 것입니다. 늦추지 마십시오…. 더불어 각하께서 그들(술리오트인)을 친절하게 돌봐주신 데 대해 다시 감사를 드립니다." 보짜리스가 메솔롱기에 바이런을 정중히 모셔오기 위하여 호송할 군대를 보내겠다는 말이었다. 바이런이 이 편지를 받은 것은 보짜리스가 죽기 몇 시간 전이었다. 바로 그날 밤 그는 소수의 특공대 병력으로 8,000명이나 되는 적과 싸웠지만 중과부적이었다. 그는 파샤의 천막 바로 가까이서 목숨을 잃었고, 그의 죽음은 전 그리스의 큰 충격이었고 손실이었다.

이 보짜리스의 편지에서 바이런이 그의 종족을 돌보아주었다는 말은, 그가 케팔로니아에서 집 없는 술리오트인 40명을 경호요원으로 채용하였다가 그들을 무장시켜 메솔롱기 방어에

마르코스 보짜리스

투입한 것을 말하며, 그 점을 보짜리스는 진심으로 고맙게 생각하였다. 당시 메솔롱기 한쪽은 상당한 병력으로 방어했으나 바다 쪽은 튀르키예 함대가 버티고 있었다.

바이런은 매월 천 달러로 메솔롱기와 보짜리스의 술리오트군(軍)을 지원하겠다고 그리스 정부에 제안을 했었다. 그러나 정부는 바이런이 그 돈을 다른 데 쓰기를 바랐다. 바이런은 그 돈은 절대 공적으로만 써야 하며 아니면 한 푼이라도 못 내놓겠다고 했다.

거의 이름뿐인 정부는 권위도 예산도 없었고, 행정부와 입법부도 제각각 갈팡질팡했다. 국고에 들어가야 할 돈은 군 지휘관이 가로챘다. 군 지휘관들은 세금 걷는 일도 겸했으므로 그들은 언제든 돈을 탈취할 권한이 있었다. 국가의 다른 지도자들도 똑같이 각자 이익을 챙겼고, 그들의 주장이 상충될 때 최고의 심판은 칼이 했다. 군대는 정부의 군대가 아니라 사령관과 족장들의 군대였다.

보짜리스의 죽음을 그린 그림

바이런이 보니 전쟁을 치는 것보다 더 중요한 일은, 파벌 간의 갈등을 해소하여 민족을 대동단결시키는 것, 유럽의 제국이 돕도록 그들의 신뢰를 얻어내는 것, 군부와 민간의 호전주의자들이 더욱 인간적이 되도록 그들의 감정을 순화시키는 것 등이었다. 바이런은 바로 그런 일에 진력기로 하고 어느 정파나 군대와도 결탁하지 않았다. 그러면서 그는 어디에 그의 돈이 가장 필요한가를 살폈다.

보짜리스가 죽었다는 소식을 듣고 바이런은 본토로 떠날 계획을 미루었었다. 그가 돈을 많이 가지고 있고, 그 돈을 그리스 독립전쟁에 쓸 것이라는 소식이 퍼지자, 개인뿐만 아니라 단체로부터도 지원금을 보내 달라는 요청이 빗발쳤다. 그들의 태도가 비루해 보였다. 바이런은 비록 정직하지 못한 데가 있었지만 그들을 절대 얕보지 않았고, 네이피어 대령처럼 인내와 관용으로 대했다. 그는 그리스인들의 사기(詐欺) 수법을 모를 리 없었다. 그것은 수백 년 억압과 굴종의 환경에서 생겨난, 삶의 한 방편이라고 해야 옳을 것이었다. 그는 "그들의 가장 나쁜 점은… 그 빌어먹을 거짓말입니다. 에덴동산의 이브 이래로 진실을 말하는 능력이 이토록 떨어진 적이 없었습니다."라고 말했다.

케팔로니아에 도착한 지 6주가 지났지만 바이런은 헤라클레스호에 그대로 죽치고 있었다. 배 위에서 돼지와 가금과 함께 갇혀 지내는 것도 불편했지만, 스코트 선장이 영국으로 귀환하려고 하여 하는 수 없이 배를 비워주어야 했다. 그는 케팔로니아의 메탁사타(Metaxata)라는 마을에 농가 한 채를 세 얻어 9월 6일에 이사했다. 그 집은 아르고스톨리에서 약 11km 떨어진 곳으로, 포도나무와 올리브나무로 둘러싸여 있었다. 갠 날엔 모레아 본토와, 남쪽으로는 자킨토스 섬의 선명한 연두색 실루엣을 볼 수 있었다. 마을 뒤에는 산죠르죠(San Giorgio) 성(城)과 블랙마운틴(Black Mountain)의 바위가 있었다. 1층에는 물자와 가축과 하인들을 들이고 바이런과 피에트로는 2층을 차지했다.

트렐라니는 빨리 전쟁을 치고 싶어 몸이 근질근질했지만, 바이런이 태평으로 신화기행이나 다니니 울화통이 터졌다. 그는 9월 6일 기어이 브라운을 데리고 피르고스(Pyrgos)를 향해 출항하였다. 브라운은 바이런이 "우유부단"하여, 아니면 "출동이 싫어서" 케팔로니아에서 꿈쩍하지 않는다고 생각했다.

이제 메솔롱기는 육지와 바다가 다 튀르키예군에게 봉쇄되었다. 트렐라니는 그런 상황을 바이런에게 알리고는 어떻게든 바이런이 움직여야 한다고 말했다. 그는 "…마르코 보짜리스와 용감한 소올리인이 싸워서 이긴 전투가 30회전이었습니다. 그 도시가 함락되면 아테네가 위태롭고 수천 명이 죽습니다. 수천 달러만 있으면 함대를 투입해 그 도시를 구할 수 있습니다."라고 바이런에게 참전을 종용했다.

트렐라니와 브라운은 어렵게 그리스 동부 독립전쟁 사령관인 오디세우스 안드로웃소스(Osysseus Androutsos)의 본부를 찾아갔다. 그 본부는 파르나소스산의 한 거대한 동굴 안에 있었다. 해적이나 다름없었던 트렐라니는 산적이나 다름없는 오디세우스 휘하에 들어갔으며, 곧 그의 여동생과 결혼하였다. 트렐레라니는 이렇게 말했다. "장군은 내가 데리고 지휘하기를 원하는 사람은 얼마든지 주며-나는 항상 그와 함께 있어야 하며-내 장비는 언제나 준비되어 있는데-말 두 마리-하인은 술리오트인 두 사람이지요-나는 오디세우스와 꼭 같은 옷차림을 하는데-

양피 외투에 적황색 조끼를 입고—총, 피스톨, 사브르 등과 붉은 모자…[를 착용하지요.]" 그는 "지방의 젊은 후궁을 싼 가격에 들여놓을 수 있다."는 싱거운 정보도 빠뜨리지 않고 적어 보냈다. 그러나 바이런은 동부의 유적이나 여자에는 이제 더 이상 관심이 없었다.

이제 바이런에게 남은 사람은 피에트로와 브루노뿐이었다. 세 사람은 메탁사타에서 한가로이 대화와 독서로 시간을 보냈다. 모든 일이 그리 서두를 일은 아닐 듯했다. 테레사의 편지를 받고 답장을 썼다. "나는 위원회에서 부여한 임무를 완성할 거예요. 그리고는 (아마) 이탈리아로 돌아갈 것이오. 그들에게 별로 도움이 될 것 같지가 않기 때문이지요. 그대와 같이 있고 싶은 심정 외에는 자극될 만한 것이라고는 아무것도 없다고 확신하오…. 그대의 눈에 키스하오. 그대의 영원한 친구이고 연인이 되겠어요."

바이런은 네이피어와도 담소와 정보를 나누고, 승마를 하고, 그의 부관인 더피(Duffie) 대령과는 펜싱을 했다. 젊은 장교들이 바이런의 시를 거의 외우고 있어 유명인사 대접을 받았다. 회식을 마치고 그를 위한 축배를 들 땐 그는 감격하여 눈물만 흘릴 때가 있었다. 루카스는 바이런이 그의 가족을 도와준 것을 알고 케팔로니아로 달려왔는데, 바이런은 이 청년의 용모에 매료되어 그를 시종으로 채용했다. 그는 그에게 러쉬턴의 역할을 지웠을 것이다.

바이런은 브라운과 트렐라니가 떠날 때 한 가지 임무를 부여했었다. 그것은 그들이 그리스위원회의 특사 자격으로 그리스 정부에 들어가, 바이런 자신의 생각과 그리스위원회의 입장을 전하는 것이었다. 그 특사들은 그리스 정부로부터 당연히 환영을 받았고, 정부는 바이런이 지체하지 말고 모레아로 출발하기를 염원했다. 입법부에서도 같은 내용의 편지를 보내왔다. 그러나 바이런은 그들에게 휘말리면 일을 그르친다고 생각하고 신중에 신중을 기했다. 갈등을 일으키는 대표적인 파벌들 각기 그를 데려가려 했다. 군 사령관들의 영수인 콜로코트로니스도 다음 번 살라미스 회의에 꼭 오라고 초청했다. 동시에 군부 반대파인 마브로코르다토스는 더 진지하게 그가 은신해 있는 이드라에 꼭 오라고 했다. 바이런을 데려가기 위한 파벌 간에 편지질, 음모, 비난이 빗발쳤다. 직접 특사를 보내는 파벌도 있었다. 그리스 정부는 결국 무능, 이기심, 정치적 파벌 간의 갈등이 고질적 문제였다. 그럼에도 불구하고 국민들의 독립에 대한 갈망은 뜨거웠다.

9월에 당시 메솔롱기 지사 콘스탄틴 메탁사(Constantine Metaxa)는, 메솔롱기를 튀르키예군이 수륙 양쪽에서 봉쇄했으므로, 바이런이 그곳에 오지 않으면 그리스는 멸망할 수밖에 없다고 했다. 그는 그곳부터 살려야 하기 때문에 바이런의 입성을 강하게 요구했지만, 바이런은 부상자를 치료할 의약품만 보냈다. 9월 말 바이런의 정보통들은 그리스는 전국적으로 더 무질서해지고, 더 악화되었다고 평가하였다. 부패가 만연하고, 정부가 군대나 행정부에 내려보낼 예산이 없으니 아무 역할을 못 했다. 지방 족장으로부터 하급 서기에 이르기까지 시민의 금품을 갈취하였고 그것이 곧 그들의 봉급이었다.

이즈음 프란시스 그리블(Francis Gribble)은 바이런을 그리스의 왕으로 모시자는 논의가 있었다고 이야기했다. 튀르키예가 조만간 물러나면 곧 왕이 필요할 텐데 바이런보다 더 훌륭한 인물이 어디 있겠느냐, 라는 의견이 돌았다고 전했다. 바이런은 빙긋이 웃었다. "만약 제의해 온다면 아마도 거절은 안 할 거야."라고 그는 글에 남겼다. 사람들도 그가 사양하리라고 보지 않았다. 왕조를 이루고 왕의 권력을 갖는 것, 애너벨러를 버리고 왕위를 물려 줄 후계자를 갖기 위해 딴 왕비를 맞는 것, 그것은 자기를 냉정하게 밀어낸 영국 사회와 그의 도덕을 비난한 사람들에게 보여 줄 고소하고도 화려한 광영이 아니겠는가.

바이런은 9월에 쓰기 시작한 일기를 30일에 갑자기 중단했다. 아마 이날 오거스터로부터 딸 에이다가 아프다는 소식을 들었기 때문일 것이었다. 그는 그 소식을 접하고 며칠간 우울해졌다. 그녀에게 보내는 답장에는 과거의 불같은 열정도 시들었고, 단지 남동생의 우애만 남아 있었다. 피에트로는 테레사에게 바이런이 거의 은둔자가 되었으며 그런 생활에 만족한다고 전했다. 영국 주민과 장교 대부분이 그의 집에 와 놀다 갔으며, 바이런은 가끔 아르고스톨리까지 승마를 즐겼다.

친그리스파 인사들이 줄을 이어 찾아왔다. 그중 한 사람이 그리스 독립운동을 돕고자 그곳에 온 조지 핀리(George Finlay)라는 젊은이였다. 바이런은 그가 죽은 셸리를 너무 닮아 깜짝 놀랐다.

바이런이 곧 행동을 취하지 않은 또 다른 이유는, 프랭크 헤이스팅스(Frank Hastings)가 그에게 보낸 긴 메모와 편지 때문이었다. 그 편지와 메모를 보면 전황을 더 냉정하게 볼 필요가 있었다. 헤이스팅스는 그 전해 그리스군의 해군 장교로 봉사하였기 때문에 그리스군 지도자의 장단점을 잘 간파하고 있었다. 그는 바이런이 런던그리스위원회에 설득해서 무장한 증기선 한 척을 보내라고 요청해 주기를 바랐다. 기선이어야 그리스군이 제해권을 확보할 수 있다고 했다. 그리스의 상인 선장과 선원들은, "서유럽 사람의 충고를 들어 독립전쟁에서 승리하기보다는, 차라리 자기들 방식대로 해서 패배하는 쪽을 택할 것"이라고도 했다. 또 그리스인들은 자신들의 소총 외에는 다른 어떤 화기도 쓰지 않으려 하며, 자신들의 지도자 밑에서 비정규군으로 싸울 때가 가장 효과적이라고 했다.

여기에 처음으로 증기선이 언급된다. 증기선은 1802년에 처음 선을 보였으나 상업적 목적의 증기선은 1807년에 등장한다. 이것은 무겁고, 힘이 약하고, 잦은 고장 때문에 근거리나, 강, 운하에서 주로 사용되었고 큰 바다에는 나가지 못했다. 처음으로 대서양을 건넌 증기선은 1819년에 풍력 겸용의 외륜(外輪) 증기선인 사바나(Savannah) 호였다. 바이런이 증기선을 탔다는 기록은 보이지 않는다.

10월 15일 그리스 입법부는 영국에서 사백만 스페인 달러를 차관으로 들여오기로 의결했다. 그들은 진 올란도(Jean Orlando)와 또 루리오티스를 협상 대표로 위촉하여 영국에 파견하였다.

10월 28일에는 코르푸에서 오스본 경이 직접 찾아왔고, 10월 말엔 그리스 정부 입법부가 보낸 사자가 바이런을 펠로폰네소스 반도의 항구 도시인 나우플리아(Nauplia)의 본부로 모셔가겠다고 왔다. 이 정부는 트렐라니가 가장 강력하다고 평한 족장(族將) 콜로코트로니스가 이끌어 왔다. 피에트로에 따르면 바이런은 11월 초에 그 특사와 함께 출발하려고 했으나 재정 문제에 걸려 결국 방문을 포기하고 말았다고 한다.

바이런은 본토에 들어가면 전적으로 술리오트인들로 자신의 부대를 만들 계획을 세웠다. 이즈음 젊은 영국 의사인 줄리어스 밀린전(Julius Millingen)이 젊은 독일 친그리스 인사 세 명을 데리고 그곳에 도착하였다. 바이런은 밀린전이 마음에 들었고, 그를 곧 본토에 창설할 술리오트 군 부대의 군의(軍醫)로 임명하려고 생각했다.

바이런의 재정 관리에 도움이 될 사람이 나타났다. 케팔로니아에 살고 있는 영국상인 찰스 핸콕(Charles Hancock)이 바이런의 어음을 현금으로 바꿔 주겠다고 자원했다. 그는 자킨토스에 살고 있는 사무엘 바프(Samuel Barff)와도 거래를 하는 사람이어서, 그때 이후 바프와 핸콕이 바이런의 모든 재정업무를 처리해 줬다. 핸콕은 바이런의 "상냥한 매너, 넘치는 활기, 다양한 이야기, 매력적인 재치" 등에 완전히 매료되었었다.

마침내 11월 첫 주에 바이런은 위험이 없지는 않았지만, 펠로폰네소스의 정부가 있는 곳으로 떠나려고 짐을 싸고 배까지 빌렸다. 그런데 바로 그때 브라운과 그리스 특사 올란도와 루리오티스가 영국에 80만 파운드 차관을 얻으러 가는 길에 먼저 바이런에게 들렀다. 그들은 공식적으로 바이런 개인에게 그리스 함대를 지원할 30만 피아스터(6,000파운드)의 차관을 요청하였다. 바이런은 그들이 런던그리스위원회에서 차관을 얻으면 곧 돌려받기로 하고 개인 돈 4,000파운드를 대부하면서, 그 돈은 꼭 메솔롱기를 구하기 위한 함대 지원에 쓰라고 했다. 11월 23일 핀리와 몇 명의 독일 장교가 펠로폰네소스로 떠났고 브라운과 그리스 특사들은 12월 초에 영국으로 떠났다.

런던의 홉하우스는 바이런의 편지를 받아 보고 답장을 썼다. "그들[그리스위원회 위원들]은 얼마 되지는 않지만 모든 자산을… 자네가 알아서 처리하도록 자네에게 맡기고, 자네 같은 사람이 대표로 활동하면 큰 이점이 있으리라 기대하네…. 만약 트리폴리짜로 갈 때 자네 자신이 위험하지 않게 잘 갈 수만 있다면-가는 것도 괜찮을 걸세-그러나 아무도 자네가 조금이라도 위험한 일을 하는 것을 원치 않음을 부디 명심하게…. 그리고 한 가지 덧붙일 것은 아무도 자네가 재정적인 희생을 치르라고 요구하지 않네-그런 일은 하지 말게-자네는 그곳에 가 있는 것만으로도 큰 봉사를 하는 걸세—도덕적 영향력이 어떤 개인이 낼 수 있는 돈보다 더 큰 법일세…. 다음 회기가 끝나면 내 자신도 그곳에 갈 것을 깊이 생각하고 있고, 그때 자네가 거기 있다면 우리는 옛날의 오락과 습관에 빠질 테지…. [돈] 주앙에 대해선 제16편은 아직 자네가 교정을 보지 못한 유일한 원고이고—12, 13, 14편은 며칠 전에 출판이 되었다네. 15, 16편은 필요한 시간이 지나면 잇따라 나올 것이라고 그[머리]가 말한다네."

11월에 런던그리스위원회의 대표로 레스터 스탠호프(Leicester Stanhope) 대령이 케팔로니아에 왔다. 그는 인도에 근무한 적이 있었으나, 현실적인 네이피어 대령과는 아주 대조적인 인물이었다. 그는 그리스 독립은 그리스에 공화주의 기관과 인쇄소만 세우면 가능하다고 믿는 비현실적 벤담주의자였다.

런던그리스위원회는 제러미 벤담(Jeremy Bentham)의 추종자가 주도했다. 그 추종자들은 벤담의 "최대 다수의 최대 행복"이라는 원칙을 문자 그대로 적용하고 실천하려 하였다. 스탠호프도 광적인 벤담 추종자였으며, 그의 사명은 튀르키예인들을 이기는 것이 아니라, 멀리 내다보아 입헌 정부를 세우도록 시민들을 교육시키는 것이었다. 그 목적을 달성하기 위하여 그는 전쟁 중인데도 인쇄기를 가지고 와서 곧 신문을 찍어 그리스인들을 계몽부터 시켜야 한다고 했다. 그는 그 전에도 군 보급품이 절실히 요구된다는 말을 듣고도, 엉뚱하게도 수학 도구와 많은 트럼펫을 보내오게 했다. 바이런은 곧 런던에 불쾌감을 전했으며 "우리는 먼저 정복하고 그 다음에 계획을 세워야 합니다. 트럼펫 사용엔 회의가 듭니다…. 왜냐하면 그리스사람들은 나팔에 대한 귀가 없거든요."라고 했다.

스탠호프가 벤담에 관한 이야기를 바이런에게 했지만, 바이런은 벤

제러미 벤담

담에 대해 좋은 인상을 가지고 있지 않았다. 바이런은 과격한 철학 이론을 가진 사람을 언제나 가장 못난 인간으로 쳤다. 네이피어는 다음과 같이 기록했다. "[바이런은] 그 책[벤담의 저서 『행동의 원천』(Springs of Action)]을 한번 슬쩍 보더니 '행동의 원천이라! 염병할 행동의 원천! 나는 그가 아는 것보다 염병할 정도로 더 많이 알지'—그리고는 화가 나서 그 책을 바닥에 내동댕이쳤다." 홉하우스에게 바이런은 이렇게 말했다. "그 늙다리 바보가 행동의 원천에 대해 뭘 알아—내—안에 원천이 더 있어."

바이런은 스탠호프를 냉소하여 "인쇄체 대령"이라 불렀다. 그 대령은 이론이 늘 왔다 갔다 해서 바이런이 듣기에 거북했다. 그러나 그리스위원회 일을 맡아 일을 덜어주는 것은 꼭 기분 나쁜 것만은 아니었다. 바이런은 말벌 벌집 같은 본토에 스탠호프가 자기보다 먼저 12월에 들어가는 것을 보고는 속으로 참 용감하다고 생각했다. 그는 자킨토스를 경유해 메솔롱기로 간다고 하여 바이런은 그리스 정부 요로와 마브로코르다토스에 보낼 서신을 그에게 맡겨 전하게 했다.

바이런은 메탁사나에 거의 혼자 남게 되자 여러 가지 생각이 떠올랐다. 그리스에 오기 전부터 시는 멀리했으나 일기장엔 앞으로의 진로에 대해서 적었다. "술리오트인들은 나의 개인 깃발과 보호 아래에 들어오려고 안달이다. 자유라는 대의명분을 내건 전쟁에 마침내 내가 장수가 될지 모른다는 사실이 매력적인 꿈이다."

12월 11일에 마브로코르다토스가 이드라에서 메솔롱기로 왔다. 그는 최대한 듣기 좋은 말을 골라 바이런에게 편지를 썼으며 이 편지를 스탠호프가 가져왔다. 그는 편지에서 하루 빨리 바이런이 메솔롱기로 와야 한다고 한 뒤 바이런의 존재는 군대에 "전기 자극을 줄 것"이라고 하였다. 그는 또 "남작님, 그리스의 운명을 안전하게 만드는 것은 남작님에게 달려 있음을 헤량하십시오. 본인은 우리 함대 중에서 가장 좋은 선박을 케팔로니아로 가도록 명했습니다." 그러나 바이런은 그리스인의 수사법을 곧이곧대로 믿지 않았다. 그때 본토에서 사건을 자세히 전하는 헤이스팅스의 편지를 본 뒤, 그의 회의는 더 깊어졌다. 그는 행동할 때가 왔음을 알았으나 떠나기 전에 챙겨야 할 일이 많았다.

바이런은 자신의 자본이나 몸이나 어떤 것이라도 아끼겠다는 생각은 전혀 없었다. 그는 키네어드에게 그가 모을 수 있는 재산이든 신용이든 다 끌어 모아 돈을 만들어 달라고 했다. 그 편지의 목소리는 상당히 격앙되어 있었다. "만약 로치데일이 매각 완료된다면 나는 여기서 군대를 가질 것이고, 그래, 아마도 그 군대를 지휘할 수 있을 거네…. 만약 우리가 100,000스털링만 수중에 있다면 우리는 지금 콘스탄틴(Constantine) 시 반쯤은 갈 수 있을 거야."

바이런은 키네어드에게 쓴 12월 23일자 편지에서, 『워너』의 인세가 2~300파운드에 불과하지만 그 돈으로 그곳에서 어떤 일을 할 수 있는가를 설명했다. "300파운드로 나는… 레이션을 포함해서 석 달 동안 100명의 군인을 유지할 수 있다네. 내가 대부해 준 4,000파운드로는, 그리스인들이 몇 달 동안 함대와 육군을 움직일 수 있다네. 그리스 함대의 배 한 척이 나를 메솔롱기에 데려가려고 왔는데 그곳에는 마브로코르다토스가 와 있으며 내가 곧 상륙하도록 지휘하고 있다네."라고 말했다. 그의 편지는 계속된다. "전비 마련을 위해 자네가 가능한 모든 수단과 또 내 신용으로 대출할 수 있는 돈을 다 모으게…. 나는 여러 당파를 화해시키기 위해 갖은 노력을 다해 왔고 성공의 희망도 보인다네. 튀르키예군은 아나톨리코(Anatoliko)를 몇 번 공격해 보고 성과가 없으니 전쟁도 치지 않고 아카르나니아에서 퇴각했고, 그리스군은 이 군도에서 승리했다네. 그곳 함대는 돈과 화물을 실은 튀르키예 코벳함을 한 척 나포했다네….

그동안 나는 [그들의] 회계주임 같았다네. 이 전쟁과 이 나라의 성격을 볼 때 개인자산도 부분적으로 또 일시적으로 [큰] 기여를 한다는 것이네. 스탠호프 대령은 메솔롱기에 있으며, 우리는 다음엔 파트라를 공격해 볼 거라네. 내 친구 술리오트인들은 자신들에게 오기를 바라고 마브로코르다토스도 그렇다네. 내가 두 집단을 화해하는 데 성공한다면 그것이 큰 성과가 될 걸세…. 다시 한번 부탁드리네. 내 모든 법적 자원과 자산을 다 동원하고, 잔고와 대출금을 최대로 늘려 [돈을] 실제로 쓸 수 있게 해 주기 바라네-왜냐하면 결국 알막(Almack)이나 뉴마켓에서 하는 노름보다 나라를 걸고 하는 노름이 더 낫기 때문일세." 바이런은 홉하우스에게 보낸 쪽지의 끝을 이렇게 맺었다. "마브로코르다토스의 편지에는 내가 있으면 '군대에 전기가 흐른다'고 하구만. 그래서 나는 술리오트족에게 전기가 좀 흐르도록 건너가겠네."

메솔롱기 사람들이 바이런을 초조하게 기다렸다. 마브로코르다토스는 이렇게 말했다. "본인은 귀하의 도착을 얼마나 기다렸는지, 모든 사람들은 귀하의 입성을 얼마나 갈망했는지, 귀하의 입성이 우리의 업무에 얼마나 훌륭한 방향 제시가 될 것인지는 말할 필요가 없을 것입니다. 당신의 충언을 신탁처럼 경청할 것입니다."

바이런이 그들이 보낸 배를 타고 오지 않자 스탠호프는 "실망이 대단히 컸습니다. 대공께서는 불안 증세를 보였고, 제독은 우울해 보였고, 선원들은 큰 소리로 불평을 했습니다."라고 전했다. 스탠호프는 런던위원회에 "마치 메시아가 오는 것처럼 모든 사람들은 바이런의 도착을 학수고대했습니다."라고 적어 보냈다. 그들이 학수고대한 것은, 바이런이 그들에게 약속한, 그리고 그들이 전적으로 함대에 지불해야 할 돈 때문이기도 했다. 만약 돈을 가지고 오지 않는다면 선원들은 곧 군대를 떠날 것이어서 메솔롱기가 위험해질 수 있었다. 그렇게 된다면 그리스군이 네팍토(Nepacto)와 파트라 요새를 치려는 작전은 물거품이 될 수밖에 없을 것이었다.

바이런이 마브로코르다토스가 보낸 배를 타지 않은 것은 영국이 중립의 원칙을 깬다는 비난을 들을까 봐 걱정되었기 때문이기도 했다. 그러나 바이런은 스스로 떠날 채비를 다 하였다. 그는 12월 26일에 메탁사타를 떠나 핸콕과 함께 아르고스톨리에서 순풍을 기다렸다. 그는 섬에 있는 두 척의 배를 빌렸는데, 한 척은 가벼운 쾌속정이고, 다른 한 척은 큰 화물선이었다.

바이런은 브루노, 플레처, 루카스 외에 케네디와 뉴펀들랜드 개 라이언도 승선시켰다. 화물선에는 피에트로, 집사 잠벨리 및 다른 하인, 말, 대부분의 화물, 그리스위원회의 보급품, 그리고 모레토(Moretto)라는 불도그를 실었다. 그 보급품 속에는 스탠호프의 인쇄기를 비롯하여 그리스위원회에서 보낸 잡다한 것도 들어있었다.

12월 29일 그들은 먼저 자킨토스로 향해 출항하였다. 핸콕과 뮤어는 바이런이 쾌속정에 승선할 때 작은 배로 와서 환송하여 주었다. 일행은 그 이튿날 아침 자킨토스에 도착하였다. 자킨토스에서 바이런은 8천 리벤트 달러(1,600파운드)를 추가로 실었는데, 이것은 핸콕의 동업자인 바프로부터 수령한 것이었다.

12월 30일 저녁 6시에 자킨토스에서 메솔롱기를 향해 순풍에 돛을 올렸다. 피에트로는 이렇게 기록을 남겼다. "우리는 밤 10시 넘을 때까지 함께 항해했다. 순풍이었다―맑은 하늘, 셌지만 차지 않는 바람이었다―선원들은 번갈아 가면서 애국의 노래를 불렀다…. 우리들은 모두 특히 바이런 경은 기분이 최고였다. 쾌속정은 빨리 나아갔다. 파도가 우리를 갈라놓아 우리 목소리가 더 이상 들리지 않았을 때 우리는 피스톨과 카빈을 쏘아서 신호를 했다―'내일 우리는 메솔롱기에서 만나리라―내일.' 이처럼 자신감과 기백으로 가득 차서…. 12시에 우리는 서로를 볼 수 없었다."

12월 30일 바이런이 온다는 소식이 전해지자 메솔롱기 전체가 메시아를 맞이하는 듯 기쁨으로 넘쳤다. 그들은 바이런이 많은 돈을 가지고 있다는 것을 알았다. 그러나 군인, 특히 몇 달이나 봉급을 받지 못한 술리오트인과 그리스 함대 선원은 반대로 귓속말로 도망갈 궁리를 하였다. 바이런의 돈을 줄 것이라는 약속까지도 그들을 묶어 놓을 수는 없었다. 메솔롱기에서 떨어진 곳에 정박 중이던 그리스 함대는 기어이 밧줄을 끊고 도망을 가버렸다. 그러자 튀르키예군이 무시로 항구 앞까지 들락거렸다.

자킨토스에서 메솔롱기까지는 몇 시간만 항해하면 되는 가까운 거리였지만 그 항해에 큰 마(魔)가 끼었다. 메솔롱기는 튀르키예군이 봉쇄해 놓고 있었을 뿐 아니라, 얕은 늪지에선 수로를 찾아 배를 몰아 입항해야 하므로, 여러 가지 위험과 난관이 도사리고 있었다.

바이런은 만 입구에만 가면 그리스 함대가 바이런의 배를 호위할 것이라고 믿었다. 화물선이 뒤따라오기를 기다려 바이런의 배가 돛을 낮추고 천천히 입항을 하는데 갑자기 큰 배의 고물이 보였다. 12월 31일 새벽 두 시경이었다. 처음에는 그리스 선박인 줄 알았지만 피스톨의 사정거리가 되자 튀르키예 프리깃함임을 알았다. 다행인 것은 튀르키예군도 그 배가 튀르키예인들이 탄 그리스 배로 착각하고 사격을 안 했으며 큰 고함소리로 그들을 환영했다.

갑판 위에 있던 바이런은 두려움에 돌처럼 굳어졌다. 플레처가 기억하기로 개까지도 "밤새도록 짖다가 튀르키예 프리깃함이… 접근하자 끽 소리도 내지 않았다." 선장은 키를 재빨리 돌려 다른 방향으로 나갔다. 바람은 꽤 세었다. 빨리 달리던 쾌속정은 어둠 속에서 멀리 달려 나와 새벽엔 해안 가까이에 있었다. 새벽 여섯 시경에 그들의 배 두 척은 헤어졌다. 그들은 큰 배 두 척을 보았는데 멀리 있는 한 척이 분명히 그들의 화물선을 추격하는 것 같았다.

바이런의 배는 메솔롱기에서 몇 시간 거리에 있는 스크로페스(Scrofes) 암벽의 한 후미진 곳으로 들어갔다. 바이런은 루카스와 또 한 사람을 내려 스탠호프에게 빨리 가서 자기 편지를 전달케 했다. 바이런은 그의 친구 조지 드레이크(George Drake)와, 육로든 운하로든 바이런 일행을 호위할 술리오트군 일 개 부대를 보내주면 좋겠다고 했다. 그들 배는 두 번이나 바람에 불리어 가 암벽에 부딪혔다.

스크로페스 암벽 근처 오목한 곳에 숨어 있을 때 그들을 추격하던 배가 거기까지 따라왔다. 그들은 재빨리 튀어나왔다. 거기 있다가는 무장한 튀르키예 배의 공격에 꼼짝없이 당할 수 있었다. 북쪽으로 해안을 따라 올라가다가, 밤이 들기 전에 드라고메스터(Dragomestre, 지금의 아스타코스(Astakos))라는 안전한 항구를 발견했다. 그곳은 메솔롱기로부터는 서북쪽으로 약 50km쯤이나 떨어진 곳이었다. 그 항구에 사람을 보내 호송선을 부르려고 했지만, 연락이 되지 않아 (1824년) 일행은 옷도 벗지 못한 채 갑판 위에서 자야 했다. 그는 그리스를 위해 쓸 16,000달러와 바이런 개인 돈 8,000달러를 갖고 있었고 위원회의 잔고도 있었기 때문에 그것을 지키기 위해서였다. 그 도시의 대주교들과 관리가 승선해 온갖 환대를 했으나, 바이런은 절대 배를 떠날 수 없었다. 마지막 날까지 갑판 위에서 벼룩에 뜯겨야 했는데 그것을 피하는 유일한 방법은 발가벗고 물에 들어가 수영하는 것밖엔 없었다.

스탠호프는 바이런의 급보를 받고 무장선 두 척에다 술리오트군 한 중대를 실어 바이런을 안전하게 호송해 오라고 보냈다. 그 포함들이 1월 2일 드라고메스터에서 바이런의 배를 발견했지만 바람 때문에 3일까지는 메솔롱기까지의 짧은 항해도 불가능하였다.

여기서 바이런이 기분전환으로 한 행동이 결국은 죽음에 이르는 후유증을 남겼다. 그는 보트로 얼마만큼 떨어진 작은 바위로 가서는 남경 바지를 가져오라고 해서 그 바지를 입고 헤엄을 쳐서 배로 되돌아왔다. 1월 3일이라 바다는 거칠고 날은 추워 그 수영은 무모하기 짝이 없었다. 그것이 바이런의 건강을 많이 해친 것은 틀림없었다. 당장은 아무 일 없었으나 2, 3일 후에는 뼛골이 쑤셨으며 이때 걸린 병은 죽을 때까지 완전히 낫지 않았다.

현금이 약 8,000달러가 실려 있던 다른 배도 죽을 고비를 넘겼다. 그 화물선은 추격을 당하다 결국 튀르키예 배에 나포되었다. 화물선 선장부터 심문을 받기 위해 갑판에 끌려나왔다. 피에트로는 튀르키예인들에게 수상하게 보일 하인, 말, 총, 현금, 인쇄기, 대포, 바이런의 문장이 새겨진 투구 등을 생각하니 앞이 캄캄했다. 그러나 가장 위험한 것은 바이런의 일기와 그리스 지도자들과의 주고받은 서신이었다. 피에트로는 튀르키예인들 몰래 바이런의 편지 한 뭉치를 50파운드의 탄알에 묶어 바다에 던져 버렸다. 튀르키예 선장이 화물선의 선장의 목을 베고 배를 침수시킬 것이 분명했기 때문이었다. 그동안 마브로코르다토스는 이 화물선을 구하려고 세 척의 배를 보내 해안을 샅샅이 수색했다.

하늘이 그들을 도왔다. 피에트로가 자세히 보니 그 튀르키예 선장은 아는 사람이 아닌가. 그 선장은 그가 15년 전에 흑해에서 난파당했을 때 그의 목숨을 건져 준 인물이었다. 튀르키예 선장도 그를 알아보고 반가워서 얼싸안고 그를 자기 방으로 데려갔다. 그들이 파트라에 도착하자, 튀르키예 선장은 피에트로를 자기 배에 오르게 했다. 그 선장은 감바 백작이 선물로 내놓은 망원경, 럼주, 포터주를 정중히 받았다. 그는 그를 그 요새의 사령관인 유수프 파샤(Yusuff Pasha)에게 데려가 인사까지 시켰다. 다른 튀르키예인들도 정중한 친절을 베풀었다. 그들은 친한 친구에게 하는 당연한 예절로, 피에트로 일행에게 사냥이라도 같이 가야 하지 않겠느냐고 물었다. 그들은 그 화물선을 풀어 줬다. 4일에 출발을 하여 당일 11시에 메솔롱기에 도착해 보니 바이런은 아직 도착하지 않았다. 그들은 적잖게 놀랐고 걱정이 밀려 왔다.

제 29 장
노엘 바이런 장군
(1824년)

바이런이 메솔롱기에 도착하는 장면

바이런은 우여곡절 끝에 1월 4일 밤 11시에 메솔롱기항에 무사히 입항하였지만 5일 오전까지 상륙하지 않았다. 바이런은 예의를 갖추기 위하여 붉은 군복을 갖춰 입고 11시에 상륙했다. 튀르키예군이 떠난 뒤 다시 모이게 된 그리스 함대는 그가 지나가자 21발의 예포를 쏘았다. 군대가 표할 수 있는 최대의 경의였다. 그러나 전 함대에서는 바이런이 그들의 급료를 가져왔음을 알고는 술렁이기 시작하였다. 시민들이 그림같이 화려한 옷을 입고 나와 환영했다.

마브로코르다토스, 스탠호프, 그리고 외국군 및 그리스군 장교가 그가 묵을 집 대문에 도열하여 그를 맞았다. 이것이 마브로코르다토스와 첫 만남이었다. 그는 땅딸막하였고, 작고 동그란 안경테 안에 보이는 눈은 군 지휘관이라기보다는 영리한 학자 같았다.

알렉산드로스 마브로코르다토스

네이피어 같은 사람들이 그리스에서 믿을 수 있는 유일한 인물이 마브로코르다토스라는 점을 확신시켜 주었기 때문에, 바이런은 그를 신임하였다. 콘스탄티노플에서 교육받은 그는 대공(大公)이라는 칭호가 붙어 있었는데 그 조상이 왈라키아(Wallachia) 및 모다비아(Modavia)를 통치했기 때문에 그 칭호가 붙어 내려왔다. 그는 젊었을 때 동양 언어를 익혔고, 밀린전에 따르면 "훌륭한 그리스 학자이면서 불어를 프랑스 사람처럼 잘 구사했으며, 영어와 이탈리아어도 잘한다."고 했다.

바이런의 거처는 민가로서는 가장 큰 집인 아포스톨리 캅살리스(Apostoli Kapsalis) 가(家) 2층으로 정해져 있었다. 그 집은 내부 장식이 없는 3층 건물로, 아르고스톨리의 주교 캅살리스의 소유였다. 그 집 분위기로 봐서 그곳이 야전군 본부인 것을 의심하는 사람은 없었으리라. 스탠호프는 이미 1층을 맡았고 주인 캅살리스도 방 몇 개를 썼다. 그 집은 마당을 둘러

가며 본채에서 붙여 낸 곁채가 몇 채가 있었고 집 뒤쪽은 터진 공간이어서, 훗날 바이런은 술리오트인 근위병의 훈련장소로 이용했다. 오늘날엔 이 집터에 새로 건물을 올려 메솔롱기 바이런 센터(The Messolonghi Byron Center)가 되어 있다.

바이런은 2층 전부를 맡았다. 거기에는 침실과, 석호를 바라다볼 수 있는 거실과, 하인 방 두세 개가 있었다. 가구는 야전 침대와 장의자가 전부여서 튀르키예식으로 일종의 매트리스 위에 방석을 깔고 앉았다. 바이런의 적잖은 무기—소총, 피스톨, 사브르—는 도색하지 않은 벽에 죽 걸었다. 피에트로의 방은 층계참 건너편에 있었으며 그가 다쳐 다시 일어설 때까지 거기에 들어가 본 사람이 없었다. 술리오트군 장교들도 이 건물 1층을 차지했다.

밀물 때나 비 오는 날은 집 주변이 늪으로 변해서 배를 타야만 이 집에 오갈 수 있었다. 남쪽은 석호 너머로 전망이 좋았고, 맑은 날엔 모레아의 산들과 가끔은 이오니아 제도의 희미한 윤곽까지 가려볼 수 있었다.

바이런이 도착한 날부터 비가 추적추적 장맛비처럼 내렸다. 거리와 골목엔 수채물이 흘러넘쳤다. 바이런이 든 집에서 조금 떨어진 곳에 물막이가 있었지만 물이 그 물막이마저 넘을 것 같았다. 주변이 진흙탕이었고 겨울 모기가 극성이었다. 바이런은 이미 파트라에서 그것에 물려 말라리아 열병에 걸린 적이 있었고, 그 열병이 몸에 잠복해 있다가 베네치아에서 재발하기도 했었다.

바이런이 여기에 도착하기 전에 한 잔혹한 사건이 벌어졌었다. 메솔롱기항에 들어온 그리스 함대 14척이 튀르키예 함대 4척과 게임이 안 되는 전투를 벌였다. 그리스 함대는 튀르키예 함선 한 척을 이타카 해안까지 몰아갔다. 그리스 선원들은 그 적선(敵船)에 보물이 있는 것을 알고 그것을 차지하려고 그 배의 선원을 몰살하는 만행을 저질렀다. 바이런이 '그리스의 워싱턴'이라고 부른 마브로코르다토스가 메솔롱기에 도착하기 이전에 일어난 학살 사건이었다.

튀르키예 함대로부터 메솔롱기를 구해내겠다고 그 도시에 와서 실제로 그 도시를 지켜낸 그리스 전함은 고작 열네 척뿐이었다. 그중에 아홉 척은 보수할 필요가 없어 이드라로 돌아가고 겨우 다섯 척만 남아 있었다. 그 배의 선원들은 배를 떠나 해안에서 한가로이 불평이나 늘어놓고 있었다. 이 도시 주민들도 식량 부족과 목전의 튀르키예 함대의 위협 등으로 그 선원들 못지않게 불안과 불만이 팽배해 있었다.

서부 그리스군을 단결시킬 목적으로 이 도시에서 큰 회의가 열릴 참이었는데 그것 또한 불안의 요소였다. 그 회의는 산악지방의 거친 족장(族將)들이 불만을 터트리는 장소여서 자칫 위험한 돌발사건이 일어날 수 있었다. 이 회의에 참석하려는 족장들은 다 부하들을 대동하였다. 이 회의 의장 마브로코르다토스는 이때 500명의 무장군대를 데리고 이 도시에 진주하고 있었다. 정부의 급료나 식사가 형편없다 보니 이 대공도 선원들만큼이나 불만이 컸다.

요컨대 어디를 봐도 그곳 사람들은 적과의 전쟁이 아니라 서로와의 전쟁을 먼저 치러야 할 판이었다. 바이런이 도착하자 사람들은 바이런이 이런 불화와 갈등을 말끔히 해결해 줄 것이라고 믿었다. 선원들은 바이런이 마브로코르다토스에게 차관을 약속했으므로 그들의 밀린 급료는 꼭 나온다고 믿었다. 바이런은 그 기대에 맞춰 선원들에게 급료부터 지급토록 조처를 취했다.

좋든 싫든 바이런은 마브로코르다토스와 함께 서부 그리스군을 돕지 않으면 안 되었다. 그는 여전히 모든 단체로부터 독립되어 있었으나, 메솔롱기가 그리스의 다른 어떤 곳보다도 독립을 위한 열의가 높은 것은 분명해 보였다.

1월 13일 바이런은 자신이 보짜리스의 용감한 술리오트인 500명을 다시 모아 한 여단을 만들고 그 급료를 책임지겠다고 하였다. 정부는 그 의향을 듣고 그의 휘하에 100명을 더 넣으면 좋겠다고 했다. 그는 오래 가슴에 담아 왔던 군인의 꿈을 실현하는 듯했다. 스탠호프는 "그는 군사적 열정과 기사도 정신이 넘쳐났으며, 곧 레판토 원정을 개시할 것이다."고 말했다. 밀린전은 이렇게 말하였다. "그의 집은 군인들로 가득 찼다. 그의 응접실은 시인의 방이라기보다는 병기고 같았다. 벽면에는 검, 피스톨, 튀르키예 검, 단검, 라이플, 총, 나팔총, 총검, 헬멧, 나팔… 등으로 꾸며져 있었다. 공격, 기습, 돌격, 매복기습, 전투, 포위 등이 그와 다른 지휘관과의 대화에서 등장하는 낱말들이었다."

다른 술리오트인들도 바이런은 돈이 무궁무진하다고 알고 연체된 급료를 받을 때까지 메솔롱기를 떠나지 않으려고 했다. 그들은 전혀 말이 통하지 않았으나, 반대로 돈만 주면 무엇이든지 잘 해냈다. 무슨 행동이든지 핑계가 많았지만 용맹했기 때문에 그나마 메솔롱기를 지켜 올 수 있었다. 그러나 그들 가족은 그 도시의 가장 열악한 빈민이 되어 있었다. 마브로코르다토스

술리오트인 장교

는 사실 다른 그리스의 족장과는 달리 자기 종족의 군대가 없었기에, 이 술리오트인 용병을 자신의 군대로 간주하였다. 그렇다 보니 그들이 무리한 행동을 해도 눈감아 주지 않을 수가 없었다.

각 지방에서 지휘관과 족장을 따라온 병력이 4~5천 명이나 되었다. 마브로코르다토스는 코린트만 남북 해안에 있는 튀르키예 요새를 탈취할 안을 제시했다. 그는 북해안에 있는 유일한 튀르키예 요새인 레판토(더 일반적인 그리스 이름은 나우팍토스(Naupaktos)) 요새만 공취하면, 메솔롱기에 남아 있는 다섯 척의 스페찌오트함과 두 척의 화선(火船)만으로도 맞은편의 파트라와 모레아성의 공취는 어렵지 않다고 역설했다.

이 이야기를 듣자 바이런은 자신이 술리오트인을 이끌고 가서 레판토 요새를 치고 싶었다. 마브로코르다토스는 바이런이 술리오트인들을 자기 봉급자 명단에 넣으려는 열의를 보고는, 바이런이 레판토 공격을 지휘할 적격의 인물이라는 의견을 냈다.

차가운 겨울비는 시도 때도 없이 내렸지만, 바이런은 축축하고 불편한 생활방식에 쉽게 적응해 갔다. 그가 가지는 위안이란 여전히 말 잘 듣는 플레처와, 위급할 때 언제나 달려오는 티타를 가까이할 수 있다는 것이었다. 잠벨리는 돈궤를 챙겼고 공식적인 편지를 썼다. 트렐라니가 데려다준 흑인 하인은 요리와 집안 살림을 도맡았다. 시종 옷을 입힌 그리스 소년 루카스도 바이런이 부르면 언제나 금방 달려왔다.

1월 중순에 피에트로가 되통스런 일을 저질렀다. 그는 붉은 천과 유포(油布)를 바이런이 주문하라고 한 것보다 많이 주문했다. 그는 바이런의 허락 없이 장화, 채찍, 넓은 광목, 노트 등을 구입하여 계산이 645파운드나 되었다. 레판토의 공격을 위해 모든 군수품을 절약해야 할 때에 그런 데된 짓을 한 것이었다.

돈이 좀 나간 것이 마음에 걸리긴 했으나 바이런은 언제나 큰 문제에 눈을 돌렸다. 그 무렵 그는 랭커스터 부동산, 즉 로치데일을 매각한 대금이 오기를 기다렸다. 그 토지는 몇 년간 소송을 벌인 끝에 다행히 11,225파운드로 제임스 디어던(James Dearden)에게 매각되었다고 키네어드가 편지로 그 전해 11월 2일에 알려왔다.

그리스 정부의 입법부와 행정부는 각기 따로 바이런에게 서한을 보내 그를 국민적 은인이라고 잔뜩 치켜세운 뒤, 정부 내에 불미스런 갈등이 빚어진 것에 대해 유감을 표했다. 그 두 부(府)는 영국이 다시 20,000~30,000달러를 빌려주면 칸디아(Candia: 크레테(Crete))를 수복하는 데 유용하게 쓰겠다고 했다. 그러나 바이런은 메솔롱기 정부가 부도에 몰리지 않도록 해 주는 것이 우선이었다.

1월 18일 밤에 바이런과 동료는 거리에서 머스킷총 소리를 들었다. 그리스인들은 흥분하면 화기를 쓰므로 별로 놀랄 일이 아니었지만 이번에는 달랐다. 시민 한 사람이, 술리오트인들이 자기가 없는 사이에 자기 집을 차지해 버렸다고 메이어(J. J. Meyer) 박사에게 하소연하고 있을 때, 한 술리오트인이 지나가면서 그 시민을 쏘아 죽여 버렸던 것이었다. 이것은 종족 갈등으로 비화했다. 마브로코르다토스가 군사령관들에게 그 용의자를 잡아들이라고 엄명한 뒤에도 종족 간에는 팽팽한 긴장감이 흘렀다.

설상가상으로 그 이튿날에 또 다른 사건이 터졌다. 튀르키예 함대가 다시 코린토스만에 출현한 것이었다. 당연히 메솔롱기를 방어해야 할 그리스 스페찌오트함 다섯 척이 닻을 들어 도망쳐버려, 바이런은 심히 심기가 불편했다. 21일 아침에 튀르키예 전함 10척이 메솔롱기 앞바다에 들어와 메솔롱기 시는 앞뒤로 완전히 봉쇄되고 말았다.

바이런은 일신의 편안을 생각할 여유가 없었다. 그가 생각해야 할 첫 번째 문제는 레판토 공략에 투입할 포병대를 만드는 일이었다. 가장 믿을 사람은 아직 도착하지 않았지만, 화기책임자 패리(William Parry)였다. 그는 어느 때라도 재료와 사람만 있으면 앤(Ann) 호에서 콩크리브 로켓포와 다른 현대 무기를 만들어 낼 수 있다고 했다. 바이런이 지원해야 할 데가 한두 군데가 아니었지만, 포대 창설 지원금으로 100파운드를 약속했고, 스탠호프에게도 50파운드 지원을 약속했다. 그러나 1월 21일 메솔롱기가 봉쇄되는 바람에 포대를 만들 인력과 물자를 가지고 올 앤호의 입항 자체가 불투명해져 버렸다.

튀르키예 군함을 모두 내쫓아버리겠다고 공언하고 나온 사람이 바이런이었다. 그는 튀르키예 군함의 삭구를 못 쓰게 만든 뒤 작은 보트로 튀르키예군을 공격하여 그 군함들을 모두 암벽으로 내쫓아버리겠다고 작전을 세웠다. 바이런이 그 공격에 제일 앞장서자 모든 유럽인들이 지원을 약속하였다. 그러나 주변 사람들이 들어보니 용기는 좋았으나 만용 같았다. "우리는 곧 이런 절체절명의 작전에 그런 사람을 내세운다는 것은 바보짓임을 알게 되었다. 그리고 우리는 그가 그 일을 포기하도록 하는 데 모든 힘을 모았다…. 그리고 [바이런은] 누가 자기보다 앞설까 봐 시기심이 대단히 많았다." 피에트로가 이때 상황을 기록한 것이다.

바이런이 그렇게 나서는 데는 내면적인 이유가 있었다. 그는 자신이 영웅이 되는 꿈이, 이상적인 사랑처럼 덧없이 사라져버릴까 하여 늘 초조하였다. 그의 영웅이 되고픈 열망과 이상적인 사랑에 대한 갈증은 다른 것이 아니었다. 영웅이 되려는 꿈은, 손만 대면 사라져 버리는 이상적인 사랑과 다르지 않았다. 그가 아직도 로켓(locket)에 에들스톤의 머리카락을 넣어 다니는 것도, 이상적인 사랑에 대한 간절한 동경 때문이었다. 아마도 미소년 루카스를 통해서도 에들스톤을 환생시키고 싶었을지 몰랐다.

바이런은 더 이상 육체적 매력을 가지지 못한 데서 오는 좌절감도 컸다. 머리카락은 숱이 적어지면서 세기 시작했고, 이는 흔들렸고, 얼굴은 통통했지만 축 늘어졌다. 루카스는 바이런이 호의와 애정을 베풀었으나 감사의 표현은 물론이고 아무런 반응을 보이지 않았다. 그것이 바이런에게는 슬픔이고 환멸이었다. 이 점은 바이런이 가장 친한 친구에게도 고백할 수 없었다. 1월 21일 36회 생일 전날 밤에 그는 자기 내면을 솔직하게 이렇게 표현했다. 「서른여섯 번째 해를 보낸 오늘」(On This Day I Complete My Thirty-Sixth Year)이라는 제목의 시에서 "내 하루하루는 노란 단풍 속에 들고/ 사랑의 꽃과 열매는 사라졌다."고 하고서 "내 가슴에서 타던 불은/ 화산섬처럼 외롭고/ 어떤 장작으로도 당겨가지 못하는 불ㅡ/ 화장용(火葬用) 장작!"이라고 썼다. 그는 소외감을 느꼈다. 그는 불이기는 하지만 아무도 그 "불을 당겨가는 일"이 없는 불이었다. 그것은 "화장용 장작!"에 불과하였다.

그는 다시 살아서는 그리스를 떠나지 못하리라는 예감이 들었다. 그가 티타에게 이탈리아로 돌아갈 것 같으냐고 물었더니 '예'라고 대답했다. "남작님 가시면 저도 갑니다." 바이런은 미소를 짓고는 말했다. "못가. 티타. 나는 결코 그리스를 못 떠나ㅡ튀르키예인이나 그리스인이나 기후가 [나를] 못 가게 말릴 거야."

메솔롱기에 도착한 후 바이런이 취한 첫 번째 조치가 전쟁의 만행을 막는 것이었다. 이것이 그가 이 독립운동에 참가한 목적 중 하나이기도 했다. 피에트로가 튀르키예인 네 사람이 메솔롱기에 갇혀 있다는 소식을 듣고 와서, 바이런은 그들을 자신이 처리하겠다고 하여 허락을 받았다. 그는 1월 23일 네 명의 튀르키예 포로를 중립국인 영국 배에 실어 오토만 함대에 보내 주면서 유수프 파샤에게 편지를 썼다. "친구 한 명과 제 가복(家僕)이 탄 배가 억류되었습니다만, 전하의 명으로 풀려나서 이제야 감사를 드립니다. 본인이 감사드리는 것은, 중립국의 국기를 달고 영국의 보호 하에 있는, 그래서 아무도 억류해서는 안 되는 그 배를 풀어줘서가 아니라, 그들이 전하의 보호 하에 있을 때 극진한 친절로 대해주신 점에 대해서입니다. 따라서 전하의 심기를 불편하게 하지 않으리라는 희망에서, 본인은 이 지방 지사에게 네 명의 튀르키예 포로를 석방하라고 간청했으며 지사는 인도적 조치로 그러기를 승낙하였습니다. 본인은 지난번 사건에서 전하가 보여준 예절에 답하기 위하여 가능한 한 조속히 귀환하도록 [조치를 취했습니다]…. 본인은 전하께서도 수중에 들어오는 그리스인도 인도적으로 대해 주실 것을 요망하는 바입니다. 특히 전쟁의 공포는 그 자체로서 충분히 크기 때문에, 양쪽에서 임의의 잔혹성으로 인한 감정의 악화가 없었으면 하고 바랍니다."

또 다른 조치로도 사람들의 칭송을 들었다. 그리스 순항선이 여성과 아이들이 탄 튀르키예 배를 나포했다. 자칫 여성과 아이들에게 비인간적 행위를 할 수 있었다. 바이런은 이번에도 특별히 요청을 하여 그 튀르키예인들을 자기 처분에 맡겨 달라고 했다. 이때의 광경을 지켜 본 패리(Parry) 선장은[이 사건은 패리 선장이 도착한 이후에 일어났다.] 바이런이 어머니들과 아이들 사이에서 이야기하던 장면을 재미있게 묘사했다. "나를 불러서 그분[바이런]에게 갔더니 그는 그들이 편안하도록 하는 데 역점을 두고 모든 조치를 취해야 한다고 했다…. 그의 오른편에는 통역이 서서 여성들이 고생했던 이야기를 하도록 유도했다…. 그는 갑자기 벌떡 일어서더니 늘 그랬듯이 발뒤꿈치로 삥 한 바퀴 돌고는 통역에게 무언가 말했는데 통역은 곧 여성들에게 그 말을 전했다…. 바이런은 만족해 보였고 [통역은] 그들에게 그냥 가도 좋다고 했다. 여성은 모두 한순간에 신을 벗고 한 사람씩 아이들을 데리고 바이런에게 다가와서는, 그의 손에 열렬히 키스하고 튀르키예식으로 그의 손과 가슴에 축복을 표하고 방을 나갔다. 바이런에게도 [그것이] 너무 감동적이어서 고개를 돌려 감정을 감춰야만 했다."

바이런은 배를 한 척 빌려 아녀자 29명 전원을 태워 프레베사로 보냈다. 가는 도중 필요할 것은 모두 다 실어줬다. 그는 편지로 튀르키예인들도 그리스 포로들에게 같은 은전을 베풀기를 바란다고 했다. 이 인도적 행위는 튀르키예인들 사이에 좋은 반응을 불러일으켰다. 프레베사 지사는 바이런에게 감사를 표하고 앞으로 그의 수중에 떨어지는 그리스인들에게 꼭 같은 배려를 해줄 것을 확약했다.

마브로코르다토스는 1월 25일 불어로 바이런에게 편지를 써서 그를 '서부 그리스 최고사령관'으로 임명했다. 레판토의 튀르키예군을 섬멸할 3,000명 연합군의 지휘권을 그에게 맡긴 셈이었다. 바이런은 외국인이었지만 서부 그리스 최고사령관으로 임명을 받으니 어깨가 무거웠다. 그는 어깨를 으쓱했다. 그는 그 직무를 시작하면서, 술리오트군에 대한 군령 제1호를 내렸다. 그 군령은 "금일 오전… 피에트로 감바 백작의 명을 받아 목적지까지 행진"하라는 것이었다. 이 명령서엔 "노엘 바이런 장군"이라고 서명하여 공식적인 문서에 처음으로 장군의 칭호를 썼다.

바이런은 서부 그리스 최고사령관에 어울리도록 "적절하게 또 멋있게" 일을 처리해야 한다고 스스로 다짐하였다. 런던에 도착한 그리스 차관 교섭단이 바이런에게 돈을 갚아준다고 해도 그 4,000파운드는 결국은 그리스 독립운동에 들어갈 것임을 바이런은 잘 알았다. "나는 모든 기계가 (적어도 이 지점에서는) 내 자신의 비용이 있어야 돌아가도록 되어있다."라고 키네어드에게 말했다. 그는 자신이 번 모든 돈, 노엘 부동산과 곧 로치데일 부동산에서 나올 돈 전부를 아낌없이 그리스 독립운동에 쓸어넣을 뜻을 세웠다.

1월 26일 영국 전함 얼래크리티(Alacrity) 호의 요크(Yorke) 선장이 두 명의 장교와 함께 바이런을 찾았다. 저녁을 먹은 후 바이런과 영국 군인들은 병을 쏘면서 여흥을 즐겼다. 12보 되는 곳에 바이런은 반지만 한 병의 목을 잘랐다. "그의 손은 학질에 걸린 것처럼 흔들렸지만 정확성은 놀랄 만하다."고 그 집에 온 영국 장교 포레스터(James Forrester)가 말했다. 포레스터는 바이런의 수염이 "아마처럼 하얗게 된 것"을 눈여겨보았다. 죽기 두 달 남짓한 이때 그는 말이 흐려졌고 약간은 "스코틀랜드의 억양"이 나타났다.

바다의 사정은 계속 나빴다. 1월 29일에 튀르키예 소함대가 메솔롱기만으로 돌아왔지만 사라진 그리스 스페찌오트함은 돌아오지 않았다. 선원들은 급료를 받으면 머물겠다고 약속을 했지만 돌아오지 않았다.

바이런은 500명의 술리오트인을 직접 데리고 있었다. 그들은 그들 종족의 독립성을 잃지 않으려는 경향이 강했다. 죽은 보짜리스는 그들 종족의 지휘관이어서 그에 대한 불만이 없었겠지만, 누구 한 사람이 모든 종족을 다 지휘하면 불만이 컸다. 바이런은 500명의 군인을 데리고 있었지만 튀르키예의 관습에 따라 가족과 가축도 책임져야 했으므로 결과적으로 1,200명에게 식사를 제공해야 했다.

또 술리오트인들은 패리가 오면 들어가야 할 요새 세라글리오를 차일피일 비워주지 않았다. 언제 올지 모르지만 패리가 오면 보급품을 보관하도록 바이런은 그 요새를 비워둬야 했다. 그는 술리오트인들에게 만약 세라글리오에서 나가지 않으면 곧 제대시켜버릴 것이라고 으름장을 놓았다. 술리오트인들은 바이런과 돈 앞에는 어쩔 수 없어 마지못해 그의 요청을 들어 주었다.

추적추적 비는 그치지 않고 내렸다. 길은 나다닐 수 없을 정도로 질어 푹푹 발이 빠졌다. 본토로 들어가는 길은 물로 막혀 버렸다. 매일 걱정거리가 닥쳤지만 바이런은 승마를 그만둘 수 없었다. 1.6km의 물을 건너야만 말이 달릴 수 있는 굳은 땅이 나왔다. 그는 그 석호를 건널 때 배를 태워 주도록 소년을 하나 고용하였다.

1월 31일 바이런은 패리가 보급품을 싣고 드라고메스터에 도착했다는 연락을 받았다. 술리오트인은 자존심이 높아 짐꾼은 못 하겠다고 하여, 하는 수 없이 사람을 고용해서 짐을 나를 수밖에 없었다. 그러나 그 고용한 사람들도 휴일에는 일을 못 하겠다고 해서 억수 같은 비에 젖고 있는 물자를 바이런 자신이 옮길 수밖에 없었다.

바이런은 그 전해에 튀르키예군을 영웅적으로 격파한 도시 아나톨리코의 주교들이 초청해서 그 도시를 방문하였다. 마브로코르다토스, 바이런, 피에트로, 루카스를 포함한 일행이 2월 1일 아침에 평저선을 타고 출발하였다. 요새화되어 있는 그 섬에 도착하자 소총과 대포의 일제사격의 예우를 받았다. 잘 차려입은 여인들이 발코니에서 손을 흔들었다. 그들은 모두 일박하기를 원했지만, 바이런, 피에트로, 루카스는 지붕 없는 배로 세 시간 동안 비를 맞으며 메솔롱기로 돌아왔다. 피에트로와 루카스는 찬비를 맞아 병이 났다. 바이런은 루카스가 특히 걱정이 되어 침대를 그에게 내어주고 마룻바닥에서 잤다. 그의 감정은 고뇌에 찬 그의 시에 고스란히 나타나 있다. 그는 그 소년에게서 사랑을 느껴 가슴이 달아올랐지만 그 소년은 전혀 무감각하였다.

바이런이 화기 담당자인 패리를 만난 것은 2월 5일이었다. 드라고메스터에서 온 갖가지 보급품을 세라글리오로 운반한 그 이튿날이었다. 스탠호프가 가장 걱정한 것은 그리스위원회가 보낸 석판 인쇄기였다. 그러나 품목을 보니 그들이 기대했던 것이 많이 오지 않았는데 콩그리브(Congreve) 로켓포도 없었다. 그리스인들은 그 무기가 기적을 이룰 것으로 잔뜩 기대했었기 때문에 실망이 컸다. 그걸 만들려면 두 달은 걸려야 한다고 했다.

패리는 도착했을 땐 힘에 넘쳤으나 그 기백은 이 도시의 날씨 때문에 점차 수그러들었다. 2월엔 바이런도 건강이 안 좋았고, 피에트로와 루카스의 병도 잘 낫지 않았다. 바이런에게 유일하게 기분 좋은 일이라면 패리를 만나는 것뿐이었다. 그는 처음부터 패리에게 매력을 느꼈으며, 곧 그에게 그가 겪은 실망과 고민거리를 다 털어놓았다.

울위치(Woolwich) 조병창에서 발탁해 온 기술자는 아직 그리스인들이 전혀 모르고 있었던 신무기 콩크리브 로켓포와 다른 화기를 제조할 줄 알았다. 패리의 보급선 앤호는 필요한 보급품 외에도 기계공과 다른 기술자를 태우고 있어 그 배는 떠다니는 조병창이나 다름없었다. 패리는 메솔롱기에 조병창을 설립할 때까지 그 배에서 최신 무기를 만들고 그 지역 군인을 데려와 훈련시켜야 했다.

패리는 기술자로서 정력과 실무능력은 탁월하여 바이런의 참모들과는 큰 대조를 이루었다. 무기력하고 실전 경험이 없는 피에트로, 경험 없는 두 젊은 의사, 국민계몽에 관한 이론만 무성한 스탠호프가 바이런의 참모가 아니던가. 바이런은 패리가 곧 마음에 들어 그에게 숙소를 제공하고 저녁마다 밤을 새워 술잔을 기울였다. 패리는 바이런이 죽은 후 『바이런의 최후의 며칠』(The Last Days of Lord Byron)이라는 책을 남긴다.

바이런이 패리와 실무적인 이야기를 하다 보니, 그가 레판토 원정에 3,000명을 동원하는 것은 불가능하다는 것을 깨닫게 되었다. 그러나 그는 패리가 일단 포대(砲隊)를 만들기만 하면 즉시 진격하도록 모든 준비를 했다. 그는 파트라에서 탈출한 두 그리스인의 이야기를 듣고 다소 고무되었다. 튀르키예군은 유럽 튀르키예군과 아시아 튀르키예군 사이에 알력이 생겼고, 메솔롱기의 전투준비와 바이런의 보급품에 대해 과장된 소문이 퍼져서 그들의 사기는 땅에 떨어졌다고 했다. 한 알바니아 지휘관은, 튀르키예군이 단지 건성으로 저항은 하겠지만, 바이런이 군대를 지휘하여 성벽 밑에 나타나기만 하면 곧 항복할 것이라고 그리스 첩자에게 귀띔해 주더라고 했다. 공격할 시기가 무르익어 일단 공격만 하면 레판토 요새를 쉽게 탈취할 것 같았다.

 2월 중순경에 패리의 부단한 노력으로 포대의 실전 투입이 가능하게 되었다. 바이런은 원정을 앞두고 술리오트인 부대를 사열하였다. 사기에 문제가 없진 않았지만 다른 큰 장애는 없었다. 바이런은 자신이 지휘할 3,000명의 급료를 지불해야 하는데, 술리오트인들은 한 달 급료를 선불로 내어놓으라고 했다. 감바 백작이 전위부대 200명을 이끌고 진군하여 레판토 밑에서 진을 치기로 하고, 바이런은 본대와 포대를 끌고 곧 따라가기로 했다.

 그러나 큰 문제 하나가 불거졌다. 마브로코르다토스의 강력한 라이벌인 콜로코트로니스가 음모를 꾸몄다. 콜로코트로니스가 보낸 특사들이 사주를 하여, 술리오트군이 엉뚱한 요구를 하고 나섰다. 족장(族將)들이 그들 계산대로 장군 2명, 대령 2명, 대위 2명, 이와 같은 비율로 하급 장교도 임명해 줄 것을 요구하고 나섰다. 피에트로는 이렇게 말했다. "요컨대 실제로는 삼사백 술리오트 병(兵)에, 사병 이상의 계급을 가진 자가 150명은 되어야 한다는 말이다." 배보다 배꼽을 더 크게 만들어 달라는 요구에 바이런은 참을 수 없었다. 콜로코트로니스는 바이런의 전략과 재정적 지원에 시기심을 느껴 못 먹을 밥에 재나 뿌리자는 심사로 그런 요구를 사주했던 것이었다.

 바이런은 피에트로를 통하여 전군에게 알렸다. '그와 그들 사이의 협상은 모두 끝났다. 임무에 충실하지 않은 사람들은 더 이상 신뢰할 수 없다. 그들 가족에게 구호물 공급은 계속되겠지만 단체로서 그들과 맺은

합의는 그날 이후 전부 무효다.'라는 것을. 바이런은 음모꾼이 자신의 용병들을 선동하는 그런 군대는, 독립전쟁뿐만 아니라 자신의 인격에도 큰 손해를 입힐 뿐이라고 생각했다. 그래서 더 많은 정규군이 조직될 때까지 레판토 원정은 미루기로 했다.

 2월 15일 족장(族將)들은 과했다는 것을 깨닫고 전적으로 양보하였다. 술리오트인들은 다시 몰려와 바이런에게 '개인' 군대를 만들어 달라고 요구했다. 바이런은 울며 겨자 먹기로 결국 300명의 술리오트인 군대를 만들어, 감바 백작의 지휘를 받도록 하였다.

 바이런과 이야기를 오래 나눈 패리는 바이런의 속을 잘 꿰뚫어 보았다. 그가 보기에 바이런은 겉으로는 낙관하지만 속으로는 좌절을 느끼는 것이 분명했다. 패리의 기록이다. "책과 그의 개 라이언에서 재미를 끌어내고, 또 그의 하인 특히 티타에서 재미를 끌어내지만, 자기 아파트 담 너머에서 일어나는 일에 대해서 그는 안정도 휴식도 가지지 못했다. 그는 달래기도 하고 통제도 가해야 할 거친 술리오트인에게 배신당했다고 느끼는 듯했다." 바이런은 2월 15일 일기에 "나는 다음의 결론에 도달했다―술리오트인과 더 이상 할 일이 없을 것이다―그들이 튀르키예군에 가든―악마에게 가든, 그들은 그들이 만든 파당보다 더 많은 조각으로 나를 조각낼 것이다. 내가 [포기] 결정을 내기 전에."라고 적었다.

 얼마 후 바이런은 패리가 훌륭한 기술자이긴 하지만, 콩그리브 로켓포도 쏠 줄 모르는 군인이라는 것을 뒤늦게 알고 실망했다. 화기 사용법을 맨 먼저 익혀야 할 사람은 바로 그였다. 그렇지만 바이런은 패리를 점점 더 믿고, 자기의 큰 두통거리 하나를 그에게 떠넘겼다. 그는 이미 그리스군 몫으로 떼어낸 돈을 자기 대신 좀 알아서 지급해 주라고 하였다. 2월 14일부터 패리는 책무가 많았지만 그 책임도 떠맡았다. 패리는 이렇게 말했다. "그리스인들은 바이런을 마음대로 캐 갈 수 있는 금광 정도로 생각하는 것 같았다. 한 사람은 20,000달러만 있으면 크레타 섬을 몽땅 이집트의 파샤로부터 살 수 있다고 이야기했다. 바이런은 그 돈이 당장 수중에 없어서 그 섬에서 돈을 모금할 수 있는 권한을 그 사람에게 주었고, 그 돈을 갚는 것은 그가 보장해 주겠다고 했다."

2월 15일 저녁 바이런은 스탠호프의 방 소파에서 패리와 이야기를 나눌 때 심한 경련이 와서 패리의 팔에 쓰러졌다. 그의 얼굴은 너무 일그러졌고 입 한쪽이 당겨 올라갔다. 하도 경련이 심해서 패리와 티타가 꼭 잡아주지 않으면 안 되었다. 밀린전의 기록이다. "입에 거품을 내고, 이를 갈았으며, 간질병 환자처럼 눈알을 굴렸다. 그 상태로 2분간 있더니 정상적인 감각이 돌아왔다." 겁을 먹은 두 젊은 의사 브루노와 밀린전은 그것이 "간질인지, 마비인지, 중풍인지" 진단을 내릴 수 없었다. 관자놀이에 거머리를 붙였는데, 거머리가 문 곳이 관자놀이 '동맥'에 너무 가까워 지혈하는 데도 몇 시간이 걸렸다.

그 이튿날 바이런은 정오에 일어났지만 비영비영했다. 패리는 더 영양가 있는 식사와 "자극적인 음료"를 들어야 한다고 했고, 브루노는 피를 빼줘야 한다고 했다. 바이런은 혈관이 상하는 것을 원치 않았지만 끝내는 브루노가 이마에 거머리 여덟 마리를 붙이는 것을 허락했다. 피가 주르르 흘러내렸으며 거머리를 떼어도 밤 11시까지 출혈이 멎지 않았다.

바이런은 나중에 머리에게 "거머리가 이마의(temporal) 동맥에 너무 가까이 가서 내 현세의(temporal) 안전을 위협했어."라고 말했다. 바이런은 그런 와중에도 재기(才氣)가 발동해서 "temporal"의 두 가지 뜻을 가지고 위트 있는 말장난을 한 것이었다. 바이런은 기절을 하다가 깨어나서는, 그는 자기 피를 봤기 때문에 기절한 예쁜 여자와 다름없다고, 다 죽어가면서도 농담을 잊지 않았다.

이런 마비와 경련 또 과도한 출혈과 기절을 거친 후, 겨우 병상에 누워 안정을 좀 취하려고 하는데 이번에는 술리오트군이 그를 가만히 놓아두지 않았다. 그들은 먼지를 뒤집어쓰고 화려한 의상을 입고 무기를 흔들면서 그의 방에 난입하여 큰 소리로 그들의 권리를 요구했다. 이런 예상치 못한 행동이 "전기 같은 자극을 주어", 바이런이 병에서 금방 회복된 듯이 보였다. 술리오트인들의 분노가 크면 클수록 그는 조용한 말로 조곤조곤 설명해 나갔다. 그가 숭고해 보였다.

이때의 경련은 루카스와의 성적 관계가 원활치 않았기 때문에 일어난 것이라고 주변은 믿었다. 열다섯 살 먹은 루카스는, 자기는 황금 투구, 은 도금 사브르, 그리고 돈 등은 좋아한다고 하니까, 바이런은 그런 것을 다 사다 주었다. 그러나 루카스는 그런 것을 준 '사람'은 전혀 좋아하지 않으니 바이런의 속이 탔던 것이다. 바이런은 그 소년 때문에 삶의 의욕이 떨어졌다. 그러나 더 근본적인 원인은 나이, 시들어가는 용모, 성적 능력의 감퇴에서 오는 절망이었으리라.

그는 17일엔 가까스로 일어났으나 외출은 하지 않고, 오래전에 있었던 한 사건의 이야기를 들었다. 메솔롱기 부근에 튀르키예 전함이 좌초하자 그리스군이 달려가서 나포하였다. 튀르키예군은 학살당했지만, 튀르키예 여자와 아이들은 한 그리스인 부자의 노예로 끌려갔다. 아이들은 성장했으나 노예의 신세를 못 면했다. 그들이 밀린전에게 와서 부디 자신들을 구해 달라고 호소했다.

이때 바이런이 본 하타드제(Hatadje)라는 작은 소녀는 바이런의 딸 에이다와 동갑으로 아홉 살이었다. 그 애의 검은 눈과 얌전한 태도가 마음에 들어 그 애를 데려와 보호했다. 그는 그 애와 어머니에게 값비싼 옷을 주문해 입혔다. 그 아이를 자기 딸의 동무가 되도록 영국에 보내거나, 이탈리아의 테레사에게 맡길까 생각했다. 그러나 다시 생각해보니까, 에이다 어머니가 알라신과 에이다의 아버지 이야기를 분명히 할 '꼬마 악마'를 반길 리 없었다. 결국 그 모녀를 파트라에 있는 남편과 아버지를 만날 때까지 케팔로니아의 케네디 의사에게 맡겼다. 동시에 그는 많은 튀르키예 여자들을 프레베사로 보내 주었다. 레판토 원정은 비용만 들고 실행은 못 했지만, 이 인도적인 작전은 그 군사작전 못지않게 소중한 것이었고 또 상당한 효과도 거두었으리라.

메솔롱기에 거의 폭동 수준의 난동이 일어나서, 외국군 장교와 군수품 관리요원들이 불안에 떨어야만 했다. 이 난동은 한 사소한 사건이 도화선이 되었는데, 한 술리오트인이 보짜리스의 작은아들 이오츠(Yiotes)에게 최신 기계와 화기류를 구경시켜 주겠다고 세라글리오에 데려갔다. 보초가 그들을 제지하자 반발이 일어났다. 싸움으로 번져 한 스웨덴 장교가 죽고 이오츠는 부상을 당했다. 그러나 외국인이 이오츠를 살해했다는 가짜뉴스가 술리오트인들 사이에 재빨리 퍼지자 그들이 분노하여 몰려나왔던 것이었다. 세라글리오의 조병창이 공격당할지 모르고, 나아가서는 그 시 전체가 약탈당할지 모를 일이었다. 성난 술리오트인들이 모여 세라글리오를 공취하고 외국인들을 살해하겠다고 위협했다. 이 분노가 가라앉은 것은 이오츠가 살해당한 것이 아니라는 사실이 밝혀졌을 때였다.

또 다른 걱정거리가 생겼다. 패리의 기술자들이 단체로 근무지를 이탈하였다. 조병창의 6명의 기술자가 14일을 일하고, 최근 사건을 보고 겁을 먹고 본국으로 보내달라고 떼를 썼다. 패리는 몹시 화가 났다. 바이런이 그들의 뱃삯까지 물면서 데려왔는데 바이런에게 다시 손을 내밀려 하니까 입이 떨어지지 않았다.

여러 사람이 바이런에게 그의 건강을 생각해서, 메솔롱기의 꿉꿉하고 해로운 공기를 벗어나야 한다고 말하자 그는 이렇게 말했다. "내가 (비록 상상으로라도) 유용해질 수 있다면 나는 그리스를 떠날 수 없어요. 내 경우는 [이것이] 수백만 척의 배를 노릴 만한 가치 있는 도박이에요. 내가 [내 다리로] 설 수 있는 한 이 [독립]운동을 지원할 것이오."

또 패리에게는 이렇게 말했다. "그리스에 관한 한 내 장래 계획은 서너 낱말로 설명할 수 있네. 나는 그리스가 튀르키예로부터 안전할 때까지 여기에 머무르겠네. 내 모든 수입은 그리스를 위해 쓸 거고…. 그리스인들이 내게 대사직이나 아니면 대리인 직을 주면 나는 미국으로 건너가서, 그 자유롭고 계몽된 정부가 그리스 연합을 독립국가로 인정하는 선례를 남기도록 설득할 걸세. 이 일을 하면 영국이 뒤를 따를 것이고 그러면 그리스의 운명은 영원히 고정되어 떳떳한 기독교 유럽연방의 한 나라로 모든 권리를 가지게 될 걸세."

제 30 장
그리스를 위한 죽음
(1824년)

    2월 하순에 바이런의 건강은 다소 회복되었다. 그러나 이 도시에 처음 왔을 때의 희망과 기백은 사라졌다. 우울증세도 나타났다. 그 우울증은 자신이 병약하다는 사실과 사랑의 대상이 없는 데서 유발되었으리라. 그는 자신의 건강을 걱정해 주는 밀린전에게 이렇게 말했다. "내가 살고 싶다고 생각합니까? 나는 정신적으로 지쳐 있고, 삶을 떠나는 날을 기쁘게 맞이할 겁니다."

    그의 우울증의 일부는, 그림처럼 멋있는 산악 병사들에게 성심성의를 다했지만, 그들이 너무 약해서 신임할 수 없는 데서도 왔다. 그는 아직도 1차 여행 때 도와주었던 두 명의 충직한 술리오트 하인을 잊지 못했다. 술리오트인들은 레판토 공격보다는 더 이익되고 더 쉬운 다른 원정을 원했다. 피에트로는 말했다. "그들은 아르타 진격을 얘기했는데, 왜냐하면 거기서 그들은 전리품을 챙길 수 있기 때문이지요. 그들은 돌 성에 대고 싸우기는 싫다고 실토했어요. 바이런 경은 그들이 가기만 가면 한 달 치 봉급을 주겠다고 했어요. 그들이 원하는 곳이 어디든 말이에요."

    스탠호프는 21일에 아테네로 떠났다. 그는 자신의 인쇄기를 이용하면 그리스인들을 단결시키고 입헌정부를 수립게 할 수 있다고 믿었다. 바이런 역시 레판토 원정에 대한 희망이 무너지자 그곳을 떠나고 싶은 심정뿐이었다. 그 심정을 주변에 슬쩍 흘려보니까 메솔롱기의 시민과 군인들이 펄쩍뛰어서 그대로 눌러 있을 수밖에 없었다.

2월 21일 저녁 8시에 이 지역에 지진이 덮쳤다. 모든 건물들이 힘없이 흔들렸다. 그것도 많은 사람들에게 불안을 조성했다. 군대에서 발포를 해대면서 법석을 떨었다. 바이런은 지진 때 먼저 건물을 빠져나가려고 밀고 당기는 사람들을 보고 웃음을 참을 수가 없었다. 이때에도 그의 첫 관심은 시종 루카스의 안전이었다.

바이런은 다시 술리오트인 본대를 해산시키고 그가 신임하는 드라코(Draco)와 한두 명 장교를 넣어 56명으로 구성된 자신의 호위부대만 존속시켰다. 그들에게 바깥에 있는 큰 방을 하나 주었는데, 거기서 그들은 벽에 카빈을 세워 두고, 재미있는 이야기를 하거나 카드놀이를 하면서 시간을 보냈다. 젖은 날에는 바이런이 그 방에 애완견 라이언과 같이 내려가 이 군인들과 많은 시간을 같이 보냈다. 개는 눈을 반짝거리며 엉덩이를 땅에 대고 앉아서 꼬리로 바닥을 쓸었다. 바이런은 "넌 사람보다 충직해, 라이언. 난 너를 더 믿어."라고 말했다.

2월 23일 홉하우스의 편지가 왔다. 홉하우스가 바이런의 편지에서 얻은 정보를 그리스위원회에 읽어주니 위원회에서는 바이런이 이미 그리스 독립운동에 큰 봉사를 했음을 인정하고 더불어 심심한 감사를 전한다고 했다. 그는 술리오트인들은 용감한 친구는 맞지만, 완고한 영국인들은 틀림없이 그들의 계책에 말려들 것임을 예측했다. 그리스 대표단이 원한다면 80만 파운드가 아니라 200만 파운드의 차관까지도 가능할 것 같다고 했다. 또 캐닝(George Canning, 당시 외무부장관)과 글래드스톤(Sir John Gladstone, 당시 총리)은 그리스인들에게 호의적이라는 기쁜 소식도 전했다. 바이런의 딸 에이다는 얼마간 아팠고 지금 헤이스팅스(Hastings) 해변에 가 있다고 했다.

2월 마지막 며칠 동안 날이 개어 바이런은 승마를 했다. 또 술리오트인 호위병을 훈련시켰고, 또 정장을 하고 그 시 뒤에 있는 습지에서 부대와 같이 행군함으로써 상당한 성취감을 얻었다. 그는 패리에게 그리스 군인을 넣어 포대를 재창설해 보라고 했지만 패리는 꾸물대기만 했다. 레판토의 튀르키예 수비대에 섞여 있는 알바니아인들이 처음에 4만 달러만 받으면

술리오트인

항복하기로 약속했으나, 지금은 2만5천 달러만 받아도 항복하겠다고 연락해 왔다. 술리오트인들만 공격해주면 일이 쉽게 풀릴 것 같았다. 절호의 기회였지만 또 술리오트인이 나서 주지 않았다. 바이런은 속이 탔다.

2월 말경 핀리가 트렐라니와 오디세우스의 편지를 가지고 아테네에서 돌아왔다. 핀리는 훗날 12권의 그리스 역사를 쓰게 될 인물이었다. 핀리를 통해 오디세우스는 살로나에서 개최될 전 그리스 지도자 총회 '국민회의'에 바이런을 초청하였다. 바이런의 영향력은 모든 당파의 단합을 가져다줄 것이기 때문에 그를 초청했고, 한편으로는 그에게 중재자가 되어 달라는 요청도 했다. 바이런은 "만약 내가 가는 것이 둘 혹은 그 이상의 당파를 단합시키는 데 조금이라도 도움이 된다면, 나는 중재자로, 혹은 필요하다면 볼모로라도 어디든 갈 각오가 되어 있습니다."라고 답장을 썼다. 마브로코르다토스와 바이런은 오디세우스를 완전히 믿는 것은 아니었지만 일단 이 회의에는 참석기로 했다.

3월 중엔 바이런의 건강이 위험해 보였다. 그는 건강이 일상적인 업무에 장애가 되어서는 안 된다고 생각하여 승마와 운동을 계속했다. 그러나 현기증이 났고 가끔은 공포감에 사로잡혔다. 자주 육체적 정신적 한계를 느꼈고 쉽게 정신적 균형감각도 잃었다. 예기치 않은 순간에 분노가 폭발하거나 그 점잖은 마브로코르다토스를 보고도 화를 냈다. 그러면서도 자신의 주체성을 꿋꿋이 지켜 어떤 정파의 영향도 받지 않으려 했다.

17일에 바이런은 테레사에게 편지를 썼다. 그는 귀여운 아이에게 말

하는 투로 익살스럽게 운을 뗐다. "나의 사랑하는 T-봄이 왔어요-나는 오늘 제비를 보았어요-그리고 때가 왔어요-왜냐면 우리는 지금까지-여기 그리스에서도-젖은 겨울을 보냈기 때문이지요…. 나는 정치에 대해 당신에게 편지를 쓰지 않았어요-지루할 뿐이고, 그러나 다른 쓸 것도 별로 없어요-우리 만날 때 '입으로 이야기하기' 위해 남겨 두고…. 나는 당신의 허락을 받지 않고 영어로 편지를 써요…. 영국 사람이나 그리스 사람에게-나는 보통 이탈리아어로 글을 써요…. 당신 나라 풍토에 오래 젖어서 이탈리아화되었음을 보여주기 위하여." 이것이 테레사에게 보낸 마지막 편지였다.

바이런은 그리스에 온 후 처음으로 재정적 문제로 머리를 썩였다. 전비(戰費)로 나가는 돈이 밑 없는 독에 물 붓기였다. 그는 벌써 30,000스페인 달러 이상을 전비로 썼다. 개인비용은 포함시키지도 않았다. 정기적인 봉급을 받는 그의 술리오트군은 여전히 봉급인상을 원했다. 다른 부대 군인은 식사만 제공받았고, 그것도 썩은 빵 때문에 세 번이나 소요가 일어났는데도. 임시정부도 그에게 돈을 요구했지만 두 번이나 거절했다. 바이런은 그리스인들을 믿을 수 없어서, 키네어드에게 런던그리스위원회의 차관 중 4,000파운드를 미리 자기 앞으로 제쳐두라고 했다.

크라니디(Kranidi)에 있는 그리스 정부 관리들은 바이런이 오디세우스와 예비협상을 벌인다는 것을 알고 가만히 보고만 있을 수 없었다. 그들은 바이런이 직접 정청(政廳) 소재지로 올 것을 요청했다. 또 (모레아와 도서를 제외한) 전 그리스의 총독이 되어 줄 것도 제안했다. 이 제의는 바이런이 영국 차관의 관리자 중의 한 사람이 될 것 같기 때문에 갑자기 나왔고, 물론 그 목적은 오디세우스와 마브로코르다토스의 영향권에서 그를 빼내자는 것이었다. 바이런의 답은, 먼저 살로나로 갈 것이고 그 다음에 그 제의를 고려하겠다고 하였다.

바이런은 음모술수가 능한 지도자보다 일반사람들에게서 그리스인의 따뜻한 정을 느꼈다. 핀리의 이야기이다. 가족을 거느린 한 아낙네가 자기 작은 집 앞에서 바이런에게 커드 치즈와 꿀을 선물로 주었다. 바이런이 아무리 돈을 주려 해도 받지 않았다. 바이런은 '나는 과거의 어느 때보다도 오늘 이 상황에서 더 큰 기쁨을 느꼈어.'라고 말했다.

바이런은 그리스 현실에 가장 적합한 정부형태에 대해 나름대로 생각이 있었다. 그는 스위스나 미국의 연방체제가 그리스에 가장 잘 맞는다고 생각했다. "그리스에서 세력을 얻고 있는 정파들이 각기 관심이 다르다는 것을 [고려할 때] 어떤 정부도 연방제만큼 적합하지 않다는 것이 내겐 분명하네."라고 그는 패리에게 말했다. 그러나 그는 어떤 체제라도 강요할 의사는 없었고, 그들이 운명을 스스로 결정하도록 내버려두는 것이 옳다고 생각하였다.

술리오트군은 아르타로 진출했지만 약탈할 것이 많지 않을 것 같아 메솔롱기로 회군해 버렸다. 그들은 철저하게 개인적인 이득을 위해서 참전 여부를 결정하였다. 마브로코르다토스는 그런 군대를 유지하기 위해 바이런에게 별도의 임시차관을 요구하더니, 3월 말경 5만 달러를 보내 달라고 정식 요청을 했다.

3월 27일 바이런은 살로나의 지도자회의에 참석하려고 했지만 도저히 이동이 불가능하였다. 21일에 홍수가 져 메솔롱기의 거리는 사람이 나다닐 수 없었고 강은 아무도 건널 수가 없었다.

30일에 대주교들은 바이런에게 그 시의 시민권을 수여했다. 그 시민권 인정서는 그 시의 모든 유지(有志)가 서명을 하고, 가장 화려한 그리스어로 된 멋진 문건이었다. 그러나 그것 또한 돈을 새로 요구하기 위한 예비 단계임을 바이런이 모를 리 없었다. 실망스러웠지만 그리스에 남아 돈과 힘이 자라는 한, 할 수 있는 일을 다 하는 것이 자신의 사명이라고 생각하였다. 그들은 이제 개인적인 부탁도 스스럼없이 하러 왔는데 그것 또한 냉정하게 내칠 수만은 없었다.

레판토 원정 계획은 흐지부지되었지만, 3월 중에 그는 메솔롱기성을 수리한 뒤 일개 여단을 창설하려고 준비했다. 바이런은 일단 전쟁만 일어나면 자기는 자기 여단과 그리스군 부대를 지휘하는 야전사령관직을 맡겠다고 미리 제안해 두었다.

바이런은 이런 와중에도 장난기가 살아 있었다. 그는 3월 3일 패리를 속여먹는 장난을 쳤는데, 그땐 지진 직후라 패리가 지진을 유별나게 두

려워할 때였다. 그들이 다 모여 있을 때 바이런은 사람을 시켜 대포포탄이 가득 든 수레 몇 개를 그 위층 방에서 끌고 다니게 하였다. 꼭 지진이 난 것 같은 드르륵 드르륵 소리가 났다. 파랗게 질려서 허적대는 패리의 모습을 보고 다들 박장대소를 했다.

비는 석호에도 거리에도 계속 뿌렸다. 궂은 날씨처럼 기분 나쁜 일만 계속 터지고, 그의 지갑과 사기는 날이 갈수록 얇아져 갔다. 그리스인들의 언행은 종잡을 수 없었고, 바이런은 언제 또 발작이 일어날지 몰랐다. 그의 평상시 유머까지도 장맛비에 축축해져 버렸다. 메솔롱기에 전염병이 돈다는 헛소문까지 퍼졌다.

3월 말에 바이런은 다시 병이 나긴 해도 건강이 거의 회복된 듯했다. 그러나 이상한 날씨와 이상한 자연적, 도덕적, 육체적, 군사적, 정치적인 현상이 그의 건강을 수면 아래로 집요하게 끌어내렸다. 루카스와 애정을 나누고 싶었으나 그가 조금도 마음의 문을 열지 않기 때문에 정신적인 스트레스도 상당하였다. 루카스 소년에 대한 짝사랑을 토로한 시가 그의 마지막 시이다. 폭풍우 속에서 그가 다칠까 걱정하는 마음도 들어 있다. "…바위가 우리 뱃머리를／ 들이받고 모든 것이 폭풍이고 공포일 때,／ 충격이 올 때마다 내게 꼭 붙으라고 그대에게 명했다네.／ 이 팔은 그대의 껍질이 될 것이고 이 가슴은 그대의 관대(棺臺)가 될 걸세." 그는 이어서 "여전히 그대를… 헛되이 사랑하는 것이 내 운명이지만／ 나는 그대를 나무랄 수 없네."라고 불만을 토로했다.

튀르키예 함대가 출현하여 메솔롱기가 다시 봉쇄되었다. 또 모레아 사람들이 사주한 반란이 이 도시 안팎에서 일어났다. 4월 1일 아나톨리코에서 카누를 타고 무장한 남자들이 메솔롱기에 상륙하였다. 이들은 최근 한 싸움에서 그들 족장(族將)의 아들이 메솔롱기 사람들에 의해 부상을 입었다고 떼를 쓰면서 그 부상에 대한 보상을 요구하러 온 것이었다. 이튿날 오후 그들 150명이 대주교 두 명을 인질로 잡고 항구 입구의 바실라디(Vasiladi) 섬의 요새까지 점거해 버렸다. 시내 바자도 폐쇄되었다. 바이런은 자신의 군대에게 무장대기하라고 명령을 내렸다. 불필요하게 싸움에 휩쓸려 들어가지 말고 엄격하게 중립을 지킬 것을 요구했다. 일군의 시민들은 바이런과 그의 군대에게도 총을 쏘려고까지 했다.

4월 5일에 바실라디 요새를 피 한 방울 흘리지 않고 되찾은 것은 바이런의 냉정과 계책 때문에 가능했다. 밀린전에 따르면 바이런은 "반군을 몰아내고 바실라디를 공격할 포함 한 척 보냈다. 포함이 접근하는 것을 보고 반군들은 겁을 집어먹고 곧 그 섬을 포기했다." 반군들은 대주교를 석방한 뒤 아나톨리코로 돌아갔다.

바이런은 점점 기력이 쇠해졌다. 그와 가까운 사람들은 지난 몇 주 동안 눈에 띌 정도로 수척해진 것을 볼 수 있었다. 피에트로는 이렇게 적었다. "나의 주군(主君)은… 대단히 야위셨습니다…. 작은 일에도 자주 화를 냈습니다—큰일에는 보다 더 자주. 그러나 그의 분노는 곧 풀렸습니다."

4월 9일 금요일은 그가 죽기 열흘 전이었다. 누나가 편지로 딸에 대한 좋은 소식을 전해 주니, 그의 내부엔 기쁨과 울기가 번갈아 지나갔다. 홉하우스의 편지를 보고도 힘이 솟아났다. "자네가 한 일보다 그 독립운동에 더 큰 도움을 준 일은 없을 걸세…. 나로서는 자네가 치른 그 위대한 희생이… 이 위대한 독립투쟁의 최종 승리에 이바지할 것이라는 것을 믿네."

3월 14일에 홉하우스가 바이런에게 쓴 편지는 그가 죽었기 때문에 반송되었다. 그 반송된 편지의 일부이다. "자네가 육지 아니 서부 그리스의 늪지에 도착한 이래로, 여태껏 우리는 사적으로는 자네 소식을 듣지 못했네…. 그곳 그리스인들은 자네의 출현을 문자 그대로 하늘이 내려주신 선물로 생각한다네…. 그리고 그리스에서 몸조심하여 전쟁 잘 치르고 귀환하기를 바라네—나는 최근에 자네 딸 소식은 듣지 못했네—그러나 무소식이 희소식이길 바라네—키네어드가 자네에게 말하겠지만 자네 금전 문제는 일사천리로 해결되었고—실제로 자네는 상당한 재산을 [앞으로] 가질 것이고 이미 가지고 있네…. 캠벨이 어제… 자네가 지금 하고 있는 일은, 영광이 만발한 월계수 꽃보다 더 샘나는 일이라고 말했네…."

일기 불순하여 3~4일간 승마를 못 했기 때문에 바이런은 4월 9일 승마를 하자고 피에트로를 데리고 나갔다. 이날도 궂었다. 피에트로는 적었다. "그 시에서 5km 갔을 때 비가 쏟아졌다. 우리는 속속들이 젖은 채

제30장 그리스를 위한 죽음

그러나 콩죽처럼 땀을 흘리면서 성벽으로 돌아왔다." 그들은 성벽에서 말에서 내려 보트로 돌아오는 것이 일상이었으나, 피에트로는 바이런에게 나머지 길도 말을 타고 가면 좋겠다고 했다. 반 시간 동안 보트에서 비와 추위에 떨면 안 된다고 생각해서였다. 그는 그 말을 듣지 않았다. "나더러… 예쁜 군인이 되라고!" 그들은 말에서 내려 보통 때처럼 보트를 탔다. 그는 물초가 되어서 몸을 덜덜 떨며 고물에 앉았다. 집에 돌아온 지 두 시간 뒤에 그는 다시 온몸을 덜덜 떨었다. 그는 열병과 류마티스 통증을 호소했다. 저녁에 소파에 누웠을 때 몹시 불안하고 우울해졌다. 그는 피에트로에게 말했다. "나는 너무 아파. 죽음은 두렵지 않지만 이 고통은 못 참겠어." 밤에 그는 브루노 의사를 불렀더니 그는 약을 주고는 출혈을 해야 한다고 했지만 바이런은 못 하게 했다. 바이런은 그 병을 심각하게 생각지 않았다.

    이튿날 아침 비가 올 것 같아 한 시간 일찍 승마하러 나갔다. 그는 뼈마디가 쑤셨고 두통도 있었지만 올리브 나무 사이로, 피에트로와 술리오트인 호위병과 함께 기분 좋게 이야기를 나누며 오랫동안 승마를 했다. 돌아와서 젖은 말안장을 놓았다고 마부를 나무랐다. 그러나 이때가 그가 문지방을 마지막으로 넘었을 때였다. 그 후 그는 문지방을 넘어 나오지 못했다. 저녁에 심한 두통과 미열이 났다. 플레처는 브루노가 준비한 장뇌기름이 든 플레쉬 바크(Flesh Bark)라는 약을 주었다.

    핀리가 밀린전과 함께 이날 저녁 바이런을 찾았더니 그는 열병의 고통을 참으며 소파에 누워 있었다. 밀린전은 이렇게 회상했다. "몇 분간 조용히 있은 후에, 어릴 때 스코틀랜드에서 유명한 점쟁이가 그에게 해준 예언에 대해 종일 많이 생각했다고 하더군요. 그 예언은 '서른일곱 살을 조심하라.'였다는 것. 거기 있던 사람들이 그건 미신이라고 하니까, 그는 "이 세상에 무엇을 믿고 무엇을 안 믿어야 할지 똑같이 알기 어렵네요."라고 말했다.

    11일 패리가 바이런의 병세를 살폈다. 그는 경련을 일으켰고 말이 자주 끊겼다. 엉덩이가 몹시 아파 잠을 이룰 수가 없다고 했다. 패리는 놀라서 자킨토스의 의사에게 데리고 갈 배편을 준비하자고 하니 바이런은 마지못해 승낙했다. 그는 경험 없는 의사를 믿을 수 없으니 날씨와 의술이 좋은 자킨토스로 가서 회복해야 한다고 설득했던 것이다.

12일 플레처도 일각도 더 지체해서는 안 됨을 알았다. 그는 무릎을 꿇고 눈물을 흘리면서 자킨토스의 토마스(Thomas) 의사를 불러오도록 허락해 달라고 바이런에게 빌었다. 바이런은 "아니야, 소용없을 거야. 나는 토마스 의사의 답을 듣거나 그가 도착하기 전에, 병이 낫거나 아니면 죽을 거야."라고 답했다. 플레처는 "남작님, 의사들이 남작님을 속이도록 그냥 놔두면 안 됩니다. 병환이 위중하다는 걸 저는 확신합니다."라고 말했다. 바이런은 뜨거운 물에 목욕하면서 여전히 출혈은 거부했다.

13일 자킨토스로 갈 배가 준비되었지만 시리코풍이 허리케인으로 발전하여 도저히 배가 떠날 수 없었다. 그동안 브루노는 출혈을 못 시키자 열을 내리기 위해 안티몬(antimony) 분말을 처방했다. 바이런의 병세는 악화되었다. 이날 밀린전을 불렀더니 그도 브루노와 같이 출혈이 필요하다고 했다. 그들은 바이런의 강한 반대에 부딪혀 일단 치료를 연기하기로 했다.

4월 14일 바이런은 병이 든 후 늘 그랬듯이 정오에 일어났다. 그는 힘이 없었고 머리는 아팠고 열은 올랐다. 그는 승마를 원했으나 잠자리에서 휴식을 취하는 것이 좋겠다고 설득해서 겨우 자리에 뉘였다. 두 의사, 피에트로, 티타, 플레처, 패리를 제외하고는 아무도 그를 만날 수 없게 했다. 바이런이 한번은 화를 내서 "란셋이 창보다 더 많은 사람을 죽였어."라고 고함을 질렀다. 그때서야 바이런은 의사들이 자기 병을 잘 모른다는 것을 알았다. "저들은 일반 감기라고 하는데, 자네도 알다시피 이런 개좆부리야 수천 번 걸렸잖아."라고 플레처에게 말했다.

패리가 저녁에 들러서 환자가 자주 의식을 잃는다는 것을 알았다. 바이런은 패리를 통해 의사들이 강행하려는 출혈을 못 하게 막았다. 바이런은 회복을 기대하면서 그리스에 대해, 또 그가 여전히 하고 싶은 것에 대해 이야기하였다. 그는 또한 죽음과 그의 가족에 대해서도 이야기한 뒤, "나의 아내! 나의 에이다! 나의 조국! 이곳의 형편, 있어서는 안 될 나의 철수(撤收)와 아마도 죽음, 이 모두를 생각하니 슬퍼지네."라고 하였다. 그는 아내와 딸이 있는 영국으로 돌아갈 것을 이야기했다. 그가 기침과 구토와 경련을 일으키자 의사들은 다시 란셋을 가지고 왔다. 그들은 출혈을 거부하면 정상적인 정신을 가질 수 없다고 위협해서 그는 하는 수없이 두 번 출혈을 허용했다. 그들은 계속 알약과 하제를 복용케 했다.

15일 정오에 브루노와 밀린전이 피를 뽑으러 들어갔지만 전처럼 또 거절당했다. 바이런은 "불안한 환자에게 피를 뽑는 것은 악기에서 코드를 풀어놓는 것이나 같아."라고 말했다. 바이런은 열이 올랐으며 섬망증세가 나타났다. 티타는 늘 바이런이 옆에 두었던 피스톨과 사브르를 치웠다. 잠 못 자 고통을 이기지 못하자 다시 출혈을 허용했다. 피를 뽑힌 뒤 환자는 의사들에게 더 이상 자기를 괴롭히지 말라고 빌었다.

이날 낮에는 사무적인 일을 처리하고 몇 통의 편지를 읽었다. 튀르키예 지사로부터 받은 편지는 기분을 좋게 했다. 낮에 바빴던 패리가 저녁 일곱 시에 돌아와서 보고는 바이런이 정말 위험하다는 것을 알았다. 그는 바이런과 이런저런 이야기를 많이 나눴는데, 대부분 바이런 신상에 관한 것이었다. 패리의 기록이다. "그는 죽음에 대해서 매우 침착하게 말했고, 그의 종말이 가까이 온 것이야 몰랐겠지만, 너무나 진지하고, 확실하고, 체념적이었기에 [마음이] 안정된 것 같아, 전에 보았던 그와는 너무나 달라 보였다. 오히려 [내게] 불안이 엄습했고, 그가 너무 일찍 죽을지 모른다는 불길한 생각이 들었다." 도리어 브루노 의사가 히스테리를 부려 하인들이 공포에 싸였다. 각자 불어, 그리스어, 이탈리아어, 영어를 지껄였지만 서로는 서로를 잘 이해하지 못했고, 아무도 책임지고 지휘하는 사람도 없었다.

패리가 저녁 10시경에 방에서 나가자 또 의사들이 들어왔다. 바이런은 심한 경련을 일으키며 기침을 했고 기침 끝에 구토를 했다. 브루노는 또 출혈을 하지 않으면 폐가 감염될 것이라는 무서운 말을 했다. 바이런은 그때는 너무 힘이 없으니 그 이튿날 혈관을 내놓겠다고 약속했다.

그 이튿날 의사들이 피를 빼려고 들어가자, 바이런은 편안한 밤을 보냈으며 그들이 수고하지 않아도 된다는 말을 했다. 밀린전은 약속을 상기시키고, 그 병은 "그의 이성을 완전히 뺏을 정도로 대뇌 및 신경 조직에 영향을 줄 수 있다."고 설득했다. 그러자 그는 무섭고 당황한 시선을 두 의사에게 보내더니 그의 팔을 내밀고는 성난 말투로 "이리 와, 내가 알지, 자네들은 썩어빠질 백정나부랭이인 것을. 실컷 빼 가. 그러나 이것으로 끝내."라고 말했다. 의사들은 1파운드를 뽑았다.

두 시간 뒤에 그들은 또 1파운드를 뽑았다. 그 후 그는 고통이 숙져 잠깐 잤다. 그러나 그것은 이미 생명이 빠져나간 사람의 평온 같았다. 패리는 이날 바이런은 "놀랄 정도로 아파했으며, 늘 섬망증세를 보였으며, 이탈리아어와 영어를 바꿔가며, 매우 거칠게 말했다."고 적었다. 패리도 의사들과 뜻이 맞지 않아 나가 버렸다. 그마저 가버리자 바이런을 보호할 사람이 없었다. 브루노의 기록이다. "우리는 3차 출혈을 하려고 했고 그것은 앞서 한 것보다 더 필요하다고 확신했다. 왜냐하면 그의 표정은 굳었고, 종종 손의 마비를 호소했기 때문이었다. 이 모든 것은 뇌까지 감염되었음을 나타내는 것이었다."

플레처는 바이런에게 다시 토마스 의사를 부르자고 간청했다. 바이런은 "자네가 편지 써라. 나도 어디에 문제가 있는지 알고 싶어. 비용은 걱정 말아."라고 말했다. 플레처는 나가서 자킨토스로 갈 사람과 배를 구했다. 자킨토스는 110~130km 떨어져 있었으므로 그 의사가 제때 도착 가능한지가 가장 큰 의문이었다.

17일에도 의사들은 낮에 두 번 피를 뽑자 두 번 다 기절했다. 바이런은 섬망상태에서 횡설수설했다. 류마티스 증상은 완전히 없어졌지만 뇌의 감염이 시시각각 심해지는 듯했다. 발목을 삐어서 이틀간 그를 보지 못했던 피에트로는 "그의 얼굴은 내게 매우 무서운 의혹을 불러일으켰다. 그는 조용했으며 내 발목 삔 것에 대해 가장 다정한 태도로 말했다. 공허한 무덤의 톤으로 '발 조심을 해야지.'라고…. 눈에서 눈물이 폭포처럼 쏟아져 나는 뛰쳐나올 수밖에 없었다."라고 적었다.

의사들이 심각한 우려를 갖기 시작한 것은 17일 오후였다. 그들은 출혈에 대한 그들의 주장을 정당화시킬 목적으로 의사 두 명 더 불러왔다. 알리 파샤가 가장 신임했던 의사 루카스 바야(Loukas Vaya)와, 포대 소속 독일인 의사 엔리코 트라이버(Enrico Treiber)였다. 그들과 의견을 나눈 후에도 브루노는 여전히 출혈을 주장했다. 환자는 맥박이 약해졌지만 맥은 있었고 손발은 차가웠다.

그 외부 의사들은 그의 병이 염증성 병적소질(inflammatory diathesis)에서 무기력증으로 바뀌고 있다고 보고 자극제를 처방하였다. 브루노는 그 진단을 인정하지 않았고, 대신 뇌가 심한 열의 공격을 받았다고 보았다. 따라서 그들이 처방한 자극제는 환자를 더 빨리 죽음으로 몰아갈 것이라고 했다. 그는 다량의 출혈과 전에 복용한 약으로도 충분히 깨어날 것이라고 했다. 브루노는 다른 의사의 처방에 따른 불상사에 대해 자신은 절대 책임질 수 없다고 단언했다.

18일은 일요일이고 그리스 부활절이었다. 패리가 아침에 그를 보았더니 바이런은 섬망상태였고 몹시 아파했다. 소총을 쏨으로써 부활절을 축하하는 것이 그곳 사람들의 관행이었지만, 경비들이 거리를 다니면서 그들의 은인에게 해가 될지 모르니까 조용히 있어달라고 요청했다.

바이런이 죽어간다는 소문이 시내에 퍼졌다. 붕대를 감은 이마에 또 거머리를 붙였고 정신은 오락가락하였다. 그는 맑은 정신으로 돌아왔지만 더 써볼 방법이 없다는 것을 알았다. 오후 세 시에 겨우 일어서서 옆방으로 갔다. 그가 자리에 앉자 책을 달라고 해서 갖다 주었더니 몇 분을 읽다가 기운이 빠져 다시 티타의 팔에 기댄 채 돌아와 침대에 누웠다.

죽음의 그늘이 급히 번지자 브루노는 다급해졌다. 다른 의사들의 동의를 얻어 열두 마리의 거머리를 관자놀이에 붙여 2파운드의 피를 빼냈다. 얼마간 환자는 조용해졌고 피에트로가 편지를 몇 통 가져갔을 때는 직접 읽겠다고까지 했다. 피에트로는 한 통도 못 읽게 했다. 그 편지는 이그나티우스 대주교에게서 온 것으로, 술탄이 국정최고회의에서 바이런을 튀르키예의 적으로 규정했다고 적혀 있었다. 또 한 통은 루리오티스가 마브로코르다토스에게 보낸 것으로, 차관문제는 종결되었고 바이런이 그 차관을 집행할 위원회 위원장이 될 것이라고 했다. 그는 기분이 좋았다.

이날 오후 바이런은 하인들이 울고 의사들이 불안해하는 것을 보고, 자신의 목숨이 위태롭다는 것을 깨달았다. 그는 밀린젠에게 말하였다. "자네들이 나를 살리려는 수고는 헛수고가 될 걸세. 나는 죽을 걸세. 느낌이 와. 나는 내 죽음을 슬퍼하지 않네. 내 피곤한 삶을 종식시키려 나는 그리스에 왔네—나의 부(富), 능력을 독립전쟁에 바쳤네—그래, 그리스에 내 생명이 있네. 한 가지 부탁이 있네. 내 시체를 상케 하지 말고 영국으로 보내지도 말게. 여기서 내 뼈가 썩도록 하게—거창하게 하지 말고 또 법석도 떨지 말고, 첫 번째 코너에 나를 묻어두게." 그가 있는 바로 그 자리에 묻히고 싶다는 뜻이었다.

그의 말은 거의 알아들을 수 없었다. 플레처에게 복잡한 내용을 중얼거렸지만 그도 이해를 못 했다. 패리가 머리의 붕대를 헐겁게 해줬더니 고맙다고 했다. 바이런은 감사의 눈물을 흘렸다. 알아들을 수 없는 말 중에서도 사람들은 이런 말을 겨우 알아들었다. 오거스터, 에이다, 키네어드, 홉하우스. 지명과 숫자도 소리 쳤다. 패리도 한 문장을 겨우 기록했다. "Io lascio qualque cosa di caro nel mondo(나는 소중한 것을 세상에 남긴다)."

밀린전, 플레처, 그리고 티타가 침대 가에 둘러섰다. 밀린전과 플레처는 눈물을 참을 수 없어 방 밖으로 뛰쳐나갔다. 티타도 울었지만 바이런이 손을 꼭 쥐고 있었기에 나갈 수 없었다. 그러나 얼굴을 딴 데로 돌렸다. 그는 반은 영어, 반은 이탈리아어로 소리쳤다. "진격, 진격, 용기, 나를 따르라, 겁내지 마라."

패리가 들어와 보니 큰 혼란에 빠져있었다. 패리는 바이런에게 이렇게 말했다. "하느님 감사합니다. 당신은 나을 거라 생각하네. 실컷 눈물을 흘리게. 그러면 [잠들고] 잠들면 편안해질 걸세." 그는 희미하게 대답했다. "그래 고통은 지나갔어, 지금 잘 거야." 그리고 패리가 다시 그의 손을 잡고서 희미하게 "잘 주무시라."라고 말하자 그는 깊은 잠에 빠져들었다. 패리는 그가 더 이상 깨어나지 않으리라는 예감이 들었다.

그러나 다시 깨어나서는 마구 지껄여댔고, 가끔은 조용히 또 주위 사람들에게는 가슴 아픈 소리까지 했다. 그가 이따금 영어로 이따금 이탈리아어로 한 몇 마디 말은 이해되었다. "불쌍한 그리스—불쌍한 도시—내 불쌍한 하인!" 또 "내가 이것을 더 빨리 왜 몰랐을까?" 또 "내 때는 왔다!—나는 죽음을 신경 쓰지 않아—왜 나는 여기 오기 전에 집으로 가지 않았을까?" 등등.

바이런은 그의 의사들이 더 손을 쓸 수 없다는 것에 대한 분노도 표출했다. 그러나 플레처의 눈물에 감동을 받아 그의 손을 잡고 그에게 친절하게 이야기했다. 그는 그에게 아무것도 못해줬다고 했다. 그러나 홉하우스가 자기 대신 그의 친구가 되어서, 장차 그의 생활에 도움을 줄 것이라고 했다. 그리고 티타와 루카스에 대해 무엇을 해주려는 마음을 드러냈지만, 플레처는 그보다는 더 중요한 문제를 이야기하라고 했다. 그는 분명히 루카스에게 그가 메솔롱기 시에 빌려 준 3,000달러의 영수증을 줌으로 그의 생계비를 대 주려고 했으리라. 그러나 자기 경험으로 보면 그런 것이 나중에 말썽스런 재산이 되므로, 늘 자기 방에 두었던 테레사의 돈 자루를 그에게 주라고 명했다.

그는 플레처에게 마지막 소원을 이야기하려 했다. "불쌍한 아이!―내 소중한 에이다, 하느님, 한 번만 볼 수 있었더라면! 그 애에게 축복을 내려 주소서―그리고 내 소중한 누나 오거스터와 그 아이들―그리고 누나는 애너벨러에게 가서 말해――모든 것을 말해―그녀와 친구가 돼야 해." 그의 목소리는 점점 약해졌으며, 플레처가 이해할 수 없는 것을 계속 중얼거렸다.

그 뒤 바이런은 마지막 부탁을 플레처에게 하려고 했으나, 그 하인은 한 마디도 알아듣지 못했다. 그의 기력이 급속도로 약해졌다. 왜냐하면 출혈을 많이 할 때 의사는 다른 하제를 썼는데, 이번에는 "센나(senna) 관장액, 앱솜염(Epsom salts) 3온스, 피마자유 3온스"를 넣었기 때문이었다. 바이런은 저녁 여섯 시 조금 전에 침대에서 나와서 설사를 하고 돌아와서는 이렇게 말했다. "빌어먹을 의사들이 내 힘을 다 빼놓아 설 수도 없어."

18일 오후까지도 그는 꼭 죽을 것이라는 생각은 하지 않았던 것 같았다. 그는 플레처에게 "저 염병할 의사들이 나를 죽였어, 자네도 같이 음모를 했지."라고 했다. 플레처는 왈칵 눈물이 쏟아졌다. "오 남작님, 어떻게 그렇게 생각할 수 있습니까?"라고 했더니 바이런은 너무 심했다 싶어서 "아니야 플레처―그런 의미가 아니야―이리 와." 하고는 플레처의 손을 잡고 이야기를 시작하였다. 그는 유언장에 그에게 남긴 것이 없어 미안하다고 했다.

저녁 여섯 시에 플레처는 그의 말을 들었다. "지금 자고 싶어." 그리고 몸을 돌리고 눈을 감았다. 이것이 그의 마지막 말이었으며, 다시는 움직이지 않았다. 의사들은 이제 그를 마음대로 할 수 있었다. 그의 관자놀이에 또 거머리를 붙였다. 밤새도록 그의 약해진 혈관에서 피가 흘러나왔다. 밤새도록 패리와 하인들은 교대로 숨을 잘 쉬도록 머리를 세워줬다. 거머리가 뽑아낸 피가 주르르 얼굴을 타고 내렸다. 이런 것을 지켜 본 플레처는 훗날 홉하우스에게 자기 생각이지만 의사들이 바이런을 죽였다고 말했다.

저녁 6시부터 19일 오후 6시까지 24시간 동안 바이런은 말도 하지 않았고 손발도 움직이지 않았다. 바이런은 그때 시간을 초월해 있었다. 티타와 플레처만 슬픈 침대를 지켰다.

19일에도 바이런은 종일 의식이 없었다. 저녁 여섯 시 15분 일몰에 하늘이 어두워졌고 천둥이 쳤다. 바이런은 눈을 떴다가 감았다. 플레처는 금방 알았다. "오 하나님, 남작님은 운명하셨습니다." 의사들은 맥박을 쥐어보고 그의 죽음을 확인했다.

바이런의 임종

제30장 그리스를 위한 죽음

시인 바이런의 삶은 짧았다. 거친 애욕과 긴 유랑의 강에 마침내 마침 표를 찍었다. 2년 전 이날 알레그라가 바냐카발로 수녀원에서 숨을 거둔 바로 그날이었다. 그 한 많던 어린 딸이 그를 데려갔다. 임종한 밀린전과 브루노, 티타와 플레처, 패리와 피에트로는 눈물이 터져 나왔지만, 지혜롭게 슬픔을 자제하자고 서로를 다독였다. 도장을 찍어야 할 서류가 많았고 비보를 알려야 할 사람도 많았다.

제 31 장
애도
(1824년)

바이런이 4개월 살았던 집터에 세워진 바이런 기념관

하인들은 자제하면서도 흐느꼈고 의사들도 흐르는 눈물을 주체 못 했다. 피에트로도 슬픔을 견디기 힘들었다. 메솔롱기 시민들도 곧 충격에 휩싸였고 그 충격은 전 그리스로, 전 유럽으로 퍼져 나갔다. 그의 병세를 걱정하던 가난한 그리스인들은 그가 죽는 순간에 들은 천둥소리가 그의 운명(殞命)을 알린 것이라고 믿었다. 그들은 슬픔에 빠져서 "위대한 분은 가셨다!"라고 했다. 바이런의 임종이 가까웠을 때 그의 방을 떠날 수 없었던 티타는, 그의 부모에게 편지를 썼다. "눈에 눈물로써 저는 저의 훌륭한 주인이고, 내 둘째 아버님인 그분이 세상을 버렸음을 알려드립니다."

마브로코르다토스는 곧 서부 그리스 임시정부를 대변하여 담화문을 냈다. 애도의 소총을 쏘고 전 국민이 애도할 것을 당부했다. 20일 해가 돋자 슬픔과 오랜 철야로 지쳐있던 사람들은, 조용한 석호 위로 뻥 뻥 뻥 뻥 하며 터지는 요새의 조포(弔砲) 소리를 들었다. 넉 달 전에 바이런의 도착을 알리던 메솔롱기의 축포소리는 이제 애도의 대포소리로 바뀌었다.

유해는 방부 처리하여 영국으로 보낼 준비를 했다. 4월 20일 아침 9시에 의사들은 모골이 송연할 검시를 하기 위해 모였다. 그들은 먼저 수많은 남자와 여자를 매혹시킨 그 아름다운 육체부터 살펴보기로 했다. 밀린전이 말했다. "육체의 유일한 흠은 그의 왼쪽 발과 다리가 선천적 기형인 점이었는데, 그것만 없었다면 아마 아폴로의 몸과 비견할 수 있었으리라. 발이 안쪽으로 굽어져 있었고, 다리는 보통 다리보다 작고 짧았다." 밀린전은 왼쪽 발이 기형이라고 했으나 착오이리라. 바이런은 오른발이 기형이었음이 사후에 여러 사람의 증언으로 확인되었다.

그러나 의사들은 직업적인 작업에 돌입했다. 기초 방부처리과정은 내장을 들어내는 것이었지만, 의사들은 일반적 검시까지 하기로 하였다. 그들은 그의 두개골을 톱으로 잘랐다. 두개골은 봉합 자국이 없이 아주 단단했다. 간에는 병이 있었으며 심장은 커져 있었다. 경험이 많은 현대 의사는 바이런의 마지막 증상과 죽음에 대한 브루노의 기록과 다른 증거를 검토해서, 그의 죽음의 직접적인 원인은 요독증, 즉 신진대사 질병이 아닌가 추측하였다.

납으로 안을 댄 관이 없어 함석을 댄 싸구려 관을 준비하였다. 심장, 폐, 뇌, 내장은 각각 따로 네 개의 도기에 담았다. 폐는 특별히 "메솔롱기 시민의 거듭된 진정을 존중하여" 산스피리디오네(San Spiridione) 교회에 묻기로 하였다.

비 때문에 하루 연기된 장례식은 4월 22일 메솔롱기의 성 니콜라스

(St. Nicholas) 교회에서 거행되었다. 그 자신의 여단 소속 장병, 정부군장병, 시민 조객이 앉은 사이로 그의 부대 장교와 다른 그리스인이 그의 관을 메고 교회에 들어왔다. 관보 대신 검은 망토가 덮여 있었다. 그 위에 그의 투구, 칼, 계수관이 놓였다. 장례식은 소박했고 조사(弔辭)는 메솔롱기의 주교의 아들이었던 스피리디온 트리쿠피(Spiridion Tricoupi)가 읽었다. 그리스식의 훌륭한 조사였다.

장례식 때 조사를 읽은 스피리디온 트리쿠피. 그는 훗날 그리스 총리가 됨.

장례식이 끝나도 관은 교회 한 가운데에 그 이튿날 저녁까지 그대로 두었다. 그의 여단에서 파견된 병사들이 관을 지켰다. 조문객이 끊임없이 밀려왔다. 23일 저녁에 장교들이 관을 그의 집으로 옮겼다. 그러나 그달 29일까지 관은 뚜껑을 덮지 않았다. 그의 서거 직후 그의 얼굴은 엄하지만 고요한 표정을 지었는데, 점차 그 표정이 더 부드러워지는 것 같았다. 관과 도기들은 구멍을 내어 180갤런의 알코올이 들어가는 큰 곽에 넣었다.

아테네 근방에서 오디세우스의 용무를 보고 있던 트렐라니는 바이런의 부음을 듣고 메솔롱기로 달려왔다. 24일이나 25일 입관 직전이었다. 그는 맨 먼저 바이런의 저는 발을 만져보고 싶어 했다. 그는 1858년엔 이때의 이야기가 들어있는 『셸리와 바이런의 마지막 날의 추억』(Recollections of the Last Days of Shelley and Byron)이란 책을 출간하였다.

그리스는 바이런의 죽음을 국가적 불행으로 여겼다. 그의 죽음이 알려지자 그리스 서부 정부의 담화문이 발표되었다.

축제와 환희의 날이 슬픔과 애도의 날로 바뀌었습니다.

노엘 바이런 경이 열흘간의 병고 끝에 지난밤 11시에 서거하셨습니다….

이 훌륭한 분의 서거는 물론 온 그리스인들이 애도할 것입니다. 그러나 특히 메솔롱기 시민들의 애도가 각별한 것은 그는… 위험에도 불구하고 [이곳에서] 참전하려는 결의를 다졌기 때문입니다….

그러므로 중앙 정부의 최종 결정이 내려올 때까지… 본인은 다음과 같이 포고합니다.

하나, 내일 아침 미명에 훌륭한 그분의 나이에 맞춰 포대에서 서른일곱 발의 분시포(分時砲)[장군·사령관 장례 때 1분마다 쏘는 조포]를 쏜다.

둘, 사흘간 법정을 포함한 모든 관공서는 휴무한다.

셋, 식품과 의약품을 매매하는 점포를 제외한 모든 점포는 휴무한다. 각종 공중오락과 다른 부활절 축제행사도 중지를 명한다.

넷, 애도 기간은 21일로 한다.

다섯, 모든 교회에선 기도회와 장례식을 거행한다.

A. 마브로코르다토스.

메솔롱기
오늘 1824년 4월 29일 발표

산적들도 그의 죽음을 슬퍼했다. 그들은 그의 죽음을 애도하는 발라드를 만들어서 불렀다. 바이런이 서거했다는 소식이 퍼지자 그리스의 거의 모든 도시는 그들 나름의 추도예배를 올렸다. 아르고스의 입법부는 5월 5일을 범국민 애도일로 정했고, 의회가 있는 살로나의 교회에서도 그의 영령을 위한 기도가 올려졌다.

바이런의 유해가 메솔롱기를 떠난 것은 5월 2일이었다. 그의 유해를 실은 배에는 브루노, 플레처, 티타, 잠벨리, 흑인 마부, 그리고 개 두 마리가 타고 먼저 자킨토스로 갔다. 자킨토스에서는 스탠호프를 운구위원장으로 하여 유해와 하인과 개를 플로리다(Florida) 호에 실었다. 피에트로

메솔롱기 영웅 공원에 서있는 바이런 상

'Lord Byron im Heldenpark von Mesolongi' by Schokifaktor via Wikimedia Commons under CC BY-SA 4.0.

는 사람들에게 바이런과 누나와의 관계를 연상시킬지 모른다고 해서 승선을 사양했다. 플로리다호는 5월 24일 자킨토스를 출항하여 6월 29일에 템스강 어구의 다운즈(Downs)에 도착했다.

바이런의 서거소식을 런던에서 제일 먼저 접한 사람은 키네어드였다. 5월 13일 저녁 그는 은행에서 자킨토스에서 오는 외국소포를 하나 받았는데 홉하우스 앞으로 되어 있었다. 그 봉함을 찢어 보니 피에트로와 플레처의 가슴 아픈 사연과 공증이 들어 있었다. 키네어드는 심부름꾼을 시켜 그 이튿날 아침 8시에 그 소포를 홉하우스에게 전했다. 홉하우스는 편지를 뜯어보고는 "슬픔의 고통"으로 뼈까지 저렸다.

홉하우스와 키네어드는 부고를 띄울 의무가 자기들에게 있다고 여겨 빠진 데 없이 부고를 했다. 버데트 경과 세인트제임스궁의 오거스터에게 맨 먼저 알렸다. 부고는 신문에도 나왔다. 이 부음으로 가장 충격을 받은 사람은 매리 셸리였다. 그녀는 15일자 일기에 이렇게 적었다. "알베-소중하고 변덕스럽고 매력적이던 알베-가 이 황량한 세상을 떠났다! 신이여, 나도 젊어서 죽는 것을 허락하소서."

바이런의 사촌 조지 바이런은 작위를 승계 받았다. 그는 시골로 가서 종형수 애너벨러를 만나서 부음을 전했다. 그는 그녀가 "절망 상태였고…. 임종 때의 어떤 이야기라도 듣고 싶어 했다."고 전했다. 7월에 플레처가 위로차 그녀를 방문했더니, 그녀는 온 방 안을 바장이며 온몸이 흔들릴 정도로 흐느끼더라고 했다. 여러 번 그에게 바이런의 마지막 말을 들려 달라고 했다.

홉하우스는 어렵게 마음을 추슬러 눈물을 거두고, 친구의 죽음에 관련된 사무적인 일에 한 치 소홀함이 없도록 하나에서 열까지 챙겼다. 그의 일차 관심은 바이런이 그의 『회고록』 때문에 명성을 더럽히는 것을 막는 일이었다. 그것을 회수하여 파기하는 일이 최우선이었다. 예상 외로 머리는 그의 편을 들어주었지만 무어는 파기를 반대했다. 그는 숙독도 생각도 해 보지 않고 파기한다는 것은, "필요 없이 작품에 낙인을 찍는 것"이라는 주장을 폈다. 애너벨러도 바이런 측의 별거 이야기가 들어 있는 그 원고를 꼭 없애야 한다고 생각했다. 로버트 윌모트(Robert Wilmot)

『회고록』의 파기를 의논한 머리의 출판사 사무실의 현재 모습

와 도일이 그녀를 대변해 주었다.

5월 17일 젊은 국회의원이며 유저관리인 홉하우스를 비롯하여 핸슨, 무어, 머리, 도일, 윌모트 등이 머리의 출판사에 모여 난투극 직전까지 갈 뻔한 격렬한 논쟁을 벌였다. 무어가 가장 강하게 그 『회고록』 원고를 구하고 싶었지만, 고인의 명예를 지켜야 한다는 머리의 강력한 주장에 막혔다. 윌모트와 도일이 원고와 그 복사본을 찢어 불에 태웠다. 바이런의 『회고록』 두 뭉치의 원고는 벽난로 속에 재로 사라졌다. 이날의 광경과 논쟁 과정을 직접 보도록 머리는 16살 먹은 아들까지 참석시켰다. 그 원고를 태운 벽난로는 머리의 알버말 50번지 2층에 지금도 그대로 있다. 그 벽난로 위에는 바이런의 초상화가 걸려 있고 존 머리 7세가 바이런 관련 책으로 가득 찬 그 사무실을 지키고 있다.

7월 2일 홉하우스가 플로리다호에 승선하여 유해와 유물을 책임지고 있는 스탠호프를 비롯하여 플레처, 의사 브루노, 급사(아마 티타), 마부(흑인 미국인), 웨이터(잠벨리) 등을 만났다. 바이런이 키웠던 개 세 마리가 주변에 어슬렁거렸다. 플레처는 홉하우스를 보자 울음을 터뜨리더니 한참 동안 울먹임을 억누르지 못했다.

다섯 시간 뒤에 플로리다호가 런던 부두에 도착했다. 거기서 장례사들이 올라가 알코올을 빼내고 유해를 납으로 안을 댄 관에 옮겼다. 큰 관과 심장 등이 든 작은 관들을 거룻배에 옮겨 실었다. 이 작업이 끝난 뒤에 장례사들이 홉하우스에게 마지막으로 바이런을 보겠느냐고 물었을 때, 그는 만약 보게 된다면 쓰러져 일어나지 못할 것이라고 말했다. 그 배 주변과 강가에 수많은 인파가 몰려들어 운구 장면을 지켜보았다. 홉하우스가 케팔로니아에서부터 밀봉되어 온 서류를 챙겨보았다. 그 서류 속에는 미완성인『돈 주앙』제17편이 들어있었지만 서류를 다 들춰도 유언장은 없었다. 홉하우스 등은 바이런을 웨스트민스터 사원에 안치하려고 했으나, 7월 4일 그 사원의 원장인 아일랜드(Ireland) 박사가 그의 매장을 불허한다고 머리에게 통고하였다.

팰리스 야드(Palace Yard) 계단에서 관을 내려, 미리 장례를 치기 위해 빌려 놓은 에드워드 내치불 경(Sir Edward Knatchbull)의 집으로 운구했다. 검은 천으로 치장한 빈소 방은 서툴게 그린 가문(家紋) 외에 다른 장식은 없었다. 심장 등을 담은 작은 관도 같은 방에 안치됐다.

빈소에서 시신에 정장(正裝)을 입혀 안치했을 때 수많은 사람이 조문을 신청했지만 이름 있는 사람은 거의 없었다. 7일간 조문을 받았으나 바이런의 친구와 친척 몇 명이 다녀갔을 뿐이었다. 일반 사람들은 호기심에 떼로 몰려왔다. 훗날 빅토리아조의 대표적인 시인이 되는, 열네 살 나던 앨프레드 테니슨(Alfred Tennyson)은 바이런이 죽었다는 소식을 듣자, 울며 아버지의 목사관 뒤 숲으로 들어가 석회석 바위에 바이런의 이름을 새겼다.

7월 6일 핸슨, 홉하우스, 오거스터는 바이런의 시신을 보고 너무 바뀐 모습에 놀랐다. 핸슨은 얼굴로는 도저히 알아볼 수 없어서 손과 발로서 확인하였다. 홉하우스도 가까이 가 보니 그 친한 친구의 얼굴은 전혀 찾아볼 수 없었다. 변색된 데다 검시 때 신체에 칼을 대서 형태가 크게 일그러져 있었다.

홉하우스는 오거스터를 만나 그 다음 월요일에 장례식을 열고 그의 유택을 노팅엄셔의 허크널토카드(Hucknall Torkard) 교회 지하묘소로 결정했다. 그의 어머니도 거기에 묻혔기 때문에 그곳은 우리로 치면 선영(先塋)

인 셈이었다. 홉하우스는 토르발센(Thorvalsen)의 바이런 흉상이라도 웨스트민스터 사원에 모시려고 두 번이나 시도했으나 그것도 받아들여지지 않았다. 그러나 그는 1844년에 그것이 트리니티(Trinity) 대학의 렌 도서관(Wren Library)에 존치되는 것을 보고 오히려 잘된 일이라고 생각했다.

7월 12일은 장례일이었다. 바이런의 유작관리인이 된 홉하우스는 장례를 주관하는 호상(護喪)이나 다름없었다. 그가 발인과 장례행렬을 주관했다. 빈소에는 거대한 군중이 모여 있었으며 마흔일곱 대의 마차가 와 있었다. 칼라일 경과 모페스 경(Lord Morpeth)이 자기들 마차를 보냈고 애버딘 백작(Earl of Aberdeen)도 마차를 보냈다. 장례행렬에 자기 집 마차를 보내는 것이 부의(賻儀)하는 한 가지 방법이었다. 무어, 로저스, 캠프벨이 참석하였다. 소란과 소요가 있었지만 군중은 예의를 차려 관이 영구 마차에 실릴 때 다들 모자를 벗고 경건하게 고개를 숙였다.

장의차와 애도마차가 오전 11시에 웨스트민스터를 떠나 노팅엄으로 향했다. 엄숙한 장례행렬이었다. 사람들이 많이 올 것을 예상하여 넉넉하게 마차를 준비했지만, 세도가(勢道家) 특히 관계에 있는 가문에서는 이 행렬에 가담하는 것을 꺼렸다. 그들은 런던그리스위원회의 과격분자를 위로하고, 튀르키예 정부를 전복하는 데 동조하고 싶지 않았기 때문이었다. 런던그리스위원회의 회원들은, 고전에 대한 소양이 있는 몇몇 그리스 애호가를 제외하면, 대부분 과격한 휘그 당원이었기 때문에 더욱 그 장례식을 피했다. 또 다른 이유는 별거 이후 바이런의 이름에 붙은, 또 이탈리아의 생활에 관한 루머에서 나온, 오욕 때문이었다. 그의 아내도 얼굴조차 내밀지 않았고, 누나도 정상적으로 조문하지 않았다. 누나도 수많은 추문에 연루되지 않았던가.

장례행렬이 옥스퍼드가와 토트넘코트(Tottemham Court) 로를 따라갈 때 구경꾼은 늘어났다. 마차에 여자는 타지 않았으나 많은 여자들이 창에서 내려다보았다. 오거스터는 장례마차를 탈 도덕적 용기나 힘이 나지 않아 남편이 대신 탔다. 홉하우스는 다음과 같이 썼다. "조지 리(오거스터의 남편)―리차드 바이런(Richard Byron) 대위(바이런의 종숙) [새 바이런 경은 바스에서 병중인 것으로 알려졌다]―핸슨과 나는 첫 마차를

제31장 애도 *801*

탔다. 버데트―키네어드―브루스(Michael Bruce)―엘리스―스탠호프―와 트레바년(가족 중 한 사람)[진외가댁 문상객]은 두 번째 마차에 타고―무어―로저스―캠벨―과 올란도(Orlando) 대표는 마지막 마차에 탔다." 올란도는 그리스 대표단의 한 사람으로 그리스를 대표하였다. 그 뒤에는 전부 빈 마차였다.

매리 셸리는 하이게이트힐(Highgate Hill)에서 제인 윌리엄스와 함께 창으로 행렬을 내려다보고 트렐라니에게 이렇게 편지를 썼다. "그의 재주를 찬양하며, 결점이 있지만 애정을 느끼며, 살아생전에 내가 자주 보고는 기뻐했던, 그의 신체를 실은 마차가 내 창을 지나 다시 돌아올 수 없는 하이게이트힐로 갈 때 만감에 사무쳤어요." 콜리지와 존 클레어도 행렬이 하이게이트힐을 올라가는 것을 지켜보았다.

시 외곽 판크러스(Pancras)에서 행렬의식에 동원됐던 빈 마차는 모두 돌아갔다. 장의사와 그의 조수들만이 천천히 애도 행렬을 따라 북으로, 북으로 향했다. 장의마차는 새까만 호송마차를 뒤에 붙이고 나흘간 북행했고, 지나가는 도시에도 관심이 높았다. 이 행렬이 노팅엄의 블랙무어즈헤드 여관(Blackmoor's Head Inn)의 안뜰로 들어갈 때, 세인트마리아(St. Maria) 교회에서는 조종을 울렸다. 그 여관에서 또 이틀간 조문을 받았다. 노팅엄 시장과 시의회 의원들도 사람을 보내 노팅엄에서 허크널까지 장례행렬에 참가하도록 허락해 달라고 해서 홉하우스가 허락했다.

7월 16일 11시에 행렬은 블랙무어즈헤드 여관을 출발하였다. 1호 마차에는 와일드먼 대령, 핸슨, 리 대령과 홉하우스가 탔다. 바이런의 옛 친구 호지슨은 그 행렬이 허크널로 향발할 때 처음 마차에 올랐다.

행렬은 직선으로 가지 않고 일부러 가장 먼 길을 택해 천천히 나아갔다. 바이런의 보관(coronet)이 같이 이동했다. 영국 귀족은 주요 국가 행사 때 작위에 따라 각기 다른 보관을 쓰게 되는데 바이런은 남작이므로 진주 여섯 개로 장식된 보관을 써야 했다. 이 장례 행렬에는 그 보관을 벨벳 쿠션 위에 얹어 우리나라에 영정 옮기듯이 경건하게 옮겼다. 행렬은 허크널에 도착하였다.

7월 17일 금요일 한적한 허크널 마을의 세인트매리막달라 교회(St.

바이런이 잠들어 있는 허크널의 세인트매리막달라 교회

Mary Magdalene Church) 뜰과 작은 교회 안은 인산인해였다. 뜰과 현관이 너무 붐벼서 본당 회중석(會衆席) 가운데에 관을 내려놓는 것조차 쉽지 않았다. 웨스트민스터 빈소와는 대조적이었다. 관, 항아리, 보관은 모두 화려한 데 반해 교회는 소박했다. 1부 예배를 마친 후 관을 바로 제단 앞으로 옮기고 조문객들이 뒤따랐다. 홉하우스 외에 핸슨, 무어, 키네어드, 버데트가 참석하였다. 여기도 오거스터는 오지 않았고 남편 리 대령이 대신 왔다.

교회 바닥이 파헤쳐져 있었다. 홉하우스는 직접 지하로 내려가서 관을 놓을 자리를 살폈다. 그는 눈물이 말라 그의 관이 묻히는 것을 보고도 더 깊은 슬픔은 느끼지 않았다. 관이 놓일 곳은 큰할아버지 관 위였으며 그 옆에는 썩어서 글자가 겨우 보이는 그의 어머니의 관이 있었다. 그는 바이런의 관을 어머니 관 위에 얹자고 했으나, 어머니 관이 곧 내

허크널 교회의 바이런 기념물

려앉을 것 같다는 답이 돌아왔다. 그는 마지막으로 관을 한참 물끄러미 보고는 돌아 나왔다. 2부 예배는 관을 지하에 하관한 뒤 거행되었다. 그 이튿날 아침까지 조문객이 이어져서 지하묘소를 원상대로 덮지 못했다. 지금도 그의 관은 교회 제단 앞바닥 밑에 있으므로 전혀 볼 수가 없다.

그러나 『차일드 해롤드의 순례』 제4편에서 바이런은, 어떤 말보다도 더욱 진지하고 더욱 감동적인 말로 자신의 비문을 써 두었었다.

> *그러나 나는 살았고 헛되이 살지는 않았네.*
> *내 정신은 힘을 잃을 것이고 내 피는 불을 잃을 것이고*
> *내 육신은 고통을 이기려다 망가질 것이네.*
> *그러나 내 내부엔 고문(拷問)과 세월마저 지치게 만들*
> *내가 죽을 때에도 숨을 쉴 그 무엇이 있네.*
> *육체는 모를 이 세상 것이 아닌 그 무엇이*
> *리라의 조용한 추억의 노래처럼,*
> *육체의 부드러워진 영혼 위에 내려앉고, 지금은*
> *무정한 가슴속에서 때늦은 사랑의 후회를 불러내리.*
>   (『차일드 해롤드의 순례』 137연)

허크널 교회의 성단소 북쪽 벽에 다음의 글귀가 새겨져 있다.

> *그의 많은 조상과 그의 어머니가*
> *묻힌*
> *이 아래 지하묘소엔*
> *랭카스터 군(郡) 로치데일의*
> *바이런 남작*
> *『차일드 해롤드의 순례』의 저자*
> *조지 고든 노엘 바이런의 유해가*
> *안치되어 있다.*
> *그는 1788년 1월 22일에*

런던에서 태어나서
1824년 4월 19일에
서부 그리스 메솔롱기에서 세상을 떠났다.
그는 그 나라를 고대의 자유와 명예의 나라로
되돌리려는 영광스런 운동에 참여하였다.

그의 누나 오거스터 마리아 리 항아(姮娥)님이
그를 추모하여 이 묘판을 세우다.

| 글을 마치며 |

　대략 30년 전에 필자가 학부에서 영국낭만주의시를 강의할 때 이야기이다. 다른 시인들은 적절한 시를 선택하여 학생들과 같이 읽었으나 바이런은 아주 짧은 소품 몇 작품을 읽으니 더 읽을 시가 없었다. 어떤 시는 너무 길어 학부수업에 다루기 힘들었고, 어떤 시는 시 자체가 짜임새가 없고 내키는 대로 쓴 것 같아 적절하지 않았다. 차라리 그의 생애를 이야기해 주는 것이 나을 것이란 생각이 들었다.
　대학원생들과 마천드(Leslie A. Marchand)의 바이런의 전기 『바이런: 한 초상』(Byron: A Portrait)을 번역하였다. 다 번역을 한 뒤 읽어보니 실망스럽게도 그것은 무슨 편년체 사료 같았다. 그 전기엔 바이런의 호흡이 전혀 없어 우리 문화권에서는 애매하고 어설픈 글밖에 되지 않았다. 결론은 내가 직접 바이런의 저작과 편지 등을 읽어 가슴으로 느끼지 않는 이상 바이런을 전달할 수 없겠다 싶었다.
　일차적으로 바이런이 쓴 것부터 읽었다. 그의 편지, 일기, 산문을 대부분 읽었다. 특히 바이런의 『초연한 생각』은 그의 심중을 헤아리는 데 큰 도움이 되었다. 정년퇴임하여 그의 작품 전부를 읽는 데만 꼬박 1년이 걸렸는데 작품에는 예상보다 깊게 또 진솔하게 그의 삶이 투영되어 있었다. 그 외에 당대의 친구들이 남긴 글을 찾아 읽었다. 무어의 6권으로 되어 있는 전기 『바이런 경의 서한과 일기-그의 삶의 소개를 곁들여』(Life of Lord Byron: With His Letters and Journals), 메드윈의 『바이런 경과의 대화 일기』(Journal of Conversations of Lord Byron), 골트의 『존 바이런의 삶』(The Life of John Byron), 블레싱턴 귀부인의 『바이런 경의 블레싱턴 백작부인과의 대화』(Conversations of Lord Byron with the

현재 웨스트민스터 사원 바닥의 바이런 판석. "But there is that within me which shall tire/ Torture and Time, and breathe when I expire:"의 글귀가 희미하게 보인다.

Countess of Blessington)를 읽고 중요한 부분에 밑줄을 그었다. 어느 문헌보다도 바이런의 생활을 아주 사실적으로 기록한 것이 바로 『존 캠 홉하우스의 일기』(The Diary of John Cam Hobhouse)였다. 홉하우스의 이 일기를 읽으면 그가 바이런을 그대로 비춰주는 거울 같았다.

바이런은 당대에도 유명했기 때문에 타계할 즈음에 벌써 전기가 몇 권 나와 있었다. 앞에서 말한 무어는 특유의 만연체 문장으로 바이런을 미화시켜 당대에 큰 인기를 누렸다. 그것만 읽으면 바이런은 참 착한 인물로 볼 수 있을 것이다. 댈러스(Robert Charles Dallas)도 그랬다. 그의

『바이런 경의 삶의 회상』(Recollections of the Life of Lord Byron) 역시 바이런을 매끈하게 치켜세웠다. 그러나 바이런이 여행 중에 만났던 골트는 바이런을 약간은 비판적으로 보았다. 특히 그는 그의 작품에 표절이 있다고 여러 번 지적하였다. 왜트킨(John Watkins)의 『존귀한 바이런 경의 삶과 저작의 회고록』(Memoir of the Life and Writings of the Right Honorable Lord Byron)은 정보가 정확하지 않지만 다른 사람과는 다른 해석을 해 보여 새로웠다. 먼슬리 매거진(Monthly Magazine)에 나온 「바이런의 회고록」이라는 글도 읽었다. 바이런의 연애 사실만 모아서 20세기 초에 출판한 그리블(Francis Gribble)의 『바이런 경의 사랑』(The Love Affairs of Lord Byron)은 그의 삶 전반을 투시 못 하는 한계가 있었다. 20세기에 와서 앞에서 말한 마천드의 전기 외에 아이슬러(Benita Eisler)의 『열정의 아이, 명예의 바보』(Child of Passion, Fool of Fame)는 마천드보다 더 폭 넓게 자료를 모은, 방대한 분량이어서 많은 도움이 되었다.

   필자는 이런 문헌 연구에 뒷받침하기 위해 실제로 바이런이 살았거나 여행했던 곳을 답사하였다. 1984년에 아내와 아들과 같이 그리스, 이탈리아, 독일, 프랑스, 영국 등지를 가 본 것이 많은 도움이 되었다. 1999년엔 아내와 같이 바이런이 여행했던 포르투갈의 리스본과 신트라, 스페인의 세비야, 그리스의 아테네, 피레우스, 수니온, 델피, 파트라, 메솔롱기 등지에서 길을 물었다. 메솔롱기에는 막 생긴 그의 기념관이 있었다. 이탈리아의 베네치아, 피렌체, 밀라노, 로마, 제노바, 피사, 라벤나, 리보르노 교외의 몬테네그로 등지에서 발자취를 찾았다. 대부분 그가 살았던 집이 그때 모습 그대로 있었다. 튀르키예의 이스탄불, 차나칼레, 다르다넬스 해협, 트로이, 에페소스 등지를 떠도느라 더위를 먹었다. 스위스의 제네바호 주변과 독일의 라인강 일대를 지나갔다. 영국의 런던, 애버딘, 뉴스테드 애비, 노팅엄, 허크널, 캠브리지 등지도 빠뜨리지 않았다. 그러나 정확한 장소를 못 찾은 데도 많았다.

   2016년에 아내와 손녀를 데리고 다시 영국으로 건너가 바이런의 스코틀랜드와 런던 동선 하나하나를 짚어 보았다. 멜번가 저택, 데본셔가 저택 유지, 홀랜드가 저택과 홀랜드 공원, 세인트제임스 왕궁, 존 머리의 출판사가 있던 알버말가 50번지, 바이런이 탄생한 곳과 세례 받은 교회, 신혼집이 있던 곳, 올바니하우스, 코번트가든의 드루리레인 극장, 피커딜리 주변을 살폈다. 존 머리의 출판사 2층 바이런의 초상화가 있는 방에서 존 머리 7세를 만나 이야기를 나눴다. 이런 지리적인 확인은 훨씬 전기를 쉽게 감각적으로 풀어내는 방법이 되었다.

다시 캠브리지의 캠강과 그가 걸었던 거리와 교회, 그리고 오거스터가 살았던 식스마일보텀의 집 등을 둘러보았다. 재차 스코틀랜드의 애버딘으로 가서 그가 살았던 거리와 학교를 찾아보고 거기서 한 시간 거리에 있는 가이트 성 폐허를 찾았다. 또 아름다운 디강을 일주하면서 그가 언급한 강, 산, 소(沼)를 찾아보았다. 그의 처가 시햄홀이 있던 시햄과 신혼여행으로 갔던 핼너비 별장, 그의 모자가 살았던 사우스웰의 집과 허크널 교회, 뉴스테드 애비와 매리 차워스의 저택 애너슬리홀 등을 찾아보면서 조금이라도 더 그를 피부로 느끼려고 노력하였다.

지난 30년간 머리와 가슴과 발로 모은 자료가 너무 많았다. 그 자료를 일관성 있게 정리하는 데도 많은 시간이 걸렸다. 사실 생짜로 바이런을 재탄생시키는 작업이고 보니 일이 그리 쉽겠는가. 결국은 그 많은 자료를 필자의 개인적인 판단으로 얽어맬 수밖에 없었다.

그에 대한 문헌 대부분은 피터 코치런(Peter Cochran)의 상세한 주석이 달린 사이버텍스트를 이용하였다. 작고했지만 그분에게 감사를 표한다. 더불어 이 전기편찬은 여러 문화와 역사와 언어를 가로지르는 연구이었기에 박학(薄學)한 필자에게는 처음부터 버거운 작업이었다. 오류가 많을 것으로 생각되어 두렵기 짝이 없다. 여러 분야에서 많은 지적이 있기를 바란다.

저자 **박 재 열**

색 인[1]

『1795년 아라칸 해안의 주노호의 난파 이야기』(Narrative of the Shipwreck of the Juno on the Coast of Arracan, in the Year 1795) 바이런이『돈 주앙』제2편에 참고한 덜위치 학교에 있을 때 읽은 소책자 549
'pl & opt' 'pl&optC' '완벽하고 충분한 교합' 즉 성교의 은어 209

가이트가(Gight家) 바이런의 외가 11, 14~5
「가이트의 고든 양」(Miss Gordon of Gight) 고든가의 파산을 읊은 발라드 18
감바, 루게로 기셀리 백작(Count Ruggero Gamba Ghiselli) 테레사의 아버지 554, 564, 578, 589, 600, 606, 609, 612~3, 655, 675, 733
격변설(catastrophism) 지구의 역사에는 대격변이 여러 번 있었으며 이때마다 식물상(植物相)·동물상(動物相)이 완전히 바뀌었다고 하는 설 640
『결박된 프로메테우스』(Prometheus Bound) 프로메테우스 신에 관한 아이스킬로스의 비극 442
고드윈, 윌리엄(William Godwin) 메리 셸리의 아버지, 메리 울스턴크래프트의 남편 385, 389, 400~1, 425, 429, 537
고든, 윌리엄 경(Sir William Gordon) 바이런의 외가 조상 15
고든, 프라이스 록하트(Pryse Lockhart Gordon) 바이런의 외척 아저씨 48
고전주의자(Classicist) 영국문학의 황금기의 시인, 평론가. 포프와 드라이든 같은 인물 636
골트, 존(John Galt) 바이런이 지브롤터에서 만난 문사 127, 178, 195
곰(Bear) 바이런이 사육한 애완동물 85, 87, 99, 109, 112, 227
공기선(空氣船)(airship) 바이런 시대에 공기선이 있었고 바이런은 그것으로 여행할 수 있다고 생각하였음 640
괴테(Johann Wolfgang von Goethe) 독일의 대문호 448, 642, 684, 708, 712, 735~6
귀치올리 백작(Count Alessandro Guiccioli) 테레사의 남편 551~2, 554, 555~6, 562~3, 570, 574, 576, 577, 581, 585~6, 589, 591, 592~4, 601, 604, 606~10, 612, 617
그렌빌 경(William Grenville, 1st Baron Grenville) 바이런이 존경한 상원의원. 캐롤라인의 어머니와 옥스퍼드 귀부인의 애인 60~1, 283
그리스 왕 추대 바이런을 그리스 왕으로 추대하자는 제안 749
그리자유(grisaille) 다양한 회색으로 그린 그림 120
'근친상간 연대'(League of Incest) 사우디가 바이런과 셸리에 붙인 이름 537
『글레나본』(Glenarvon) 캐롤라인의 자전적 소설 419~20, 446
금각만(金角灣, Golden Horn) 콘스탄티노플을 끼고 있는 해협 어귀 191~3, 196, 198, 202
기지, 펠레그리노(Pellegrino Ghigi) 피사에서 바이런을 도와주는 은행가 628, 652, 677~9
기포드, 윌리엄(William Gifford) 본명 존 월코트(John Wolcot). 평론가. 출판업자 머리가 바이런의 작품에 대해 자문을 받음 101, 107, 225~6, 230, 250, 287, 320, 362, 486, 497, 573
『긴 삶의 회상』(Recollections of a Long Life) 홉하우스의 저서 134

"나는 어느 날 깨어보니 유명해져 있었다"(I awoke one morning and found myself famous) 바이런이 시집『차일드 해럴드의 순례』를 출간하고 인기가 급상승했을 때 스스로 한 말 250
낭만주의자(Romanticist) 바이런이 워즈워스, 콜리지, 사우디, 키츠 등을 폄하하여 붙인 이름 173, 636, 657
내치불, 에드워드 경(Sir Edward Knatchbull)의 집 바이런의 장례를 치른 런던의 집 800

---

[1] 본서에 많이 쓰는 이름을 중심으로 정리하였음. 따라서 남성의 이름은 주로 성(姓)이 앞에 나오고 여성의 이름은 세례명이 앞에 나옴.

네이선, 아이적(Isaac Nathan) 바이런에게 히브리 곡을 들려주면서 작사를 요청한 인물 354~5, 366, 407
네이피어, 찰스(Charles Napier) 케팔로니아 영국 주재공사 737~9, 744, 746, 748, 752~3, 761
노엘 바이런 장군(Generale Noel Byron) 바이런이 마브로코르다토스로부터 서부 그리스 최고사령관으로 임명 받은 후 군령제1호에 서명한 직위와 이름 769
누마 폼필리우스(Numa Pompilius) 로마의 전설상의 2대 왕 504
『뉴욕 니커보커의 역사』(Knickerbocker's History of New York) 워싱턴 어빙(Washington Irving)의 뉴욕 초기역사에 대한 문학적 패러디 683
니코폴리스(Nicopolis) 옥타비우스가 악티움 해전의 승리를 기념하여 세운 인공 도시 135, 136, 154

다르다넬스(Dardanelles) 해협 에게해와 마르마라해를 잇는 튀르키예의 해협 186, 188~91
단두대(guillotine) 바이런이 목격한 사형집행 시설 455, 499, 616
당드자망(Dent de Jaman) 제네바호 몽트뢰 위로 솟은 산 454, 456, 464
댄디 클럽(Dandy Club) '멋쟁이' 브라멜 등이 만든 웨티어즈 클럽을 바이런이 '댄디 클럽'이라 불렀음 333
댄디(Dandy) 멋쟁이. 외모와 단정한 몸단장, 세련된 언어 등을 특징으로 하는 남자 248, 333~4
댈러스, 로버트 찰스(Robert Charles Dallas) 바이런 숙모의 오빠. 시집 출판을 도와주고 조언함 89~90, 104, 106, 109~110, 222~7, 230~1, 249~51, 263, 270, 291, 320
『더 위대한 모르간테』(Il Morgante Maggiore) 풀치(Luigi Pulci)의 의사(擬似) 서사시 578, 595
더비시 타히리(Dervish Tahiri) 알리 파샤가 준 바이런의 슐리오트인 하인 151, 156, 158, 188, 211, 214, 217
'데모스테네스의 등불'(Lantern of Demosthenes) 고대 그리스 디오니소스 축제에서 한 팀의 가무경연의 우승을 기념하여 세운 기념탑 169
데본셔 공작부인 조지아나(Georgiana Cavendish, Duchess of Devonshire) 휘그계 사교계 원조 호스티스. 정치가 찰스 폭스를 존경하고 노름을 좋아함 238~9, 254~6, 260, 266, 361, 672
데본셔가(Devonshire家) 데본셔 공작부인이 호스티스였던 휘그계 귀족 가문 255~6, 260
데이비스, 스크로프(Scrope B. Davies) 대학 동창. 노름꾼이며 바이런에게 여행경비를 빌려 줌 86, 88, 91, 93, 95~6, 111, 115, 212, 216, 222, 232~3, 270, 289, 308, 325~6, 335, 395, 399, 407, 449~52, 547
『데카메론』(Decameron) 14세기 이탈리아의 보카치오(Giovanni Boccaccio)가 펴낸 단편소설집 564, 592
델라와 백작(Earl of Delawarr) 해로 때 친구 45, 50
도제궁(Doge宮) 베네치아 도제의 궁 481~2, 490, 582
돈 주앙『돈 주앙』(Don Juan)의 주인공 537~9, 548~9, 620, 631, 676, 687, 696, 700, 706~7, 716, 718~20, 723~4
돈주앙호 셸리 부부가 잠깐 그들의 요트에 붙인 이름 684, 691~2
돌세이 백작(Count Alfred D'Orsay) 제노바를 방문한 블레싱턴 귀부인의 여행단의 일원 720~1
돌셋 공작(Duke of Dorset) 해로 때 친구 46, 61, 358
동물, 동물원 바이런이 애완용으로 기르던 동물 85, 95, 206, 227, 527~8, 579, 591, 604, 608, 622, 651~2, 701, 733
두칼레궁(Palazzo Ducale) 베네치아 도제의 공관 602
두푸이 별장(Villa Dupuy) 바이런이 세 낸 리보르노 가까이 있는 별장 676, 680, 682, 685, 690
드라이든, 존(John Dryden) 17세기의 시인, 문학비평가, 번역가, 극작가 107, 354, 600, 636
드라헨펠스성(Drachenfels城) 라인 강변에 있는 폐성 422
드루리, 마크(Mark Drury) 해로스쿨 드루리 교장의 동생 59~60
드루리, 조셉(Joseph Drury) 해로스쿨의 교장 43~5, 49, 56, 59~60
드루리, 헨리(Henry Drury) 해로스쿨의 바이런의 지도교사 49, 90, 114, 220
드루리레인 극장(Drury Lane Theatre) 바이런이 근무한 런던의 대표적 극장 239, 277~8, 367~8, 372, 399, 402, 440~1

디강(River Dee) 애버딘 남쪽으로 흘러들어오는 아름다운 강 23~4
디오다티 별장(Villa Diodati) 바이런 일행이 세 든 제네바 호반의 별장 431, 433~4, 436, 440, 442, 446, 448, 452, 455, 461, 660
라미라(La Mira) 바이런이 베네치아에 있을 때 마련한 포스카리니 별장이 있던 곳 501~9, 514, 577~80, 582, 599
라벤나(Ravenna) 테레사의 고향. 단테와 보카치오와 관계가 깊은 곳 187, 551~64, 567~71, 574~6, 581, 585~92, 599, 604~6, 610~1, 614, 617~8, 626~8, 633~9, 642, 648, 651, 664, 666, 670, 677, 703, 733
라스칼라 극장(Teatro alla Scala) 밀라노의 대표적 오페라 극장 469~70, 475
라이언(Lion) 그리스에 있을 때 바이런의 애견 733, 755, 773, 778
라이트, 월러(Waller Wright) 이오니아제도의 7개 도서의 총영사를 역임하고서 시집 『호래 이오니캐』(Horae Ionicae)를 낸 인물 223
라이헨바흐 폭포(Reichenbachfall) 스위스 베르너 오버란트 마이링엔에 있는 폭포 459
란프란끼장(Casa Lanfranchi) 바이런이 거주했던 피사의 16세기 르네상스식 건물. 지금은 토스카넬리궁(Palazzo Toscanelli)으로 불림 637, 641, 649, 654, 658, 674, 676~7, 686, 690, 692, 697, 699
래친이게어산(Lachin-y-gair山), 로크나가르(Loch-na-Garr), 다크 로크나가르(Dark Lochnagar) 스코틀랜드 하일랜드에 있는 산 24
램, 윌리엄(William Lamb, 2nd Viscount Melbourne) 캐롤라인의 남편. 훗날 영국 총리를 역임함 253, 257, 259, 262, 264, 265, 266, 274, 275, 302, 333, 369
러쉬턴, 로버트(Robert Rushton) 바이런이 동성애를 느낀 하인 99, 111~2, 115, 120, 123, 128, 195, 228, 242, 331, 402, 407, 431, 452, 748
런던그리스위원회(London Greek Committee) 런던의 그리스 독립을 지원하는 단체 722~3, 750~2, 801
런던햄프던클럽(London Hampden Club) 자유주의자 귀족들로 구성된 개혁지향 정치 클럽 281
레벤트 치프틀릭(Levent Chiftlick) 셀림 3세의 신식군대가 구식군대에 의해 학살당한 장소 202

레안드로스와 헤로(Leander and Hero) 레안드로스는 한 축제일에 헤로를 보고 사랑에 빠짐. 그는 밤에 헤로가 켜 놓은 등불을 보고 헬레스폰트(Hellespont) 해협을 헤엄쳐 건넘. 어느 폭풍 부는 날 밤 그 등불이 꺼져 버리자 레안드로스는 도영 중에 익사하였고 그 시체를 보고 헤로도 바다에 몸을 던졌다는 신화 188~90
레판토 원정(assault on Lepanto) 바이런이 계획한 레판토 공격작전. 그러나 콜로코트로니스의 음모로 무산됨 763, 771, 773, 775, 778, 781
레판토의 외팔이(One-Armed of Lepanto) 레판토 해전에서 세르반테스가 총상을 입어 평생 왼손을 쓰지 못하자 생긴 그의 별명 159
로더데일 경(James Maitland, eighth Earl of Lauderdale) 영국에 바이런의 여자 관련 추문을 퍼트린 인물 547~8
『로마제국쇠망사』(The History of the Decline and Fall of the Roman Empire) 에드워드 기번(Edward Gibbon)의 저서 440
로밀리 경(Sir Samuel Romilly) 애너벨러 측 변호인. 그가 자살한 후 홉하우스가 그 선거구를 이어받음 383, 385~6, 389, 395, 488, 545, 572, 595
로버츠(Daniel Roberts) 바이런의 요트 볼리바르호를 건조한 퇴역 해군장교 667, 691~2, 710
로저스, 사무엘(Samuel Rogers) 당시에 가장 유명했던 시인 107, 237~40, 245~6, 249, 258, 270, 297, 315, 337, 399, 652~3, 677, 801~2
로즈(William Stewart Rose) 영국의 시인, 번역가 512, 547
로치데일(Rochdale) 로치데일의 바이런의 부동산. 바이런은 이것을 제임스 디어던(James Dearden)에게 매각함 25, 69, 83, 101, 115, 212, 232, 342, 369, 547, 587, 701, 754, 765, 769
롱(Edward Noel Long) 해로 때 친구 45, 66, 68, 73, 79, 232
루리오티스, 안드레아스(Andreas Luriottis) 바이런을 찾아온 그리스 대표 722, 750~1, 788
루벤스(Peter Paul Rubens) 17세기 바로크를 대표하는 벨기에 화가 416
루소, 장 자크(Jean Jacques Rousseau) 프랑스 계몽주의 철학자, 소설가, 교육학자 97, 437, 486

색인 *813*

루시(Lucy) 바이런의 아이를 가진 하녀 102, 231, 241
루이스, 매슈(Matthew Gregory Lewis), '수사'(修士) 루이스 독일에 있는 동안 괴테를 만났고 독일 소설과 드라마에 정통함. 고딕 소설 『수사 암브로시오』를 써서 그를 흔히 '수사'(修士) 루이스라고 부름. 그가 구두로 번역해 준 『파우스트』에서 영감을 얻어 바이런은 『맨프레드』를 쓰게 됨 306, 447~8, 505~6
루지에리(Giovanni Battista Lusieri) 엘긴 경의 수행 화가 166, 168~71, 178, 208, 210~1, 218
루크레치아 보르자(Lucrezia Borgia) 페라라의 공작부인(Duchessa di Ferrara) 470~1
리 부인(Mrs Leigh) 오거스터 719
리, 조지(George Leigh) 바이런의 고종사촌. 프란시스의 아들. 오거스터의 남편 47, 54, 231, 801
리, 찰스(Charles Leigh) 프란시스의 남편. 바이런의 고모부 19
리도(Lido) 섬 베네치아 석호에 있는 11km 길이의 사주 481~2, 484, 507, 514, 516, 535, 544, 580
리도토(ridotto) 극장에 붙어 있는 퇴폐업소. 가면을 쓰고 노름을 하는 장소 485~6
리지, 존(John Ridge) 바이런의 초기 시집을 출판해준 출판업자 72, 73, 80, 82, 88, 90
리크 대위(Captain William Martin Leake) 알리 파샤 통치 영역의 영국 주재관 133, 140, 142, 148, 153
린크, 야콥(Jacob Linckh) 바바리아의 화가 211

마가렛 더프(Margaret Duff) 캐서린의 할머니 15
마가렛 파커(Margaret Parker) 고종누이 42, 48
마담 드 스타엘(Mme de Staël, Germaine de Staël) 프랑스의 낭만주의 소설가이자 비평가. 바이런에게 어머니처럼 자상하게 대함 300~2, 335, 388, 398, 444~8, 453~4, 574, 587
마르가리타 코니(Margarita Cogni) 바이런의 베네치아의 두 번째 애인. 완력을 행사하는 '여제빵사' 507~8, 519, 522~4, 540
마리나 벤조니 백작부인(Countess Marina Querini Benzoni) 베네치아의 호스티스 521, 551~2, 556
마리노 팔리에로(Marino Faliero) 베네치아 공화국의 도제. 쿠데타 시도 혐의로 처형당함 482, 601~3

마리아 1세(Maria I) 나폴레옹의 침략을 피해 브라질로 넘어간 포르투갈 왕 120
마리아나 세가티(Marianna Segati) 바이런이 베네치아에서 세 든 포목가게의 안주인이며 애인 484~5, 487~92, 495, 498, 500~1, 506, 509, 512, 520~3, 527, 540
마브로코르다토스, 알렉산드로스 대공(Prince Alexandros Mavrocordatos) 바이런이 피사에서 만난 그리스 독립운동가 660, 732, 735, 740, 748, 753~5, 758, 761~5, 769~70, 772, 779~81, 794, 796
마브로코르다토스, 콘스탄틴(Constantine Mavrocordatos) 그리스의 지도자 마브로코르다토스 대공의 동생 732
마시(Stefani Masi) 피사에서 벌어진 이른바 '피사의 난투극'의 원인제공자 674~5, 680
마제파, 이반(Ivan Mazepa) 『마제파』의 주인공의 모델이 된 역사적 인물 532
마조레호(Lake Maggiore) 이탈리아 북부 피에몬테주, 롬바르디아주, 스위스 티치노주 사이에 걸쳐 있는 호수 467~8
마크리, 타르시아 부인(Mrs Tarsia Macri) 바이런이 하숙한 아테네의 하숙집 주인 165~6, 173, 182, 206, 208
마프라(Mafra) 포르투갈의 수도원이자 궁궐 119~20
마흐무트 2세(Mahmud II) 무스타파 4세를 폐위시키고 제위에 오른 오스만제국 술탄. 바이런이 만난 술탄 196, 203~4
만프리니궁(Manfrini Palazzo) 바이런이 그림을 보러 여러 번 간 베네치아의 한 궁 494~5, 512
매리 셸리(Mary Shelley) 소설 『프랑켄슈타인』의 저자. 시인 셸리의 아내 400~1, 406, 426~30, 432~6, 446, 488, 534~7, 543, 570, 634~8, 657~60, 667, 672~4, 684~6, 691~6, 699, 703~5, 709~10, 715, 730~3, 798, 802
매리 울스톤크래프트(Mary Wollstonecraft) 『여성 권리의 옹호』(Vindication of the Rights of Woman)의 저자. 매리 셸리의 어머니 400~1, 537
매리 차워스(Mary Ann Charworth) 바이런이 청소년기에 짝사랑한 여성 35~6, 51~7, 62, 63, 77, 98~9, 319, 328, 332, 335, 442
매슈스(Charles Skinner Matthews) 대학 동창. 캠강에 익사함 83, 86, 111~2, 114, 207, 222, 228, 233
'맴도는 더비시'(Turning Dervishes) 수피(Sufi) 춤 196~7

『맵 여왕』(Queen Mab) 셸리의 장시 401, 429
머리, 조(Joe Murray) 바이런가의 하인장 29, 31, 99, 115, 123, 127, 222, 308, 322
머리, 존(John Murray) 바이런의 대부분의 시집을 출판해 준 출판업자 225~6, 230, 249, 250, 251, 276~7, 292, 293, 314~5, 320, 322, 323, 324, 327, 334~5, 337, 341, 362~3, 364, 365, 366~7, 372, 385, 389, 402~3, 417, 435, 450, 454, 484, 486, 487, 488, 490, 491, 493, 494, 496, 497, 498, 503, 508, 509, 512, 513, 519, 520, 521, 524, 530~1, 532, 535, 538, 539, 541, 548, 550, 563, 565, 569, 571, 572, 573, 582, 583, 586~7, 592, 595~603, 614~8, 623, 626, 628, 630, 641~2, 656, 662, 668, 672, 679~80, 690, 692, 701~2, 706~9, 714~5, 720, 722, 726, 752, 774, 798~800
머스터즈, 존(John Musters) 매리 차워스의 약혼자, 남편 51~2, 62, 319
'멋쟁이' 브라멜('Beau' George Bryan Brummel) 당시 영국 남성 패션의 선구자, 왕세자 조지도 그의 패션에 따름 86, 333~4
메드윈, 토마스(Thomas Medwin) 피사에서 만난 바이런 친구 285, 297, 351, 434, 530, 545, 550, 640, 656, 659~61, 664~6, 668, 676, 697, 709
메솔롱기 바이런 센터(The Messolonghi Byron Center) 바이런이 머물렀던 곳에 지은 바이런 기념관 762, 793
메솔롱기(Missolonghi) 그리스 서부의 도시 134, 156, 732, 739, 741, 744~5, 747, 749, 751, 753~72, 775~8, 781~2, 790, 793~7, 805
메이(May Gray) 캐서린이 데린 유모 겸 하녀. 애그니스의 동생 18, 28, 36~40
메이슨(Mason) 부부 피사에서 만난 바이런 친구 부부. 원래는 마운트캐셜 귀부인(Lady Mountcashell)과 조지 타이(George Tighe)였음 655, 715
메탁사타(Metaxata) 케팔로니아에서 바이런이 거주한 마을 747~8, 755
멩갈도(Mengaldo)와 스코트(Scott)와의 수영 경기 바이런이 대운하에서 벌였던 수영 경기 530
멩갈도, 안젤로(Angelo Mengaldo) 베네치아 화류계 한량 524, 530, 543
멜번 귀부인(Elizabeth Lamb, Viscountess Melbourne) 캐롤라인의 시어머니. 바이런이 모든 비밀을 털어놓고 캐롤라인 문제를 상의한 귀부인. 훗날 처고모가 됨 132, 185, 219, 238, 254, 255, 257, 260, 264, 265~8, 271, 275, 279~80, 283, 287, 295, 296, 302, 305~6, 307, 308, 309, 311, 312, 314, 320~1, 322, 326, 328~9, 330, 331, 336, 340, 341, 361, 365~6, 521, 526
멜번가(Melbourne家) 멜번 귀부인이 안주인인 휘그계 귀족 가문 253~4, 257, 259, 261, 263, 267, 292, 294, 390, 446
『모닝 크로니클』(Morning Chronicle) 1769년에 창간된 런던의 일간지 244, 323, 342, 385, 408
『모닝포스트』(Morning Post) 보수주의 성향의 일간지 405
모라트(Morat) 전쟁 용담공 샤를과 브루군디 공작 사이의 전쟁 423, 460
모벤(Morven) 게일족의 신화 속의 왕국 25
모벤산(Morven山) 스코틀랜드 하일랜드에 있는 산 24, 145
모체니고궁(Palazzo Mocenigo) 베네치아에서 바이런이 세 든 궁 526~7, 534~5, 540, 544, 577, 579~80, 585, 589, 605
몬티(Vincenzo Monti) 이탈리아의 시인, 극작가, 번역가 470, 472~3
몽블랑(Mont Blanc) 알프스산맥의 최고봉 430, 441~2, 450~2, 455
몽세라트(Montserrat) 신트라에 있는 윌리엄 벡포드의 궁 118~9
무르텐호(Murtensee) 스위스 서부 프리부르 주, 보주에 위치한 호수 423, 456
무스타파 4세(Mustapha IV) 오스만제국의 셀림 3세를 폐위시키고 제위에 오른 술탄 194, 196
「무신론의 필요성」(The Necessity of Atheism) 셸리가 옥스퍼드 재학 시 발표한 에세이 428
무어, 토마스(Thomas Moore) 바이런이 형처럼 친하게 지냈던 친구 61, 79, 92, 107, 206, 235~8, 239, 241, 246, 249, 250, 268, 270, 297, 306, 313, 314, 315, 318, 327, 329, 330, 332, 334, 336, 349, 352, 357, 385, 394, 398, 399, 434, 472, 482, 484, 490, 491, 492, 494, 499, 507, 513~4, 529, 535, 537, 540, 547, 548, 579~580, 581~2, 586, 592, 605, 616, 618, 619, 621, 628, 641, 644, 696, 707, 708~9, 712, 744, 798, 799, 801~3
무크타 바이락타(Muchtar Bairacta)의 반란 오스만제국의 개혁 술탄 셀림 3세(Selim III)가 궁지에 몰리자 일어난 반란 196

무크타르(Mouctar) 알리 파샤의 큰아들 149~50
『문학 평전』(Biographia Literaria) 1817년에 출판된 사무엘 테일러 콜리지의 자서전 538
미네르바(Minerva), 팔라스(Pallas) 지혜, 정의, 법, 승리의 여신. 예술, 무역, 전략의 수호여신. 아테나 여신 172, 175
밀린전, 줄리어스(Julius Millingen) 젊은 영국 의사 751, 761, 763, 774~5, 777, 783~92, 794
밀뱅크, 랠프 경(Sir Ralph Milbanke) 바이런의 장인 260, 328, 348~9, 377

'바람의 신전'(Temple of the Winds) 상부에 바람의 신이 부조된 아테네의 8각형 신전 169
바르톨리니, 로렌조(Lorenzo Bartolini) 이탈리아 조각가 666, 701, 727
바실리(Vasilly) 알리 파샤가 준 바이런의 술리오트인 하인 143, 150~1, 153, 156, 158, 164, 175, 211
바예지드 타워(Beyazit Tower) 이스탄불 대학교 바예지드 캠퍼스에 있는 높이 85m의 타워 201
바운티호(Bounty號)의 반란 1787년에 영국 해군 함정 바운티호에서 일어난 선상 반란 716~7
바이런, 조지 고든(Byron, George Gordon) 11, 로치데일의 바이런 남작 6세(Sixth Baron Byron of Rochdale) 25, 혹은 바이런, 조지 고든 노엘(George Gordon Noel Byron) (바이런이 처삼촌의 유산을 받은 후 바꾼 이름) 364
  결혼
    결혼식 347~50
    신접살림 361~379
    신혼여행 350~6
  드루리레인(Drury Lane) 극장 277~8, 367~8, 370~3, 440~1
  상원의원
    연설 243~8, 270~1, 298
    첫 등원 105~6
  세례 11
  작품
    「******에게 주는 시」(Stanzas to ******) 443
    「----에게」(To -----) 728
    「D--에게」(To D--) 50
    「개인 생활의 스케치」(A Sketch from Private Life) 398
    『게으름의 시간들: 일련의 창작시와 번역시』(Hours of Idleness; A Series of Poems Original and Translated) 81~2, 84, 88, 91, 94, 363
    『그 심판의 환상』(The Vision of Judgment) 631, 644~7, 688, 707~9, 714~5
    「그녀는 아름답게 걷네」(She Walks in Beauty) 6, 332
    「그대 안녕!」(Fare Thee Well!) 397~8
    「그대 영혼의 자리는 빛나도다」(Bright Be the Place of Thy Soul) 234
    「그대는 부정(不貞)하지 않지만 변덕스러워요」(Thou Art Not False, but Thou Art Fickle) 312
    「그리고 그대는 젊고 아름다울 때 갔네」(And Thou Art Dead, As Young and Fair) 234
    「그리고 내가 우울할 때 그댄 울려오」(And Wilt Thou Weep When I Am Low) 96
    「그리스의 섬들」(The Isles of Greece) 599
    「기억하라 열정의 힘이 증명한 그를」(Remember Him Whom Passion's Power) 312
    「꿈」(The Dream) 442
    「나는 그대 이름을 말하지도ㅡ찾지도ㅡ숨 쉬지도 않아요」(I Speak Notㅡ I Trace NotㅡI Breathe Not) 367
    「나의 소년 호비 오」(My Boy Hobbie, O) 699
    「나폴레옹 보나파르트에 대한 송시」(Ode to Napoleon Bonaparte) 327
    「내 아들에게」(To My Son) 79, 102
    「『내 할머니의 리뷰』의 편집자에게 부치는 서한」(A Letter to the Editor of 'My Grandmother's Review') 707
    「뉴스테드 애비를 떠나면서」(On Leaving Newstead Abbey) 53
    『다양한 상황의 시』(Poems on Various Occasions) 80
    『단테의 예언』(Prophesy of Dante) 565, 599
    「단편」(A Fragment) 182, 435, 531, 570
    「대학 시험에서 떠오른 생각」(Thoughts Suggested By a College Examination) 77
    『더 위대한 모르간테』(Il Morgante Maggiore)(번역) 578, 595
    『돈 주앙』(Don Juan) 33, 182, 190, 195, 419~20, 453, 465, 470, 518, 537, 539, 550, 563, 570, 579, 581, 587, 599,

816

615~7, 630~1, 662, 676, 684, 710, 714, 724, 737
『돈 주앙』(Don Juan) 제1편 396, 531, 538, 544, 547, 572, 587, 690, 699, 701
『돈 주앙』(Don Juan) 제2편 548, 569, 572~3, 587
『돈 주앙』(Don Juan) 제3편 578, 583, 599, 642
『돈 주앙』(Don Juan) 제4편 599, 642
『돈 주앙』(Don Juan) 제5편 619~20, 635, 642
『돈 주앙』(Don Juan) 제6편 696
『돈 주앙』(Don Juan) 제7편 686, 696
『돈 주앙』(Don Juan) 제8편 696
『돈 주앙』(Don Juan) 제9편 700
『돈 주앙』(Don Juan) 제10편 461, 706
『돈 주앙』(Don Juan) 제11편 706
『돈 주앙』(Don Juan) 제12편 713
『돈 주앙』(Don Juan) 제13편 716
『돈 주앙』(Don Juan) 제14편 718, 726
『돈 주앙』(Don Juan) 제15편 719~20, 726
『돈 주앙』(Don Juan) 제16편 723
『돈 주앙』(Don Juan) 제17편 740, 800
「돌셋 공작에게」(To the Duke of Dorset) 61
『두 포스카리』(Two Foscari: An Historical Tragedy) 631, 642, 645, 662, 699, 709
「두개골로 만든 컵에 새긴 시」(Lines Inscribed Upon a Cup Formed From a Skull) 102
「둘이 헤어졌을 때」(When We Two Parted) 400
『라라』(Lara) 205, 300, 330, 332, 337, 355
「레즈비어에게」(To Lesbia) 80
『마리노 팔리에로』(Marino Faliero, Doge of Venice) 601, 610, 625, 642, 726
『마제파』(Mazeppa) 182, 435, 531~2, 543, 547, 563, 569~70
「매리에게」(To Mary) 72, 77, 80
『맨프레드』(Manfred) 448, 456, 458, 460, 461~4, 476, 490, 497, 503, 684
「머리 타래를 묶은 벨벳 띠를 저자에게 선물한 아가씨께」(To a Lady Who Presented The Author with The Velvet Band which Bound Her Tresses) 75
『모방과 번역』(Imitations and Translations) 198
『미네르바의 저주』(The Curse of Minerva) 171~2, 216, 218
「바이런 귀부인의 와병 소식을 듣고 쓴 시」(Lines on Hearing That Lady Byron Was Ill) 448
「베네치아 송시」(Ode on Venice) 531, 547, 563, 569
『베포, 베네치아 이야기』(Beppo: A Venetian Story) 189, 477, 509, 512, 521, 524, 531, 537, 544, 578, 714
「부질없고 아름다웠던 그 어린 시절에」(In Those Young Days So Fond and Fair) 358
『불구자의 변신』(Deformed Transformed) 665, 710
「『블랙우즈 매거진』의 논평에 대한 고찰」(Some Observations upon an Article in Blackwoods's Magazine) 600
「블레싱턴 백작 부인에게」(To the Countess of Blessington) 728
『사르다나팔루스』(Sardanapalus) 202, 623~6, 642, 662, 684, 699, 736
「서른여섯 번째 해를 보낸 오늘」(On This Day I Complete My Thirty-Sixth Year) 767
「서자에게」(To Thyrza) 233
「설교자 가라사대 만사가 허영이다」(All Is Vanity, Saith the Preacher) 367
『섬』(The Island) 177, 716
「세스토스에서 아비도스까지 수영하고」(Written after Swimming from Sestos to Abydos) 190
「소년 시절 회상」(Childish Recollections) 50, 56, 90
「송시」(Ode) 531
「시」(Stanzas) 234
「시용성에 부친 소네트」(Sonnet on Chillon) 439
『시용성의 죄수』(The Prisoner of Chillon) 439, 486, 487
「아 당신은 행복하구나」(Well—Thou Art Happy) 99
『아르메니아어 및 영어 문법』(A Grammar, Armenian and English)(파스칼레 아우처(Pasquale Aucher) 신부와의 공저) 483, 727
『아비도스의 신부』(The Bride of Abydos) 149, 300, 314~7, 327, 335
「아일랜드 아바타에게」(To the Irish Avatar) 644

색인 *817*

「안녕! 만약 사랑의 기도가」(Farewell! If Ever Fondest Prayer) 329
「안녕─귀부인에게」(The Farewell─To a Lady) 99
「알바의 오스카」(Oscar of Alva) 82
「암흑」(Darkness) 442
「애너슬리 언덕」(Hills of Annesley) 62
「어린 아가씨 죽음에 부쳐」(On the Death of a Young Lady) 42
『영국 시인과 스코틀랜드 평론가』(English Bards and Scotch Reviewers) 106~7, 216, 222~3, 226, 229~30, 236, 247, 291~30, 306, 364, 408, 715
「영원히 사랑할 수 있다면」(Could Love Forever) 589
「오거스터에게 부치는 서한」(Epistle to Augusta) 443
「오거스터에게 주는 시」(Stanzas to Augusta)("Though the day of my Destiny's over"로 시작되는 시) 442
「오거스터에게 주는 시」(Stanzas to Augusta)("When all around grew drear and dark"로 시작되는 시) 404
「왈츠」(The Waltz) 277
「우리는 바빌론강 가에 앉아서 울었네」(By the Rivers of Babylon We Sat Down and Wept) 355
「우정은 날개 없는 사랑이다」(L'Amitié, est l'amour sans ailes) 80
「울고 있는 귀부인에게 주는 시」(Lines to a Lady Weeping) 324
「울적한 기분」(The Blues) 642, 719
『워너』(Werner) 672~3, 714, 736, 754
『원시 및 번역 시』(Poems Original and Translated) 94
「음악을 위한 시」(Stanzas for Music)("I speak not"으로 시작하는 시) 329
「음악을 위한 시」(Stanzas for Music)("There be none"으로 시작하는 시) 233
「음악을 위한 시」(Stanzas for Music)("There's not a joy"로 시작하는 시) 358
「이 시의 저자에게 그의 머리카락과 아가씨의 머리카락을 섞어 땋은 머리카락 한 타래를 주면서 섣달 어느 날 밤에 정원에서 만자고 한 아가씨에게」(To a Lady who presented to the Author a Lock of Hair Braided with his Own, and Appointed a Night in December to Meet him in the Garden) 75

『이교도』(Giaour) 205, 210, 214, 299, 310, 311, 315, 476
『이탈리아』(Italia)(바이런 시의 이탈리아어 번역) 476
「일라이저에게」(To Eliza) 77
「젊은 귀부인에게 드리는 동정의 말씀」(Sympathetic Address to a Young Lady) 245, 323
「존귀한 R. B. 셰리던의 죽음에 부친 추도시」(Monody on the Death of the Right Hon. R. B. Sheridan) 441
『즉흥 시편』(Fugitive Pieces) 72, 76~8, 80, 82, 94
「즉흥시」(Impromptu) 727
「지네브라에게」(To Ginevra) 317
「직기 법안의 입안자에게 부치는 송시」(Ode to the Framers of the Frame Bill) 244
「찢어진 홍옥수 심장에 대하여」(On a Cornelian Heart Which Was Broken) 234
『차일드 해럴드의 순례』(Childe Harold's Pilgrimage) 106, 112, 119, 122, 137, 160, 174, 185, 205, 222~3, 226, 230~1, 241, 243~5, 249~50, 258~9, 261, 271, 277, 286, 290~1, 295, 296, 363, 417~8, 423, 430, 433, 440, 487, 519, 532, 616
『차일드 해럴드의 순례』 제1편 214, 415
『차일드 해럴드의 순례』 제2편 132, 144, 172, 174, 177, 185, 214~5, 722
『차일드 해럴드의 순례』 제3편 440, 450, 460, 486~7
『차일드 해럴드의 순례』 제4편 476, 498, 504~5, 510, 512, 519, 531, 804
『차일드 해럴드의 순례』 제5편 737
『천국과 지상』(Heaven and Earth: A Mystery) 648~9, 709, 714
『청동시대』(The Age of Bronze) 715~8
「초상화 아래서 쓴 시」(Written Beneath a Picture) 233
『초연한 생각』(Detached Thoughts) 93, 483, 649, 652
『카인』(Cain) 631, 639~40, 642, 658, 662, 668, 698~9, 709
「캐슬리 경에 대한 경구(驚句)」(Epigrams on Lord Castlereagh) 707
『코린트의 포위』(The Siege of Corinth) 371~2, 389
「큰 공립학교의 교장 교체에 관하여」(On

a Change of Masters at a Great Public
　　School) 60
　『타소의 애도』(Lament of Tasso) 496~7
　「테레사 귀치올리에게」(To Teresa
　　Guiccioli) 570
　『파리시나』(Parisina) 370~2, 375, 389
　「포강에 부치는 시」(Stanza to the Po)
　　560
　「포프에 대한 주석」(Note on Pope) 217
　「프로메테우스」(Prometheus) 442
　「해롯의 마리암네에 대한 비가」(Herod's
　　Lament for Mariamne) 355
　『해적』(The Corsair) 300, 318~9, 320,
　　323, 327, 328, 330, 337, 476, 496, 657
　「헌시」(Dedication) 537~8, 565, 572
　『호라티우스의 힌트』(Hints from
　　Horace) 85, 216, 222, 230
　「홍옥수」(The Cornelian) 69
　『회고록』(Memoirs) 352, 381, 582~3,
　　618, 641, 649, 798~9
　『히브리 가곡』(Hebrew Melodies) 332,
　　355, 366~7
　장례
　　메솔롱기(Missolonghi) 장례 793~6
　　영국 장례 799~804
　죽은 아들 79~80
　죽음 791~2
　탄생 10
　학력
　　덜위치 학교(Dulwich School) 39~41
　　애버딘 문법학교(Aberdeen Grammar
　　　School) 22~27
　　유아 교육
　　　로스(Ross) 목사 22
　　　바우어즈(Bowers) 선생 21
　　　패터슨(Paterson) 선생 22
　　트리니티 칼리지(Trinity College), 캠브리
　　　지 대학교(Cambridge University)
　　　63~9, 71, 82~3, 85~8, 95
　　해로스쿨(Harrow School) 43~62, 80, 90,
　　　249
　해외여행 및 거주
　　델피(Delphi) 160~3, 198
　　라벤나(Ravenna) 187, 562~76, 591~651
　　리스본(Lisbon), 신트라(Cintra) 116~20
　　메솔롱기(Missolonghi) 156, 760~96
　　몰타(Malta) 129~34, 218
　　밀라노(Milano) 469~76
　　베네치아(Venetia) 479~562, 577~91

　　사르데냐(Sardinia) 128
　　세비야(Seville) 123~4
　　아테네(Athens) 165~80, 206~8, 212~8
　　이오안니나(Ioannina) 139~43, 151~3
　　이타카(Ithaca) 탐사 742~4
　　제노바(Genova) 702~34
　　지브롤터(Gibraltar) 127, 220
　　카디스(Cadiz) 125
　　케팔로니아(Cephalonia) 메탁사타
　　　(Metaxata) 747~55
　　콘스탄티노플(Constantinople) 191~205
　　콜로니(Cologny)의 디오다티 별장(Villa
　　　Diodati) 레만(제네바) 호반 431~64
　　테펠레너(Tepellené) 146~51
　　트로이(Troy) 186~7
　　파트라(Patra) 134, 156~8, 207
　　프레베사(Prevesa) 135~6, 153
　　피사(Pisa) 651~701
『바이런 경과 그의 몇몇 동시대인들』(Lord
　Byron and Some of his Contemporaries)
　리 헌트의 바이런에 관한 저서 689
『바이런 경의 블레싱턴 백작부인과의 대화』
　(Conversations of Lord Byron with the
　Countess of Blessington) 블레싱턴 귀부인
　의 저서 721~2, 807
『바이런 경의 삶의 회상』(Recollections of the
　Life of Lord Byron) 로버트 댈러스의 저서
　808
『바이런 경의 서한과 일기－그의 삶의 소개를
　곁들여』(Life of Lord Byron: With His Letters
　and Journals) 토마스 무어의 저서 807
『바이런 경의 이탈리아의 삶』(Lord Byron's
　Life in Italy) 테레사의 저서 733
바이런 남작 4세(Fourth Baron Byron of
　Rochdale) 바이런의 증조부 32
바이런, 리처드 경(Sir Richard Byron) 바이런
　의 5대조 25, 54
바이런, 안선(George Anson Byron) 바이런의
　삼촌 19
바이런, 윌리엄(William Byron, 5th Baron
　Byron) 바이런의 큰할아버지, '악질 남
　작'(Wicked Lord) 22, 32, 101
바이런, 윌리엄(William John Byron) 바이런
　의 재종형. 코르시카(Corsica)의 칼비
　(Calvi) 전투에서 전사 19, 22, 132
바이런, 존 경(Sir John Byron) 바이런의 5대
　조의 형 25, 53
바이런, 존 경(Sir John Byron) 에드워드
　(Edward) 3세 때 바이런 조상 53

색인　*819*

바이런, 존(John Byron), '미치광이 잭' 바이런의 아버지 10, 12~6, 18~9
바이런, 존(John Byron), 바이런 제독(Admiral Byron), '악천후 잭'(Foul-Weather Jack) 바이런의 할아버지 12, 19, 32~3
'바이런을 믿어라'(Crede Byron) 바이런가 문장에 들어 있는 모토 292
'바이런형 주인공'(Byronic hero) 과거의 남모르는 일로 괴로워하며 우울하고 생각에 잠겨 있는 작품상의 인물 299~300, 318
바치네티(Bacinetti) 별장 바이런이 라벤나에 있을 때 마련한 별장 610
발모럴성(Balmoral Castle) 영국왕실의 별장 23
배리, 찰스(Charles Barry) 제노바에서 바이런을 도와준 은행가 712, 723, 729, 731~4
밴크로프트, 조지(George Bancroft) 미국의 역사학자 683~4
버기지 매너(Burgage Manor) 사우스웰의 바이런의 집 50
버데트, 프란시스 경(Sir Francis Burdett) 개혁 지향 정치인. 옥스퍼드 귀부인의 첫 애인 281~3, 295, 595~7, 669, 798, 802~3
번스, 로버트(Robert Burns) 영국 낭만주의 시인 72, 257
베처 신부(Rev. John Thomas Becher) 사우스웰의 주교대리, 엘리자베스의 친척 55, 76~8, 90, 92, 94~5
베케트, 토마스(Thomas Becket), 토마스 아 베케트(Thomas à Becket) 중세 영국의 캔터베리 대주교 29
벡퍼드, 윌리엄(William Beckford) 영국 소설가, 미술평론가, 정치인 118
벤담, 제러미(Jeremy Bentham) '최대 다수의 최대 행복'을 추구하는 영국의 공리주의 법학자, 철학자 752~3
벨리 파샤(Veli Pasha) 알리 파샤의 아들 136, 149, 159
벨리브장(Belle Rive莊) 셸리 일행이 세 든 제네바 호반의 별장 430
벨, 앙리(Henri Beyle), 스탕달(Stendhal) 프랑스 소설가. 프랑스 사실주의 문학의 비조 472, 473, 475
벨트람(Josepha Beltram) 세비야에서 바이런 일행에게 숙소를 제공한 아가씨 123
보니바르, 프랑수아(François Bonivard) 시용성에 갇혔던 유명한 죄수 439~40
보링, 존(John Bowring) 런던그리스위원회 위원장 722
보짜리스, 마르코(Marco Botsaris) 그리스 독립전쟁의 영웅. 바이런이 만나기 전에 전사함 739~41, 744~7, 763, 770, 775
보츠웨인(Boatswain) 바이런의 애견. 이 개가 죽었을 때 추모 묘탑을 세웠음 73, 99~100
보카치오(Giovanni Boccaccio) 이탈리아의 소설가, 시인. 저서로 『데카메론』이 있음 564
볼, 알렉산더 경(Sir Alexander Ball) 몰타의 실질적 영국 총독 129~30
볼리바르호(Bolivar號) 바이런이 건조한 요트의 선명 667, 682, 692, 693, 695, 701~2, 710, 712, 727
브라간사(Braganza) 왕실 1807년에 브라질로 넘어간 포르투갈 왕실 116
브레메(Ludovico di Breme) 후작 이탈리아의 작가, 사상가. 밀라노 낭만주의 문예지인 『일콘실리아토레』의 기고가 470~6
브룸, 헨리(Henry Brougham)『에든버러 리뷰』의 창간인, 하원의원 90~1, 587
브뢴스테드, 피터(Peter Brønsted) 덴마크 고고학자 211
브루노, 프란체스코(Francesco Bruno) 제노바에서 바이런이 채용한 군의관 729, 733, 742, 744, 748, 755, 774, 784~8, 792, 794, 796, 799
블라키에, 에드워드(Edward Blaquiere) 바이런이 만난 런던그리스위원회 특사 722, 725, 728, 732
『블랙우드 매거진』(Blackwood Magazine) 1817년에 창간된 잡지 587, 641
블레싱턴 귀부인(The Countess of Blessington) 제노바에 있을 때 바이런을 방문한 런던의 호스티스. 바이런과 많은 대화를 나눴음 268, 301, 372, 720~28, 733, 807
블루 모스크(Blue Mosque) 아흐메드 1세 모스크 194, 200~1

사드 후작(Donatien Alphonse François, Marquis de Sade) '사디즘'이란 용어로 알려진 프랑스의 작가, 사상가 376
'사라고사의 아가씨'(Maid of Saragoza) 아우구스티나(Augustina) 나폴레옹 전쟁에서 승리를 거둔 여전사 124
사르데냐(Sardinia) 지중해에 있는 섬 128~9, 463, 712, 716
사비올리(Savioli) 궁 귀치올리의 볼로냐 별서 574
사우디, 로버트(Robert Southey) 계관 시인.

바이런이 신랄하게 풍자함 107~8, 217, 225, 313, 451, 513, 516, 537~8, 547, 599, 631, 636, 644~7, 665, 707~9
'사탄파'(Satanic School) 사우디가 바이런과 셸리의 작품은 사탄의 정신이 깃들어 있다고 말할 때 그들을 지칭한 말 644, 741
'사포즈 리프'(Sappho's Leap) 바다의 신이 사포의 사랑을 거부하여 사포가 바다로 몸을 날려 죽었다는 곳 135
산나자로(San Lazzaro) 섬 베네치아 석호에 있는 작은 섬 482
산마르코 광장(Piazza San Marco) 베네치아의 중심 광장 481, 483, 514, 526
산죠바니바티스타(San Giovanni Battista) 수녀원 알레그라가 재학한 바냐카발로(Bagnacavallo)의 수녀원 628, 637~8, 651~2, 670~1, 677, 715, 792
산타크로체(Santa Croce) 교회 마키아벨리(Machiavelli), 미켈란젤로(Michelangelo), 갈릴레오(Galileo), 알피에리 등의 관묘가 있음 497
산타키아라(Santa Chiara) 수녀원 테레사가 교육 받은 수녀원 551, 553~4, 575
살라미스(Salamis) 섬 아테네 서쪽에 있는 섬 169, 174, 177, 180, 210, 299
살루조장(Casa Saluzzo) 바이런이 제노바에서 머물렀던 저택 702~6, 712, 720~2, 733~4
『새터리스트』(Satirist) 스캔들을 주로 다루던 월간잡지 87, 109, 277, 302
샌더스, 조지(George Sanders) 영국의 화가 65
샬럿 공주(Princess Charlotte of Wales) 훗날 조지 4세가 되는 왕세자 조지와 세자빈 캐롤라인의 딸 290, 323~4, 515
샬럿 왕비(Queen Charlotte) 조지 3세의 비(妃). 오거스타가 이 비의 상궁이었음 361
샬럿 할리 귀양(貴孃)(Lady Charlotte Harley) 옥스퍼드 귀부인의 맏딸 205, 286, 295~6
샬럿(Charlotte Augusta Byron Parker) 바이런의 셋째 고모 19, 34, 89
서부 그리스 최고사령관(Commander in Chief of Western Greece) 마브로코르다토스가 1824년 1월 25일에 바이런에게 부여한 직위 769
『서정담요』(Lyrical Ballads) 워즈워스와 콜리지의 공동시집. 이 시집을 출간한 해를 낭만주의의 시발점으로 봄 107
『선녀왕』(Faerie Queene) 에드먼드 스펜서(Edmund Spenser)의 서사시 152

섭정기(Regency) 조지 3세가 정신이상을 보여 왕세자 조지가 대리청정 한 1811년부터 1820년까지 기간 110, 290
성 니콜라스(St. Nicholas) 교회 바이런의 장례식이 치러진 그리스의 교회 794~5
성 소피아(St. Sophia) 사원 아야 소피아 또는 하기아 소피아를 말함 123, 194, 200, 481
성 앤드류스(St. Andrews) 성 베드로와 형제이며 예수의 열두 사도 중의 한 사람 157
성 우르술라 교회(Basilica church of St. Ursula) 쾰른의 묘지 위에 세워진 교회 149
「성 패트릭스 데이의 왕세자」(The Prince of St. Patrick's Day) 리 헌트가 왕세자를 신랄하게 풍자한 시 297
『성(城)의 유령』(The Castle Spectre) 매슈 루이스의 소설 306
"세 미의 여신"(Three Graces) 바이런의 아테네 하숙집 마크리의 세 딸 즉 마리아나(Mariana), 카틴카(Katinka), 테레사(Theresa)를 말함 166
세라글리오(Seraglio) 메솔롱기의 한 요새 770~1, 775~6
세라글리오(Seraglio) 오늘날 콘스탄티노플의 톱카프 궁전 191~2, 194, 197, 202
세르반테스(Miguel de Cervantes Saavedra) 스페인의 소설가, 시인, 극작가 159
세븐타워즈(Seven Towers) 오늘날의 예디쿨레(Yedikule) 요새 198
세비야(Seville) 스페인의 도시 120~4, 194, 539, 548, 808
세스트리(Sestri) 제노바 동남쪽 40km 지점에 있는 읍 702, 733
세인트매리 교회(St. Mary Church) 해로스쿨에 접해 있는 교회 48
세인트매리막달라 교회(St. Mary Magdalene Church) 노팅엄셔 허크널에 있는 교구교회 802~3
세자빈 캐롤라인(Caroline Amelia Elizabeth) 훗날 조지 4세가 되는 왕세자의 빈(嬪). 조지 4세는 외사촌임. 그러나 조지 4세 왕비로는 인정받지 못했음 289~90, 295, 642~4
셀림 3세(Selim III) 오스만제국의 개혁 술탄 194, 196, 202~3
셀림(Selim) 바이런이 트로이 근처에서 만난 한 허름한 남자. 『아비도스의 신부』의 주인공 189, 316~7
셰리던, 리처드(Richard Brinsley Sheridan) 당대 최고의 극작가. 휘그계 정치인 239, 256, 278, 440~1

셸리, 퍼시 비시(Percy Bysshe Shelley) 영국의 대표적 낭만파 시인. 소설가 매리 셸리의 남편 389, 400~2, 406, 418~9, 424~7, 428~33, 434~5, 437~40, 441~2, 446~7, 448, 449~50, 451, 452, 486, 488, 500, 517, 525, 527, 533, 534~5, 537, 540, 543~4, 570, 587, 604, 611, 629, 633, 634~9, 641, 650~1, 654, 655, 656, 657, 658~9, 660, 662, 665, 667, 669~70, 671~2, 673~4, 676, 679~80, 681, 684, 685, 686, 688~9, 690, 691~6, 698, 705, 707, 708, 709, 728, 731, 750

『셸리와 바이런의 마지막 날의 추억』(Recollections of the Last Days of Shelley and Byron) 트렐라니의 저서 795

셸리의 화장(Cremation of Shelley) 693~5

소피아 마리아(Sophia Maria) 바이런의 넷째 고모 20

소피아 트레바년(Sophia Travanion) 바이런의 할머니, 할아버지의 이종사촌 34, 802

『수사 암브로시오』(Ambrosio, or the Monk) 매슈 루이스의 소설 306

수전 보이스(Susan Boyce) 바이런이 성적으로 접촉한 여배우 372, 391, 395

술리오트인(Suliotes) 튀르키예의 압박을 피해 그리스의 에페이로스 지방에서 알바니아 남부 술리(Suli) 산속으로 들어간 종족. 18세기에는 독립된 생활을 했으나 1803년 튀르키예로부터 쫓겨나서 이오니아제도로 뿔뿔이 헤어짐 137~8, 154, 738~9, 744~7, 751~6, 762~80

쉴레이마니예 모스크(Süleymaniye Mosque) 1557년에 완공된 오스만 제국의 모스크 200~1

슈렉호른산(Schreckhorn산) 스위스 베른 알프스에 있는 산 460

슈타우바흐 폭포(Staubbachfall) 스위스의 폭포로, 베른고원의 라우터브루넨 서쪽에 있음 458~9, 464

슐레겔(A. W. Schlegel) 독일의 시인, 비평가

슐리만, 하인리히(Heinrich Schliemann) 트로이와 미케네 유적을 발굴한 독일의 고고학자 444

스미르나(Smyrna) 현재의 튀르키예의 이즈미르 178, 181, 185, 435

스위트워터즈(Sweet Waters) 금각만으로 흘러 들어오는 괵수강과 퀴췩스강의 상류 지역 196, 198

스칼라데이지간티(Scala dei Giganti) 계단 두 칼레궁의 계단. 이곳에서 도제 마리노 팔리에로의 취임식과 참수가 이루어졌음 490~1, 602

스코트, 알렉산더(Alexander Scott) 바이런이 베네치아에서 만난 한 젊은 영국인 부자 530, 551, 563, 575, 580

스코트, 월터(Sir Walter Scott, 1st Baronet) 스코틀랜드 소설가, 시인, 역사가 107, 225, 250, 291, 315, 362~3, 506, 513, 616, 631, 642

스키스트(Schist) 네거리 테베(Thebes), 델피(Delphi), 다울리스(Daulis), 암브로소스(Ambrossos)로 가는 길이 만나는 곳 163

스탠호프 귀부인(Lady Hester Stanhope) 스탠호프의 아내 210

스탠호프, 레스터(Leicester Stanhope) 런던 그리스위원회에서 그리스에 파견한 대표 298, 752~8, 761, 763, 766, 771, 774, 777, 796, 799, 802

스토르넬로(Stornello) 이탈리아 중부의 3행으로 된 민요조 노래 687

스트라네(Stranè) 파트라의 영국 영사 133, 156~7, 207

슬라이고 후작(Howe Peter Browne, 2nd Marquess of Sligo) 바이런 대학 동창, 그리스서 같이 여행함 92, 206~8

시르미오네(Sirmione) 반도 가르다호 남쪽 호안에서 뻗어 나온 길고 좁은 반도 477~8

시에라모레나(Sierra Morena) 산맥 스페인의 산맥 123

시용성(Château de Chillon) 제네바 호숫가에 있는 성 438~9, 455, 464

시햄 매너(Seaham Manor) 바이런 처가 343~4

식스마일보텀(Six Mile Bottom) 오거스터의 집 83~4, 304~8, 318, 326, 335, 341~7, 356, 359, 361, 366, 382

『신 엘로이즈』(La Nouvelle Héloïse) 루소의 서간체 장편소설. 여주인공 쥘리와 그녀의 가정교사 생 프뢰의 사랑 이야기 437

『신생』(新生, Vita Nuova) 산문, 운문으로 되어 있는 단테의 작품. 베아트리체가 나옴 567

신트라(Cintra) 바이런이 세상에서 가장 아름다운 마을이라고 칭송한 포르투갈의 한 마을 118, 144

심플레가데스(Symplegades), 혹은 키네이언 돌섬(Cynaean rocks) 그리스 신화의 배가 지나갈 때마다 닫혔다는 한 쌍의 암석 199~200

심플론 고개(Simplon Pass) 스위스 페나인 알프스와 레폰틴 알프스 사이의 높은 산길 463~4

싱클레어(George Sinclair) 바이런의 해로 때 친구 45

아글리에티(Aglietti) 베네치아의 용한 의사 536, 543, 563, 570, 576~7

「아도니스」(Adonais: An Elegy on the Death of John Keats) 키츠의 죽음을 애도한 셸리의 만가 641

'아라빈'(Arabin) 그리스 석상 속에 들어 있다는 혼, 귀신 170

아르고스톨리(Argostoli) 케팔로니아의 수도 738, 741, 744, 747, 749, 755, 761

아르기리, 니콜로(Nicolo Argyri) 바이런 일행이 이오안니나에 체류할 때 묵은 집 주인 140, 151

아르메니아(Armenia) 수도원 산나자로(San Lazzaro) 섬에 있는 수도원 482

아르콰(Arquà) 페트라르카가 죽기 전 4년간 살았던 소읍. 그의 집이 남아 있음 495, 504, 511, 576

아밀리아(Amelia Osborne, Marchioness of Carmarthen), 카마던 귀부인(Lady Carmarthen) '미치광이 잭'의 첫 부인 12, 13, 313

아우처, 파스칼레(Pasquale Aucher) 신부 아르메니아(Armenia) 수도원의 원장 신부 483, 494

『아이네이스』(Aeneid) 베르길리우스의 로마 건국 서사시 56

아케론강(Acheron江) 지금은 칼라마스(Kalamas) 강이라고 부르는 그리스 서부의 강 151

'아테네의 아가씨'(Maid of Athens) 아테네의 테레사. 하숙집 딸로 바이런은 그 집 세 딸 중 가장 귀엽게 봄 217

아편정기(opium tincture) 위스키에 아편을 넣어 만든 일종의 진통제 93, 376

'악천후 잭'(Foul-Weather Jack) 바이런 할아버지의 별명 33

안드로웃소스, 오디세우스(Osysseus Androutsos) 그리스 동부 독립전쟁 사령관 742, 743, 747, 779, 780, 795

안젤로, 헨리(Henry Angelo) 바이런의 펜싱 사범 70, 376

안젤리나(Angelina) 바이런과 사랑을 나눈 베네치아의 순진한 아가씨 550, 559

안토니우스(Antonius)와 클레오파트라(Cleopatra) 악티움(Actium) 만(灣)에서 옥타비우스에게 패배한 이집트 통치자 136

알레그라(Clara Allegra Byron) 클레어가 낳은 바이런의 딸 506, 517, 525~6, 527, 533~5, 540, 543, 545, 571, 575, 582, 587, 588, 591, 593, 600, 608, 609, 610~1, 628, 634, 637, 651, 652, 664, 670~1, 677~81, 715, 792

알리 파샤(Ali Pasha) 그리스 서부와 알바니아를 지배한 강력하고 잔인한 통치자 135, 136, 137, 140~3, 144, 146, 148~51, 155, 156, 159, 165, 178, 197, 204, 208, 549, 739, 787

알바니아(Albania) 오스만 제국에 복속되었으나 그 산악지대는 오스만 제국이 쉽게 통치하지 못한 나라 134~56, 166, 173, 176~7, 188, 206, 210~1, 213~4, 217, 221, 333, 350, 417, 432, 483, 738~9, 772, 779

알버말가 50번지(50 Albemarle St.) 머리의 출판사가 있던 곳 292, 809

'알베'(Albé) '엘비'(L.B.)를 변형한 바이런의 별명 433

알보르게티 백작(Count Giuseppe Alborghetti) 저(低)로마냐 정부에서 추기경 공사 바로 아래에 있는 제2인자로 여러 번 바이런을 도움 562, 598, 611, 618, 630

알브리찌 백작부인(Countess Albrizzi) 베네치아의 호스티스 485, 521, 530

알피에리(Vittorio Alfieri) 극작가, 시인, '이탈리아 비극의 창시자' 470~1, 497, 554~5, 574, 580

암브라키코스(Ambrakikos) 만 그리스 서해안의 큰 만 137

애그니스(Agnes Gray) 캐서린이 데린 유모 겸 하녀 18, 21, 40

애너벨러(Anne Isabella Noel Byron, 11th Baroness Wentworth and Baroness Byron (née Milbanke)) 바이런의 아내 192, 260~1, 268~70, 277~81, 288, 298, 308~9, 313~6, 319, 325, 328~31, 336, 339~99, 402~7, 420~2, 443, 445, 448~9, 453~4, 471, 474, 487~8, 493, 498, 500, 527, 532, 539, 559~60, 565, 587, 620, 663, 667, 701, 713, 719, 743, 749, 790, 798

애너슬리홀(Annesley Hall) 차워스가 저택 34~6, 51~2, 57, 98, 809

앤(Ann) 호 윌리엄 패리가 몰고 온 화기제조가 가능한 선박 766, 771

색인 *823*

『앤티재커빈 리뷰』(Anti-Jacobin Review) 존 기포드가 창간한 영국 보수주의 성향의 잡지 123, 277

어데어, 로버트(Robert Adair) 주 오스만 튀르키예 영국대사 185, 192, 197, 199, 202, 205

'얼음 장터'(Frost Fair) 템스강이 얼 때 벌어지는 놀이마당. 전국 놀이패가 모임 321

『에녹서』(The Book of Enoch) 성경의 제2경전 중 하나. 에티오피아 터와흐도 정교회에서 구약성경의 정경으로 보지만 기타 기독교에서는 위경으로 봄 648

에드워드, 헨리(Henry Edward, the Baron Grey de Ruthyn) 뉴스테드 애비 임차인 50

『에든버러 리뷰』(Edinburgh Review) 제프리(Francis Jeffrey), 스미스(Sydney Smith), 브롬(Henry Brougham), 호너(Francis Horner) 등이 1802년에 창간한 계간지 90~1, 107~8, 226, 235, 276, 525, 617, 699

에들스톤, 존(John Edleston) 바이런이 사랑한 후배 67~9, 71, 82~3, 87, 88, 110, 178, 198, 219, 232~4, 242, 274, 331, 367, 766~7

에렉테움(Erechtheum) 아크로폴리스 북편에 있는 아테나 폴리아스 신전 171~2, 174~5

에렌브라이트슈타인성(Ehrenbreitstein城) 코블렌츠 근처의 요새 422

에번스(Evans) 해로우스쿨의 바이런의 지도교사 49, 402

에이다(Augusta Ada Byron) 바이런과 애너벨러 사이의 딸 374~5, 376, 380, 389, 415, 420, 452, 486, 503, 527, 587, 662~5, 743, 749, 775, 778, 785, 789, 790

에이우드(Eywood) 옥스퍼드가 저택이 있던 전원 284, 286~8, 292~3, 299, 420

에켄헤드(William Ekenhead) 바이런과 같이 헬레스폰트 해협을 도영한 인물 188~90

에페소스(Ephesus) 고대 아테네의 식민도시 182~4, 198, 201, 570, 808

에페이로스(Epirus) 발칸의 남서쪽 지역 136, 151

『엔디미언』(Endymion) 1818년에 발표된 존 키츠의 시 629

엘긴 경, 엘긴 백작(Thomas Bruce, seventh Earl of Elgin) 파르테논 신전 등 많은 유적에서 조각품을 절취해간 영국 외교관 164, 166~8, 170~2, 174~5, 178, 210, 218, 225

엘레우시스(Eleusis) 아테네 교외 도시 160, 170, 173, 178

엘리자베스 메도라 리(Elizabeth Medora Leigh) 바이런과 오거스터 사이에 난 딸 328, 330, 335

엘리자베스 피곳(Elizabeth Pigot) 사우스웰의 바이런의 이웃집 아가씨 54~5, 57, 68, 71~2, 77~8, 80, 82, 85

'엘비'(L.B.) Lord Byron의 이니셜 433

여상주(女像柱, Caryatids) 에렉테움의 건물에 기둥 대신 세운 여성 석상 172

영국박물관(British Museum) 엘긴 마블이 전시되어 있는 런던의 박물관 168

영웅체이연구(heroic couplet) 압운한 약강 5보격(iambic pentameter)의 두 행 216, 645

「영원에 대한 암시」(Intimation of Immortality) 워즈워스의 시 430

예니체리(yeñiçeri) 오스만 제국군의 최정예 부대 192~4, 196, 201~3

오거스터(Augusta Maria Leigh(née Byron)) 바이런의 이복 누나 13, 16, 47~8, 54, 58, 59, 60, 69, 83~4, 108, 229, 230~1, 302~6, 307~8, 311, 314, 315~6, 317, 318, 320~3, 325, 326~7, 328, 329~30, 331, 335~9, 341~7, 354~64, 365, 366, 367, 369~70, 373~4, 376, 380, 382~6, 388, 389, 390, 391, 392, 393~4, 395, 396~7, 398, 402, 403~4, 405, 407, 420~2, 423, 433, 442~3, 445~6, 448, 449, 452, 453, 454, 470, 471, 474, 478, 486, 487, 492~3, 500, 502~3, 527, 560, 565, 575, 577~8, 587, 620, 626, 647, 663, 710, 713, 714, 719, 749, 789, 790, 798, 800, 801, 803, 805, 809

오스납발(Osnappar) 아시리아의 마지막 왕. 성경에 나오는 사르다나팔루스 623

오시언(Ossian) 아일랜드 신화에 나오는 전설적인 음유시인 오신(Oisín)에 근거하여 만들어진 인물 25

오타바 리마(ottava rima) 보카치오가 쓰기 시작한 압운하는 8행의 연형(聯型) 512

옥스퍼드 귀부인(Jane Harley, Countess of Oxford and Countess Mortimer) 바이런의 애인. 개혁 지향 정치인을 지원하면서 애인으로 삼음 281~9, 293~7, 298, 300, 420, 611, 643

옥스퍼드 및 모티머 백작(Earl of Oxford and Mortimer) 옥스퍼드 귀부인의 남편 282, 285, 293

올림피아 제우스(Olympian Zeus) 신전 아테네 중심부에 남아 있는 신전 169

올바니하우스(Albany House) 바이런의 결혼 전 거처 326

와일드먼(Thomas Wildman) 해로의 친구. 훗

날 뉴스테드 애비를 매입함 59, 516. 544, 802
왈츠(Waltz) 19세기 초에 독일에서 들어온 춤 259, 261, 268, 277, 301, 460
우피찌 미술관(Uffizi Gallery) 이탈리아 르네상스의 뛰어난 작품들을 소장하고 있는 피렌체 미술관 496
웅변대회일(Speech Day) 해로스쿨에 일 년에 봄여름 두 번 있는 축제일. 바이런은 이날 명대사를 암송하였음 56, 61, 114
워즈워스, 윌리엄(William Wordsworth) 영국 낭만주의 대표적 시인 84, 107~8, 110, 216, 430, 486, 513, 599, 636
웨리, 프란시스(Francis Werry) 스미르나 영국 영사 130, 181~2, 184~5
웨스트, 윌리엄(William Edward West) 미국의 화가 688
웨티어즈 클럽(Wattier's Club) 왕세자 조지의 제안으로 구성된 신사 클럽. 네 명의 댄디가 주축이 되었으며 그 회장은 '멋쟁이' 브라멜이었음 333
웬트워스 경(Thomas Noel, Viscount Wentworth) 바이런의 처삼촌. 여동생을 거쳐 생질녀에게 유산을 남김 260, 342, 364, 369, 668~9
웰즐리 경, 웰링턴 공작(Arthur Wellesley, 1st Duke of Wellington) 나폴레옹 전쟁을 승리로 이끈 장군 117, 125, 126, 333, 369, 400, 699, 700
웹스터 귀부인(Lady Frances Webster) 웹스터의 아내 310~2, 314, 400
웹스터, 제임스(James Webster) 바이런의 친구. 바이런과 그의 아내 웹스터 귀부인(Lady Frances Webster)은 서로 연정을 품음 111, 224, 312, 331, 533, 713
윌리엄스, 에드워드(Edward Williams) 피사의 바이런 친구. 셸리와 같이 익사함 655~6, 658~9, 667, 676, 684, 691~4
윌모트 부인(Mrs. Anne Beatrix Wilmot) 바이런의 고종(姑從) 제수(弟嫂) 331~2
윌모트, 로버트 경(Sir Robert Wilmot) 바이런의 고종(姑從) 394~5, 798~9
윌모트, 로버트 경(Sir Robert Wilmot) 바이런의 둘째 고모가 재혼한 바이런의 고모부 19, 332
유수프 파샤(Yusuff Pasha) 그리스 독립전쟁 시 파트라의 튀르키예군 사령관 758, 767
유스티니아누스(Justinianus) 황제 중세 로마제국의 위대한 황제 200, 203

융프라우(Jungfrau) 스위스 베른 알프스의 고봉 중 하나 454, 458
이교도식 장례(pagan funeral) 트렐라니가 집행한 셸리와 윌리엄스 화장 의식 693
이사벨라, 칼라일 백작부인(Isabella Howard, Countess of Carlisle (née Byron)) 바이런의 왕고모 38
이스마일(Ismail) 전투 1790년 12월에 러시아군이 튀르키예의 이스마일 요새를 공격한 전쟁 687, 696, 700
이오안니나(Ioannina) 그리스의 한 도시 132, 136, 139~40, 144, 146, 149~50, 153, 159, 185
이타카(Ithaca) 그리스 서쪽의 섬 134~5, 150, 742~4, 762
이튼스쿨(Eton School) 영국의 명문 공립학교 42, 44, 62, 67, 86, 428
'인쇄체 대령'(typographical Colonel) 바이런이 스탠호프를 냉소하여 부른 별명 753
'자유 청년' 피에트로(libertarian Pietro) 피에트로가 혁명활동이나 그리스 독립전쟁 참전에 적극적 태도를 보여 붙인 이름 726, 729
『자유주의자』(The Liberal) 바이런이 셸리와 헌트와 함께 공동 창간한 정기간행물 636, 670, 707~8, 713~4, 718~9, 728, 731
「잠과 시」(Sleep and Poetry) 1816년에 발표된 존 키츠의 시 600
잠벨리, 레가(Lega Zambelli) 베네치아에서부터 바이런의 서기 및 재무를 담당한 하인 610, 674, 677~8, 710, 733, 755, 765, 796, 799
잭슨, 존(John Jackson) '신사' 존 잭슨 전 영국 권투 챔피언 70, 84, 95~6, 114, 208
저리드(Djerid) 일종의 마상경기 182
저지 귀부인(Lady Jersey) 휘그계 사교계 호스티스 238, 256, 288, 300, 399, 403
'절단된 예술품 덩어리'(mutilated blocks of art) 엘긴 경이 그리스에서 가져온 조각품을 보고 바이런이 한 말 167~8
'점잔 빼는 말'(cant)과 '여근'(cunt) 전자는 가식이 들어 있는 언어이고 후자는 노골적이고 꾸밈없는 체험 혹은 사물 그 자체를 암시함 584
'제2의 들림' 위험의 신호를 미리 듣는 더비시의 초감각적 기능 213
제네바호(Geneva湖), 레만호(Leman湖) 제네바를 끼고 있는 스위스의 호수 424, 428, 432, 436~7, 443, 463~4, 660, 808
제로니무스 수도원(Jerónimos Convent) 리스본에 있는 수도원 119

색인 *825*

제로니무스 수도원(Jerónimos Monastery) 포르투갈의 수도원 117, 119
제프리, 프란시스(Francis Jeffrey) 『에든버러 리뷰』의 편집인 91, 107~9, 235~6, 250, 276, 699
'존 불'(John Bull) 본명 존 깁슨 록하트(John Gibson Lockhart) 작가, 편집자. 장인 월터 스코트 경의 전기를 씀 630~1
『존 캠 홉하우스의 일기』(The Diary of John Cam Hobhouse) 홉하우스의 일기 807
『존귀한 존 바이런의 이야기』(The Narrative of the Honourable John Byron) 바이런 할아버지의 저서 33
존슨, 사무엘(Samuel Johnson) 18세기 영국의 시인, 평론가 34, 39, 362, 454
주디스 노엘, 존귀한(Hon. Judith Noel) 바이런의 장모 348, 351, 359, 369~70, 374, 377, 380, 383, 385, 391, 394
줄리아 리어크로프트(Julia Leacroft) 사우스웰에서 바이런이 사귄 아가씨 57, 76, 80~1
줄리아나 엘리자베스(Juliana Elizabeth Byron) 큰집 사촌오빠와 결혼한 바이런의 둘째 고모 19, 332
『줄리안과 마달로』(Julian and Maddalo) 사후에 발표된 셸리의 장시. 바이런과 리도 섬에서 승마를 할 때 영감을 얻어 쓴 시 535
지로드, 니콜로(Niccolo Giraud) 바이런이 애착을 느낀 소년. 루지에리의 조카 178, 208, 210, 218~9
지오쥬(Eustathius Georgiou) 바이런이 동성애를 느낀 미소년 160, 207~8
지차(Zitsa) 마을 그리스 에페이로스의 한 아름다운 마을 144, 151

차워스, 윌리엄(William Charworth) 바이런의 종조부가 살해한 그의 진외가 친척 32, 35~6
차일드 해롤드(Childe Harold) 『차일드 해롤드의 순례』의 주인공 120, 152, 177, 277, 415, 510
찰란드리차노스, 루카스(Loukas Chalandritsanos) 바이런이 애착을 느껴 가까이 둔 미소년 743, 748, 755, 757, 765, 767, 770~1, 774~5, 778, 782, 790
채미어(Frederick Chamier) 수습장교이자 소설가 186, 188, 194~5
첼트넘(Cheltenham) 온천이 있는 휴양지 45, 276~8, 284, 286
최남선(崔南善) 1908년에 발표한 최초의 신체시 「해에게서 소년에게」의 저자 504

치차고프(Pavel Vasilyevich Tchichagov) 나폴레옹의 베레지나(Beresina) 침공을 막지 못하여 차르의 처벌을 받은 인물 453
치치스베오(cicisbeo) 유부녀의 애인 555~6

카디스(Cadiz) 스페인의 도시 120, 124~7
카르벨라스(Karvellas) 형제 그리스인으로 한쪽은 법학도이고 다른 한쪽은 의학도 454
카르보나리(Carbonari) 19세기 초 이탈리아에서 활동하던 혁명세력. 오스트리아로부터 독립을 추구했음 554, 600, 606, 612, 618~9, 623, 626~8, 698
카메론 양(Miss Cameron) 혹은 캐롤라인(Caroline) 바이런이 남장시켜 데리고 다닌 애인 76, 92~4, 96, 208
카발리에레 세르벤테(cavaliere servente) 기혼 귀부인의 애인 513, 556~7, 578, 591, 608
카스탈리아 샘(Castalia 샘) 델피에 있는 시적 영감의 샘 162
카스트리(Castri) 마을 파르나소스산에 있는 마을 161~3
카지노(Casino) 베네치아 사람들이 밀회할 때 이용하는 비밀 공간 469, 514, 524, 542, 553, 556
카테드랄 세비야의 대성당 123
카툴루스(Gaius Valerius Catullus) 고대 로마의 서정시인 477
카푸단 파샤(Capudan-Pasha) 오스만 제국해군 대제독의 직명 193~4
카푸친 수도원(Capuchin Convent) 아크로폴리스 근처의 수도원 169, 208, 214, 216
칼라일 경(Frederick Howard, fifth Earl of Carlisle) 바이런의 왕고모의 아들 38, 41, 229, 801
캅살리스, 아포스톨리(Apostoli Kapsalis) 아르고스틀리의 주교. 바이런 일행은 메솔롱기에서 그의 집에 거주함 761
캐롤라인(Lady Caroline Lamb) 엽기적 행동으로 바이런에게 구애하는 여성. 멜번 귀부인의 며느리 252~66, 268~75, 279, 284, 286~9, 292~4, 296~7, 301~2, 321, 330~1, 333, 334, 341, 366, 369, 390~1, 402, 419~21, 433, 446, 453, 502, 559~60
캐서린 고든 바이런(Catherine Gordon Byron), 가이트의 캐서린 고든(Catherine Gordon of Gight) 바이런의 어머니 10~1, 14~8, 21, 25~7, 31, 36~7, 39, 40~2, 45~7, 48~50, 52, 53, 54, 57, 58, 59, 60, 62, 69~70, 71, 72~3, 74, 78, 79, 91, 94, 97, 98,

826

100, 101, 103, 107, 113, 115, 118, 121, 124, 132, 142, 147, 148, 153, 169, 185, 194, 197, 198, 207, 214, 215, 216, 227~30, 248, 276, 304, 339, 349, 350, 416, 545, 616, 662, 711, 742, 800, 803, 804
캔터베리(Canterbury) 캔터베리 대성당이 있는 유서 깊은 관광도시. 도버와 런던 사이에 있음 221, 706
캠브리지 휘그 클럽(Cambridge Whig Club) 바이런과 친했던 캠브리지의 휘그 성향의 친구들 87
커닝엄(John William Cunningham) 종교서적을 집필하여 베스트셀러 작가가 된, 애너벨러가 존경한 신부 421
컨스티튜션호(Constitution號) 미국 독립전쟁에도 참전한 미국 전함. 현재 보스턴 항에 전시 중임 682~3
케네디, 제임스(James Kennedy) 케팔로니아의 열렬한 복음주의자이자 의무장교 741~2, 755, 775
케네디, 존(John Pitt Kennedy) 네이피어 총독의 비서 738
케팔로니아(Cephalonia) 그리스 서쪽의 섬 133~5, 150, 737~9, 741~3, 745, 747~8, 751~3, 775, 800
코린토스만(Corinth灣) 펠로폰네소스반도와 그리스 본토 사이의 긴 만 134, 150, 153, 158, 160, 211, 766
콘스턴스 스미스 부인(Mrs Constance Spencer Smith) 바이런이 몰타에서 만나 사랑을 한 미녀 130~1, 132, 133, 144, 185, 218~9, 232
콜로나(Colonna) 곶 아티카 반도의 최남단으로 수니온이 있음 176, 181, 206, 214
콜로코트로니스, 테오도로스(Theodoros Kolokotronis) 그리스 독립전쟁 당시 군부의 실세 740, 748, 750, 772
콜리지, 사무엘 테일러(Samuel Taylor Coleridge) 낭만주의 대표적 시인 110, 130, 240~1, 364, 368, 385, 389, 435, 538, 599, 636, 802
콩그리브(Congreve) 로켓포 1808년 윌리엄 콩그리브가 설계한 로켓포 771, 773
『쿼터리 리뷰』(Quarterly Review) 1809년 존 머리(John Murray)가 창간한 문학 및 정치 정기간행물 101, 225~6, 277, 616, 629~30
퀴취크 아야소피아 모스크(Little Hagia Sophia Mosque) 유스티니아누스 1세가 아야 소피아 건설에 앞서 지은 교회(모스크) 200
크세르크세스(Xerxes) 페르시아의 황제로 그리스를 침공했으나 테미스토클레스가 이끄는 그리스 해군에게 살라미스 해전에서 패했음 169, 177
클라크 부인(Mrs Ann Clarke) 매리 차워스의 어머니 35
클라크, 휴슨(Hewson Clarke) 바이런에 대해 인신공격성 글을 발표하여 바이런을 괴롭힌 기고가 87, 109~10, 226~7, 277
클러먼트 부인(Mrs Clermont) 애너벨러의 가정교사이면서 가정부 349, 373~4, 380, 383, 385~7, 393, 398, 406, 502
클레어 백작(Earl of Clare) 해로 때 친구 46, 50, 652
클레어 클레어먼트(Claire Clairmont) 바이런을 사랑하여 아기까지 낳은 여인 233, 400~1, 405~6, 418~9, 424~7, 428, 429, 430, 433, 437, 439, 440, 441~2, 446~7, 449~50, 453, 457, 470, 475, 488, 500, 506, 517, 525~6, 533~5, 537, 543, 570, 603~4, 634~5, 637, 653, 657, 670~1, 679~80, 715, 728
키네어드, 더글라스(Douglas Kinnaird) 바이런의 대학동창, 은행가, 국회의원 87~8, 335, 354, 365, 367~8, 392, 407, 440, 452, 486~8, 512, 517, 523~4, 529~30, 543, 545~8, 556, 559, 563, 573, 583~5, 587, 597, 618, 620, 642, 697, 701, 708, 713~4, 720, 723, 725, 728, 732, 754, 765, 769, 780, 783, 798, 802~3
키츠, 존(John Keats) 영국의 대표적 낭만주의 시인 497, 600, 617, 628~9, 636, 641, 692
킨(Edmund Kean) 바이런이 존경한 명배우 329~30, 370

타루스첼리(Arpalice Taruscelli) 바이런을 사랑한 베네치아의 오페라 가수 529
타소(Torquato Tasso) 16세기 이탈리아 시인 494~7, 518, 565~6, 617
타프, 존(John Taafe) 피사의 바이런 친구 656, 659, 673~6
탈라베라(Talavera) 전투 1809년 7월 27, 28일에 스페인의 탈라베라에서 치러진 전투 117, 122, 126
태터솔(John Cecil Tattersall) 해로 때 힘센 친구 56~7, 66
테레사(Theresa) 바이런이 좋아한 마크리의 셋째 딸 166, 173, 178~9, 217

테레사, 귀치올리 백작부인(Countess Teresa Gamba Ghiselli Guiccioli) 바이런이 사랑한 교양 있고 예쁜 여인 551~94, 597, 600~1, 604~42, 647~8, 651, 654~9, 667~9, 673~8, 681, 684~692, 696~704, 712, 722~6, 730, 733~4, 748~9, 775, 779~80, 790

테미스토클레스(Themistocles) 그리스의 정치가, 장군 174

테오도시우스(Theodosius) 성벽 콘스탄티노플을 방어하는 석성 197

테펠레너(Tepellené) 알바니아 남부의 도시 140, 143~4, 146~7, 151

토르발센, 베르텔(Bertel Thorvaldsen) 덴마크 조각가 498, 801

투우 바이런이 푸에르타산타마리아 투우장에서 관람한 투우 경기 125

트렐라니(Edward John Trelawny) 피사에서 만난 바이런의 친구. 그는 익사한 셸리와 윌리엄스의 화장을 이교도식으로 치름 173, 224, 656~9, 667, 673, 677, 682, 691~5, 701~2, 712, 728~34, 737~8, 742, 747~8, 750, 765, 779, 795, 802

트로이(Troy) 트로이전쟁이 벌어졌던 고대 그리스 도시 186~7, 205, 551, 585, 808

트리쿠피, 스피리디온(Spiridion Tricoupi) 그리스의 바이런 장례식 때 조사를 읽은 인물 795

티치아노(Tiziano Vecellio) 이탈리아의 르네상스 전성기에 활약했던 화가 495~6

티타(Tita), 본명 팔치에리(Giovanni Battista Falcieri) 베네치아에서 들인 충직한 하인. 바이런 사후 플레처와 사돈을 맺음 527, 619, 630, 636, 675, 681, 733, 765, 767, 773~4, 785~6, 788~90, 792, 794, 796, 799

파니 실베스트리니(Fanny Silvestrini) 테레사의 가정교사이면서 절친한 친구 556~8, 577, 588~90, 610

파르나소스산(Parnassus山) 그리스 중부의 신성한 산. 뮤즈의 고향으로 여겨짐 158, 160, 162~3, 173, 747

『파선』(The Shipwreck) 윌리엄 패커너(William Falconer)의 소설 176

『파우스트』(Faust) 괴테의 2부로 이루어진 시극 448, 665, 712

파킨스 부인(Mrs Ann Parkyns) 바이런의 작은할머니의 여동생 35

파트라(Patra) 그리스 서부의 도시 133~4, 156~8, 207, 614, 743, 754~5, 758, 762, 764, 772, 775, 808

파피, 빈첸조(Vincenzo Papi) '피사의 난투극'에서 티타와 함께 체포된 바이런의 하인. 그는 물 긷는 문제로 다투다가 피에트로에게 상처를 입히고 해고됨 675, 685~6

패리, 윌리엄(William Parry) 콩그리브 로켓포 등 화기제조 기술자. 저서 『바이런의 최후의 며칠』(The Last Days of Lord Byron) 766, 770~792

페르디난드 1세(Ferdinand I of the Two Sicilies) 나폴리와 시칠리아의 왕. 1820년 군사혁명 때 자유주의 헌법에 서명하였으나 훗날 무효화함 613, 615, 627

페스탈로치(Johann Heinrich Pestalozzi) 스위스의 교육학자이자 사상가 461

페이딥피데스(Pheidippides) 마라톤 전투의 승리 소식을 전하기 위해 마라톤에서 아테네까지 달린 병사 176

페트라르카(Francesco Petrarca) 이탈리아 초기 르네상스의 학자, 시인. 최초 인문주의자 471, 479, 495, 511, 553, 566, 576

페트라르카의 집 페트라르카가 죽기 전 4년간 살았던 아르콰(Arquà)의 집 511

포레스티, 스피리디온(Spiridion Forresti) 동부 지중해 연안의 정보통 130, 132~3

포벨(Louis François Sebastian Fauvel) 프랑스인 쇠실 구피에르(Choiseul-Gouffier) 백작의 조수 168, 175, 211

포스카리니 별장(Villa Foscarini) 라미라에 세낸 바이런의 별장 479, 501, 502, 503, 505, 506, 509, 514, 577, 578, 579, 580, 582, 599

포스콜로(Ugo Foscolo) 이탈리아의 시인, 낭만주의 색채가 짙은 신고전주의자 470

폭스, 찰스(Charles James Fox) 바이런이 숭배한 정치가 73~4, 114, 238, 243, 245, 255, 282

폴리도리(John William Polidori) 바이런이 2차 대륙여행 때 채용한 의사 405, 407, 416~7, 422, 424, 428, 430~7, 448, 450, 454, 470, 475, 493~4, 509, 570, 666

푸에르타산타마리아(Puerta Santa Maria) 스페인의 투우장 125

프란시스 도일(Francis Hastings Doyle) 애너벨러의 친구 셸리너 도일(Selina Doyle)의 오빠 381, 396, 405, 407, 799

프란시스(Frances Leigh) 바이런의 큰고모 16, 19~20, 47

프란시스(Honorable Mrs Frances Byron) 바이런의 작은할머니 34

프란체스카(Francesca)와 파올로(Paolo) 『신

곡』의 『지옥편』 제5곡 98행에서 142행까지, 아름다운 시편이어서 사람들은 낭만적인 시편으로 읽음 560, 567~8

'프랑켄슈타인(Frankenstein) 여름' 바이런과 셸리의 일행이 제네바 호반에서 보낸 1816년 여름 434

프레베사(Prevesa) 그리스의 한 도시 133, 135~7, 140, 153~4, 768, 775

프레어, 존(John Hookham Frere), 휘슬크래프트(Whistlecraft) 그의 영웅시체로 된 시집 『마법』(Whistlecraft)이 바이런에게 큰 영향을 미침. 그는 그의 시집 이름인 휘슬크래프트으로 불렸음 123, 512, 547

프레이저(Fraser) 부부 몰타의 호스트와 호스티스 130, 132~3

프레피아니(Girolamo Prepiani) 베네치아의 유명한 초상화가 493

프로메테우스(Prometheus) 인간들에게 불을 전해준 그리스 신 442~3, 566, 640

프로세르피나(Proserpina) 봄과 하계(下界)의 여신 173, 353

프로필라이아(Propylaia) 파르테논 신전으로 들어가는 입구와 현관 172

플레처, 윌리엄(William Fletcher) 충직한 바이런의 시종 99, 111, 115, 123, 127~8, 136, 143, 145, 150~1, 154, 188, 214, 242, 264, 272~3, 372, 377~8, 386~7, 390, 407, 431, 463, 495, 516~7, 527~8, 542, 547, 586, 611, 655, 677, 702, 733, 755, 757, 765, 784~5, 787, 789~92, 796, 798~9

플로리다호(Florida號) 바이런의 유해를 영국에 운구한 배 798~9

플루타르코스(Lucius Mestrius Plutarchus) 『플루타르코스 영웅전』의 저자 164

피곳, 존(John Pigot) 엘리자베스 피곳의 동생 71, 72, 80

피네타(pineta) 라벤나와 바다 사이의 유명한 소나무 숲 568, 571

피디아스(Phidias) 고대 아테나의 최고의 조각가, 건축가 172

피레우스(Piræus) 항구 아테네 남서쪽의 항구 168~9, 172~3, 180, 206, 209, 299

피렌체(Firenze) 이탈리아 르네상스의 중심 도시 496, 504, 564, 566, 633, 638, 649, 653~4, 671, 675, 677, 681, 731, 808

'피사의 난투극'(Pisan Affray) 바이런 친구들과 그 지방 군인 간에 벌어진 유혈 난투극 673~5

『피소 가족에 부친 시학에 관한 편지』(Epistle Ad Pisonem de Ars Poetica) 호라티우스의 『시학』(Ars Poetica) 216

피에트로(Pietro Gamba) 테레사의 남동생 554, 612~3, 619, 622, 633~4, 642, 659, 673~4, 686~7, 690, 722, 725~6, 729, 733~4, 742~4, 747~50, 755~6, 758~9, 762, 765~7, 769~72, 777, 783~8, 792~3, 796, 798

피커딜리테라스(Piccadilly Terrace) 바이런이 신혼생활을 한 건물 361, 365, 392, 397, 407

『피터 핀더에게 쓴 서간』(Epistle to Peter Pindar) 윌리엄 기포드(William Gifford)의 풍자 시집 101

피털루 학살(Peterloo Massacre) 1819년 세인트 피털루 들녘에 모인 노동자의 정치집회를 기병대가 진압한 사건. 18명이 죽고 수백 명이 부상당함 282, 578

피트(William Pitt the Younger) 영국 총리 39, 59, 71, 73~4, 130, 595

피티궁(Palazzo Pitti) 피렌체의 큰 궁전으로, 메디치 가문의 경쟁 가문이었던 피티 가문이 1458년에 건축하였음 496

핀데몬테(Ippolito Pindemonte) 이탈리아 시인 470

핀리, 조지(George Finlay) 그리스 독립운동을 돕고자 찾아온 젊은이 750~1, 779~80, 784

핀토(Luigi Dal Pinto) 군사령관이면서 카르보나리. 암살당하자 바이런이 그 시신을 거둬 줌 619~20

필(Robert Peel) 해로 때 친구 45, 56

필레토(Filetto) 별장 감바가의 별장 607~8, 610~1, 613

하니스(William Harness) 해로 때 친구 45, 240~1

하드리아누스(Hadrianus) 개선문 하드리아누스를 기리기 위해 지은 아테네의 개선문 169

하이데(Haidée) 『돈 주앙』 제2편의 등장인물 549, 599, 620

『한 재판의 환상』(A Vision of Judgment) 사우디의 시. 조지 3세가 죽어 천국에 영국 군왕들의 영접을 받으며 들어가는 모습을 그린 시. 서문에서 바이런을 심하게 공격하여 바이런이 그 패러디로 『그 재판의 환상』(The Vision of Judgment)를 쓰게 됨 644, 647

『한국 서해안 및 일본해의 대(大) 루추도(島) 탐사항해기』(A Voyage of Discovery to the Western Coast of Corea and the Great Loo-Choo Island in the Japan Sea) 베이절 홀(Basil Hall)의 항해기 535

색인 *829*

할례(circumcision) 바이런이 목격한 유대인 소년의 할례 506~7
『할리의 잡문(雜文)』(Harleian Miscellany) 옥스퍼드가 도서관에서 발견된 귀중한 원고를 모아 출판한 책 282, 287
'할리의 잡종'(Harleian Miscellany) 옥스퍼드 귀부인이 여러 남자와 상관하여 낳은 아이들 282, 296
해골 잔 바이런 하인이 발견한 해골로 만든 잔 112, 114, 312
해리어트(Harriet Westbrook) 셸리의 첫 아내 429, 435, 446
『해방된 예루살렘』(Gerussalemme liberata) 타소의 시. 일차 십자군 때 기독교인과 무슬림의 전투를 다룸 496
해적출판(Predatory publishing) 바이런의 작품을 허가 없이 한 출판 292, 408, 583, 587
핸슨, 존(John Hanson) 바이런 가문의 변호사 17, 26~7, 29, 31, 35~43, 45~6, 49, 52, 57~9, 65, 70, 79, 90, 95, 97, 100~4, 110, 113, 185, 199, 211~2, 215~6, 227, 232, 286, 289, 293, 335, 337, 341~2, 382, 392, 396, 406~7, 493, 530, 544~7, 587, 669, 799~803
핼너비장(Halnaby Hall) 바이런 부부가 신혼여행 간 집. 처가 별장 350, 352~3, 355~6
『행동의 원천』(Springs of Action) 제러미 벤담의 저서 753
허셜(Herschell)의 망원경 윌리엄 허셜(William Herschel)이 1744년에 만든 거대 망원경 650
허크널토카드 교회(Hucknall Torkard Church), 세인트매리막달라 교회(St. Mary Magdalen Church) 뉴스테드 인근 허크널에 있는 교구교회. 바이런 가족이 묻혀 있음 228~9, 800, 802~5
헌트, 리(Leigh Hunt) 시인, 수필가, 평론가. 바이런과 『자유주의자』지를 공동 창간함 45, 297~8, 368, 399, 596, 636, 641, 670, 671, 672, 685~6, 688~91, 693, 694, 695, 697, 698, 699, 701, 702, 703, 704~5, 707~10, 713~5, 718, 730~2
헌트, 존(John Hunt) 리 헌트의 형이며 인쇄업자, 출판업자. 바이런이 참여한 정기간행물 『자유주의자』(The Liberal) 편집인 636, 690, 707~10, 714~5, 718~9
헌틀리 백작 2세(George Gordon, 2nd Earl of Huntly) 바이런의 외가 조상 15
헤라클레스호(Hercules號) 바이런이 제노바를 떠날 때 전세 낸 배 729~30, 732~4, 739, 741, 747
헤이, 존(John Hay) 대위 산돼지 사냥할 목적으로 와서 피사 모임에 낀 바이런 친구 660, 673~4, 676
헤파이토스(Hephaestus) 신전, 테세움(Theseum) 거의 완형으로 남아 있는 헤파이토스를 모신 신전 168
헨리 8세(Henry VIII) 영국 국왕(재위 1509~1547) 29
헬레스폰트(Hellespont) 해협 다르다넬스 해협의 옛 이름 119, 188~90, 530
호리스탄의 존(John of Horistan) 전설상의 바이런 조상 53
'호비 오'(Hobbie O) 바이런이 홉하우스를 조롱하는 시에서 그를 지칭하는 이름 597
'호수지방의 한 마리 올챙이'(a tadpole of the Lakes) 바이런이 키츠를 폄하하여 이른 말 600
호수파(湖水派) 시인(Lake Poets) 19세기 초에 영국 호수지방에 살았던 시인들 538, 600
호지슨, 프란시스(Francis Hodgson) 대학동창. 성직자이고 고전학자 85~6, 88, 101, 111, 114, 118, 210, 212, 223, 231, 239~43, 289, 313, 315, 335, 346, 358, 392~3, 399, 802
호프너, 리처드(Richard Belgrave Hoppner) 베네치아 주재 영국영사 511, 514, 527, 534, 543, 561, 569, 571, 584~6, 592, 600, 628, 630, 634~5, 651
홀, 베이절(Basil Hall) 조선의 서해안을 탐사한 영국 선장 535~7
홀랜드 경(Henry Vassall-Fox, 3rd Baron Holland) 찰스 폭스의 조카. 휘그계의 중심인물 243, 245~8, 250, 277~8, 285, 290, 313, 317, 720
홀랜드 귀부인(Elizabeth Fox, Baroness Holland) 휘그계 호스티스 238, 245~7, 255, 259, 407
후세인(Hussein) 대군(大君) 알리 파샤의 장손 142
『흡혈귀』(The Vampyre) 폴리도리의 소설 435
힐, 윌리엄(William Hill) 주 사르데냐(Sardinia) 영국대사 129, 712